Die Erlebnisseiten

Auf den zwei Erlebnisseiten vertiefst du das Wissen, das du auf den Basisseiten gesammelt hast. Du findest hier weitere Aufgaben, Experimente oder Untersuchungen. Du erkennst die Erlebnisseiten an dem grünen Rahmen.

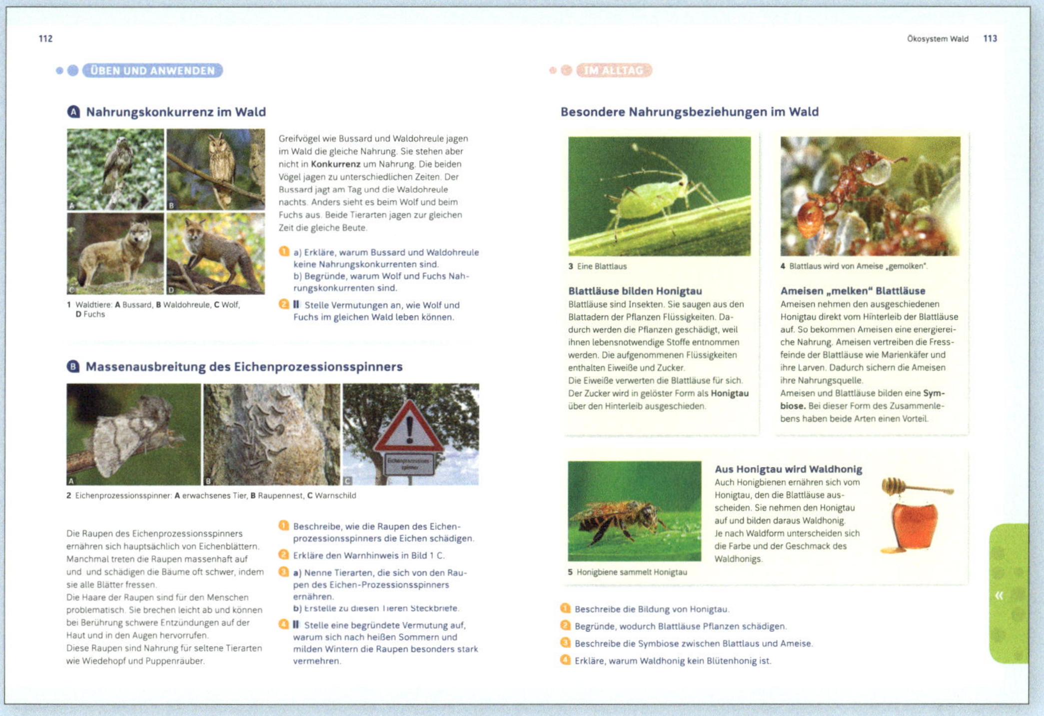
112

ÜBEN UND ANWENDEN

A Nahrungskonkurrenz im Wald

Greifvögel wie Bussard und Waldohreule jagen im Wald die gleiche Nahrung. Sie stehen aber nicht in **Konkurrenz** um Nahrung. Die beiden Vögel jagen zu unterschiedlichen Zeiten. Der Bussard jagt am Tag und die Waldohreule nachts. Anders sieht es beim Wolf und beim Fuchs aus. Beide Tierarten jagen zur gleichen Zeit die gleiche Beute.

1 Waldtiere: A Bussard, B Waldohreule, C Wolf, D Fuchs

1 a) Erkläre, warum Bussard und Waldohreule keine Nahrungskonkurrenten sind.
b) Begründe, warum Wolf und Fuchs Nahrungskonkurrenten sind.

2 II Stelle Vermutungen an, wie Wolf und Fuchs im gleichen Wald leben können.

B Massenausbreitung des Eichenprozessionsspinners

2 Eichenprozessionsspinner: A erwachsenes Tier, B Raupennest, C Warnschild

Die Raupen des Eichenprozessionsspinners ernähren sich hauptsächlich von Eichenblättern. Manchmal treten die Raupen massenhaft auf und und schädigen die Bäume oft schwer, indem sie alle Blätter fressen.
Die Haare der Raupen sind für den Menschen problematisch. Sie brechen leicht ab und können bei Berührung schwere Entzündungen auf der Haut und in den Augen hervorrufen.
Diese Raupen sind Nahrung für seltene Tierarten wie Wiedehopf und Puppenräuber.

1 Beschreibe, wie die Raupen des Eichenprozessionsspinners die Eichen schädigen.
2 Erkläre den Warnhinweis in Bild 1 C.
3 a) Nenne Tierarten, die sich von den Raupen des Eichen-Prozessionsspinners ernähren.
b) Erstelle zu diesen Tieren Steckbriefe.
4 II Stelle eine begründete Vermutung auf, warum sich nach heißen Sommern und milden Wintern die Raupen besonders stark vermehren.

Ökosystem Wald 113

IM ALLTAG

Besondere Nahrungsbeziehungen im Wald

3 Eine Blattlaus

Blattläuse bilden Honigtau
Blattläuse sind Insekten. Sie saugen aus den Blattadern der Pflanzen Flüssigkeiten. Dadurch werden die Pflanzen geschädigt, weil ihnen lebensnotwendige Stoffe entnommen werden. Die aufgenommenen Flüssigkeiten enthalten Eiweiße und Zucker.
Die Eiweiße verwerten die Blattläuse für sich. Der Zucker wird in gelöster Form als **Honigtau** über den Hinterleib ausgeschieden.

4 Blattlaus wird von Ameise „gemolken".

Ameisen „melken" Blattläuse
Ameisen nehmen den ausgeschiedenen Honigtau direkt vom Hinterleib der Blattläuse auf. So bekommen Ameisen eine energiereiche Nahrung. Ameisen vertreiben die Fressfeinde der Blattläuse wie Marienkäfer und ihre Larven. Dadurch sichern die Ameisen ihre Nahrungsquelle.
Ameisen und Blattläuse bilden eine **Symbiose.** Bei dieser Form des Zusammenlebens haben beide Arten einen Vorteil.

Aus Honigtau wird Waldhonig
Auch Honigbienen ernähren sich vom Honigtau, den die Blattläuse ausscheiden. Sie nehmen den Honigtau auf und bilden daraus Waldhonig. Je nach Waldform unterscheiden sich die Farbe und der Geschmack des Waldhonigs.

5 Honigbiene sammelt Honigtau

1 Beschreibe die Bildung von Honigtau.
2 Begründe, wodurch Blattläuse Pflanzen schädigen.
3 Beschreibe die Symbiose zwischen Blattlaus und Ameise.
4 Erkläre, warum Waldhonig kein Blütenhonig ist.

Ein Kapitel abschließen:

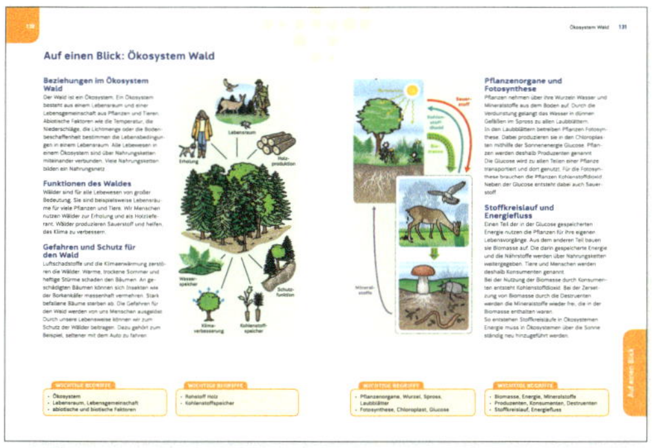

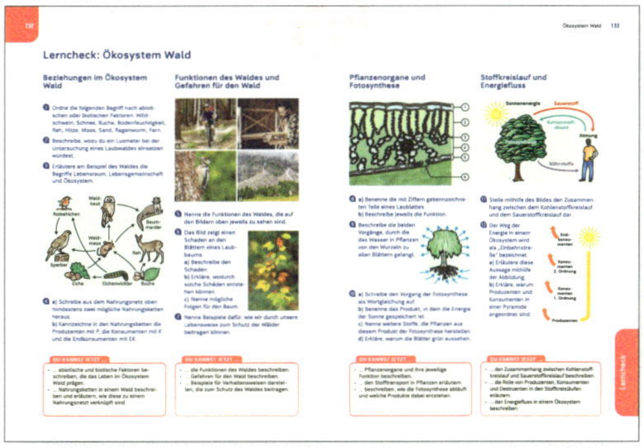

Auf einen Blick

»Auf einen Blick« fasst das Wichtigste noch einmal übersichtlich zusammen.

Lerncheck

Mit dem »Lerncheck« am Ende des Kapitels kannst du dein Wissen testen.

westermann

Herausgegeben von
Imme Freundner-Huneke
Ralph Möllers
Siegfried Schulz
Annely Zeeb

ERLEBNIS
Naturwissenschaften

2

ERLEBNIS
Naturwissenschaften

Herausgegeben von:
Imme Freundner-Huneke
Ralph Möllers
Siegfried Schulz
Annely Zeeb

Autorinnen und Autoren:
Michael Calsow, Heike Claßen, Petra Dams, Imme Freundner-Huneke, Stephanie Gerecke, Dr. Thomas Heinlein, Dr. Stefanie Jerems, Tina Keil, Anke Roß, Sandra Schuller-Knoblauch, Siegfried Schulz, Albert Steinkamp, Reiner Wagner, Reinhard Wendt-Eberhöfer, Annely Zeeb

Zusatzmaterialien zu Erlebnis Naturwissenschaften 2
Für Lehrerinnen und Lehrer:

Materialien für Lehrerinnen und Lehrer	978-3-14-117146-4
Lösungen	978-3-14-117145-7
BiBox für Lehrer/-innen (Einzellizenz)	WEB-14-117150
BiBox für Lehrer/-innen (Kollegiumslizenz)	WEB-14-117151

Für Schülerinnen und Schüler:

Förderheft	978-3-14-117147-1
BiBox (Einzellizenz für 1 Schuljahr)	WEB-14-117153
BiBox (Einzellizenz für 4 Schuljahre)	WEB-14-103252
BiBox (Einzellizenz PrintPlus für 1 Schuljahr)	WEB-14-117154

westermann GRUPPE

Druck A / Jahr 2021
Alle Drucke der Serie A sind im Unterricht parallel verwendbar.

Redaktion: Dr. Pia Braune, Nicole Tomczak
Illustrationen: Wolfgang Herzig, Hendrik Kranenberg, Langner & Partner Werbeagentur GmbH, Olav Marahrens, Birgit und Olaf Schlierf, Ingrid Schobel, Werner Wildermuth
Grundlayout: Janssen Kahlert, Design & Kommunikation GmbH
Umschlaggestaltung: LIO Design GmbH
Druck und Bindung: Westermann Druck GmbH, Braunschweig

ISBN 978-3-14-**117144**-0

Inhalt

Menschen verändern ihre Umwelt

Licht und Sehen

Nachhaltiger Umgang mit Energie

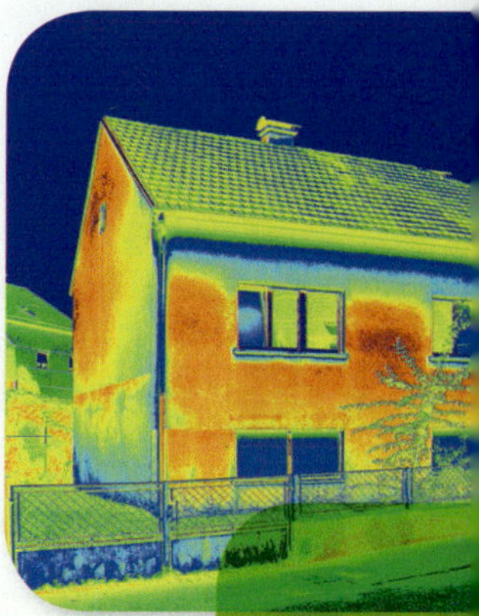

Elektrische Energie im Alltag

Mobilität

Nahrungsmittelproduktion und gesunde Ernährung

Stoffe gewinnen und nutzen

Anhang

1 Sicheres Experimentieren im Labor?

Sicheres Experimentieren

Die Sicherheitseinrichtungen

In den Fachräumen für Naturwissenschaften gibt es besondere **Sicherheitseinrichtungen.** Sie stellen sicher, dass du ungefährdet arbeiten kannst:

- den Notaus-Schalter
- den Feuerlöscher
- den Erste-Hilfe-Kasten
- den Notausgang
- den Fluchtweg
- die Lage des Sammelplatzes

Verhalten in Fachräumen

- Folge den Anweisungen der Lehrkraft.
- Trinke und iss nicht in den naturwissenschaftlichen Fachräumen.
- Melde zerbrochenes Glas und defekte Geräte der Lehrkraft.
- Hänge deine Jacke oder deinen Mantel an der Garderobe auf.
- Stelle deine Schultasche so ab, dass niemand darüber stolpert.
- Bewahre bei Unfällen oder Feuer Ruhe.
- Verlasse den Fachraum auf dem Fluchtweg und gehe zum Sammelplatz.

Experimentiertipps

- Lies die Arbeitsaufträge **vor** dem Versuchsbeginn sorgfältig durch.
- Beachte die Sicherheitsvorschriften.
- Räume alle Bücher, Hefte und Federmäppchen vom Tisch.
- Stelle alle Geräte und Chemikalien vor dem Versuchsbeginn bereit.
- Baue den Versuch übersichtlich und standsicher auf.
- Führe die Versuche mit möglichst kleinen Mengen von Chemikalien durch.
- Trage beim Experimentieren mit Chemikalien oder mit offener Flamme immer eine Schutzbrille.
- Binde lange Haare zusammen.
- Führe Geruchsproben nur durch, indem du dir mit der Hand zufächelst. Rieche nie direkt an Chemikalien.
- Verlasse während des Versuchs nicht den Arbeitsplatz, damit andere nicht bei ihrer Arbeit gestört werden.
- Hinterlasse deinen Arbeitsplatz nach dem Experimentieren sauber und aufgeräumt.

Gefahren-Piktogramme

Auskunft über die Gefährlichkeit einer Chemikalie geben die **Gefahren-Piktogramme** (→ Bild 2). Gefahren-Piktogramme sind in der Chemie wichtig, weil du sofort erkennen kannst, ob eine Chemikalie gefährlich ist.

Piktogramm	Stoffe mit diesem Piktogramm
	...sind explosionsgefährlich durch Feuer, Schlag, Reibung, Erwärmung.
	...sind entzündbar. Erzeugen mit Wasser entzündbare Gase oder sind selbstentzündbar.
	...verstärken Brände und wirken entzündend.
	...sind Gase. Ihre Gasflaschen unter Druck können beim Erhitzen explodieren.
	...zerstören Metalle. Verätzen Haut, Augen, Schleimhäute.
	...führen in kleineren Mengen zu schweren gesundheitlichen Schäden oder zum Tode.
	...reizen die Augen, die Haut und die Atemwegsorgane. Sie sind gesundheitsschädlich
	...wirken allergieauslösend, krebserzeugend, erbgutverändernd.
	...sind für Wasserorganismen schädlich, giftig oder sehr giftig.

2 Gefahren-Piktogramme und ihre Bedeutung

Abfallentsorgung

Chemikalien müssen besonders aufbewahrt werden. Das gilt auch für Chemikalien, die nach einem Versuch übrig geblieben sind. Da entnommene Chemikalien durch das Experimentieren verunreinigt sein können, darfst du sie nicht in die Vorratsflaschen zurückgeben. Chemikalienreste dürfen nicht einfach über den Müll entsorgt werden. Sie dürfen auch nicht in Lebensmittelbehältern aufbewahrt werden, da sie sonst leicht verwechselt werden können. Sie sind teilweise giftig oder schädlich für die Umwelt. Für die Entsorgung gibt es im Chemieraum spezielle Abfallbehälter. Achte darauf, die Reste in den richtigen Behältern zu entsorgen (→ Bild 3).

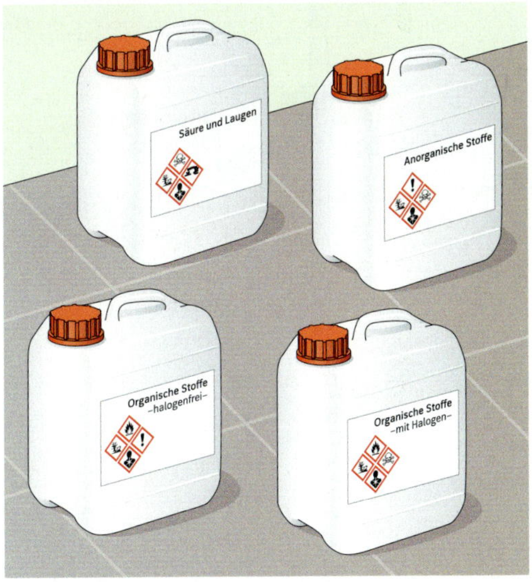

3 Abfallbehälter für Chemikalienreste

1. Nenne die Sicherheitseinrichtungen in deinem naturwissenschaftlichen Fachraum.
2. Betrachte Bild 1 und beschreibe, was die Schülerinnen und Schüler richtig machen und was sie falsch machen.

Starthilfe zu 2:

richtig	falsch

3. Begründe, dass du keine Geschmacksproben von Chemikalien nehmen darfst.
4. Begründe, dass du Chemikalienrest nicht in die Vorratsflaschen zurückgeben darfst.
5. Nenne Gründe, warum du Chemikalien nie in Lebensmittelbehältern, wie zum Beispiel Getränkeflaschen, aufbewahren darfst.

»

ÜBEN UND ANWENDEN

A Verschiedene Laborgeräte

Im naturwissenschaftlichen Fachraum findest du die unterschiedlichsten Laborgeräte. Die meisten verwendest du zum Experimentieren, Abwiegen oder zum Erhitzen. Andere dienen deiner Sicherheit.

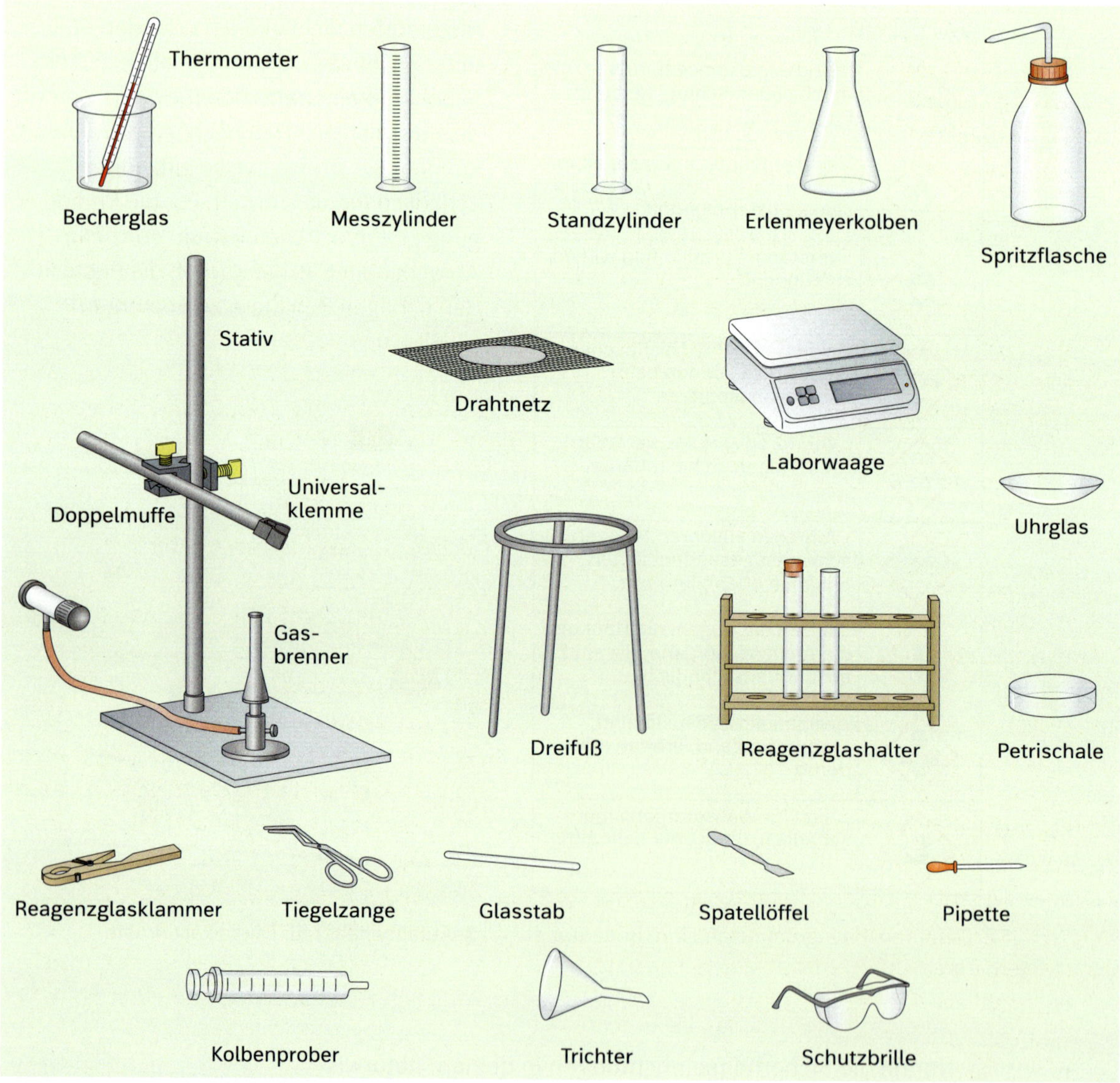

1 Verschiedene Laborgeräte

1. Betrachte die abgebildeten Laborgeräte. Finde eine Ordnung für die Laborgeräte. Ordne sie mithilfe einer Tabelle.
2. Beschreibe die Verwendungszwecke von mindestens fünf Laborgeräten.
3. **a)** Nenne Laborgeräte, mit denen du etwas messen kannst.
   b) Nenne Laborgeräte, die sich zum Erhitzen von Stoffen eignen.

METHODE

Ein Versuchsprotokoll erstellen

Versuchsprotokoll

Versuch: Kupfersulfat + Wasser
Vermutung: Wie verändert sich weißes/farbloses Kupfersulfat, wenn es mit Wasser in Berührung kommt?
Material: Uhrglas, Pipette, Thermometer, Wasser, wasserfreies Kupfersulfat
Versuchsaufbau: Auf ein Uhrglas wird etwas weißes Kupfersulfat gegeben. Der Thermometer wird in die Mitte des Pulvers gehalten.
Durchführung: Mit einer Pipette wird etwas Wasser in die Mitte des Kupfersulfats gegeben. Dabei wird die Temperatur gemessen.
Beobachtung: Dort wo Wasser auf das Kupfersulfat tropft, fäbrt sich das weiße Pulver blau. Dabei steigt die Temperatur an und sinkt nach einiger Zeit wieder ab.
Auswertung: Weißes Kupfersulfat färbt sich blau, wenn es mit Wasser in Berührung kommt. Es ist ein neuer Stoff entstanden. Wärme wird freigesetzt. Es ist eine exotherme Reaktion.

2 Ein vollständiges Versuchsprotokoll

Versuche helfen weiter

Wenn du wissen möchtest, ob sich ein Stoff verändert wenn er erhitzt wird, kannst du das mit einem wissenschaftlichen Versuch herausfinden. In der Chemie werden Versuche durchgeführt, um wissenschaftliche Erkenntnisse über die Eigenschaften und Veränderungen von Stoffen zu gewinnen.

Wozu ein Versuchsprotokoll erstellen?

Wenn du im Chemieunterricht Versuche durchführst, musst du sie genau protokollieren. So kannst du später nachvollziehen, was du gemacht hast. Dazu fertigst du immer ein Versuchsprotokoll an. Ein Versuchsprotokoll wird immer auf die gleiche Weise erstellt.

Anleitung für ein Versuchsprotokoll

Ein Versuchsprotokoll ist immer gleich aufgebaut. Diese Anleitung hilft dir beim Erstellen.

Schritt 1: **Versuch:**
Beschreibe den Versuch in wenigen Sätzen. Notiere das Datum und deinen Namen.

Schritt 2: **Vermutung:**
Vor dem Versuch stellst du eine Vermutung auf oder notierst die Frage, die du mit dem Versuch beantworten willst.

Schritt 3: **Material:**
Hier notierst du die benötigten Geräte und Chemikalien für deinen Versuch.

Schritt 4: **Versuchsaufbau:**
Jetzt beschreibst du, wie der Versuch aufgebaut ist. Du kannst auch eine Skizze des Versuchs anfertigen.

Schritt 5: **Durchführung:**
Hier notierst du die einzelnen Schritte, die du nacheinander durchführst.

Schritt 6: **Beobachtung:**
In diesem Schritt schreibst du nur auf, was du sehen kannst. Dazu zählen zum Beispiel Veränderungen an Stoffen und Messwerte wie die Temperatur.

Schritt 7: **Auswertung:**
Ist der Versuch beendet, wertest du deine Beobachtungen aus. In diesem Schritt formulierst du einen Antwortsatz auf deine Frage oder Vermutung aus Schritt 2.

1 Erkläre, dass es wichtig ist, Versuche immer zu protokollieren.

2 II Erläutere den Unterschied zwischen Beobachtung und Auswertung.

«

1 Gasbrenner für Erd- und Propangas

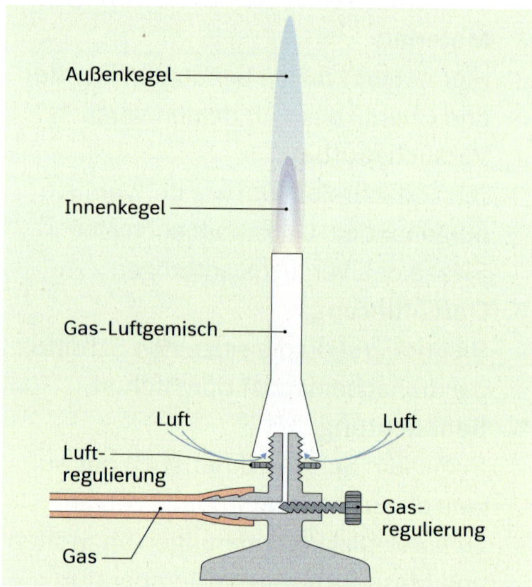

2 Querschnitt durch einen Gasbrenner

3 Gaskartuschenbrenner

Der Gasbrenner

Der Gasbrenner

Im naturwissenschaftlichen Unterricht führst du häufig Versuche durch, bei denen Stoffe erhitzt werden. Für diese Versuche werden Gasbrenner verwendet (→ Bild 1). Damit du mit dem Gasbrenner sicher umgehen kannst, musst du folgende Regeln beachten.

Vorbereitung

① Stelle den Gasbrenner standsicher auf eine feuerfeste Unterlage.
② Schließe den Gasschlauch des Brenners an die Gasleitung am Tisch an und kontrolliere die Standsicherheit.
③ Schließe die Gas- und Luftzufuhr des Brenners. Lass das Gas nie zu lange unangezündet ausströmen.
④ Setzte deine Schutzbrille auf und binde deine Haare hinten zusammen.

Entzünden der Brennerflamme

① Öffne das Gasventil am Tisch.
② Öffne die Gasregulierung am Brenner und entzünde das Gas. Stelle die Höhe der Flamme mit der Gasregulierung am Brenner ein.
③ Öffne die Luftregulierung, bis die blaue, nicht leuchtende Flamme sichtbar wird.
④ Öffne die Luftzufuhr weiter, bis die rauschende Brennerflamme zu hören ist

Achtung !
Ist das Gas zu lange unangezündet ausgeströmt, schließe die Gaszufuhr. Warte 30 Sekunden und beginne von vorn.

Löschen der Brennerflamme

① Schließe die Luftregulierung am Brenner.
② Schließe die Gasregulierung am Brenner.
③ Schließe das Gasventil am Tisch.

Bei der Inbetriebnahme eines Gasbrenners müssen bestimmte Regeln beachtet werden.

Die Flammenarten

An einem Gasbrenner kannst du verschiedene Flammenarten einstellen (→ Bild 4). Für eine Verbrennung wird immer Sauerstoff benötigt. Je mehr Sauerstoff einer Verbrennung zur Verfügung steht, desto heftiger ist die Verbrennung. Durch drehen der Luftregulierung am Gasbrenner kannst du einstellen, wie viel Sauerstoff der Verbrennung zugeführt wird. In Bild 4 A ist die Sauerstoffzufuhr ganz geschlossen. Die Flamme ist gelblich gefärbt, man spricht von der **leuchtenden Flamme.**
In Bild 4 B ist sie halb geöffnet. Die Flamme ist bläulich gefärbt, man spricht von der **nicht-leuchtenden Flamme.** In Bild 4 C ist die Luftzufuhr ganz geöffnet. Bei Versuchen im Chemieunterricht arbeitest du meist mit dieser **rauschenden Brennerflamme** wie in Bild 3 C, da diese am heißesten brennt.

Die Flammenzonen

Du erkennst in Bild 5, dass die rauschende Brennerflamme unterschiedlich stark leuchtet. Sie wird in drei unterschiedlich heiße Zonen eingeteilt. Oben an der Spitze leuchtet die Flamme schwach bläulich. Dort beträgt die Temperatur ca. 1300 °C. Das ist der **Außenkegel.** In der Mitte leuchtet sie am hellsten mit ca. 1500 °C. Diese Zone heißt **Innenkegel.** Diese Stelle nutzt du, um etwas möglichst schnell zu erhitzen. Direkt an der Brenneröffnung leuchtet die Flamme wieder schwach bläulich. Dort beträgt die Temperatur nur noch ungefähr 300 °C.

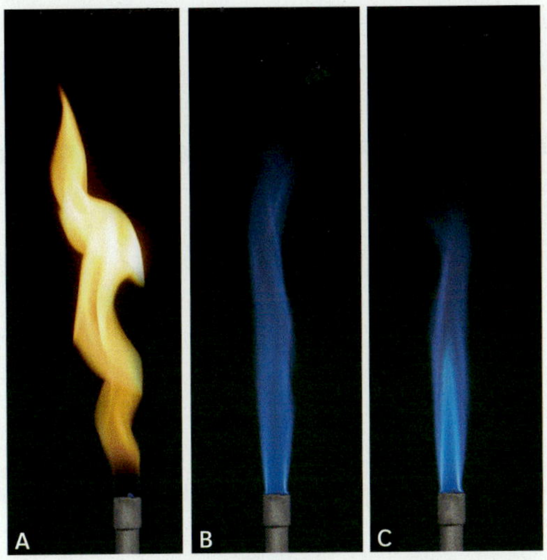

4 Gasbrenner mit: **A** leuchtender Flamme, **B** nicht-leuchtender Flamme, **C** rauschender Flamme

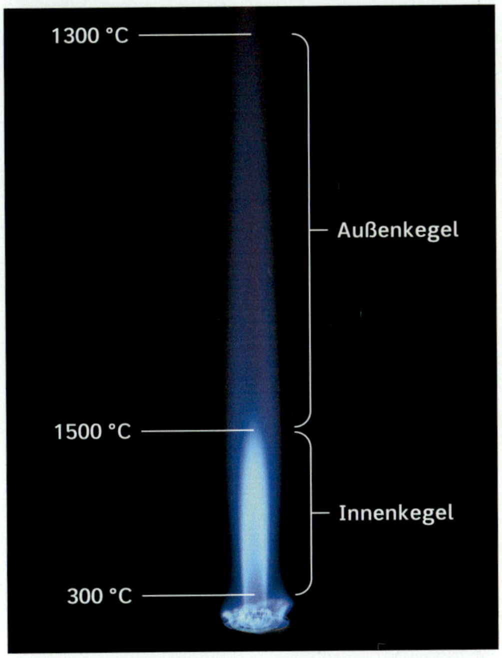

5 Die Flammenzonen der rauschenden Flamme

1. Nenne vier Sicherheitsmaßnahmen, die du vor dem Entzünden des Gasbrenners unbedingt beachten musst.
2. Beschreibe die Schritte, die du zum Entzünden und zum Löschen der Brennerflamme durchführen musst.
3. **II** Erläutere den Zusammenhang zwischen der Luftzufuhr und den Flammenarten.
4. **III** Stelle eine Vermutung an, warum die Temperatur der Flamme direkt an der Brenneröffnung nur ca. 300 °C beträgt.

Starthilfe zu 4:
Eine Verbrennung benötigt immer …

ÜBEN UND ANWENDEN

A Die verschiedenen Flammenarten

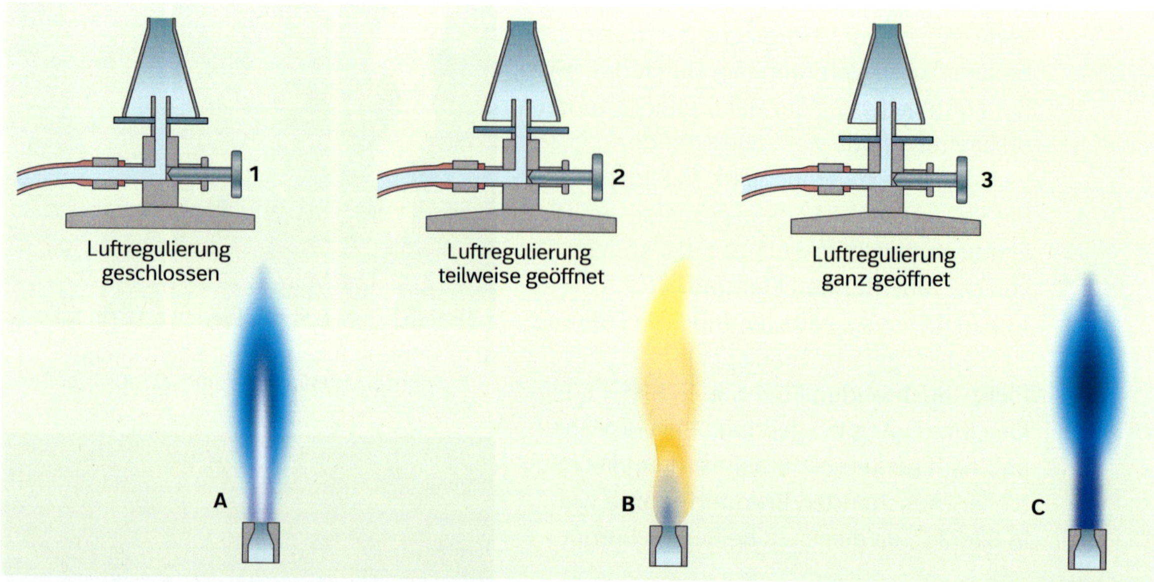

1 Die Flammenarten werden durch die Luftregulierung eingestellt.

1. Benenne die Flammenarten A, B und C mit ihren Fachbegriffen.
2. Ordne die Flammenarten A bis C den Einstellungen der Luftregulierung 1 bis 3 zu.

B Aufbau eines Gasbrenners

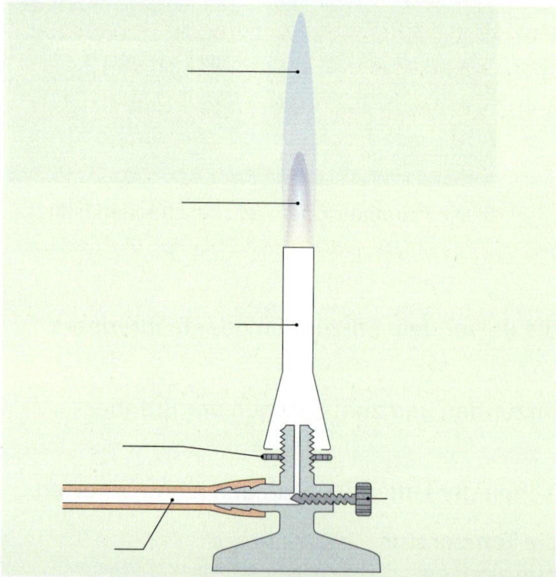

2 Der Aufbau eines Gasbrenners

Der Gasbrenner gehört zu den wichtigsten Geräten im Chemieunterricht. Um sicher mit ihm umzugehen, ist es wichtig, dass du verstehst wie er funktioniert.

1. Zeichne den Gasbrenner (→ Bild 2) in dein Heft.
2. Beschrifte die Bauteile des Gasbrenners und die beiden Bereiche der rauschenden Brennerflamme.

Starthilfe zu 2:
Bild 2 auf der vorherigen Seite hilft dir dabei.

3. **a)** Zeichne den Weg des Gases durch den Gasbrenner mit einem roten Stift ein.
b) Zeichne den Weg der Luft durch den Gasbrenner mit einem blauen Stift ein.

FORSCHEN UND ENTDECKEN

A Wasser richtig erhitzen

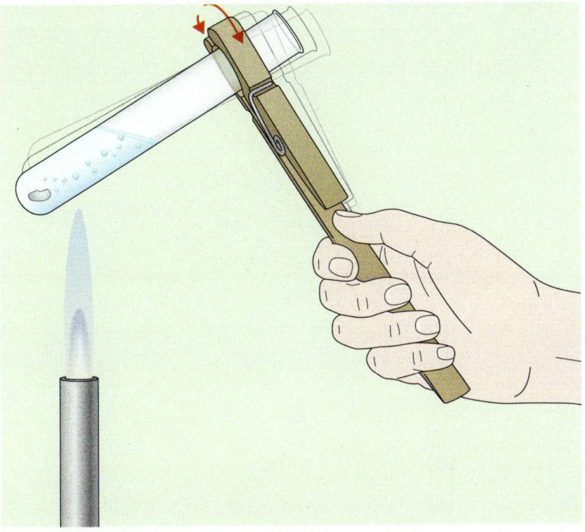

3 So erhitzt du mit Siedesteinchen richtig.

Richte die Reagenzglasöffnung nie auf dich selbst oder andere Personen.
Achtung: Ohne Siedesteinchen kann die Flüssigkeit beim Sieden herausspritzen. Dies nennt man **Siedeverzug.**

Material: Gasbrenner, Reagenzglas mit Wasser, Reagenzglasklammer, Siedesteinchen, Anzünder, Schutzbrille

Durchführung:

Schritt 1: Fülle ein Reagenzglas mit etwas Wasser. Gib zwei Siedesteinchen dazu.

Schritt 2: Halte das Reagenzglas mit dem Reagenzglashalter fest und halte es schräg in die blaue Flamme. Schüttel dabei das Reagenzglas leicht hin und her.

Schritt 4: Beende den Versuch, sobald das Wasser kurz gesiedet hat.

1 Nenne Sicherheitsmaßnahmen, die du bei diesem Versuch beachten musst.

2 Miss die Zeit, die das Wasser braucht, bis es siedet.

3 II Erstelle Regeln zum Erhitzen von nicht brennbaren Flüssigkeiten.

B Brennspiritus richtig erhitzen

Brennbare Stoffe dürfen nicht mit einer offenen Flamme erhitzt werden. Die offene Flamme kann den brennbaren Stoff leicht entzünden. Dazu reichen oft schon die Dämpfe, die von dem brennbaren Stoff verdunsten. Stattdessen wird immer ein Wasserbad dafür verwendet.

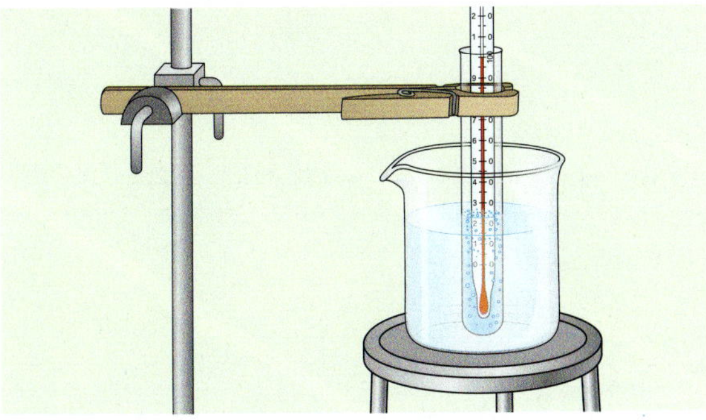

4 Brennspiritus wird in einem Wasserbad erhitzt.

Material: Gasbrenner, Reagenzglas, Siedesteinchen, Becherglas mit Wasser, Thermometer, Brennspiritus, Schutzbrille

Durchführung:

Schritt 1: Fülle das Reagenzglas 2 cm hoch mit Brennspiritus und stelle es in das Becherglas mit Wasser.

Schritt 2: Erhitze das Wasser im Becherglas auf 90 °C.

Schritt 3: Beende den Versuch, sobald der Brennspiritus anfängt zu sieden.

1 Beschreibe deine Beobachtungen.

2 Erläutere den Grund, warum in dem Versuch zum Erhitzen von Brennspiritus ein Wasserbad verwendet wird.

Energie in unserer Umwelt

Wofür benötigen wir Energie?

Woher bekommen Pflanzen, Tiere und Menschen ihre Energie?

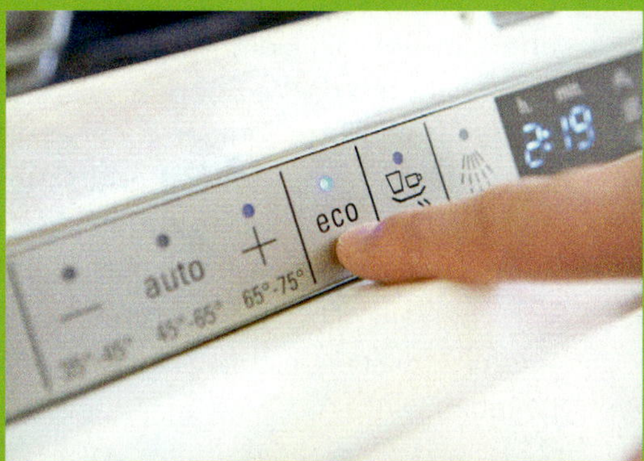

Warum sollen wir eigentlich Strom sparen?

1 Energie in unserer Umwelt

Energie begegnet uns überall

Ohne Energie läuft nichts

Zum Autofahren ist Energie nötig. Ohne Benzin, Diesel oder Strom zu tanken, fährt kein Auto. Auch andere Verkehrsmittel benötigen Energie.

In der Schule benötigen wir Energie zur Beleuchtung und um Computer zu betreiben.

Auch zum Heizen ist Energie nötig. Alle Haushaltsgeräte wie Staubsauger, Waschmaschinen oder Mixer brauchen Energie.

Kein Leben ohne Energie

Vögel fliegen nicht ohne Energie, Pferde springen nicht ohne Energie und auch wir Menschen brauchen Energie. Dies gilt für alle Lebewesen.

Pflanzen nutzen die Energie von der Sonne. Tiere und Menschen bekommen Energie über die Nahrung.

Energieformen

Energie kann in verschiedenen Formen auftreten. Bewegt sich etwas, enthält es **Bewegungsenergie.** Bevor Wasser einen Berg hinunterfließt, enthält es mehr **Höhenenergie,** als wenn es unten ist. Energiereiche Stoffe wir Benzin oder Nährstoffe enthalten **chemische Energie.** Ein gespanntes Gummiband speichert **Spannenergie.**

In der Sonne befindet sich viel Energie in Form von **Kernenergie.**

Die Sonnenstrahlen transportieren **Lichtenergie** zur Erde. Elektrischer Strom überträgt **elektrische Energie.**

Abhängig von ihrer Temperatur enthalten Körper mehr oder weniger **thermische Energie.** Sie wird umgangssprachlich oft auch als Wärme bezeichnet. Physiker sprechen allerdings nur von **Wärme,** wenn thermische Energie aufgenommen oder abgegeben wird.

2 Energie im Haushalt

Energieträger

Energie, die wir nutzen können, ist zum Beispiel in Benzin, in Kohle oder in Holz enthalten. Ebenso ist Energie in der Nahrung, die wir essen. Solche energiereichen Stoffe sind **Energieträger**. Auch der elektrische Strom, der Wind, fließendes Wasser oder Sonnenstrahlen sind Energieträger.

Energieträger speichern oder transportieren Energie.

Energieumwandlungen

Im Motor eines Autos wird Benzin verbrannt und setzt das Auto in Bewegung. Dabei wird chemische Energie des Benzins in Bewegungsenergie umgewandelt. Windkraftanlagen wandeln die Bewegungsenergie des Windes in elektrische Energie um. Elektrische Energie nutzen wir, um sie zum Beispiel an einem Bildschirm in Lichtenergie umzuwandeln. Energie kann also immer wieder von einer Energieform in andere Energieformen umgewandelt werden.

1 Betrachte die Bilder 1 und 2. Beschreibe mehrere Vorgänge in der Natur, im Verkehr und im Haushalt, die ohne Energie nicht stattfinden könnten.

2 Ordne den folgenden Energieträgern passende Energieformen zu: Wind, Erdgas, Spaghetti, fahrender Zug, Apfel, Sonne, Fahrstuhl im Hochhaus, Gras, heiße Suppe. Tipp: Manchmal sind es auch mehrere Energieformen.

Starthilfe zu 2:

Energieträger	Energieformen
Holzkohle	chemische Energie
heißes Wasser	thermische Energie
...	...

3 I a) Nenne die beteiligten Energieformen und die Energieumwandlung beim Staubsaugen.
I b) Nenne die Energieumwandlungen für zwei weitere Haushaltsgeräte.

4 II Nenne die Energieumwandlungen für zwei Vorgänge in der Natur oder Technik.

»

FORSCHEN UND ENTDECKEN

A Energieumwandlungen im Kleinen und im Großen

1 Solarantrieb

2 Generator und Beleuchtung

3 Gummibandantrieb

4 Spirale im warmen Wind

Material: Solarzelle, Solarmotor, Propeller, rote LED, 2 Messstrippen, Gummibandantrieb (z. B. Boot), Kerze, Faden, Alufolie

Durchführung:
Baue nacheinander die Versuche wie in Bild 1 bis 4 auf und beobachte, was passiert.

1. Beschreibe deine Beobachtungen.
2. Benenne jeweils die Energieformen und die Energieumwandlungen in den Versuchen.
3. **II** **a)** Benenne die Energieumwandlungen in den Beispielen aus Bild 5 A bis D und ordne sie den Modellversuchen 1 bis 4 zu.
   b) Begründe deine Zuordnung.
   c) Beschreibe, wozu wir Menschen die Energie jeweils nutzen.

5 Energieumwandlungen: **A** Bungee-Trampolin, **B** Fotovoltaikanlage, **C** Gleitschirmflieger, **D** Fahrradbeleuchtung

ÜBEN UND ANWENDEN

A Energieumwandlungen in der Natur

Ein Feldhase ist lange Zeit des Tages mit Fressen beschäftigt. Er ernährt sich von Gras, Klee oder anderen Kräutern. Mit den Nährstoffen darin nimmt der Hase chemische Energie auf. Einen Teil dieser Energie wandelt er in Bewegungsenergie um. So kann der Hase kauen, hoppeln, die Ohren spitzen und notfalls schnell rennen. Ein anderer Teil der aufgenommenen Energie dient dem Wachstum. Im Körper des Hasen ist dann chemische Energie gespeichert.
Darauf hat es der Habicht abgesehen. Er braucht ebenfalls Nahrung, um seinen Körper mit Energie zu versorgen. Er fliegt oft lange und hält Ausschau nach einem Beutetier. Im Sturzflug versucht er dann, es zu greifen.

6 Fressen und gefressen werden:
A Feldhase frisst Löwenzahn, **B** Habicht jagt Feldhasen

1 **a)** Benenne Energieformen und beschreibe Energieumwandlungen im Körper des Hasen.
b) Beschreibe Energieumwandlungen im Körper des Habichts.

2 II Erkläre, wie die chemische Energie in den Klee kommt.

B Energieumwandlungen auf einer Baustelle

Auf Baustellen sind meist elektrische Maschinen im Einsatz. Sie erleichtern die Arbeit. Zum Beispiel lassen sich mit einem Baukran schwere Betonplatten heben.

7 Ein Baukran hebt schwere Bauteile.

1 **a)** Benenne die Energieformen, die beim Betrieb eines Baukrans eine Rolle spielen.
b) Beschreibe die Energieumwandlung beim Hochheben der Betonplatten.

2 II **a)** Nenne zwei weitere Maschinen und beschreibe, welche Arbeit sie erleichtern.
b) Erläutere die Energieumwandlungen, die in deinen Beispielen vorkommen.

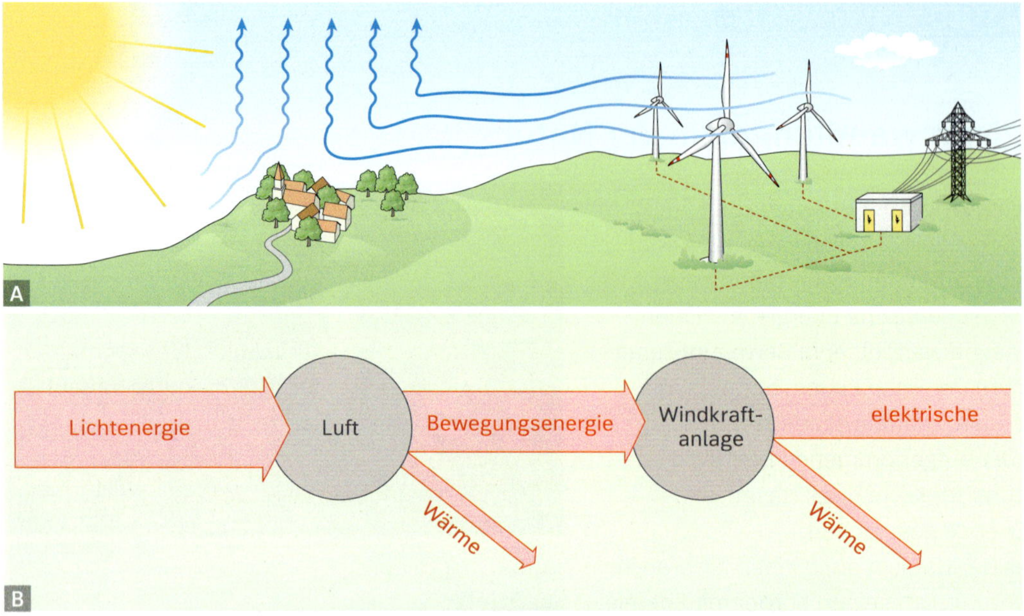

1 Energieumwandlungen und Energiefluss: **A** Übersicht, **B** Energieflussdiagramm

Energieflüsse und Energieerhaltung

Energiewandler

Eine Windkraftanlage wandelt Bewegungsenergie in elektrische Energie um. Ein Rührgerät wandelt elektrische Energie in Bewegungsenergie um. Alle technischen Geräte wandeln, wenn sie arbeiten, eine Energieform in andere Energieformen um. Sie sind **Energiewandler.**

Auch alle Lebewesen sind Energiewandler. Menschen wandeln chemische Energie in thermische Energie, in Bewegungsenergie und weitere Energieformen um.

2 In der Halfpipe

Energiefluss

Die Energiewandler nehmen Energie auf und geben Energie ab. Von einem zu einem anderen Energiewandler fließt die Energie in einer bestimmten Energieform.

Energieerhaltung

Energie verschwindet nicht und entsteht auch nicht neu. Um dieses grundlegende Prinzip der **Energieerhaltung** zu erkennen, hat die Wissenschaft allerdings bis ins 19. Jahrhundert gebraucht. Bei Energieumwandlungen geht also weder Energie verloren noch kann Energie gewonnen werden. In der Halfpipe zum Beispiel nutzt der Skater die Höhenenergie von einer Seite, wandelt sie in Bewegungsenergie um und kommt auf der anderen Seite fast genauso hoch.

Prinzip der Energieerhaltung:
Energie kann nie verschwinden und auch nie neu entstehen. Die Gesamtmenge der Energie bleibt immer gleich.

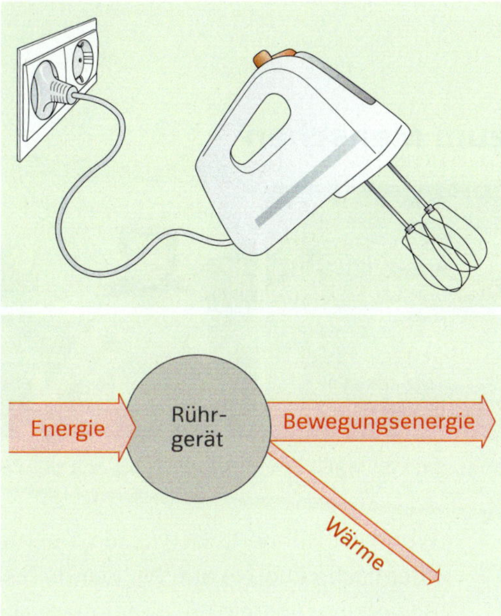

3 Energieflussdiagramm

Wärmeabgabe

Bei jeder Energieumwandlung. wird ein gewisser Teil der Energie in thermische Energie umgewandelt und als Wärme an die Umgebung abgegeben.

Energieflussdiagramme

Die Übertragung und Umwandlung von Energie lässt sich übersichtlich in Form von **Energieflussdiagrammen** darstellen (→ Bild 1 und 3). Jeder Energiewandler wird als Kreis gezeichnet. Pfeile zeigen die Energien, die in den Wandler hineinfließen und aus ihm herausfließen. Je mehr Energie fließt, desto breiter sind die Pfeile gezeichnet.

Kontomodell

Eine andere Möglichkeit, die Energieerhaltung darzustellen, ist das **Kontomodell** (→ Bild 2 und 4). Hier wird für einen Vorgang eine **Energiebilanz** aufgestellt. Sie zeigt, wie sich die Anteile der verschiedenen Energieformen an der Gesamtenergie ändern. Die Gesamtenergie bleibt dabei gleich.
In der Halfpipe wird laufend Höhenenergie in Bewegungsenergie umgewandelt und wieder andersherum. Aber die Bewegung wird durch Reibung ein bisschen abgebremst. Reibungswärme wird an die Umgebung abgegeben und geht für die Bewegung verloren.

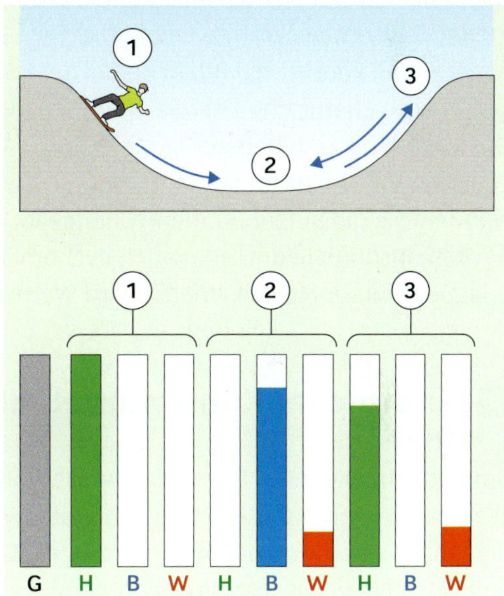

4 Kontomodell der Energieerhaltung

1. Erläutere mithilfe von Bild 1, wofür im Energieflussdiagramm die blauen Kreise und wofür die roten Pfeile stehen. Gehe dabei auch auf die unterschiedliche Breite der Pfeile ein.

2. Zeichne ein Energieflussdiagramm wie in Bild 1 und 3 für ein Beispiel, wo der elektrische Strom über Solarzellen gewonnen wird und dann ein Fernseher betrieben wird.

3. Erkläre, warum im Kontomodell von Bild 4 die Säule für die Höhenenergie in Position 3 kleiner ist als in Position 1.

4. Erkläre die Höhen der Säulen in Position 2 im Kontomodell von Bild 4.

5. Zeichne die Säulen des Kontomodells für die beiden folgenden Positionen ④ und ⑤ in der Halfpipe.

Starthilfe zu 5:

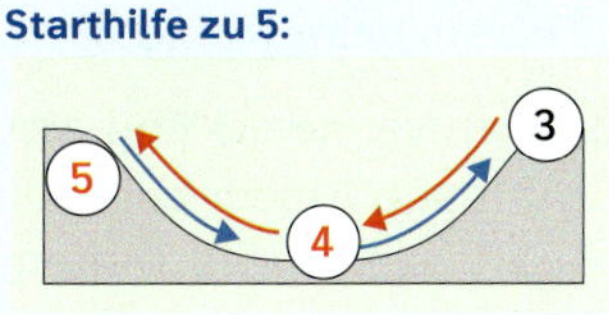

»

ÜBEN UND ANWENDEN

A Energiefluss von der Sonne zum Menschen

1 Energiefluss bis zum Menschen: **A** Maisfeld, **B** Hühner spicken Maiskörner, **C** Bewegung mit dem Rad

Wo kommt die Energie her, die wir zum Leben brauchen?
Die Sonne strahlt Lichtenergie auf die Erde. Ein großer Teil geht als Wärme an die Umwelt. Einen anderen Teil können die Pflanzen bei der Fotosynthese in chemische Energie umwandeln. Diese ist dann zum Beispiel in Maiskörnern gespeichert. Wenn Hühner Maiskörner fressen, wandeln sie die aufgenommene Energie in Bewegungsenergie um, aber auch in chemische Energie in ihrem Fleisch. Wieder wird Wärme frei. Wenn wir Hühnerfleisch essen, nehmen wir die chemische Energie auf. Wir wandeln sie dann in Bewegungsenergie um oder lagern sie auch als chemische Energie ein, wenn wir wachsen. Wärme wird wieder abgegeben.

1 Zeichne ein Energieflussdiagramm von der Sonne bis zum Fahrradfahren. Berücksichtige hierbei auch die Energieflüsse, die an die Umwelt abgegeben werden.

B Energie im Kontomodell bilanzieren

Springst du auf einem Trampolin, wiederholen sich immer wieder die gleichen Energieumwandlungen. Das Kontomodell kann sie zeigen. Dabei berücksichtigen wir vereinfachend nur die Spannenergie des Trampolins (S), die Bewegungsenergie (B) und die Höhenenergie (H). Diese drei Anteile ergeben zusammen die Gesamtenergie (G), die immer gleich bleibt.

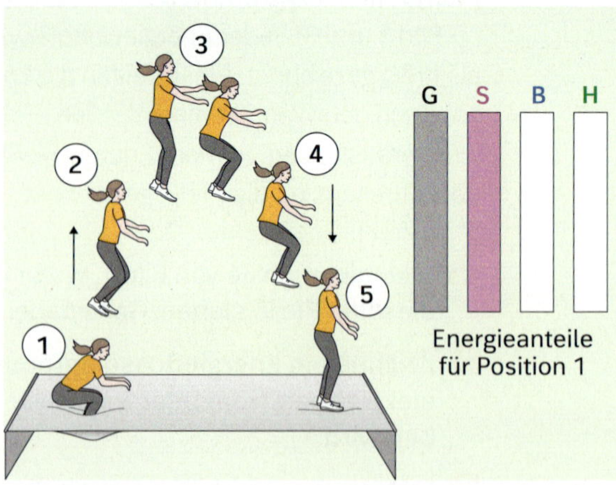

2 Trampolinspringen im Kontomodell

1 **a)** Beschreibe die Vorgänge beim Trampolinspringen.
b) Zeichne nach dem Kontomodell die Anteile der Energieformen für die Positionen 2 bis 5 beim Trampolinspringen (→ Bild 2).

2 **II** **a)** Nenne die Energieumwandlung, die in Aufgabe 1 nicht berücksichtigt wurde.
b) Erweitere das Kontomodell entsprechend.

3 **III** Erläutere, woher die Energie stammt, die du nutzt, um immer wieder auf dieselbe Höhe zu springen.

IM ALLTAG

Energiespeicher – vielfältig nutzbar

3 Brennholz

Holz

Holz ist ein weltweit viel genutzter Energieträger. Es wird zum Heizen, Kochen oder Grillen verwendet. Man kann damit auch Strom erzeugen. Sogar Biokraftstoffe lassen sich daraus herstellen. Holz lässt sich gut lagern und transportieren und man kann es einsetzen, wenn es gebraucht wird.
Beim Wachstum der Bäume haben diese durch die Fotosynthese Lichtenergie in chemische Energie umgewandelt. Die chemische Energie ist im Holz gespeichert. Beim Verbrennen wird die chemische Energie in thermische Energie umgewandelt. Diese lässt sich nutzen.

Fossile Energieträger

Aus der Erde lassen sich fossile Energieträger heraufördern: Erdöl, Erdgas und Kohle. Diese Energieträger sind vor 350 bis 70 Millionen Jahren entstanden. Pflanzen und Tiere in Sümpfen und im Meer sind damals unter besonderen Bedingungen in die Erde eingelagert worden und haben sich verändert. Dabei blieb die chemische Energie der Lebewesen erhalten. Sie findet sich noch heute in diesen Energieträgern wieder. Fossile Energieträger sind eine wichtige Grundlage unserer Energieversorgung.

4 Erdölförderung

5 Akkus im Ladegerät

Akkumulatoren

Elektrische Energie lässt sich kaum speichern. Eine Lösung bieten Akkumulatoren, kurz Akkus genannt. Sie wandeln beim Aufladen elektrische Energie in chemische Energie um. Beim Entladen wird diese wieder in elektrische Energie umgewandelt.
Zum Betreib kleinerer Geräte sind Akkus sehr praktisch. Große Energiemengen lassen sich damit aber nicht speichern.

1 **a)** Nenne drei Energieträger und beschreibe ihre Nutzungsmöglichkeiten.
b) Gib für die genannten Nutzungen die Energiewandler und die Energieumwandlungen an.

2 **II** Zeichne für das Laden und Entladen eines Akkus das Energieflussdiagramm.

«

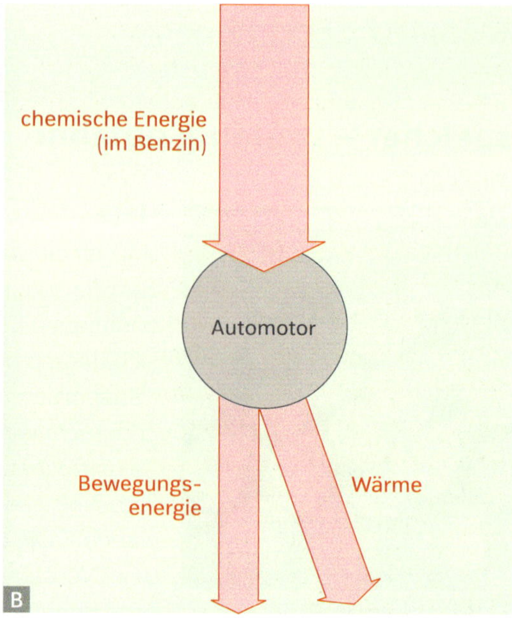

1 „Energieverbrauch" durch Energieentwertung: **A** Autoverkehr, **B** Energieflussdiagramm

Energie gezielt nutzen

Problem Energieverbrauch?

Energie ist wertvoll. Benzin und Erdgas kosten Geld und elektrischer Strom ist teuer. Immer wieder hört man: Wir sollen Energie sparen, nicht nur um Geld zu sparen, sondern auch, um den „Energieverbrauch" zu senken.
Aber warum eigentlich? Nach dem Prinzip der Energieerhaltung geht Energie doch nicht verloren und eine Energieform lässt sich in andere Formen umwandeln. Warum kann man die Energie nicht immer wieder verwenden?
Dies erklärt ein zweites Prinzip, das auch für alle Energieumwandlungen gilt.

Energieentwertung

Jeder Motor wird beim Betrieb warm. Die zugeführte Energie wird nur zu einem Teil in Bewegungsenergie umgewandelt. Ein Teil wird als Wärme an die Umgebung abgegeben. Es steht also nur weniger Bewegungsenergie zur Verfügung, als Energie bereitgestellt wurde.

Energieentwertung überall

Ähnliches gilt für jede Energieumwandlung. Weil ein Teil der zugeführten Energie als Wärme „verloren" geht, ist nachher weniger nutzbare Energie vorhanden als vorher. Daher spricht man von **Energieentwertung.**

Prinzip der Energieentwertung:
Bei jeder Energieumwandlung wird ein Teil der Energie als Wärme ungenutzt an die Umgebung abgegeben.

Energieentwertung vermeiden

Die nutzbare Energie ist knapp. Ihre Nutzung bewirkt oft Umweltprobleme wie den Klimawandel. Solaranlagen und Windkraftanlagen benötigen Platz oder den Platzbedarf. Windräder machen Lärm. Daher ist es nötig, die vorhandene Energie zielgerichtet für einzusetzen. Je geringer dabei der Anteil an entwerteter Energie durch Wärmeabgabe ist, desto **effizienter** ist der Energieeinsatz.

Thermische Energie nutzen

Zwar lässt sich auch thermische Energie in andere Energieformen umwandeln, aber eben auch nicht vollständig. Beispielsweise wird beim Verbrennungsmotor im Auto chemische Energie des Benzins in thermische Energie umgewandelt. Heiße Gase dehnen sich aus und treiben dann den Motorkolben an. Thermische Energie wird so in Bewegungsenergie umgewandelt. Aber es müssen Temperaturunterschiede erzeugt werden und die restliche Wärme geht an die Umwelt verloren. Diese Wärme ist für uns nicht weiter nutzbare Energie (→ Bild 1).

Energie sparen

Mit jedem Umwandlungsschritt wird die nutzbare Energiemenge geringer. Darum müssen wir mit den Energieumwandlungen sparsam umgehen. Denn auch wenn man energiesparende Geräte oder Autos nutzt, am Ende wird alle Energie in nicht mehr nutzbare Wärme überführt. Die Bewegungsenergie des Autos wird zum Beispiel über die Reibung der Reifen in Wärme umgewandelt, die sich in der Umgebung verteilt. Wir sollten also versuchen, den gewünschten Nutzen wie Fortbewegung oder Beleuchtung mit möglichst geringem Energieeinsatz zu erzielen.

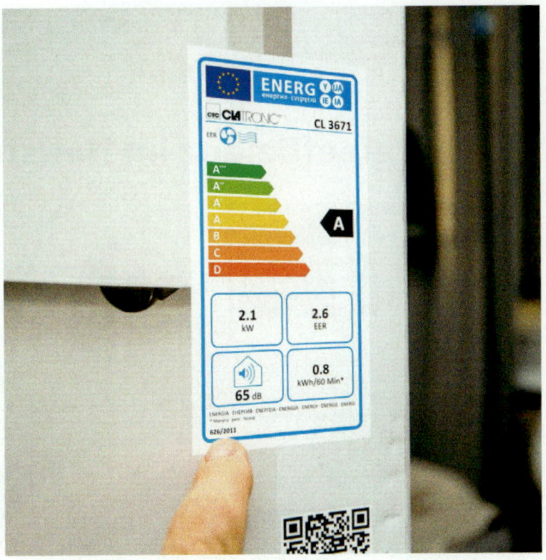

2 Das EU-Energielabel kennzeichnet die Energieeffizienz.

Energieeffizienz

Um Energie effizient zu nutzen, entwickeln Techniker Geräte, die mit möglichst geringen Wärmeverlusten funktionieren. Beim Kauf neuer Haushaltsgeräte geben die Energieeffizienzklassen eine gute Orientierung (→ Bild 2). Auch beim Betrieb von Geräten können wir effizient vorgehen. Zum Beispiel sollten wir die Waschmaschine erst anstellen, wenn sie voll ist. Licht sollten wir ausschalten, wenn es nicht gebraucht wird. Wir können uns effizienter mit der Bahn als mit dem Auto fortbewegen.

1 **a)** Beschreibe die Energieerhaltung beim Autofahren.
b) Beschreibe die Energieentwertung beim Autofahren.

2 **a)** Beschreibe ein weiteres Beispiel, in dem wir Energie „verbrauchen".
b) Gib Tipps, wie du denselben Nutzen mit weniger Energieeinsatz erzielen kannst.

3 **I** Bewerte den Nutzen von Energielabeln für den Kauf von Elektrogeräten.

4 **II** **a)** Im Alltag hört man oft den Begriff Energieverbrauch. Begründe, warum dies physikalisch eigentlich falsch ist.
b) Erläutere den Begriff Energieentwertung an einem Beispiel.

5 **III** Stell dir vor, du arbeitest in der Entwicklungsabteilung für energieeffiziente Fahrräder. Entwickle mehrere Vorschläge, an welchen Stellen du versuchen würdest, das Fahrrad zu optimieren.

Starthilfe zu 5:
Die eingesetzte Energie des Fahrers soll mit möglichst geringen Wärmeverlusten durch unnötige Reibung in Bewegungsenergie umgesetzt werden.

»

ÜBEN UND ANWENDEN

A Energieeffizienz im Haushalt

1 Energie"verbrauch" senken heißt, Energie effizient zu nutzen: **A** zum Heizen, **B** zum Spülen, **C** zur Unterhaltung

Wir nutzen Energie zum Beispiel zum Heizen, für Haushaltsgeräte wie Waschmaschinen oder zur Kommunikation oder Unterhaltung beim Fernsehen oder am Computer. Um die Energieeffizienz zu steigern, muss eine unnötige Wärmeabgabe an die Umwelt vermieden werden. Dazu kann jeder auf seine Weise beitragen.

1 Gib praktische Tipps, wie sich in den Beispielen aus Bild 1 die Energie möglichst effizient für die gewünschten Zwecke nutzen lässt.

2 II **a)** Zeichne für die drei Beispiele aus Bild 1 jeweils ein Energieflussdiagramm.
b) Erkläre, welche Anteile im Energiefluss möglichst gering gehalten werden sollten.

B Vertical Farming

2 Gewächshäuser im Hochhaus

Vertical Farming – also senkrechte Landwirtschaft – das ist ein Zukunftsmodell, das die Ernährung in Großstädten verbessern soll. In Hochhäusern werden Nutzpflanzen in vielen Etagen übereinander angebaut. Das spart Platz, lässt sich gut bearbeiten und kontrollieren und spart lange Transportwege für Obst und Gemüse. Künstliches Licht ermöglicht den Pflanzen die Fotosynthese. Die elektrische Energie für die Beleuchtung soll zum Beispiel über Solarzellen auf dem Dach gewonnen werden.

1 **a)** Nenne einige Vorteile des Vertical Farming gegenüber Äckern auf dem Land.
b) „Die Energie zur Beleuchtung der vielen Etagen gewinnen wir, indem wir die Energie vom Solardach vielfach nutzen."
Beurteile diese Idee.

2 Es gibt auch Modelle des Vertical Farming, die mit natürlichem Licht arbeiten.
a) Entwirf Zeichnungen, die Hochhäuser mit Vertical Farming unter Sonnenlicht zeigen.
II **b)** Bewerte ein solches Vertical Farming. Zeige Vorteile, aber auch Grenzen auf.

IM ALLTAG

Ein Perpetuum mobile?

Historische Beispiele scheiterten

Bild 3 zeigt die Idee von einem ewig laufenden Wasserrad. Es soll nicht nur den Schleifstein für die Arbeit des Messerschleifers antreiben. Das Wasser wird wieder nach oben gepumpt. Mehrere Zahnräder dienen der Kraftübertragung.

Eine Maschine, die einmal angestoßen wird und dann ohne Energiezufuhr von selbst immer weiterläuft, - das wäre ein **Perpetuum mobile** (lateinisch für „etwas sich ewig Bewegendes“). Diesen Traum verfolgten viele Konstrukteure. Früheste Beispiele sind von vor über tausend Jahren aus Indien überliefert. Leonardo da Vinci hat um 1500 nach vergeblichen Versuchen erkannt, dass es wohl nicht geht. Ab 1775 nahm die berühmte Akademie der Wissenschaften in Paris keine Patentvorschläge für ein Perpetuum mobile mehr an. Ein Perpetuum mobile ist nach den Prinzipien der Energieerhaltung und der Energieentwertung physikalisch unmöglich. Auch wenn andere Energieformen wie elektrische, thermische oder Licht-Energie mit einbezogen werden, ändert sich daran nichts.

3 Vorschlag für ein Perpetuum mobile von G. A. Böckler aus dem 17. Jahrhundert

1 **a)** Beschreibe anhand von Bild 3, wie sich der Konstrukteur die Funktionsweise wohl vorgestellt hat.
b) Begründe, warum diese Maschine nicht funktioniert.

2 **a)** Überlege und erläutere, warum so viele Ingenieure über Jahrhunderte hinweg versucht haben, ein Perpetuum mobile zu entwickeln. Denke dabei auch an den praktischen Nutzen.
b) Begründe, warum alle diese Versuche zum Scheitern verurteilt sind.

3 **II** **a)** Recherchiere im Internet nach weiteren Beispielen für ein Perpetuum mobile. Es gibt sogar „Videos“, die solche Ideen als funktionierend darstellen.
b) Erkläre jeweils,
- wie das gezeigte Modell funktionieren soll,
- wo der Denkfehler liegt,
- wie man ein „Fake-Video“ über ein Perpetuum mobile herstellen kann.

«

Auf einen Blick: Energie in unserer Umwelt

Energie nutzen
Im Alltag nutzen wir Energie im Verkehr, zum Heizen oder um Elektrogeräte zu betreiben. Die Energie ist in Energieträgern wie Benzin, Holz oder dem Wind enthalten.

1 Energie nutzen

Energieformen
Es lassen sich verschiedene Energieformen wie die Bewegungsenergie, die chemische Energie oder die Höhenenergie unterscheiden. Energiewandler wandeln Energie von einer Form in eine oder mehrere andere Energieformen um. Motoren, Lampen, aber auch Lebewesen sind Energiewandler.

Energie zum Leben
Alle Lebewesen benötigen Energie. Pflanzen nutzen das Sonnenlicht. Sie wandeln bei der Fotosynthese Lichtenergie in chemische Energie um. Diese ist in den Nährstoffen als Energieträger gespeichert. Tiere und Menschen nehmen Nährstoffe auf. Sie wandeln die darin enthaltene chemische Energie zum Beispiel in Bewegungsenergie und Wärme um.

Prinzip der Energieerhaltung
Bei Energieumwandlungen geht keine Energie verloren und es entsteht auch keine Energie. Die Gesamtmenge der Energie bleibt gleich.

Prinzip der Energieentwertung
Bei jeder Energieumwandlung wird ein Teil der Energie in Wärme umgewandelt und an die Umgebung abgegeben. Sie kann nicht mehr vollständig in andere Energieformen umgewandelt werden. Sie geht damit für die weitere Nutzung verloren.

Energieeffizienz
Damit wir genug Energie für die Nutzung im Haushalt, im Verkehr oder in der Industrie zur Verfügung haben, muss die Energie effizient eingesetzt werden. Die Energieentwertung durch Wärmeverluste oder unnötige Umwandlungen bleiben möglichst gering. Umgangssprachlich wird dies als Energiesparen bezeichnet.

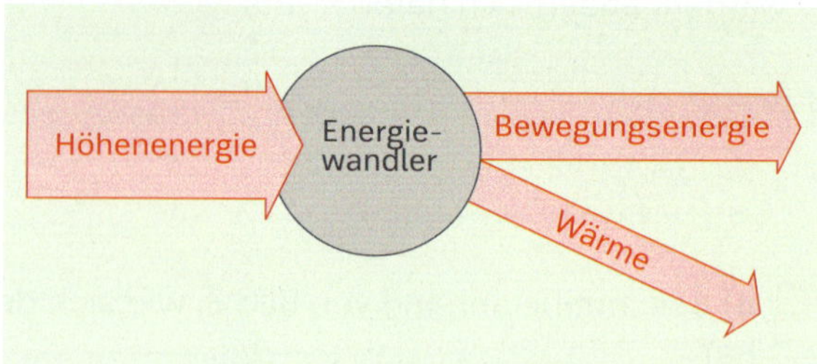

2 Energieflussdiagramm

WICHTIGE BEGRIFFE

- Energie
- Energie nutzen
- Energieträger
- Energieformen
- Energieumwandlungen

WICHTIGE BEGRIFFE

- Energiefluss
- Prinzip der Energieerhaltung
- Prinzip der Energieentwertung
- Energieeffizienz
- Energieflussdiagramm

Lerncheck: Energie in unserer Umwelt

Energieformen und Energieumwandlung

1 **a)** Nenne mögliche Energieträger, über die Menschen Energie aufnehmen, zum Beispiel um joggen zu können.
b) Nenne die Energieform, über die sich Menschen und Tiere mit Energie versorgen.

2 **a)** Beschreibe die Energieumwandlung, die bei der Fotosynthese stattfindet.
b) Zeichne für diese Energieumwandlung das passende Energieflussdiagramm.
c) Beschreibe die Energieumwandlung, die beim Laufen stattfindet.
d) Zeichne hierfür das Energieflussdiagramm.

3 Beim fahrenden Fahrrad erzeugt ein Dynamo den Strom für die Lampe. Dabei werden der Dynamo und das Lämpchen etwas warm. Zeichne das Energieflussdiagramm für die Fahrradbeleuchtung und erläutere das Prinzip der Energieentwertung.

DU KANNST JETZT ...

- ... Beispiele dafür nennen, wozu wir Energie nutzen.
- ... Energieträger nennen.
- ... Energieformen nennen.
- ... Energieformen und mögliche Energieträger einander zuordnen.
- ... Beispiele für Energieumwandlungen im Alltag und in der Natur beschreiben.

Energieerhaltung und Energieentwertung

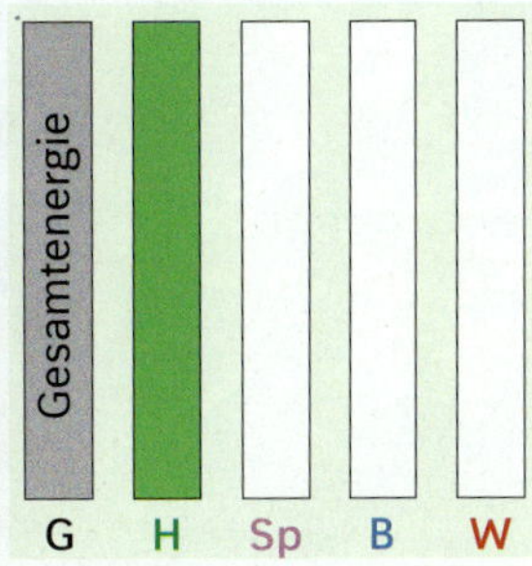

4 **a)** Beim Bungee-Trampolin-Springen auf einem Jahrmarkt wiederholen sich immer wieder dieselben Abläufe. Beschreibe einen Ablauf und nenne die beteiligten Energieformen.
b) Zeichne für einen Ablauf die Energieumwandlungen im Kontomodell. Beginne mit der Position, wo der Springer ganz oben ist.
c) Erkläre an diesem Beispiel das Prinzip der Energieerhaltung.
d) Erkläre, warum die Bewegung nach wenigen Abläufen endet, wenn der Springer nicht durch seine Muskeltätigkeit laufend Energie zuführt.

5 **a)** Erläutere am Beispiel eines Handys das Prinzip der Energieentwertung.
b) Beschreibe Tricks, wie du beim Handy „Akku sparen" kannst.
c) Erläutere an diesen Beispielen, was Energiesparen mit Energieeffizienz zu tun hat.

DU KANNST JETZT ...

- ... das Prinzip der Energieerhaltung beschreiben.
- ... das Prinzip der Energieentwertung beschreiben.
- ... Beispiele für eine effiziente Nutzung von Energie erklären.
- ... Energieumwandlungen in Form von Energieflussdiagrammen und in Form des Kontomodells darstellen.

Leben in Ökosystemen

Wie ist der Wald aufgebaut?

Wie leben die Tiere miteinander in einem Wald?

Wozu brauchen wir den Wald?

1 Ein Buchenmischwald

Der Wald ist ein Ökosystem

Wälder sind unterschiedlich

In einem **Buchenmischwald** ist der Boden feucht und reich an Mineralstoffen. Hier wachsen außer Buchen weitere Baumarten, viele Sträucher und Kräuter. Die Pflanzen können mit tiefen Wurzeln Wasser und Mineralstoffe aufnehmen. Im Buchenmischwald finden viele Tiere Nahrung und Unterschlupf.
In einem **Fichtenwald** ist der oft steinige Boden trocken und arm an Mineralstoffen. Mit flachen Wurzeln nehmen die Pflanzen Wasser und Mineralstoffe auf. Hier wachsen nur wenige Sträucher und Kräuter. Im Fichtenwald finden nur wenige Tiere Nahrung und Unterschlupf.

2 Ein Fichtenwald

Lebensraum Wald

Welche Tiere und Pflanzen in einem Wald vorkommen, hängt von den dort vorherrschenden Bedingungen ab. Dazu gehören die Beschaffenheit des Bodens, die Temperatur, die Lichtstärke, der Niederschlag und die Luftfeuchtigkeit. Diese Bedingungen der Natur werden als **abiotische Faktoren** bezeichnet.
In einem **Lebensraum** können nur Pflanzen und Tiere leben, die an die abiotischen Faktoren angepasst sind.

Abiotische Faktoren im Wald

Die Bäume stehen in einem Buchenmischwald weit auseinander. Zu Beginn des Frühlings nach dem Laubabwurf im Herbst gelangt viel Licht auf den Waldboden. Hier bekommen Sträucher und Kräuter genügend Licht für ihr Wachstum.
In einem Fichtenwald stehen die Bäume enger zusammen. Die immergrünen Baumkronen lassen zu jeder Jahreszeit nur wenig Licht auf den Waldboden. Da die Pflanzen für die Fotosynthese Licht benötigen, wachsen hier nur wenige Sträucher und Kräuter.

3 Lebensraum und Lebensgemeinschaften bilden das Ökosystem.

Lebensgemeinschaften im Wald

In der Baumkrone, am Stamm und im Boden eines Waldes leben verschiedene Pflanzen und Tiere. Sie bilden unterschiedliche **Lebensgemeinschaften.** Die Pflanzen und Tiere beeinflussen sich dabei gegenseitig. Diese Bedingungen werden als **biotische Faktoren** bezeichnet.

Biotische Faktoren im Wald

Ein biotischer Faktor sind die Nahrungsbeziehungen. In den Baumkronen eines Buchenwaldes leben Eichhörnchen und Baummarder. Die Eichhörnchen fressen die Früchte der Buche, die Bucheckern. Baummarder jagen die Eichhörnchen. An den Baumstämmen leben Kleiber. Sie fressen Insekten und Larven, welche sich von den Blättern und der Rinde der Bäume ernähren. Goldlaufkäfer jagen am Boden Insekten oder ernähren sich von toten Tieren.

Ökosystem Wald

Der Lebensraum und seine besonderen Lebensgemeinschaften aus Pflanzen und Tieren bilden das **Ökosystem** Wald.

Jede Pflanzenart und jede Tierart ist an bestimmte abiotische und biotische Faktoren im Ökosystem angepasst.

Die ökologische Nische

Alle Faktoren, an die eine Tierart oder Pflanzenart angepasst ist, bilden die **ökologische Nische** dieser Art. Jede Art nutzt eine andere ökologische Nische. So können viele Arten nebeneinander leben, ohne sich **Konkurrenz** zu machen.
Zum Beispiel fressen sowohl der Kleiber als auch der Goldlaufkäfer Insekten. Da sie aber an unterschiedlichen Orten jagen, konkurrieren sie nicht direkt um ihre Beute.

1 **a)** Erkläre die Begriffe abiotisch und biotisch.
b) Nenne jeweils drei abiotische Faktoren und drei biotische Faktoren im Wald.

2 Beschreibe, woraus das Ökosystem Wald besteht.

3 I Ordne die folgenden Begriffe und Aussagen den biotischen oder den abiotischen Faktoren zu: Kleiber frisst Insekten, Bodenbeschaffenheit, Temperatur, Eichhörnchen frisst Bucheckern, Lichtstärke

4 II Begründe, warum auf dem Boden des Fichtenwaldes weniger Pflanzen wachsen als im Buchenmischwald.

Starthilfe zu 4:
Vergleiche die abiotischen Faktoren beider Waldtypen.

»

METHODE

Messwerte erfassen und graphisch in Diagrammen darstellen

1 Messungen durchführen und protokollieren

Waldform	Lichtmenge in Lux
Buchenwald	1 600
Kiefernwald	840
Mischwald	5 600

2 Tabelle mit Messwerten

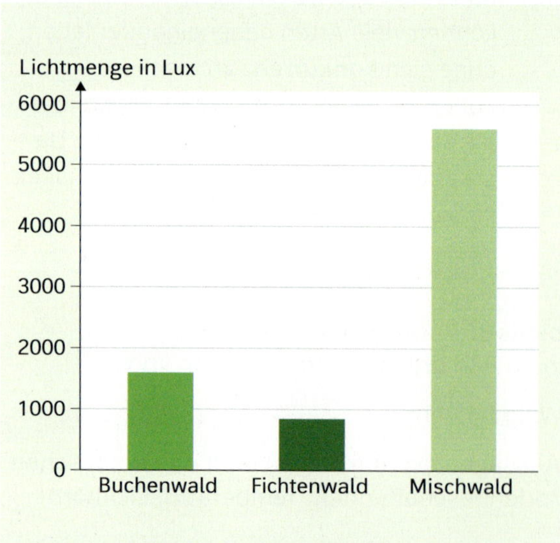

3 Säulendiagramm zu Lichtmengen in verschiedenen Waldformen

Messwerte erfassen

Zur genaueren Untersuchung der Lebensbedingungen im Wald lassen sich abiotische Faktoren messen. Für die verschiedenen Messgrößen sind bestimmte Messgeräte nötig.

- Abstände werden mit einem Maßband in der Maßeinheit Meter (m) gemessen.
- Temperaturen werden mit einem Thermometer in Grad Celsius (°C) angegeben (→ Bild 1).
- Die Lichtmenge wird mit einem Luxmeter gemessen und in der Maßeinheit Lux angegeben. Jedes Smartphone misst für seine Kamera die Helligkeit. Mit einer passenden App lassen sich viele Handys auch als Luxmeter nutzen.

Messwerte protokollieren

Die gemessenen Werte werden in eine vorbereitete Tabelle eingetragen. Die Tabelle in Bild 2 zeigt die Messwerte der Lichtmenge im Innern unterschiedlicher Waldformen. In der ersten Spalte wurde die Waldform und in der zweiten Spalte die jeweils gemessene Lichtmenge in der Einheit Lux eingetragen. Eine Tabelle ordnet die Messwerte und ermöglicht einen guten Überblick über die erfassten Daten.

Ein Säulendiagramm erstellen

Zur Darstellung von Einzelmessungen wie beim oben beschriebenen Beispiel eignet sich ein **Säulendiagramm** (→ Bild 3). Die gemessenen Werte können so vergleichend dargestellt werden. Mit den Messwerten aus der Tabelle in Bild zwei kannst du ein Säulendiagramm mithilfe folgender Schritte erstellen:

- An der waagerechten Achse erfolgt die Beschriftung der Waldformen.
- An die senkrechte Achse schreibst du in 1000er-Schritten die Lichtmenge in Lux in gleichen Abständen.
- Die senkrechten Säulen werden entsprechend der Werte aus der Tabelle mit Messwerten möglichst farbig und breit eingezeichnet.

METHODE

Ein Kurvendiagramm erstellen

Für weitere Messwerte kann eine andere grafische Darstellung sinnvoll sein.
Die Tabelle in Bild 4 zeigt Messwerte der Lichtmenge innerhalb eines Waldes. Es wurde eine Messreihe in bestimmten Abständen vom Waldrand aus erstellt. In der ersten Spalte wurde der Abstand zum Waldrand und in der zweiten Spalte die jeweils gemessene Lichtmenge eingetragen.

Abstand zum Waldrand in m	Lichtmenge in Lux
0	18500
2	8500
4	3200
6	1400
8	1500
10	1400

4 Tabelle mit Messwerten zur Lichtmenge

Zur Darstellung einer solchen Messreihe eignet sich ein **Kurvendiagramm** (→ Bild 5). Die gemessenen Werte können so in ihrem Verlauf dargestellt werden.
Aus der Tabelle mit den Messwerten zur Lichtmenge kannst du ein Kurvendiagramm erstellen:

- Schreibe die Abstände 0 bis 10 m im gleichen Abstand an die waagerechte Achse. Beschrifte die Achse.
- Schreibe an die senkrechte Achse in 5000er-Schritten die Lichtmenge. Beschrifte die Achse im gleichen Abstand.
- Jeden Messwert zur Lichtmenge trägst du als kleines Kreuz in das Diagramm ein. Nutze dazu die Hilfslinien wie in Bild 5.
- Zeichne mit der Hand eine Kurve durch die Messpunkte.

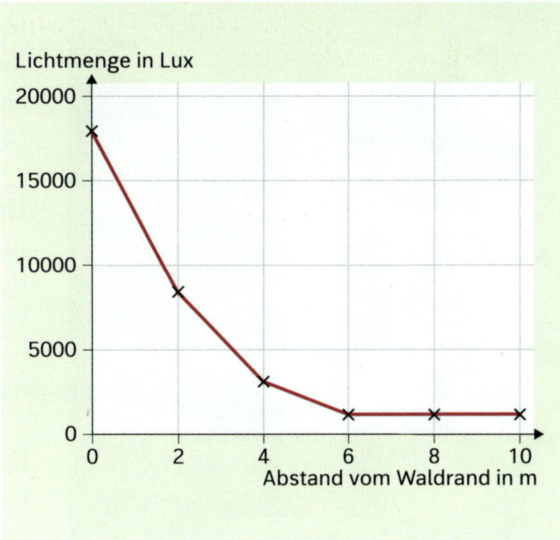

5 Kurvendiagramm zur Lichtmenge in Abhängigkeit vom Abstand zum Waldrand

1 **a)** Erstelle eine Messwerttabelle zur Lichtmenge im Fichtenwald mithilfe folgender Werte, gemessen vom Waldrand bei 0 m bis zum Inneren des Waldes bei 10 m: 0 m – 17500 Lux, 2 m – 8500 Lux, 4 m – 900 Lux, 6 m – 700 Lux, 8 m – 650 Lux, 10 m – 630 Lux.
b) Stelle die Messergebnisse in einem Kurvendiagramm grafisch dar.
c) Werte die Tabelle beziehungsweise das Diagramm aus.

2 Begründe die unterschiedlichen Lichtmengen im Fichtenwald und im Mischwald (→ Bild 3).

3 I Begründe, warum die Messergebnisse aus der Tabelle in Bild 2 nicht als Kurvendiagramm dargestellt werden können.

4 II In der Tabelle in Bild 4 wurden die Lichtmengen in bestimmten Abständen gemessen. Erläutere, ob auch andere Abstände möglich gewesen wären und was vielleicht zu dieser Auswahl der Messpunkte geführt hat.

1 Schichten eines Mischwaldes

Entdeckungen im Wald

Die Schichten des Waldes

Wenn du einen Spaziergang durch einen Wald unternimmst, kannst du die verschiedenen Schichten eines Waldes erkennen.

Die Baumschicht

Die Baumkronen bilden in der Baumschicht die oberste Schicht des Waldes. In einem Mischwald wird die Baumschicht von Laubbäumen wie Buche und Ahorn und Nadelbäumen wie Fichten gebildet. Die Baumschicht bietet zahlreichen Tieren wie Habichten, Eichhörnchen und vielen Insekten einen Lebensraum.
An den Baumstämmen leben Spechte, Kleiber und viele Insekten und deren Larven.

Die Strauchschicht

Junge Bäume und Sträucher wie Hasel und Holunder wachsen in der Strauchschicht. Viele Vögel wie die Amsel, aber auch Rehe, Spinnen und Insekten, finden hier Nahrung.

Die Krautschicht

Farne, Gräser, Kräuter und Baumkeimlinge bilden die Krautschicht. In der Krautschicht leben kleine wirbellose Tiere wie Insekten und Spinnen, aber auch Füchse und Fasane.

Die Moosschicht

In der Moosschicht wachsen Moose und Pilze. Hier leben viele Schnecken und Ameisen. Auch Reptilien wie die Waldeidechse haben hier ihren Lebensraum.

Die Wurzelschicht

In der Wurzelschicht im Boden befinden sich die Wurzeln der Pflanzen. Waldmäuse und Käfer sind Tiere der Wurzelschicht.

Farnpflanzen

In Wäldern wachsen in der Krautschicht oft hohe Farnpflanzen. Zwischen ihren Blättern finden viele verschiedene Tierarten Unterschlupf.
Die Farnpflanzen erhöhen durch Verdunstung von Wasser die Luftfeuchtigkeit im Wald. Ihre Wurzeln mit Erdsprossen verhindern, dass der Waldboden bei Regen weggespült wird.

2 Farnpflanzen

Moose

Moospflanzen bilden in der Moosschicht dichte Moospolster aus vielen einzelnen Pflanzen. Zwischen ihren Blättern können die Moospflanzen Regenwasser wie in einem Schwamm speichern. Dieses Wasser wird dann nach und nach an den Waldboden abgegeben. Dadurch bleibt der Boden feucht.
Die Moospolster bieten Ameisen, Spinnen und Käfern einen wichtigen Lebensraum.

3 Moospolster

Pilze

Pilze sind keine Pflanzen. Sie haben kein Chlorophyll und betreiben keine Fotosynthese. Mithilfe eines unterirdischen Fadengeflechtes nehmen die Pilze Nährstoffe aus dem Boden auf. Manche Pilzarten wachsen an lebenden oder abgestorbenen Baumstämmen.
Viele Pilze zersetzen totes Pflanzenmaterial oder auch tote Tiere. Sie können sogar Holzreste zersetzen und sind deshalb im Wald sehr wichtig. Etliche Pilze dienen außerdem Tieren als Nahrung. Die Pilze mancher Arten sind für uns Menschen giftig.

4 Giftige Fliegenpilze

1 Erstelle eine Tabelle zu den Schichten eines Mischwaldes mit Pflanzen und Tieren.

2 Nenne für Farnpflanzen, Moose und Pilze je zwei Funktionen im Wald.

3 I Begründe, warum Pilze keine Pflanzen sind.

4 II Stelle begründete Vermutungen an, warum viele Tierarten nicht ausschließlich in einer einzigen Schicht des Waldes leben.

Starthilfe zu 1:

Schicht	Pflanzen	Tiere
Baumschicht	Ahorn, ...	Eichhörnchen, ...

»

FORSCHEN UND ENTDECKEN

A Wie kann ich die Baumhöhe messen?

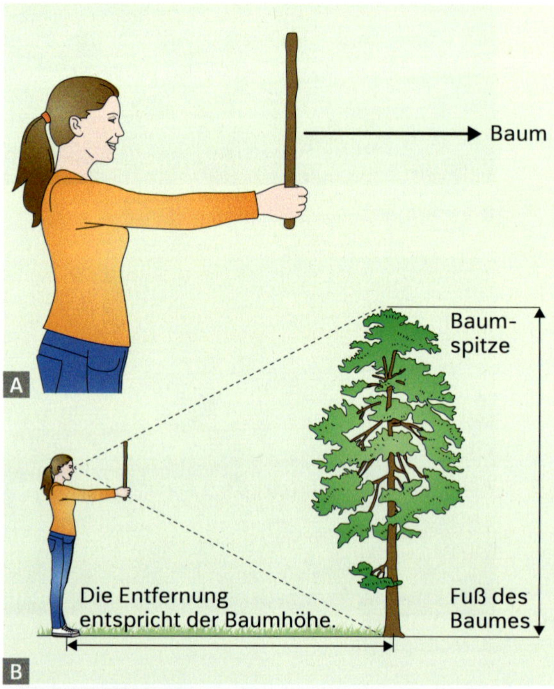

1 Bestimmung der Baumhöhe: **A** Armhaltung, **B** Anpeilung des Baummes

Material: Stock in Armlänge, Maßband

Durchführung:

Schritt 1: Nimm einen Stock in eine Hand, der so lang ist wie dein Arm. Halte den Stock wie in Bild 1A in Richtung des Baumes, dessen Höhe du messen möchtest.

Schritt 2: Gehe langsam so weit rückwärts, bis du die obere Stockspitze mit der Baumspitze und die untere Stockspitze mit dem Fuß des Baumes anpeilen kannst (→ Bild 1B).

Schritt 3: Miss mit dem Maßband die Entfernung von deinem Standpunkt bis zum Fuß des Baumes (→ Bild 1B). Diese Entfernung entspricht ungefähr der Höhe des Baumes.

1 Gib die Höhe verschiedener Bäume in Metern an.

B Sind Moose gute Wasserspeicher?

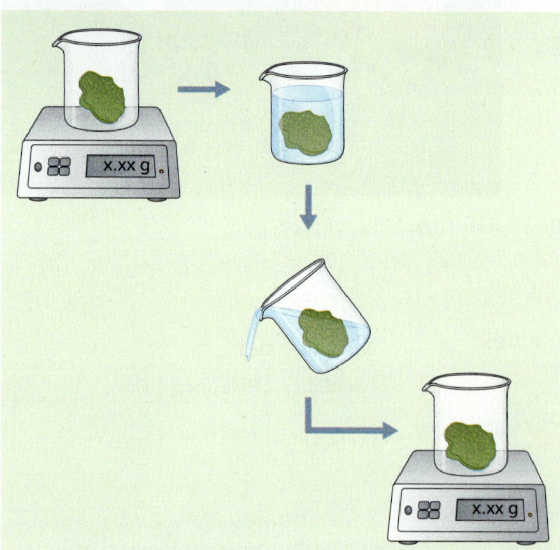

2 Versuchsdurchführung

Material: trockenes Moospolster mit etwa 8 cm x 8 cm Fläche, Wasser, Waage, Becherglas, Uhr

Durchführung:

Schritt 1: Wiege das trockene Moos im Becherglas. Notiere dein Ergebnis.

Schritt 2: Übergieße das Moos mit reichlich Wasser und warte etwa 10 Minuten.

Schritt 3: Gieße das überschüssige Wasser aus dem Becherglas.

Schritt 4: Wiege nun das mit Wasser getränkte Moos im Becherglas. Notiere dein Ergebnis.

1 Berechne, wie viel Wasser im Moospolster gespeichert wurde.

ÜBEN UND ANWENDEN

A Bau und Lebensweise der Hutpilze

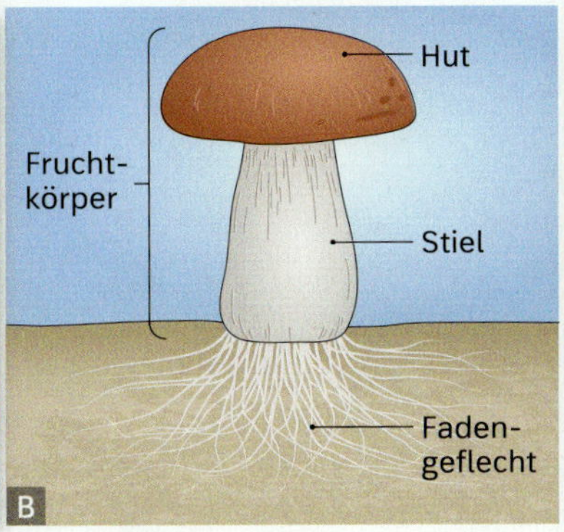

3 Hutpilze: **A** Steinpilz, **B** Bau eines Hutpilzes, **C** Fliegenpilz

Der sichtbare Teil der Hutpilze ist der Fruchtkörper. Bei **Röhrenpilzen** wie dem Steinpilz ist die Unterseite des Hutes schwammig. Sie besteht aus vielen Röhren.
Bei **Blätterpilzen** wie dem Fliegenpilz ist die Unterseite des Hutes blättrig. Sie besteht aus nebeneinander liegenden Blättern.

1. Zeichne einen Hutpilz und beschrifte dessen Teile.
2. Erkläre, warum die Pilze in Röhrenpilze und Blätterpilze eingeteilt werden.
3. Recherchiere die Lebensräume von Pfifferling und Champignon und präsentiere deine Ergebnisse.

B Die Symbiose ist eine besondere Lebensgemeinschaft

4 Symbiose

Viele Waldpilze bilden Lebensgemeinschaften mit Bäumen. Dabei dringen Teile des Fadengeflechts der Pilze in die Wurzeln der Bäume ein (→ Bild 4). Die Pilze entnehmen Nährstoffe aus den Wurzeln der Bäume. Der Baum kann aber mithilfe der Pilze besser Wasser und Mineralstoffe aus dem Boden aufnehmen.
Diese Form der Lebensgemeinschaft zum gegenseitigen Vorteil wird **Symbiose** genannt.

1. Beschreibe die Symbiose zwischen Pilz und Baum.
2. Begründe, warum Bäume aus dem Wald nicht einfach in Gärten umgesetzt werden können.

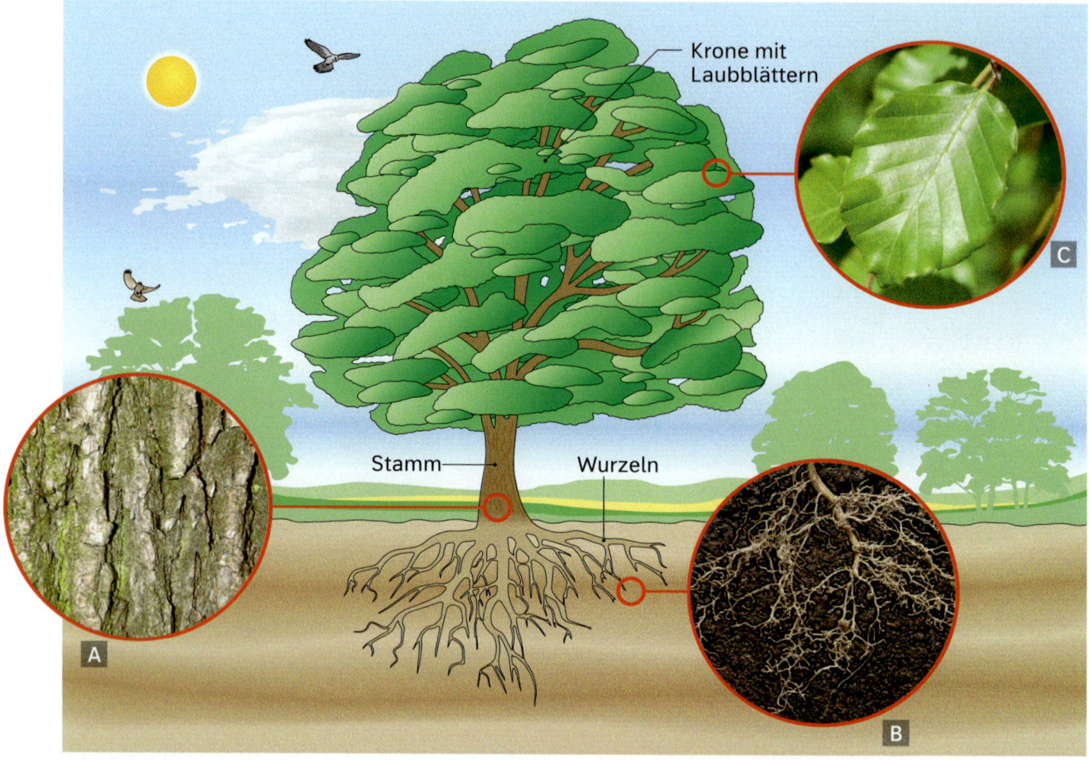

1 Bau eines Baums: **A** Baumstamm mit Borke, **B** Wurzelspitzen, **C** Laubblatt

Pflanzenorgane und ihre Funktionen

Bau einer Pflanze

Alle Blütenpflanzen haben einen gemeinsamen Grundbauplan. Sie bestehen aus den **Wurzeln** im Boden und dem **Spross.** Bei Bäumen besteht der Spross aus dem Stamm und der Krone mit den Laubblättern.

Alle Organe einer Pflanze haben bestimmte Funktionen, an die sie durch ihren Bau angepasst sind.

Funktionen der Wurzel

Mit ihren Wurzeln ist die Pflanze im Boden verankert. Außerdem nehmen Pflanzen mit den Wurzeln Wasser und Mineralstoffe aus dem Boden auf. Die Wurzeln speichern auch Nährstoffe. Damit die Wurzeln diese Funktionen erfüllen können, sind sie weit verzweigt (→ Bild 1 B). So haben die Wurzeln insgesamt eine große Oberfläche.

Feinbau einer Wurzel

Die zarte Wurzelspitze ist durch eine Wurzelhaube geschützt. An jeder einzelnen Wurzel befinden sich feine **Wurzelhaare.** Durch ihre dünnen Wände können Wasser und darin gelöste Mineralstoffe in die Wurzeln aufgenommen werden. Die Wurzelhaare vergrößern die Oberfläche der Wurzeln zusätzlich. So können die Wurzeln viel Wasser aufnehmen.

Die Sprossachse

Die Wurzel geht in die Sprossachse über. Diese besteht hauptsächlich aus Leitungsgewebe, das von einem stabilen Gewebe geschützt wird. Bei Bäumen wird dieses Gewebe als **Borke** bezeichnet. Es schützt die Pflanze vor Regen, Wind, Sonne, Feuer und Verletzungen. Außerdem dient sie zur Abwehr von Schädlingen und Krankheiten.

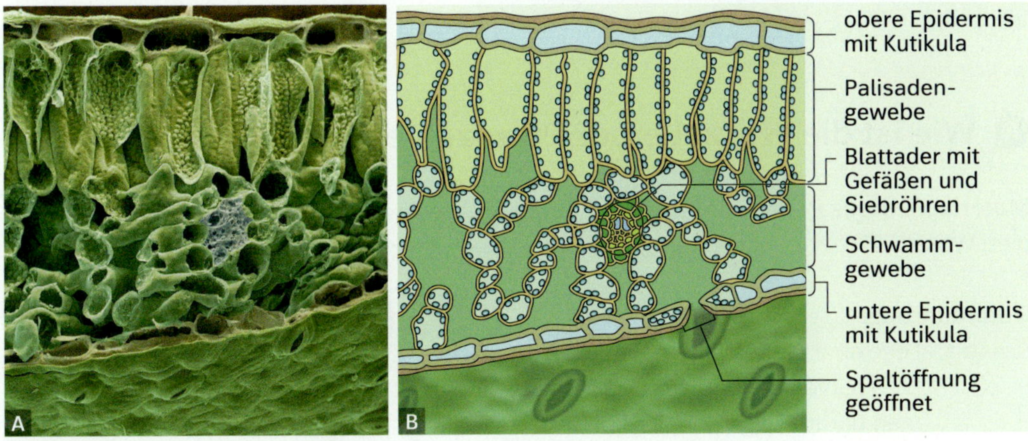

2 Querschnitt durch ein Laubblatt: **A** unter dem Mikroskop, **B** Schema

Funktionen der Laubblätter

In den Laubblättern der Pflanzen läuft die **Fotosynthese** ab. Außerdem findet über die Laubblätter die **Verdunstung** von Wasser statt. An einem Querschnitt durch ein Laubblatt erkennst du, dass ein Blatt aus mehreren Schichten und verschiedenen Zelltypen besteht (→ Bild 2).

Die Epidermis grenzt das Blatt ab

Das Laubblatt wird oben und unten von einer Zellschicht, der **Epidermis,** abgeschlossen. Sie schützt das Blatt vor Verletzungen. Die Epidermis ist von einer wachsähnlichen Schicht, der **Kutikula,** überzogen. Diese schützt das Blatt vor Austrocknung, Beschädigung und Krankheitserregern.
In der unteren Epidermis befinden sich kleine **Spaltöffnungen.** Sie können geöffnet und geschlossen werden.

Innere Blattschichten

Direkt unter der oberen Epidermis liegt ein Gewebe aus vielen länglichen Zellen, das **Palisadengewebe.** Diese Schicht enthält besonders viele Chloroplasten, in denen die Fotosynthese stattfindet.
Zwischen dem Palisadengewebe und der unteren Epidermis liegt das **Schwammgewebe.** Es hat viele Hohlräume, in denen sich die Gase Kohlenstoffdioxid und Sauerstoff sowie Wasserdampf befinden. Über die Spaltöffnungen kann die Pflanze den Wasserdampf an die Umgebung abgeben. Kohlenstoffdioxid und Sauerstoff können ebenfalls über die Spaltöffnungen mit der Umgebungsluft ausgetauscht werden.
Im Schwammgewebe verlaufen auch die **Blattadern.** Sie bestehen aus Gefäßen zur Wasserleitung und Siebröhren zum Transport von Glucose.

1. Beschreibe den Bau eines Baums.
2. Beschreibe den Bau und die Funktionen einer Wurzel.
3. Stelle die Schichten eines Laubblattes und die jeweilige Funktion in einer Tabelle dar.
4. I Beschreibe den Aufbau eines Laubblattes von oben nach unten.
5. II Erkläre die Struktur der Wurzel in Zusammenhang mit den Funktionen dieses Pflanzenteils.

Starthilfe zu 5:
Beachte beim Bau der Wurzel das Prinzip der Oberflächenvergrößerung.

»

FORSCHEN UND ENTDECKEN

A Wie ist die Wurzel einer Pflanze gebaut?

Material: Kressesamen, Petrischalen, Filterpapier, Wasser, Pinzette, Binokular

Durchführung:

Schritt 1: Lege eine Petrischale mit feuchtem Filterpapier aus und streue Kressesamen darauf. Lege den Deckel der Petrischale auf.

Schritt 2: Stelle die Petrischale einige Tage bei Zimmertemperatur auf die Fensterbank. Achte darauf, dass das Filterpapier immer feucht ist.

Schritt 3: Betrachte nach einigen Tagen die Wurzeln der Pflanzen mit der Stereolupe und zeichne sie.

1 a) Beantworte die Forscherfrage.
b) Erläutere den Bau der Wurzel.

2 II Erläutere das Prinzip der Oberflächenvergrößerung am Beispiel der Wurzel.

1 Petrischale mit Kressesamen

B Worin unterscheidet sich die obere Epidermis eines Blattes von der unteren Epidermis?

Material: Laubblatt z. B. Flieder, Tulpe oder Alpenveilchen, abgeklebte Rasierklinge, Pinzette, Pipette, Becherglas mit Wasser, Mikroskop, Objektträger, Deckgläschen

Durchführung:

Schritt 1: Schneide mit der Rasierklinge die Epidermis an der Unterseite und an der Oberseite des Blattes ein. Ziehe dann mit der Pinzette jeweils ein kleines Stück Epidermis ab (→ Bild 2).

Schritt 2: Fertige jeweils ein mikroskopisches Präparat an.

Schritt 3: Betrachte die Präparate unter dem Mikroskop.

2 Abziehen der Blatthaut

1 a) Zeichne jeweils einen Ausschnitt aus dem Blattgewebe der oberen und der unteren Epidermis und beschrifte deine Zeichnung.
b) Vergleiche die beiden Gewebe und nenne den wesentlichen Unterschied.

ÜBEN UND ANWENDEN

A Die Funktionen der Wurzeln

Bäume wie die Fichte, die Erle oder die Esche bilden flache Wurzeln in der oberen Bodenschicht (→ Bild 3 A). Bäume wie die Eiche, die Kiefer oder die Tanne bilden lange Pfahlwurzeln, die tief in den Boden wachsen (→ Bild 3 B).

1 **Stelle eine begründete Vermutung auf, welche Gruppe Bäume besser an Standorten mit trockenen Böden wachsen kann.**

2 **Stelle eine begründete Vermutung auf, welche Gruppe Bäume bei einem starken Sturm leichter mit der Wurzel ausgerissen werden kann.**

3 Wurzelsysteme: **A** Flachwurzler, **B** Tiefwurzler

B Sonnenblätter und Schattenblätter

Bäume wie Buchen haben unterschiedliche Blätter. Ganz oben und außen in der Baumkrone wachsen **Sonnenblätter.** Sie sind fest und haben eine kleinere Blattfläche. Ihr Palisadengewebe ist dick und kann aus mehreren Schichten bestehen. Die obere Epidermis ist von einer wachsartigen Kutikula überzogen. Damit sind die Blätter gut vor Verletzungen und Wasserverlust geschützt.

Im Innern der Baumkrone wachsen **Schattenblätter.** Sie sind größer und zarter als Sonnenblätter. Ihre Epidermis ist dünner als die der Sonnenblätter. Ihr Palisadengewebe besteht aus einer Schicht. Sie können auch bei wenig Licht noch Fotosynthese betreiben.

4 Buchenblätter

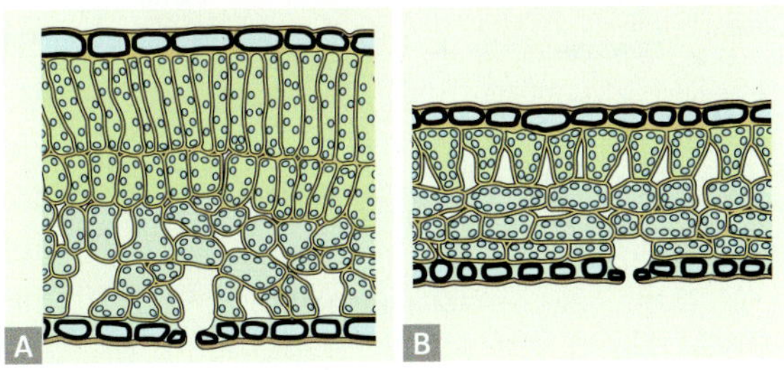

5 Blattquerschnitte Buchenblätter

1 **Das Bild 4 zeigt ein Sonnenblatt und ein Schattenblatt einer Buche. Gib an, welches Blatt das Sonnenblatt ist und begründe deine Aussage.**

2 **Nenne Stellen in einer Baumkrone, an der Sonnenblätter und Schattenblätter jeweils wachsen.**

3 II **Beschreibe, wie sich die beiden Blattarten in ihrem Bau unterscheiden.**

4 II **Bild 5 zeigt zwei Blattquerschnitte. Gib an, welcher Blattquerschnitt jeweils ein Sonnenblatt und welcher ein Schattenblatt zeigt. Begründe deine Aussage.**

Fotosynthese und Stofftransport

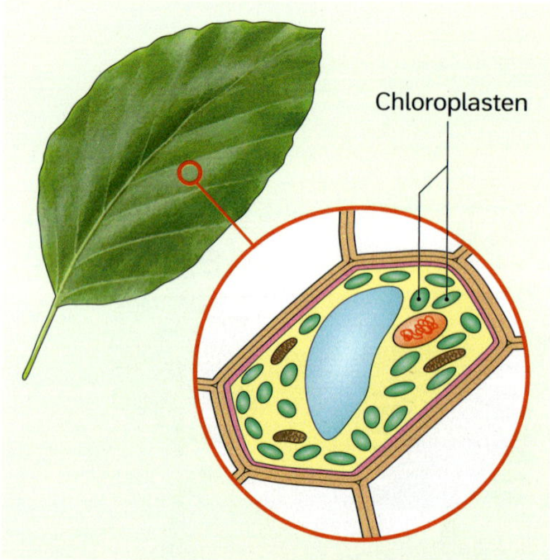

1 Pflanzenzelle mit Chloroplasten

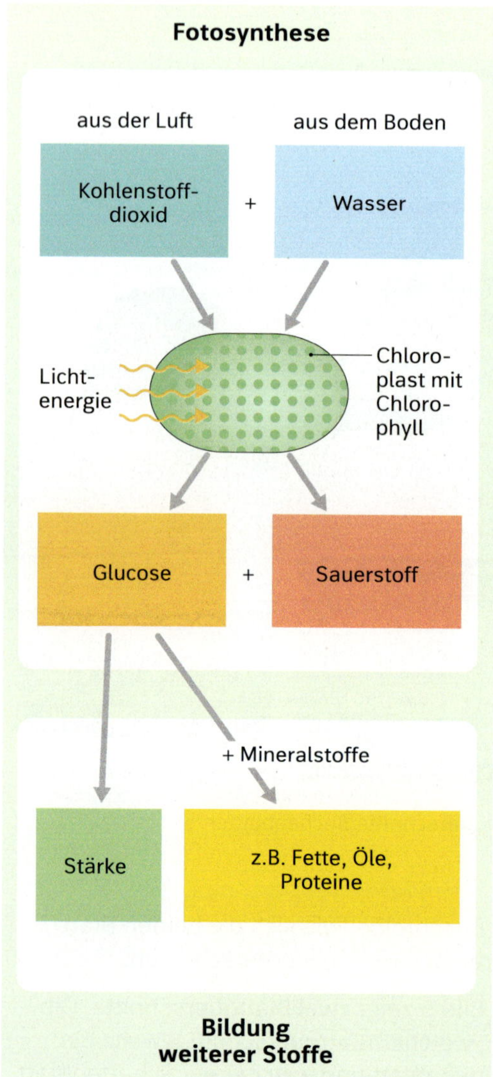

2 Fotosynthese und Bildung weiterer Stoffe

Ort der Fotosynthese

Durch die Fotosynthese können sich Pflanzen selbst ernähren. In den Pflanzenzellen befinden sich **Chloroplasten.** Sie enthalten den grünen Blattfarbstoff **Chlorophyll.** In den Chloroplasten läuft die Fotosynthese ab. Bei der Fotosynthese stellt die Pflanze mithilfe des Sonnenlichts aus Kohlenstoffdioxid und Wasser Glucose her. In der Glucose ist die Energie aus dem Sonnenlicht gespeichert. Aus der Glucose gewinnt die Pflanze beispielsweise Energie zum Wachsen. Bei der Fotosynthese entsteht auch Sauerstoff. Er gelangt über die Spaltöffnungen der Blätter in die Außenluft. Den Sauerstoff nutzen Pflanzen, Tiere und Menschen zur Atmung.

Nur wenn die Faktoren Kohlenstoffdioxid, Wasser, Chlorophyll und Sonnenlicht vorhanden sind, kann eine Pflanze Fotosynthese betreiben. Dabei produziert sie Glucose und Sauerstoff.

Aus Glucose werden weitere Stoffe gebildet

Glucose löst sich leicht in Wasser und kann deshalb zu allen Teilen einer Pflanze transportiert werden. Aus vielen Glucoseteilchen bilden Pflanzen **Stärke.** Stärke ist nicht wasserlöslich und wird in Pflanzenorganen gespeichert.
Aus der Glucose und den Mineralstoffen aus dem Boden stellen Pflanzen **Fette** und **Proteine** her. Die Pflanzen nutzen die hergestellten Stoffe zum Wachsen. Sie vergrößern so ihre Masse. Diese Masse wird **Biomasse** genannt. Von der Biomasse der Pflanzen ernähren sich Tiere und Menschen.

Transport von Wasser

Über die Wurzelhaare dringt ständig Wasser mit Mineralstoffen in die Wurzeln ein. Es entsteht ein Druck, der das Wasser in den **Gefäßen zur Wasserleitung** in der Sprossachse nach oben drückt.
Wichtiger für den Wassertransport ist aber die **Saugwirkung** von oben, die durch die Strahlung der Sonne ausgelöst wird. Pflanzen geben über die Spaltöffnungen der Blätter ständig Wasser in Form von Wasserdampf ab. Dieser Vorgang wird **Verdunstung** genannt. Durch die Verdunstung wird das Wasser mit den Mineralstoffen in sehr dünnen, langen Gefäßen von der Wurzel bis in die Blätter gesaugt. Da sich die Wasserteilchen gegenseitig anziehen, reißt der Wasserstrom in den dünnen Gefäßen nie ab. Über das Öffnen und Schließen der Spaltöffnungen kann die Verdunstung reguliert werden.

Transport von Glucose

Die Glucose wird in einem zweiten Transportsystem, den **Siebröhren,** transportiert. In Wasser gelöst, gelangt die Glucose zu allen Teilen einer Pflanze. Als Stärke kann die Glucose zum Beispiel in der Wurzel gespeichert werden. Wenn Pflanzen im Frühjahr Energie zum Austreiben brauchen, kann die Stärke wieder in Glucoseteilchen zerlegt werden.

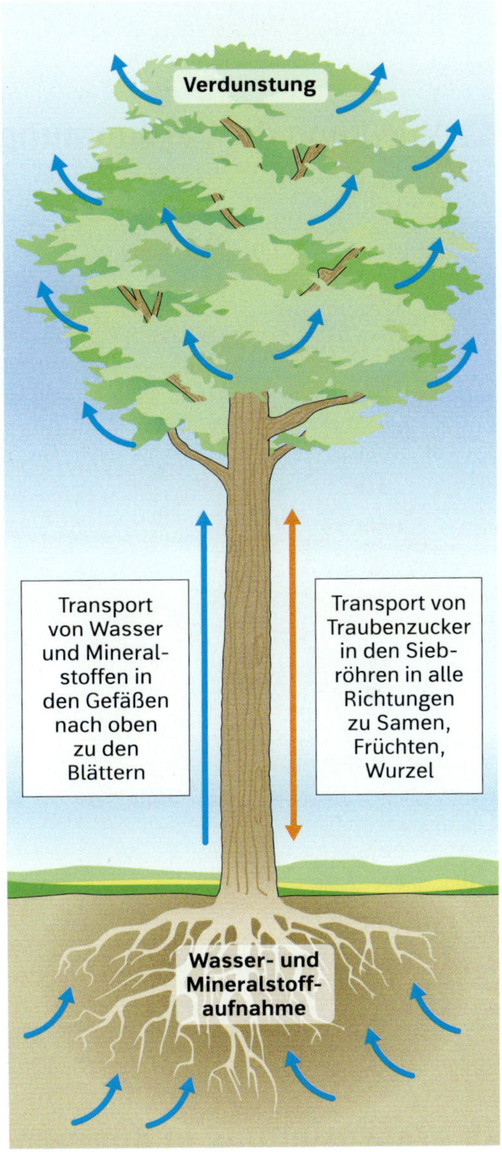

3 Wassertransport und Stofftransport

1. Beschreibe die Fotosynthese.
2. Beschreibe, wie die Glucose in alle Teile einer Pflanze gelangt.
3. Beschreibe die zwei Ursachen, die den Transport von Wasser in einer Pflanze entgegen der Schwerkraft bis zu allen Blättern bewirken.
4. I Nenne weitere Stoffe, die Pflanzen aus Glucose und Mineralstoffen aus dem Boden bilden.
5. I Beurteile die Bedeutung der Fotosynthese für das Leben auf der Erde.
6. II Nenne eine Eigenschaft von Wasserteilchen, die den Transport von Wasser in Pflanzen ermöglicht.

Starthilfe zu 1:
Beginne mit den Stoffen, die eine Pflanze für die Fotosynthese benötigt. Gehe dann auf die Funktion der Chloroplasten ein. Zuletzt beschreibst du die Endprodukte.

»

FORSCHEN UND ENTDECKEN

A Wie kann die Verdunstung bei Pflanzen nachgewiesen werden?

1 Versuchsaufbau

Material: Pflanze (z. B. Fleißiges Lieschen oder Buntnessel), durchsichtige Plastiktüte, Wasser, Schnur, Indikatorpapier für Wasser (Watesmo-Streifen)

Durchführung:

Schritt 1: Gieße die Pflanze und umhülle sie mit der Plastiktüte. Binde die Plastiktüte unten an der Sprossachse zu (→ Bild 1).

Schritt 2: Stelle die Pflanze auf die Fensterbank in die Sonne.

Schritt 3: Betrachte die Plastiktüte nach einigen Stunden. Teste den an der Plastiktüte entstandenen Beschlag mit Indikatorpapier für Wasser.

1 Benenne den Stoff, aus dem der Beschlag besteht.

2 Erläutere, wie der Beschlag an der Plastiktüte entstanden ist.

ÜBEN UND ANWENDEN

A Wasserleitung in Bäumen

2 Alte Buche

Eine 100-jährige Buche transportiert an Sommertagen pro Tag bis zu 500 Liter Wasser durch ihre Gefäße. Nur etwa 10 % des Wassers wird für die Fotosynthese verwendet.

1 Beschreibe, woher das Wasser kommt.

2 Erkläre, wodurch der Wasserfluss in der Buche angetrieben wird.

3 Erkläre, was mit dem Wasser passiert, das nicht zur Herstellung von Glucose verwendet wird.

4 II Begründe, warum große Bäume zur Verbesserung des Klimas in Städten beitragen.

ÜBEN UND ANWENDEN

B Stärkenachweis bei Pflanzen mit grün-weißen Blättern

3 Eine grün-weiße Efeupflanze

Stärke in Blättern lässt sich mit Iod-Kaliumiodid-Lösung nachweisen.
Wird Iod-Kaliumiodid-Lösung auf Stärke getropft, verfärbt sich die Stelle blauschwarz.

1 **a)** Beschreibe das Ergebnis des Stärkenachweises, das in Bild 4 B zu sehen ist.
b) Erkläre, welcher Faktor der Fotosynthese in diesem Versuch untersucht wurde.

4 Grün-weißes Efeublatt: **A** ohne Behandlung, **B** nach Behandlung mit Iod-Kaliumiodid-Lösung

C Auswertung eines Versuchs zur Fotosynthese

Ein häufig durchgeführter Versuch bei der Fotosynthese ist das Abkleben von Blättern mit Alufolie. Du siehst einen solchen Versuchsansatz in Bild 5.

1 Nenne den Faktor der Fotosynthese, der mit diesem Versuch untersucht wird.

2 **II a)** Stelle eine Vermutung an, wie das Ergebnis des Versuchs aussieht, nachdem mit einem abgeklebten Blatt ein Stärkenachweis durchgeführt wurde.
II b) Zeichne deine Vorstellung und begründe sie.
Beachte: Beim Stärkenachweis färben sich die Blattflächen, in denen Stärke vorhanden ist, blauschwarz.

5 Versuch zur Fotosynthese

1 Die Buche ist ein Produzent.

2 Das Reh ist ein Konsument und Pflanzenfresser.

3 Der Wolf ist ein Konsument und Fleischfresser.

4 Der Mistkäfer ist ein Destruent.

Nahrungsbeziehungen im Wald

Die Produzenten

Die Buchen und alle anderen Pflanzen im Buchenmischwald betreiben Fotosynthese. Sie nehmen Wasser aus dem Boden und Kohlenstoffdioxid aus der Luft auf. Mithilfe von Lichtenergie produzieren die Pflanzen aus den aufgenommenen Stoffen Glucose und Sauerstoff. Aus der produzierten Glucose werden weitere Nährstoffe hergestellt. Diese Nährstoffe benötigen die Pflanzen für ihr Wachstum.
Weil nur Pflanzen die Nährstoffe produzieren können, werden sie Erzeuger oder **Produzenten** genannt. Pflanzen benötigen auch Mineralstoffe. Sie nehmen diese mit dem Wasser aus dem Boden auf.

Die Konsumenten

Rehe, Kaninchen und viele andere Tiere fressen Pflanzen. Sie sind **Pflanzenfresser.** Die Tiere benötigen die aufgenommenen Nährstoffe und Mineralstoffe zum Leben. Sie können die Nährstoffe und Mineralstoffe nicht selber bilden.
Der Wolf und der Luchs ernähren sich von Rehen und anderen Tieren. Sie sind **Fleischfresser.** Tiere, die sich von Pflanzen oder anderen Tieren ernähren, werden Verbraucher oder **Konsumenten** genannt.

Die Destruenten

Der Mistkäfer und andere Bodenlebewesen ernähren sich von Kot und abgestorbenen Pflanzen und Tieren. Bakterien zersetzen anschließend die Reste. Dabei werden Mineralstoffe freigesetzt. Diese Mineralstoffe können von den Pflanzen wieder aus dem Boden aufgenommen werden.
Lebewesen, die Reste von Pflanzen und Tieren zersetzen, werden Zersetzer oder **Destruenten** genannt.

5 Eine Nahrungskette in einem Buchenmischwald

Nahrungskette

Die Früchte der Buche sind die Bucheckern. Sie werden zum Beispiel von Rehen gefressen. Rehe sind Nahrung für Wölfe. Es bildet sich eine **Nahrungskette** (→ Bild 5). Alle Nahrungsketten beginnen mit Pflanzen, den Produzenten. Von ihnen ernähren sich pflanzenfressende Tiere. Diese Tiere werden von Fleischfressern gefressen. Die beteiligten Tiere sind Konsumenten. Im Ökosystem Buchenmischwald gibt es verschiedene Nahrungsketten.

Nahrungsnetz

Die Bucheckern werden nicht nur von Rehen gefressen. Auch andere Tiere wie Eichhörnchen und Mäuse ernähren sich von Bucheckern. Diese Tiere haben ebenfalls Fressfeinde. So bildet sich aus vielen Nahrungsketten im Buchenmischwald ein **Nahrungsnetz** (→ Bild 6).

> Ein Nahrungsnetz zeigt die unterschiedlichen Nahrungsbeziehungen zwischen Lebewesen in einem Ökosystem.

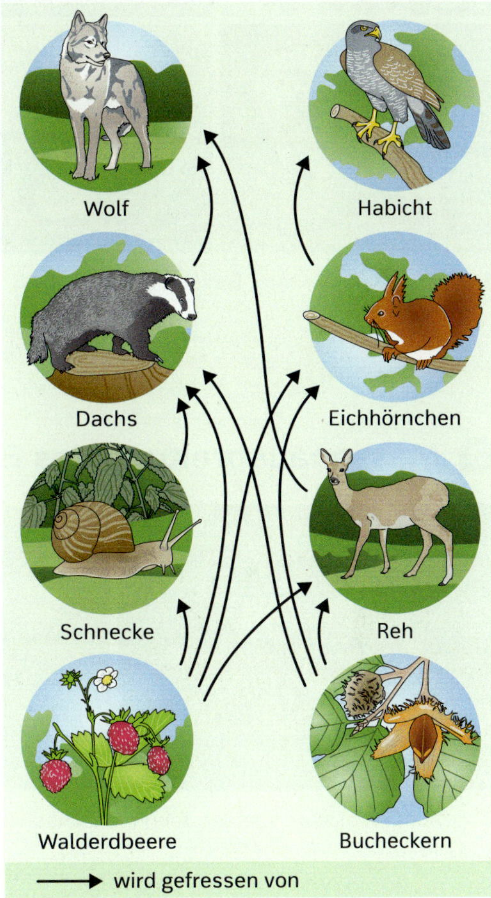

6 Ein Nahrungsnetz in einem Buchenmischwald

1. Erkläre die Begriffe Produzent, Konsument und Destruent.
2. a) Erstelle mithilfe von Bild 6 mindestens drei Nahrungsketten.
   b) Erkläre, warum Pflanzen immer am Beginn von Nahrungsketten stehen.
3. Nenne mithilfe von Bild 6 Beutetiere des Wolfes.
4. Erläutere den Weg der Nährstoffe von den Bucheckern bis zum Wolf.
5. Beschreibe mögliche Auswirkungen, wenn in einem Jahr sehr wenige Bucheckern gebildet werden.

Starthilfe zu 5:
Nutze dazu Bild 6.

»

ÜBEN UND ANWENDEN

A Nahrungskonkurrenz im Wald

1 Waldtiere: **A** Bussard, **B** Waldohreule, **C** Wolf, **D** Fuchs

Greifvögel wie Bussard und Waldohreule jagen im Wald die gleiche Nahrung. Sie stehen aber nicht in **Konkurrenz** um Nahrung. Die beiden Vögel jagen zu unterschiedlichen Zeiten. Der Bussard jagt am Tag und die Waldohreule nachts. Anders sieht es beim Wolf und beim Fuchs aus. Beide Tierarten jagen zur gleichen Zeit die gleiche Beute.

1 **a)** Erkläre, warum Bussard und Waldohreule keine Nahrungskonkurrenten sind.
b) Begründe, warum Wolf und Fuchs Nahrungskonkurrenten sind.

2 II Stelle Vermutungen an, wie Wolf und Fuchs im gleichen Wald leben können.

B Massenausbreitung des Eichenprozessionsspinners

2 Eichenprozessionsspinner: **A** erwachsenes Tier, **B** Raupennest, **C** Warnschild

Die Raupen des Eichenprozessionsspinners ernähren sich hauptsächlich von Eichenblättern. Manchmal treten die Raupen massenhaft auf und schädigen die Bäume oft schwer, indem sie alle Blätter fressen.
Die Haare der Raupen sind für den Menschen problematisch. Sie brechen leicht ab und können bei Berührung schwere Entzündungen auf der Haut und in den Augen hervorrufen.
Diese Raupen sind Nahrung für seltene Tierarten wie Wiedehopf und Puppenräuber.

1 Beschreibe, wie die Raupen des Eichenprozessionsspinners die Eichen schädigen.

2 Erkläre den Warnhinweis in Bild 2 C.

3 **a)** Nenne Tierarten, die sich von den Raupen des Eichen-Prozessionsspinners ernähren.
b) Erstelle zu diesen Tieren Steckbriefe.

4 II Stelle eine begründete Vermutung auf, warum sich nach heißen Sommern und milden Wintern die Raupen besonders stark vermehren.

IM ALLTAG

Besondere Nahrungsbeziehungen im Wald

3 Eine Blattlaus

Blattläuse bilden Honigtau

Blattläuse sind Insekten. Sie saugen aus den Blattadern der Pflanzen Flüssigkeiten. Dadurch werden die Pflanzen geschädigt, weil ihnen lebensnotwendige Stoffe entnommen werden. Die aufgenommenen Flüssigkeiten enthalten Eiweiße und Zucker.
Die Eiweiße verwerten die Blattläuse für sich. Der Zucker wird in gelöster Form als **Honigtau** über den Hinterleib ausgeschieden.

4 Eine Blattlaus wird von Ameise „gemolken".

Ameisen „melken" Blattläuse

Ameisen nehmen den ausgeschiedenen Honigtau direkt vom Hinterleib der Blattläuse auf. So bekommen Ameisen eine energiereiche Nahrung. Ameisen vertreiben die Fressfeinde der Blattläuse wie Marienkäfer und ihre Larven. Dadurch sichern die Ameisen ihre Nahrungsquelle.
Ameisen und Blattläuse bilden eine **Symbiose.** Bei dieser Form des Zusammenlebens haben beide Arten einen Vorteil.

5 Honigbiene sammelt Honigtau

Aus Honigtau wird Waldhonig

Auch Honigbienen ernähren sich vom Honigtau, den die Blattläuse ausscheiden. Sie nehmen den Honigtau auf und bilden daraus Waldhonig.
Je nach Waldform unterscheiden sich die Farbe und der Geschmack des Waldhonigs.

1. Beschreibe die Bildung von Honigtau.
2. Begründe, wodurch Blattläuse Pflanzen schädigen.
3. Beschreibe die Symbiose zwischen Blattlaus und Ameise.
4. Erkläre, warum Waldhonig kein Blütenhonig ist.

1 Energie aus der Sonne

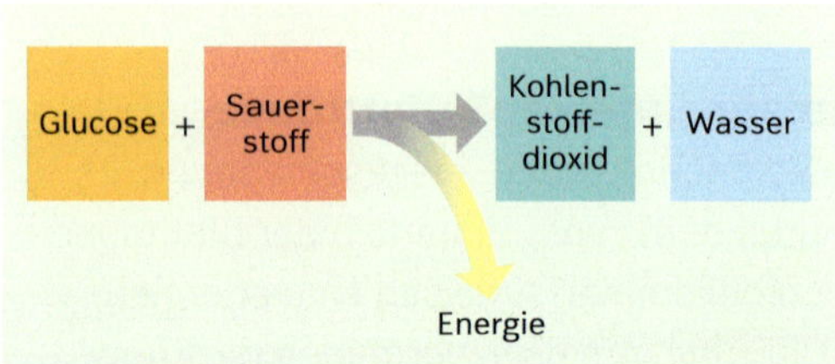

2 Zellatmung

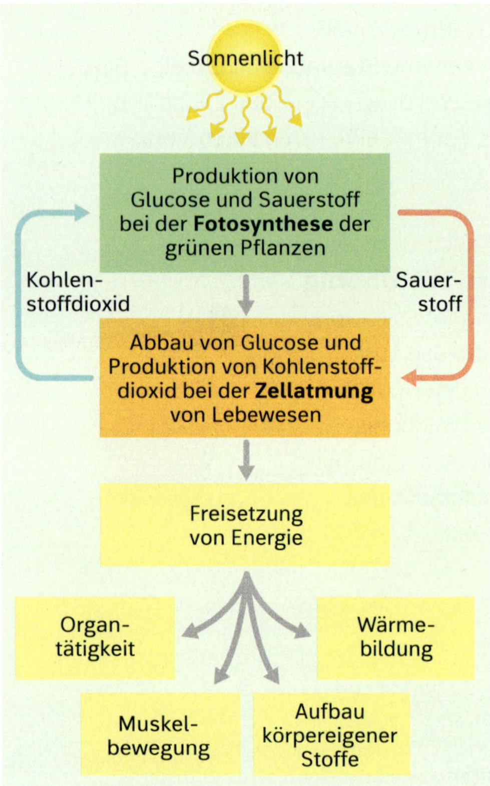

3 Fotosynthese und Zellatmung

Lebewesen benötigen Energie

Glucose als Grundstoff

Bei der Fotosynthese stellen Pflanzen mithilfe der Energie aus der Sonne Sauerstoff und energiereiche Glucose her. Etwa die Hälfte der Glucose nutzen Pflanzen für ihr Wachstum. Sie bilden aus Glucose Biomasse beispielsweise in Form von **Cellulose**. Diese ist der Hauptbestandteil pflanzlicher Zellwände. Holz besteht etwa zur Hälfte aus Cellulose. Cellulose ist auch der Grundstoff, aus dem Papier hergestellt wird.

Wie Pflanzen Energie gewinnen

Die andere Hälfte der Glucose verwenden die Pflanzen zur Energiegewinnung für ihren eigenen Stoffwechsel. Zur Energiegewinnung wird Glucose in den Pflanzenzellen mithilfe von Sauerstoff zu Kohlenstoffdioxid und Wasser abgebaut (→ Bild 2). Dieser Vorgang findet in den Mitochondrien statt. Die in der Glucose gespeicherte Energie des Sonnenlichts wird dabei wieder frei und für die Pflanzen verfügbar. Der Vorgang wird als **Zellatmung** bezeichnet.

Wie Menschen und Tiere Energie gewinnen

Auch Menschen und Tiere gewinnen die Energie für ihre Lebensvorgänge durch Zellatmung. Sie können jedoch die dafür notwenige Glucose nicht selbst herstellen. Deshalb müssen Menschen und Tiere Nahrung zu sich nehmen, die Glucose enthält. Der für die Zellatmung notwenige Sauerstoff wird der Luft entnommen.
Das bei der Zellatmung freiwerdende Kohlenstoffdioxid atmen alle Lebewesen aus. Pflanzen nutzen das Kohlenstoffdioxid wieder für die Fotosynthese.

Energie für Pflanzenfresser

Ein Ökosystem erhält die gesamte benötigte Energie als Lichtenergie von der Sonne. Die Pflanzen spiechern diese Energie über die Fotosynthese. Sie wird dann über Nahrungsketten weitergegeben. Pflanzenfressende Tiere sind **Konsumenten 1. Ordnung.** Sie benötigen einen Großteil ihrer aufgenommenen Energie für ihre eigenen Lebensvorgänge wie beispielsweise die Tätigkeit der Muskeln. Dabei geben sie auch Wärme an die Umgebung ab. Nur etwa 10 % der von den Pflanzenfressern aufgenommenen Energie wird in ihrer Biomasse gebunden.

Energie für Fleischfresser

Fleischfresser sind **Konsumenten 2. Ordnung**. Sie fressen die Pflanzenfresser. Von der ursprünglich in den Pflanzen gebunden Energie steht den Konsumenten 2. Ordnung nur noch etwa 10 % zur Verfügung. Von diesem Rest benötigen auch sie wieder 90 % für ihre Lebensvorgänge. Dabei entsteht wieder Wärme.

Die Konsumenten 2. Ordnung werden von größeren Fleischfressern der 3. Ordnung gefressen. Solche Tiere werden als **Endkonsumenten** bezeichnet. Diesen Tieren steht nur noch etwa 1 % der ursprünglich vorhandenen Energie zur Verfügung.

Die Biomasse und auch die Anzahl der Lebewesen nehmen von Stufe zu Stufe der Nahrungspyramide nach oben ab.

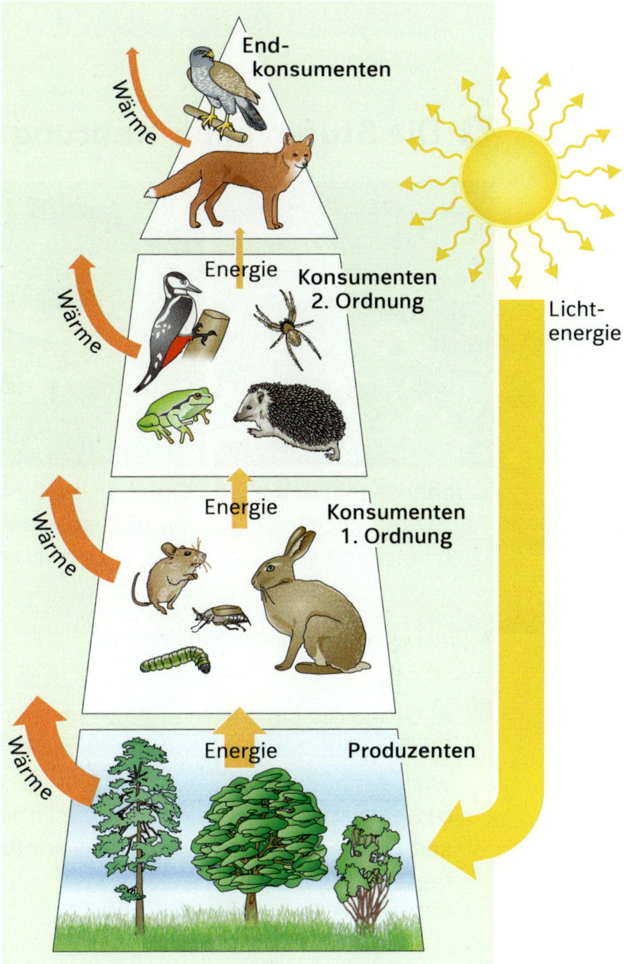

4 Nahrungspyramide mit Energiefluss

> Die Energie für alle Lebewesen muss über die Sonne ständig zugeführt werden.
> Die Energie fließt nur in einer Richtung.

1. Erkläre, woher Pflanzen ihre Energie erhalten und wofür sie diese verwenden.
2. Erkläre, woher Tiere und Menschen ihre Energie erhalten und wofür sie diese verwenden.
3. Beschreibe den Vorgang der Zellatmung.
4. I Nahrungsbeziehungen lassen sich in einer Nahrungspyramide darstellen. Nenne für jede Stufe drei Lebewesen aus dem Ökosystem Wald.
5. II Erkläre den Zusammenhang zwischen Fotosynthese und Zellatmung.

Starthilfe zu 5:
Nimm Bild 3 zu Hilfe.

6. II Begründe, warum Energie in Ökosystemen ständig neu zugeführt werden muss.

»

ÜBEN UND ANWENDEN

A Die Stufen einer Nahrungspyramide

A: Brennnesseln und andere Kräuter betreiben Fotosynthese.

B: Grasfrösche fressen Wirbellose wie Würmer, Fliegen oder Insekten.

C: Füchse fressen Mäuse, Insekten, Vögel, Hasen, Beeren, Früchte

D: Waldmäuse fressen Beeren, Nüsse, Samen, Knospen.

1 Unterschiedliche Lebewesen im Wald

1 **a)** Ordne die einzelnen Lebewesen den Stufen einer Nahrungspyramide zu. Fertige dazu eine Skizze an.
b) Begründe, warum sich manche Lebewesen unterschiedlichen Stufen zuordnen lassen.

2 Begründe, warum auch reine Fleischfresser wie der Mäusebussard auf die Pflanzen angewiesen sind.

3 **II** **a)** Beurteile, auf welcher Stufe der Nahrungspyramide es die meisten Lebewesen gibt.
II **b)** Erkläre, warum die Anzahl der Lebewesen von Stufe zu Stufe nach oben abnimmt.

B Ohne Fotosynthese keine Zellatmung

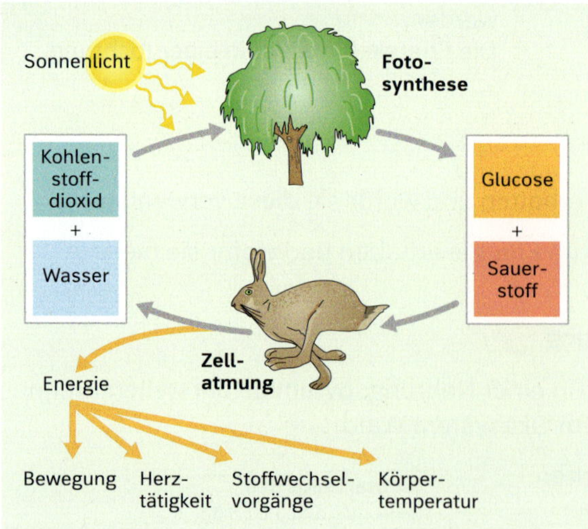

2 Fotosynthese und Zellatmung

1 **a)** Nenne mithilfe von Bild 2 die Stoffe, die zur Fotosynthese gebraucht werden, und erkläre, woher sie kommen.
b) Nenne die Produkte, die bei der Fotosynthese entstehen.

2 **a)** Nenne mithilfe von Bild 2 die Stoffe, die zur Zellatmung gebraucht werden, und erkläre, woher sie kommen.
b) Nenne die Produkte, die bei der Zellatmung entstehen.

3 Erkläre, warum die Fotosynthese und die Zellatmung zwei sich ergänzende Vorgänge sind.

IM ALLTAG

Im Winter sparen Tiere und Pflanzen Energie

3 Kahler Baum

Laubbäume im Winter

Im Winter reicht das Licht für die Fotosynthese der Pflanzen nicht mehr aus. Außerdem können die Pflanzen aus dem gefrorenen Boden nicht mehr genügend Wasser aufnehmen. Laubbäume bauen deshalb im Herbst das Chlorophyll aus den Blättern ab und speichern es in der Wurzel, im Stamm und in den Ästen. Die noch vorhandene energiereiche Glucose wird in Form von Stärke ebenfalls in den Wurzeln gespeichert. Schließlich werfen die Bäume die nun nutzlos gewordenen Blätter ab.
Im Frühjahr treiben aus den Knospen mithilfe der gespeicherten Energie neue Blätter aus. Wenn Pflanzen nur noch eingeschränkt Fotosynthese betreiben können, verschlechtert sich auch die Nahrungsgrundlage für Pflanzenfresser und damit für alle Tiere auf den nachfolgenden Stufen der Nahrungspyramide.

4 Siebenschläfer im Winterschlaf

Tiere im Winter

Für viele Tierarten gibt es im Winter nicht mehr genügend pflanzliche oder tierische Nahrung. Je kälter es wird, umso mehr Energie wird dazu benötigt, die Körperfunktionen sowie die Körpertemperatur aufrecht zu erhalten. Dies gilt besonders für Säugetiere, da sie unabhängig von der Umgebungstemperatur immer gleichwarm sind.
Deshalb fallen im Winter viele Säugetiere in einen Energiesparmodus. Sie fahren ihren Stoffwechsel herunter und halten Winterschlaf oder Winterruhe. Winteraktive Tiere fressen sich eine Fettschicht zur Energieversorgung an. Diese Fettschicht ist überlebenswichtig, da die winteraktiven Tiere in der kalten Jahreszeit nur wenig Nahrung finden.

1 Begründe, warum Laubbäume im Winter keine Fotosynthese mehr betreiben können.

2 Begründe, warum manche Tiere wie der Siebenschläfer im Winter in einen Energiesparmodus fallen.

3 Erkläre, warum eine niedrige Außentemperatur für Säugetiere ein Problem ist.

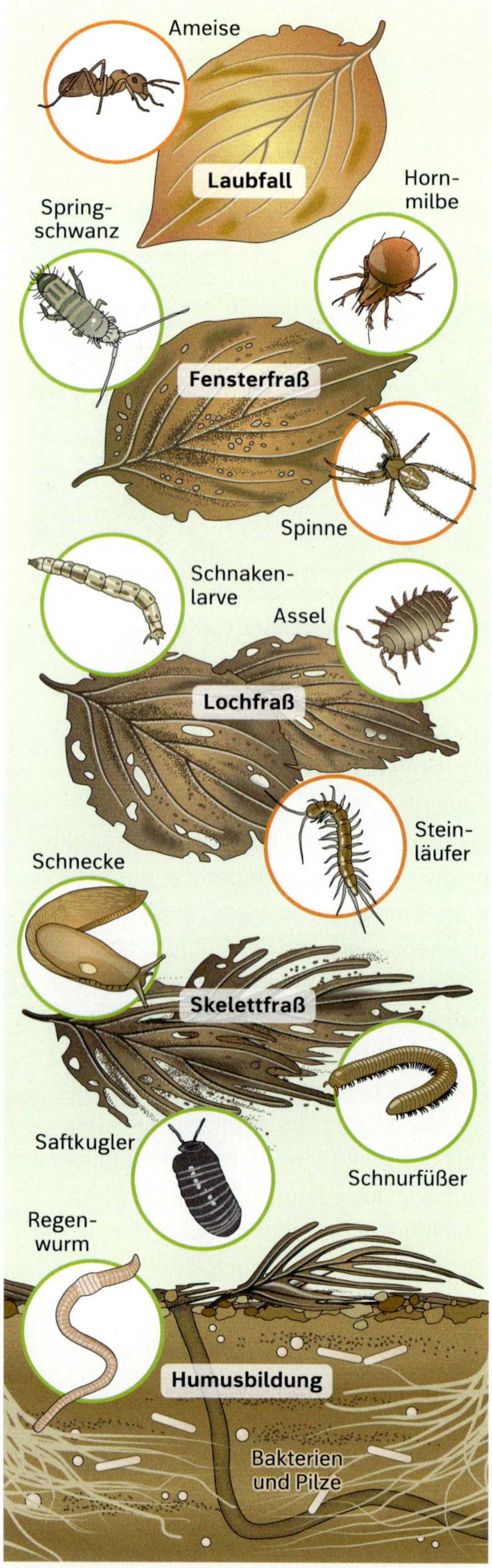

1 Lebewesen am Waldboden: **grün umrandet:** Lebewesen, die Laubstreu fressen, **rot umrandet:** Lebewesen, die sich von den Laubstreufressern ernähren

Leben am Waldboden

Lebewesen in der Laubstreu

Bei einem Herbstspaziergang durch einen Buchenwald siehst du große Mengen Laub auf dem Boden. Wo aber ist die **Laubstreu** aus den vergangenen Jahren geblieben? Müsste der Waldboden nicht meterhoch mit alten Blättern bedeckt sein? Untersuchst du die Laubstreu näher, findest du dort viele wirbellose Tiere. Hier leben Regenwürmer, Hornmilben, Asseln, Schnakenlarven, Saftkugler, Schnurfüßer und Springschwänze. Diese Tiere fressen die abgefallenen Blätter der Pflanzen. Sie selbst sind wiederum Nahrung für andere Lebewesen in der Laubstreu. Spinnen, Ameisen und Steinläufer sind Räuber und fressen andere Tiere. Alle diese Tiere leben gemeinsam am Waldboden.

Humus ist fruchtbar

Unter der Laubstreu liegt eine dunkle Erdschicht. Sie besteht aus fruchtbarem **Humus.** Der Humus bildet sich aus dem Kot von Regenwürmern und allen anderen Bodenbewohnern. Außerdem enthält er Pflanzenreste, Sand und Lehmkörnchen. Im Humus befinden sich viele Mineralstoffe, die vorher in den abgefallenen Laubblättern enthalten waren. Die Blätter werden von den Bodenlebewesen zerkleinert und gefressen. Über ihren Kot geben sie die Mineralstoffe wieder an den Boden ab. Auch Pilze und Bakterien sind an dieser **Zersetzung** des Laubs beteiligt. Dadurch stehen die Mineralstoffe aus den Blättern den Pflanzen nun wieder im Humus zur Verfügung.
So düngt sich der Wald durch die Humusschicht im Boden selbst. Damit der Humus enstehen kann, sind viele verschiedene Bodenlebewesen nötig.

Die Waldameisen

An einigen Stellen im Wald kannst du kegelförmige Hügel entdecken, die über einen Meter hoch sein können. Sie bestehen aus unzähligen Nadeln, Ästchen und Rindenstücken. Dabei handelt es sich um Nester von **Waldameisen**. Diese reichen oft über einen Meter in die Erde hinein. Im Inneren befinden sich viele Kammern, die über Gänge verbunden sind. In den Kammern herrschen unterschiedliche abiotische Faktoren. Arbeiterinnen tragen die Larven und Puppen in die Kammern mit der günstigsten Temperatur und Luftfeuchtigkeit. In einem Ameisenvolk legen nur einige wenige Königinnen die Eier. Ameisenmännchen begatten die Königinnen. Arbeiterinnen besorgen Nahrung, versorgen die Königinnen und kümmern sich um den Nachwuchs. Außerdem bauen und verteidigen sie das Nest.

Die Bedeutung der Waldameise

Die Ameisen zerkleinern viele Pflanzenteile, um ihre Nester zu bauen. Sie helfen dadurch mit, Pflanzenmaterial zu zersetzen. In einem Ameisenhaufen leben bis zu 500 000 Ameisen. Diese fressen bis zu 100 000 Insekten, Larven und andere Wirbellose pro Tag. So verhindern sie, dass sich diese Tiere massenhaft ausbreiten. Außerdem ernähren sie sich von toten Tieren. Damit verringern sie das Risiko, dass sich Krankheiten ausbreiten können. Waldameisen verbreiten auch Pflanzensamen. Sie sammeln die Samen und tragen sie herum, um dann Teile davon zu fressen.

2 Nest von Waldameisen

3 Arbeiterinnen mit Larven und Puppen

4 Arbeiterin mit Beute

1. Begründe, warum das Laub im Buchenwald nicht meterhohe Schichten bildet.
2. Beschreibe die Bildung von Humus im Waldboden.
3. Beschreibe die Bedeutung von Waldameisen für den Wald.
4. **a)** Nenne drei Tiere, die sich von der Laubstreu ernähren.
   b) Nenne zwei Tiere, die sich von Laubstreufressern ernähren.
5. I Beschreibe die Arbeitsteilung in einem Ameisenvolk.
6. II Erläutere die Bedeutung der Humusschicht für den Wald.

Starthilfe zu 2:
Nutze folgende Begriffe: Pflanzenreste, Kot, Lehmkörnchen, Sand

»

FORSCHEN UND ENTDECKEN

A Was lebt in der Laubstreu am Waldboden?

1 Untersuchung der Laubstreu im Wald

2 Material für Untersuchung der Laubstreu

Bei der Untersuchung der Laubstreu eines Waldes kannst du viele wirbellose Tiere finden. Achte darauf, dass die Tiere nicht verletzt werden. Bringe die Tiere nach der Untersuchung in ihren Lebensraum zurück.

Material: Eimer, Petrischalen, Federstahlpinzette, Becherlupe, Binokular, Pinsel, Bestimmungsbücher, weißes Tuch

Durchführung:

Schritt 1: Holt Laubstreu aus dem Wald.

Schritt 2: Schüttet die Laubstreu auf ein weißes Tuch und entnehmt mit der Federstahlpinzette oder dem Pinsel die Tiere. Legt sie in die Petrischale oder in die Becherlupe.

Schritt 3: Beobachtet die Tiere mit dem Binokular oder mit der Becherlupe.

1 Bestimmt die Tiergruppen mithilfe von Bestimmungsbüchern und Bild 3.

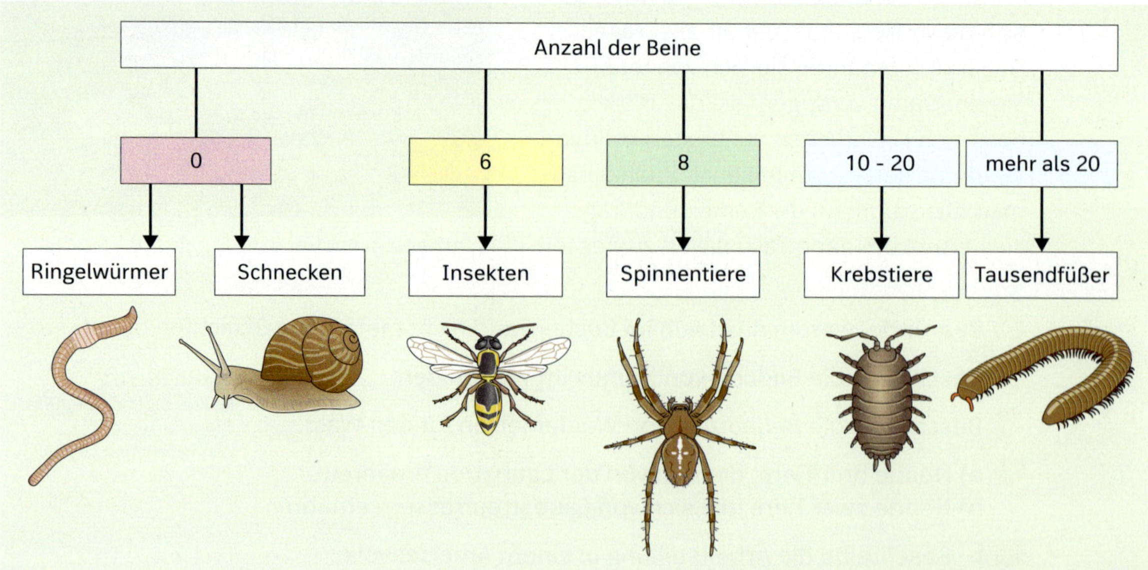

3 Wirbellose Tiere in der Laubstreu

FORSCHEN UND ENTDECKEN

B Wie werden Laubblätter zersetzt?

Du kannst anhand unterschiedlicher Fraßbilder an Laubblättern einige Tiergruppen bestimmen.

Material: Laubstreu, weißes Blatt Papier

Durchführung:

Schritt 1: Suche unterschiedlich zersetzte Blätter der Bodenschicht.

Schritt 2: Ordne die Laubblätter nach ihrer Zersetzung auf einem Blatt Papier.

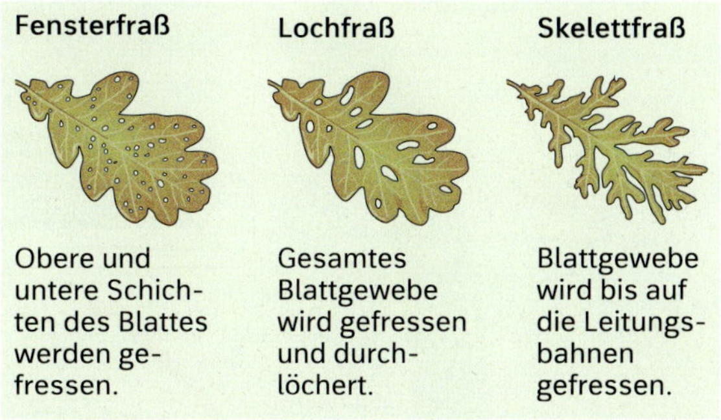

4 Fraßbilder an einem Laubblatt

1 Nenne Bodenlebewesen, die jeweils an der Zersetzung der Blätter in der Laubstreu beteiligt gewesen sein könnten.

Starthilfe zu 1:
Nutze dazu Bild 1 auf der Basisseite.

ÜBEN UND ANWENDEN

A Das Leben im Ameisenstaat

Waldameisen leben in einem Ameisenstaat. Die unterschiedlichen Gruppen von Ameisen haben verschiedene Aufgaben.

A In der Königinkammer wird die Königin von Arbeiterinnen versorgt.

B Wächterinnen erkennen Ameisen des eigenen Nestes durch Betasten mit Fühlern.

C Larven werden von Arbeiterinnen gefüttert.

D Arbeiterinnen fangen Beute und tragen sie ins Nest.

E Arbeiterinnen bringen Puppen von einer Kammer in eine andere Kammer.

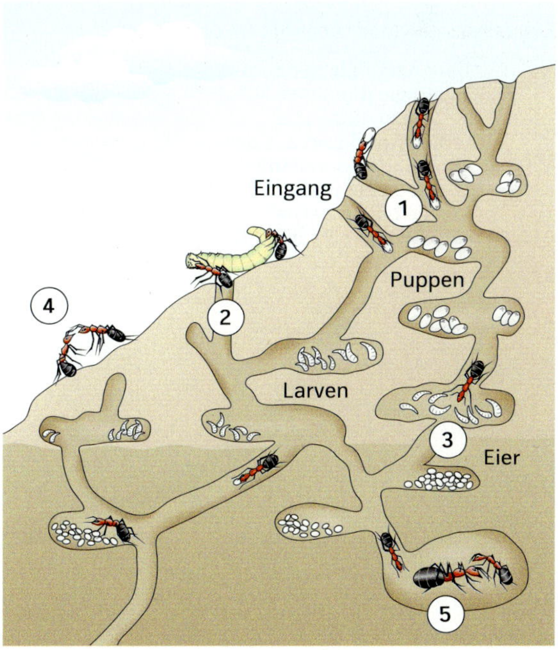

5 Innerer Bau eines Ameisenhaufens

1 Ordne die Aussagen A bis E den Zahlen 1 bis 5 in Bild 5 zu.

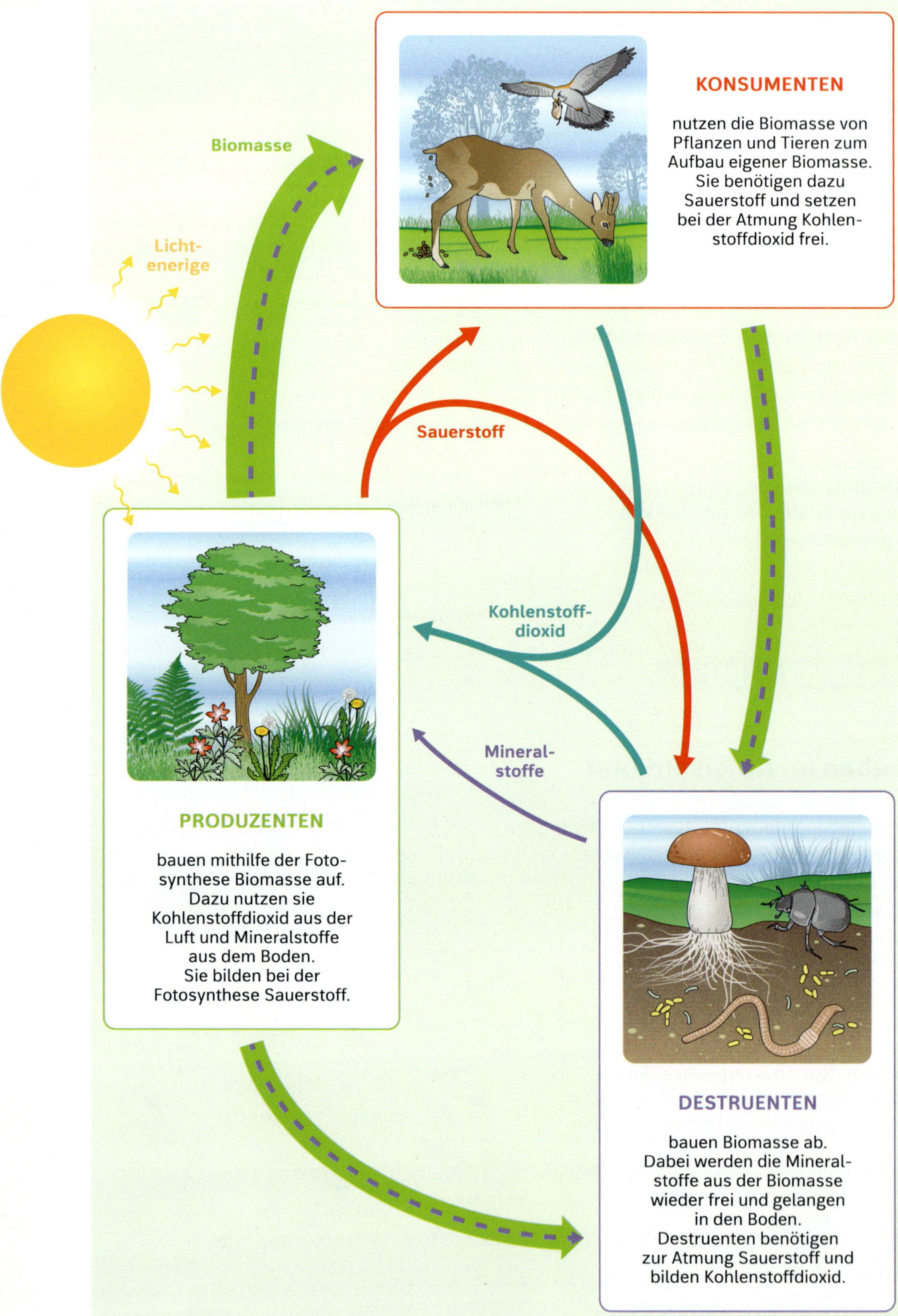

1 Stoffkreisläufe im Ökosystem Wald

In Ökosystemen geht kein Stoff verloren

Stoffkreisläufe

Kohlenstoff, Sauerstoff und Mineralstoffe bewegen sich in Stoffkreisläufen.

In Stoffkreisläufen gehen die Bestandteile unterschiedlicher Stoffe nicht verloren. Sie werden bei chemischen Reaktionen nur in andere Stoffe eingebaut.

Bild 1 zeigt die Rolle, die die Produzenten, Konsumenten und Destruenten in diesen Kreisläufen einnehmen. Außerdem kannst du damit auch den Aufbau und den Abbau der Biomasse nachvollziehen.

Der Kohlenstoffkreislauf

Die Tiere atmen Kohlenstoffdioxid aus. Mithilfe der Fotosynthese speichern die Pflanzen den Kohlenstoff aus dem Kohlenstoffdioxid. Sie nutzen ihn als Baustoff beim Wachsen. So bauen sie Biomasse auf. Die Pflanzen werden von Tieren gefressen. Auf diesem Weg gelangt der Kohlenstoff wieder in die Tiere. Sie nutzen den Kohlenstoff zur Energiegewinnung und zum Aufbau ihres Körpers. Ein Teil der Biomasse der Pflanzen wird so an die Tiere weitergegeben. Wenn die Tiere den Kohlenstoff bei der Atmung wieder als Kohlenstoffdioxid ausatmen, schließt sich der Kohlenstoffkreislauf.

Der Sauerstoffkreislauf

Beim Aufbau von Biomasse mithilfe der Fotosynthese nutzen die Pflanzen Kohlenstoffdioxid und Wasser. Dabei entsteht als Produkt auch Sauerstoff. Der Sauerstoff stellt für die Pflanzen ein Abfallprodukt dar. Sie geben ihn an die Luft ab.
Tiere atmen diesen Sauerstoff ein und nutzen ihn bei der Zellatmung zur Energiegewinnung. Als Abfallprodukt der Zellatmung entsteht wiederum Kohlenstoffdioxid. Kohlenstoffdioxid ist eine Verbindung aus Kohlenstoff und Sauerstoff.
Wenn die Tiere das Kohlenstoffdioxid ausatmen, geben sie also auch wieder Sauerstoff an die Luft ab. Der Sauerstoffkreislauf ist somit geschlossen.

Der Mineralstoffkreislauf

Die Pflanzen nehmen lebensnotwendige Mineralstoffe aus dem Boden auf und bauen diese in ihre Biomasse ein. Wenn Tiere die Pflanzen fressen, nehmen sie damit auch die Mineralstoffe auf und bauen sie in ihre eigenen Körper ein.
Sterben die Pflanzen oder die Tiere, bauen die Destruenten die Reste wieder ab. Dabei gelangen die Mineralstoffe wieder in den Boden. Der Kreislauf schließt sich.

1 Erkläre, wie der Kohlenstoff in die Tiere gelangt und in welcher Form er wieder abgegeben wird.

2 Nenne ein Abfallprodukt, das bei der Fotosynthese entsteht.

3 Pflanzen nehmen Mineralstoffe aus dem Boden auf. Erkläre, wie sie wieder in den Boden gelangen.

4 I Begründe, warum grüne Pflanzen für alle Lebewesen lebensnotwendig sind.

5 II Erläutere die Bedeutung der Sonne in Bild 1.

6 II Eine Maus frisst in einem Wald Bucheckern. Erkläre, wieso sie damit Teil verschiedener Stoffkreisläufe ist.

»

ÜBEN UND ANWENDEN

A Bäume pflanzen für die Umwelt

Unter dem Motto **#Einheitsbuddeln** hat das Bundesland Schleswig-Holstein zum Pflanzen von Bäumen aufgerufen. Anlässlich der Feierlichkeiten zum 3. Oktober sollte dazu jeder Deutsche einen Baum pflanzen. Die Bäume werden unter anderem deshalb gepflanzt, weil laut der Veranstalter „Aufforstungen eines der wirksamsten Mittel gegen den Klimawandel überhaupt und einer der entscheidenden Schlüssel zum Erreichen der Klimaziele sind".

1 Aktion „Einheitsbuddeln"

Neben der Aktion „Einheitsbuddeln" (→ Bild 1) gibt es jedes Jahr viele weitere Aufrufe zu ähnlichen Baumpflanzaktionen.
Das Ziel dabei ist, dass gerodete Wälder wieder aufgeforstet werden. Damit soll überschüssiges Kohlenstoffdioxid aus der Atmosphäre in den Bäumen gebunden werden.

1 Nenne zwei Gründe, warum laut der Veranstalter in Deutschland Bäume gepflanzt werden müssen.

2 Bewerte den Nutzen von Baumpflanzaktionen.

3 Nenne Argumente, die für die aktive Teilnahme an einer Baumpflanzaktion sprechen.

4 a) Recherchiere weitere Projekte, die es in Deutschland und weltweit zur Wiederaufforstung von Wäldern gibt.
b) Präsentiere deine Ergebnisse.

B Das Holz und die Biomasse

2 Ein Lagerfeuer

Beim Verbrennen von Holz wird der Kohlenstoff aus der Biomasse des Baumes wieder frei.
Der Kohlenstoff wird als Kohlenstoffdioxid an die Luft abgegeben. Zu viel Kohlenstoffdioxid in der Luft trägt zur Klimaerwärmung bei.

1 Erkläre, was mit dem Kohlenstoffdioxid geschieht, das beim Verbrennen frei wird.

Starthilfe zu 1:
Nutze Bild 1 auf der Basisseite. Überlege, wie das freie Kohlenstoffdioxid genutzt wird.

2 II a) Recherchiere, wodurch der Anteil an Kohlenstoffdioxid in unserer Luft steigt.
II b) Erkläre auch den Zusammenhang zwischen Kohlenstoffdioxid und der Klimaerwärmung.

FORSCHEN UND ENTDECKEN

A Nachweis von Kohlenstoff in Biomasse

Mit diesem Versuch kannst du Kohlenstoff in Biomasse nachweisen.

Wird die Stoffprobe beim Versuch schwarz, ist in dem getesteten Stoff Kohlenstoff und damit Biomasse enthalten.

Material: Schutzbrille, feuerfeste Reagenzgläser, Reagenzglasständer, Reagenzglashalter, Gasbrenner, feuerfeste Unterlage, Stoffproben (z. B. Laubblätter, Sand, Wasser, Eiklar, Holzstückchen, Salz, Getreidekörner, Nudeln)

Durchführung:

Schritt 1: Fülle die Reagenzgläser mit jeweils einer Stoffprobe ca. 0,5 cm. Stelle die Reagenzgläser in den Reagenzglasständer.

Schritt 2: Halte jeweils ein Reagenzglas mit der Stoffprobe mithilfe des Reagenzglashalters schräg in die Flamme des Gasbrenners (→ Bild 4).
Wichtig: Achte dabei darauf, dass die Öffnung des Reagenzglases nicht in deine Richtung oder in Richtung einer Mitschülerin oder eines Mitschülers zeigt.

Schritt 3: Erhitze die Stoffproben vorsichtig, bis sich die Stoffproben nicht mehr verändern.

Schritt 4: Erstelle zur Auswertung des Versuchs eine Tabelle wie in Bild 5.

3 Materialien für den Versuch

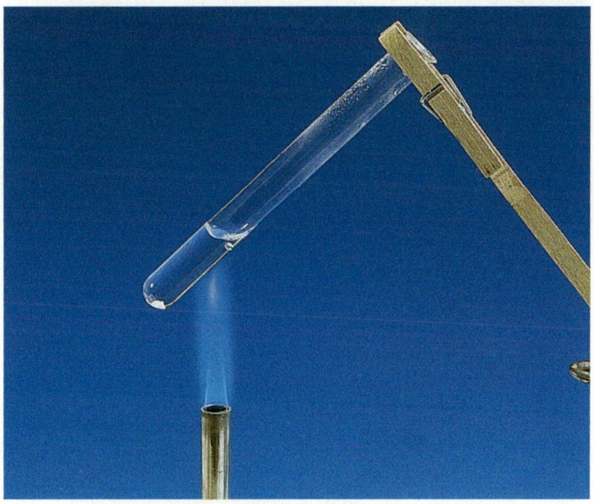

4 Versuchsdurchführung

Stoffprobe	Beobachtung	Kohlenstoff enthalten	Biomasse enthalten
Holz	färbt sich dunkelbraun bis schwarz	ja	ja
...	...	...	...

5 Beobachtungsprotokoll

1 Bestimme, in welchen Stoffproben Kohlenstoff und damit Biomasse enthalten ist.

2 II Erkläre, was mit dem Kohlenstoff in der Stoffprobe passiert ist, wenn diese schwarz geworden ist.

Starthilfe zu 2:
Nutze dazu den Text zum Verbrennen von Holz in Material B auf der gegenüberliegenden Seite.

1 Spaziergang im Wald

2 Holzproduktion

3 Schutzfunktion

Funktionen des Waldes

Lebensraum

Ein naturnaher Mischwald ist ein Lebensraum für viele Tiere, Pflanzen und Pilze. Der Erhalt von Wäldern ist deshalb besonders wichtig. Försterinnen und Förster kümmern sich um den Pflanzenbestand der Wälder. Jägerinnen und Jäger sorgen dafür, dass sich Tiere wie Wildschweine nicht zu stark vermehren.

Erholung

Viele Menschen gehen in ihrer Freizeit gern in den Wald. Einige treiben dort Sport, andere gehen spazieren. Manche Menschen beobachten Tiere. Dabei atmen sie die frische, saubere Luft. In stadtnahen Wädern nutzen viele Menschen den Wald. Deshalb müssen alle aufeinander Rücksicht nehmen.

Holzproduktion

Der Wald ist ein wichtiger Rohstofflieferant. Holz ist ein nachwachsender Rohstoff. Viele Gegenstände des täglichen Lebens wie Möbel bestehen aus Holz. Holz ist auch ein wichtiger Baustoff. Er wird für Dachkonstruktionen, Treppen oder Böden verwendet. Außerdem wird Holz als Brennstoff und zur Papierherstellung genutzt.

Schutzfunktion

Wälder halten mit den Wurzeln der Pflanzen den Boden fest. So verhindern sie den Abtrag von Erde durch Wasser oder Wind. Bergwälder schützen Siedlungen in den Tälern vor Lawinen aus Schlamm oder Geröll. Außerdem halten die Baumstämme Schneemassen fest, so dass keine Schneelawinen entstehen. Entlang von Eisenbahnlinien oder Autobahnen schützen Bäume die Anwohner vor Lärm und Feinstaub. Häufig werden Büsche und Bäume auch als Windschutz angepflanzt.

Wasserspeicher

Am Waldboden speichern Humus und Moose die Niederschläge. Das Wasser versickert deshalb nur langsam und wird dabei gefiltert. Ein Teil des Wassers gelangt in das Grundwasser und steht Menschen und Tieren für die Wasserversorgung zur Verfügung. Einen anderen Teil des Wassers nehmen Pflanzen über ihre Wurzeln wieder auf. Bei der Verdunstung über die Laubblätter geben die Pflanzen das Wasser wieder an die Luft ab und feuchten sie an.

Kohlenstoffspeicher

Zur Fotosynthese benötigen Pflanzen Kohlenstoffdioxid. Pflanzen wie Bäume bauen den Kohlenstoff aus dem Kohlenstoffdioxid beim Wachsen in ihre Biomasse ein, zum Beispiel in Holz. Wenn Pflanzen wachsen, entziehen sie der Erdatmosphäre auf diese Weise Kohlenstoff. Kohlenstoffdioxid ist ein Gas, das zur Erwärmung der Erdatmosphäre beiträgt. Je weniger Kohlenstoffdioxid in der Luft ist, desto weniger wird die Erdatmosphäre aufgeheizt.

Klimaverbesserung

Über Städten steigt warme Luft auf, die Staub und Abgase enthält. In der Höhe kühlt die Luft ab. Sie strömt in das Umland und sinkt wieder ab. Wenn sich dort ein Wald befindet, werden Staub und Abgase von den Bäumen aus der Luft gefiltert. Außerdem wird die Luft angefeuchtet. Die kühle, feuchte Luft strömt dann wieder in die Stadt zurück. So tragen Wälder zur Luftverbesserung in Städten bei.

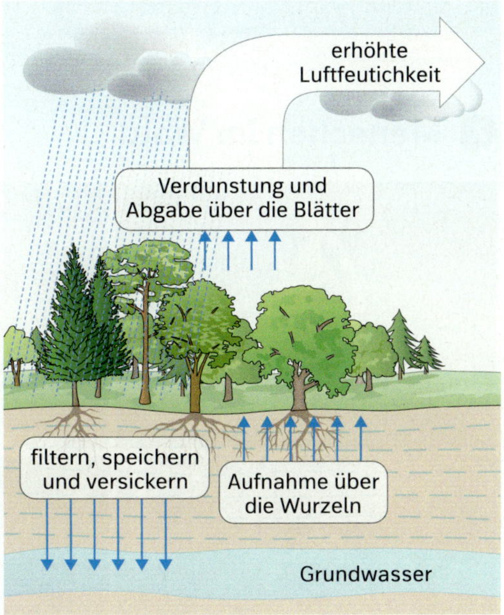

4 Wasserspeicher

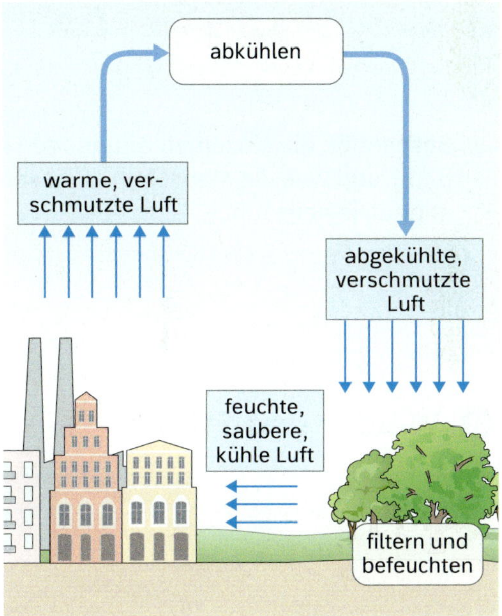

5 Klimaverbesserung

1 **a)** Nenne verschiedene Funktionen des Waldes.
b) Beschreibe zwei der Funktionen genauer.

2 Begründe, warum es wichtig ist, dass Menschen im Wald besonders rücksichtsvoll mit der Natur und mit anderen Menschen umgehen.

3 I Nenne drei Beispiele, wie Wälder Menschen vor Gefahren oder Wettereinflüssen schützen können.

4 II Erkläre, warum Wälder als Kohlenstoffspeicher bezeichnet werden.

»

ÜBEN UND ANWENDEN

A Menschen im Wald

1 Situationen im Wald

1 Beschreibe die einzelnen Situationen in Bild 1 und was die Menschen in diesen Situationen jeweils tun.

2 **a)** Bewerte das Verhalten der Menschen.
b) Mache Verbesserungsvorschläge, wenn du denkst, dass das Verhalten nicht in Ordnung ist. Begründe deine Aussagen mit den Funktionen des Waldes.

B Wälder und Städte

2 Waldlandschaften

Die beiden Bilder zeigen Landschaften, bei denen jeweils eine Funktion des Waldes besonders im Vordergrund steht.

1 Beschreibe die Landschaften.

2 **a)** Nenne die Funktion des Waldes, die jeweils im Vordergrund steht.
b) Beschreibe, was passieren könnte, wenn die Wälder nicht mehr da wären.

METHODE

Expertendiskussion

Ein Thema - viele Meinungen

Das Fahren mit dem Mountainbike ist sehr beliebt. In einem Waldgebiet in der Nähe einer Großstadt soll ein Trail eingerichtet werden. Viele Menschen sind dafür, andere sind dagegen. Nach einer öffentlichen Expertendiskussion will die Stadtverwaltung entscheiden, ob der Trail eingerichtet werden soll.

3 Trail ja oder nein?

So könnt ihr vorgehen:

- Das Problem wird formuliert.
- Die Interessengruppen werden festgelegt. Jeweils 2 – 3 Schülerinnen und Schüler teilen sich den einzelnen Positionen zu. Die anderen sind Zuhörer.
- In Gruppen werden Argumente zu den einzelnen Positionen gesammelt und auf Karten geschrieben.
- In jeder Gruppe wird eine Sprecherin oder ein Sprecher als Expertin oder Experte bestimmt.
- Alle Expertinnen und Experten tragen in der Diskussion ihre Argumente vor. Dabei gehen sie auch auf die Argumente der anderen Gruppen ein.
- Eine Diskussionsleiterin oder ein Diskussionsleiter achtet darauf, dass die Gesprächsregeln eingehalten werden. Vielleicht lassen sich Kompromisse finden.
- Die Zuhörerinnen und Zuhörer entscheiden am Ende über die Lösung des Problems. Außerdem geben sie den Expertinnen und Experten Rückmeldung zu ihrem Diskussionsverhalten.

In einer **Expertendiskussion** bringen die unterschiedlichen Interessengruppen ihre Argumente vor.
Eine Expertendiskussion zu einem Thema, zu dem es unterschiedliche Meinungen gibt, kann in einem Rollenspiel geübt werden.

4 Experten stellen die Argumente vor.

Für die Rückmeldung können folgende Fragen helfen:

- Welche Rolle hat mich am meisten, wer hat mich am wenigsten überzeugt?
- Welche Argumente waren für mich besonders wichtig?
- Wer hat dazu beigetragen, einen Kompromiss zu finden?

1 Bereitet eine Expertendiskussion zu folgenden Thema vor: Soll im Waldgebiet neben unserem Wohnort ein Mountainbike-Trail eingerichtet werden?

2 Führt die Expertendiskussion durch.

3 Wertet die Expertendiskussion aus.

«

1 Fichten werden braun und verlieren ihre Nadeln.

Der Wald ist in Gefahr

Der Wald in Deutschland

Etwa ein Drittel der Fläche Deutschlands besteht aus Wald. Die häufigsten Baumarten sind die Nadelbäume Fichte und Kiefer, und die Laubbäume Buche und Eiche.
Ein Spaziergang durch den Wald zeigt, dass in den Kronen vieler Laubbäume schon im Sommer Blätter vertrocknen. Bei Nadelbäumen werden die Nadeln gelb oder fallen teilweise ganz ab. Nur etwa jeder vierte Baum in unseren Wäldern ist gesund.

2 Buchen verlieren im Sommer die Blätter.

Luftschadstoffe

Häufige Ursachen für Waldschäden sind Luftschadstoffe wie Stickstoffoxide oder Schwefeldioxid aus Verkehr, Industrie, Landwirtschaft und Haushalten. Die Luftschadstoffe bilden zusammen mit Niederschlägen und Wasserdampf in der Luft giftige Säuren.

Schäden an Blättern und Nadeln

Die Säuren greifen die Blätter und Nadeln der Bäume an. Die Spaltöffnungen können sich dann nicht mehr richtig schließen. Dadurch verdunsten die Bäume mehr Wasser, als sie aus dem Boden aufnehmen können. Die Blätter und Nadeln werden langsam braun und vertrocknen.

Schäden an den Wurzeln

Wenn die Schadstoffe mit dem Wasser in den Boden kommen, sterben die feinen Wurzeln der Bäume ab. Betroffene Bäume können dann nur noch wenig Wasser mit Mineralstoffen aufnehmen. Viele Bodenlebewesen sterben. Die Bildung von Humus wird gestört.

Wetter und Klima
Forscher haben festgestellt, dass sich das Klima auf der Erde in den letzten Jahrzehnten stark verändert hat. Es ist sehr schnell immer wärmer geworden. Dieser Klimawandel wird durch die Lebensweise von uns Menschen erheblich verstärkt. Wir verbrennen Kohle oder Erdöl, um Energie zu gewinnen. Dabei entstehen Gase wie Kohlenstoffdioxid. Solche Gase verursachen Klimaveränderungen.
Durch die Erderwärmung kommt es immer häufiger zu extremen Wetterereignissen wie langen, trockenen Sommern, Starkregen oder Orkanen. Wenn Bäume bereits durch Luftschadstoffe geschädigt sind, können solche extremen Wetterlagen dem Wald zusätzlich Schaden zufügen.

3 Sturmschäden

Schäden durch Insekten
In Wäldern, die durch Trockenheit oder Stürme geschädigt sind, können Insekten große Schäden anrichten. Der Fichtenborkenkäfer lebt zum Beispiel unter der Rinde von Fichten. Er kann sich in geschwächten Bäumen in einem reinen Fichtenwald stark vermehren. Der Käfer hat dort nur wenige Fressfeinde wie Buntspechte oder Fledermäuse. Stark befallene Bäume sterben ab.

4 Fichtenborkenkäfer

Hilfe für den Wald
Die Reduzierung von Luftschadstoffen und die Begrenzung der Erderwärmung sind wichtige Ziele, um Wälder gesund zu erhalten. Eine Maßnahme dazu ist beispielsweise, durch unsere Lebensweise weniger Erdöl und Kohle zu verbrauchen.

1 **a)** Nenne Beispiele für Luftschadstoffe, die Bäume schädigen.
b) Beschreibe, wie sich die Schadstoffe auf die Funktion der Blätter, Nadeln und Wurzeln auswirken.

2 **a)** Beschreibe, wie sich der Klimawandel auf Wälder auswirkt.
b) Erkläre, wie es zu einem Massenbefall von Fichtenborkenkäfern kommen kann.

3 **I** Nenne Merkmale geschädigter Bäume.

4 **II** Erkläre, warum ein geschädigter Baum die Blätter oder Nadeln abwirft.

»

ÜBEN UND ANWENDEN

A Monokultur oder Mischwald?

1 Verschiedene Wälder

Die beiden Bilder zeigen zwei verschiedene Waldarten. In einer **Monokultur** wie einem Fichtenwald gibt es nur schnellwachsende Fichten. Solche Wälder wurden früher angepflanzt, um nach einigen Jahren möglichst einfach viel Holz ernten zu können.
In einem **Buchenmischwald** wachsen unterschiedliche Baumarten. Die Bäume sind unterschiedlich alt. Solche Wälder sind ein Lebensraum für viele Tiere und Pflanzen. Die Baumarten sind an ihren Standort angepasst. Damit sind Buchenmischwälder besser gegen extreme Umwelteinflüsse geschützt.

1. Ordne die beiden Bilder den beiden Waldarten zu.
2. Beschreibe die beiden unterschiedlichen Waldtypen.
3. Beurteile, in welcher Waldart sich Waldschädlinge wie der Fichtenborkenkäfer besser vermehren können.
4. Begründe, warum eine der beiden Waldarten besser gegen extreme Umwelteinflüsse geschützt ist.

B Gesund oder geschädigt?

2 Zweige einer Buche: **A** gesund, **B** geschädigt

Die Bilder 2 A und 2 B zeigen zwei verschiedene Buchenzweige.

1. Beschreibe mithilfe der beiden Abbildungen die Unterschiede zwischen gesunden und geschädigten Zweigen einer Buche.
2. II Stelle eine Vermutung auf, warum die Blätter der geschädigten Buche braun werden. Begründe deine Vermutung.

ÜBEN UND ANWENDEN

C Nachhaltige Waldbewirtschaftung

Neben der Reduktion von Luftschadstoffen ist für das Überleben unserer Wälder eine nachhaltige Bewirtschaftung notwendig. Das Konzept der Nachhaltigkeit bedeutet, dass wir bei allem was wir tun, die langfristigen Folgen mitbedenken müssen. Auch unsere Kinder und Enkelkinder wollen in Zukunft in einer unzerstörten Umwelt leben.

3 Nachhaltigkeit

Totholz und Holzabfall bleiben im Wald und dienen Tieren als Nahrung und Lebensraum.

Bäume werden einzeln geerntet, wenn sie dick genug sind.

In Wäldern sollen möglichst viele verschiedene Baumarten angepflanzt werden

Wenn möglichst viele gleiche Bäume einer Art gleichzeitig gepflanzt werden, können sie nach einigen Jahren gleichzeitig geerntet werden. Damit spart man Zeit.

In Wäldern sollen möglichst wenig verschiedene Baumarten angepflanzt werden.

Die Bäume im Wald müssen gut an ihren Standort angepasst sein. So sollen zum Beispiel an trockenen Standorten möglichst Bäume angepflanzt werden, die Trockenheit vertragen.

Um naturnahe Wälder zu erhalten, sollen Wälder als Naturschutzgebiete ausgewiesen werden.

Um Wälder besser bewirtschaften zu können, sollen möglichst breite Wege für den Holztransport angelegt werden.

Im Wald sollen möglichst keine chemischen Pflanzenschutzmittel oder Düngemittel angewendet werden.

Beim Kauf von Möbeln aus Holz sollte darauf geachtet werden, dass das Holz möglichst aus nachhaltiger Waldwirtschaft stammt.

1 **a)** Bewerte die Aussagen im Hinblick darauf, ob sie zu einem nachhaltigen Umgang mit unseren Wäldern beitragen.
b) Mache Vorschläge für alternatives Handeln, wenn du eine Aussage für nicht nachhaltig hältst.

«

Auf einen Blick: Ökosystem Wald

Beziehungen im Ökosystem Wald

Der Wald ist ein Ökosystem. Ein Ökosystem besteht aus einem Lebensraum und einer Lebensgemeinschaft aus Pflanzen und Tieren. Abiotische Faktoren wie die Temperatur, die Niederschläge, die Lichtmenge oder die Bodenbeschaffenheit bestimmen die Lebensbedingungen in einem Lebensraum. Alle Lebewesen in einem Ökosystem sind über Nahrungsketten miteinander verbunden. Viele Nahrungsketten bilden ein Nahrungsnetz.

Funktionen des Waldes

Wälder sind für alle Lebewesen von großer Bedeutung. Sie sind beispielsweise Lebensräume für viele Pflanzen und Tiere. Wir Menschen nutzen Wälder zur Erholung und als Holzlieferant. Wälder produzieren Sauerstoff und helfen, das Klima zu verbessern.

Gefahren und Schutz für den Wald

Luftschadstoffe und die Klimaerwärmung zerstören die Wälder. Warme, trockene Sommer und heftige Stürme schaden den Bäumen. An geschädigten Bäumen können sich Insekten wie der Borkenkäfer massenhaft vermehren. Stark befallene Bäume sterben ab. Die Gefahren für den Wald werden von uns Menschen ausgelöst. Durch unsere Lebensweise können wir zum Schutz der Wälder beitragen. Dazu gehört zum Beispiel, seltener mit dem Auto zu fahren.

WICHTIGE BEGRIFFE

- Ökosystem
- Lebensraum, Lebensgemeinschaft
- abiotische und biotische Faktoren

WICHTIGE BEGRIFFE

- Rohstoff Holz
- Kohlenstoffspeicher

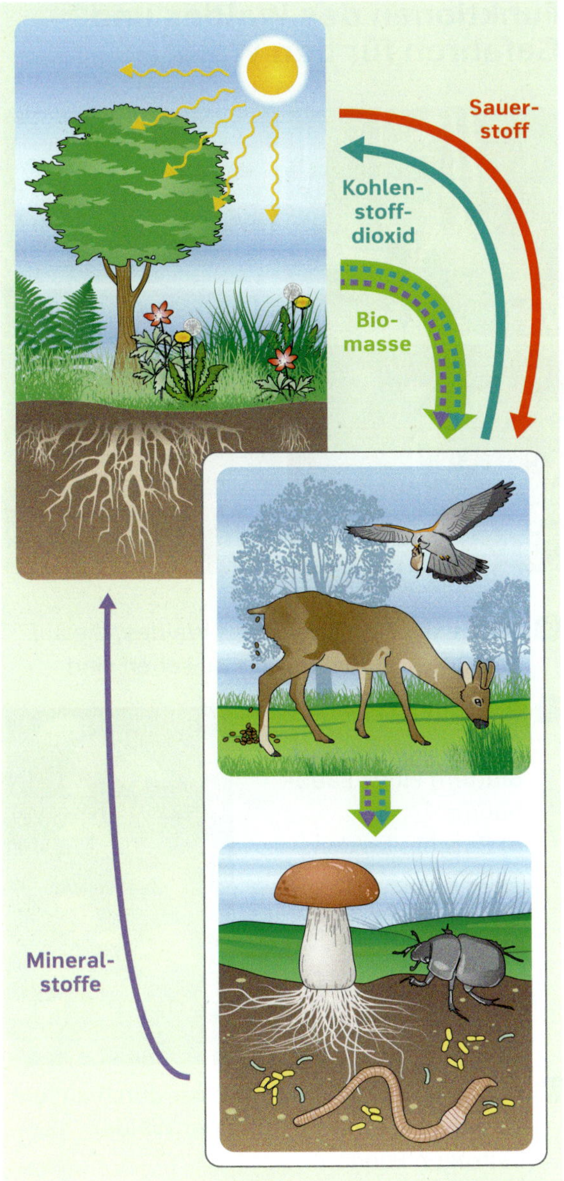

Pflanzenorgane und Fotosynthese

Pflanzen nehmen über ihre Wurzeln Wasser und Mineralstoffe aus dem Boden auf. Durch die Verdunstung gelangt das Wasser in dünnen Gefäßen im Spross zu allen Laubblättern.
In den Laubblättern betreiben Pflanzen Fotosynthese. Dabei produzieren sie in den Chloroplasten mithilfe der Sonnenenergie Glucose. Pflanzen werden deshalb Produzenten genannt.
Die Glucose wird zu allen Teilen einer Pflanze transportiert und dort genutzt. Für die Fotosynthese brauchen die Pflanzen Kohlenstoffdioxid. Neben der Glucose entsteht dabei auch Sauerstoff.

Stoffkreislauf und Energiefluss

Einen Teil der in der Glucose gespeicherten Energie nutzen die Pflanzen für ihre eigenen Lebensvorgänge. Aus dem anderen Teil bauen sie Biomasse auf. Die darin gespeicherte Energie und die Nährstoffe werden über Nahrungsketten weitergegeben. Tiere und Menschen werden deshalb Konsumenten genannt.
Bei der Nutzung der Biomasse durch Konsumenten entsteht Kohlenstoffdioxid. Bei der Zersetzung von Biomasse durch die Destruenten werden die Mineralstoffe wieder frei, die in der Biomasse enthalten waren.
So entstehen Stoffkreisläufe in Ökosystemen. Energie muss in Ökosystemen über die Sonne ständig neu hinzugeführt werden.

WICHTIGE BEGRIFFE

- Pflanzenorgane, Wurzel, Spross, Laubblätter
- Fotosynthese, Chloroplast, Glucose

WICHTIGE BEGRIFFE

- Biomasse, Energie, Mineralstoffe
- Produzenten, Konsumenten, Destruenten
- Stoffkreislauf, Energiefluss

Lerncheck: Ökosystem Wald

Beziehungen im Ökosystem Wald

1 Ordne die folgenden Begriff nach abiotischen oder biotischen Faktoren: Wildschwein, Schnee, Buche, Bodenfeuchtigkeit, Reh, Hitze, Moos, Sand, Regenwurm, Farn.

2 Beschreibe, wozu du ein Luxmeter bei der Untersuchung eines Laubwaldes einsetzen würdest.

3 Erläutere am Beispiel des Waldes die Begriffe Lebensraum, Lebensgemeinschaft und Ökosystem.

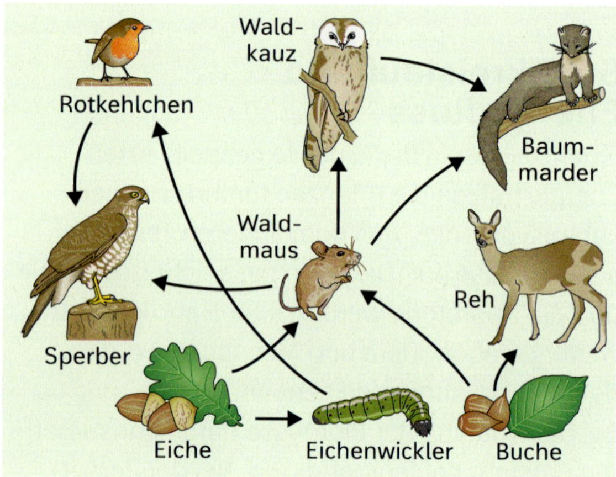

4 **a)** Schreibe aus dem Nahrungsnetz oben mindestens zwei mögliche Nahrungsketten heraus.
b) Kennzeichne in den Nahrungsketten die Produzenten mit P, die Konsumenten mit K und die Endkonsumenten mit EK.

Funktionen des Waldes und Gefahren für den Wald

5 Nenne die Funktionen des Waldes, die auf den Bildern oben jeweils zu sehen sind.

6 Das Bild zeigt einen Schaden an den Blättern eines Laubbaums.
a) Beschreibe den Schaden.
b) Erkläre, wodurch solche Schäden entstehen können.
c) Nenne mögliche Folgen für den Baum.

7 Nenne Beispiele dafür, wie wir durch unsere Lebensweise zum Schutz der Wälder beitragen können.

DU KANNST JETZT ...
- ... abiotische und biotische Faktoren beschreiben, die das Leben im Ökosystem Wald prägen.
- ... Nahrungsketten in einem Wald beschreiben und erläutern, wie diese zu einem Nahrungsnetzt verknüpft sind.

DU KANNST JETZT ...
- ... Funktionen des Waldes beschreiben.
- ... Gefahren für den Wald beschreiben.
- ... Beispiele für Verhaltensweisen darstellen, die zum Schutz des Waldes beitragen.

Pflanzenorgane und Fotosynthese

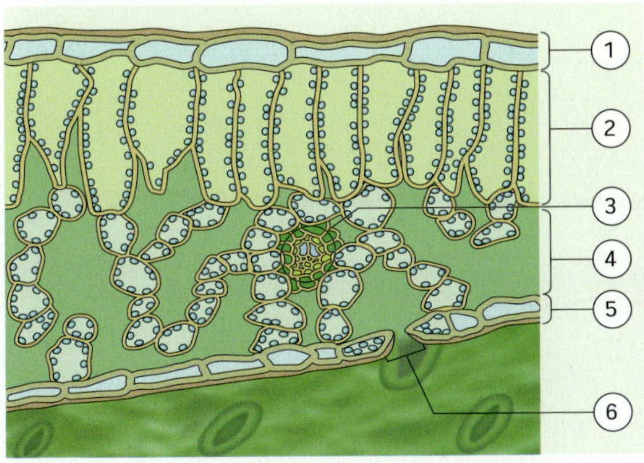

8 **a)** Benenne die mit Ziffern gekennzeichneten Teile eines Laublattes.
b) Beschreibe jeweils die Funktion.

9 Beschreibe die beiden Vorgänge, durch die das Wasser in Pflanzen von den Wurzeln zu allen Blättern gelangt.

10 **a)** Schreibe den Vorgang der Fotosynthese als Wortgleichung auf.
b) Benenne das Produkt, in dem die Energie der Sonne gespeichert ist.
c) Nenne weitere Stoffe, die Pflanzen aus diesem Produkt der Fotosynthese herstellen.
d) Erkläre, warum die Blätter grün aussehen.

Stoffkreislauf und Energiefluss

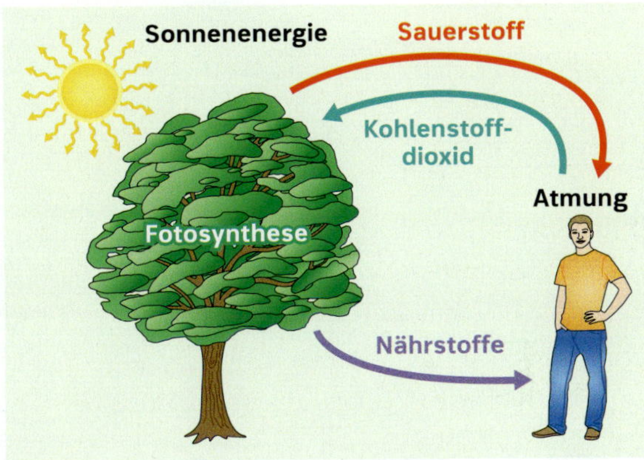

11 Stelle mithilfe des Bildes den Zusammenhang zwischen dem Kohlenstoffkreislauf und dem Sauerstoffkreislauf dar.

12 Der Weg der Energie in einem Ökosystem wird als „Einbahnstraße“ bezeichnet.
a) Erläutere diese Aussage mithilfe der Abbildung.
b) Erkläre, warum Produzenten und Konsumenten in einer Pyramide angeordnet sind.

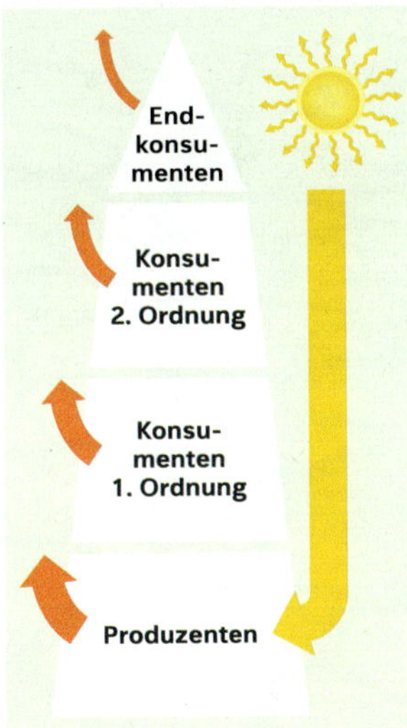

DU KANNST JETZT ...

- ... Pflanzenorgane und ihre jeweilige Funktion beschreiben.
- ... den Stofftransport in Pflanzen erläutern.
- ... beschreiben, wie die Fotosynthese abläuft und welche Produkte dabei entstehen.

DU KANNST JETZT ...

- ... den Zusammenhang zwischen Kohlenstoffkreislauf und Sauerstoffkreislauf beschreiben.
- ... die Rolle von Produzenten, Konsumenten und Destruenten in den Stoffkreisläufen erläutern.
- ... den Energiefluss in einem Ökosystem beschreiben.

Menschen verändern die Umwelt

Wofür demonstrieren diese Menschen?

Wohin „verschwindet“ das Haus? Bleibt davon wirklich nur ein „Häufchen Asche“?

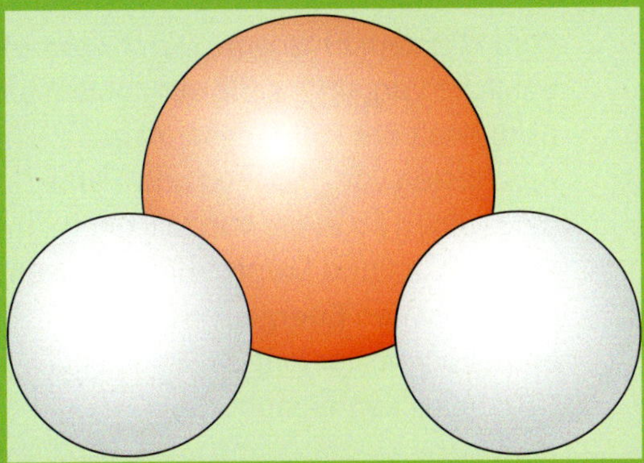

Was bedeuten die Bilder mit solchen Kugeln?

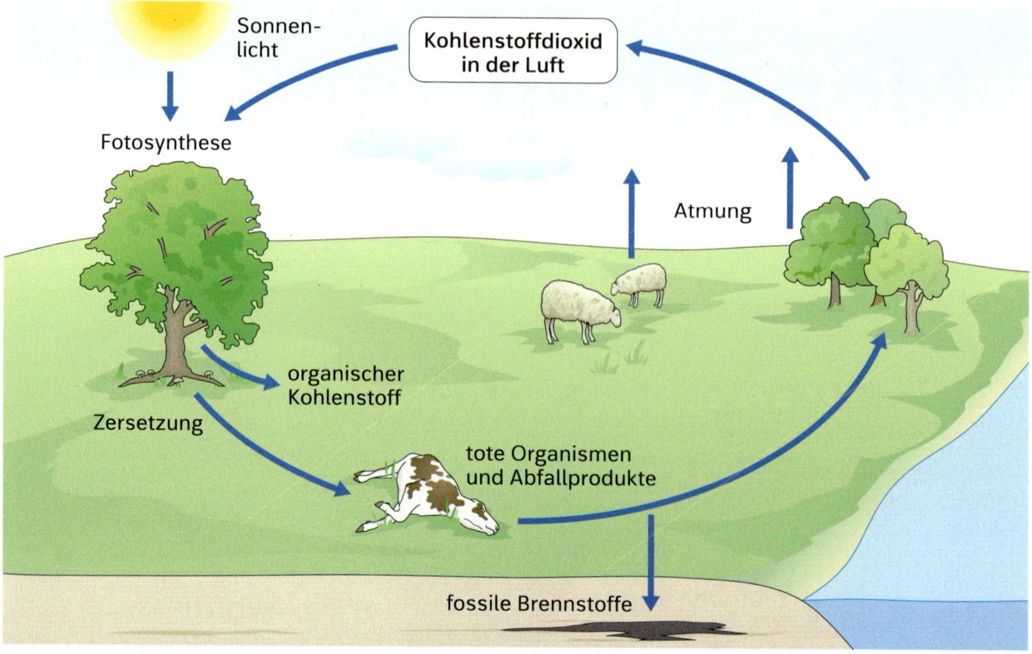

1 Der Kohlenstoffkreislauf

Eingriffe in den Kohlenstoffkreislauf

Der Kohlenstoffkreislauf

Pflanzen nehmen bei der Fotosynthese Kohlenstoffdioxid auf. Kohlenstoffdioxid besteht aus Kohlenstoffbausteinen und Sauerstoffbausteinen, die man **Atome** nennt.

Die Kohlenstoffatome aus dem Kohlenstoffdioxid baut die Pflanze in Früchte, Getreide, Gras, Blätter und auch Holz ein. Tiere fressen Pflanzenteile und nutzen die darin gespeicherte Energie. Dabei verbinden sich die Kohlenstoffatome wieder mit Sauerstoffatomen. So entsteht Kohlenstoffdioxid.

Alle Tiere und Menschen geben beim Ausatmen Kohlenstoffdioxid an die Luft ab. Die Kohlenstoffatome wechseln also immer zwischen der Luft und den Pflanzen und den Tieren. Man spricht daher vom **Kohlenstoffkreislauf** (→ Bild 1).

Gleichgewichte verändern sich

Der Gehalt an Kohlenstoffdioxid der Luft verändert sich normalerweise nur sehr langsam. Aufnahme und Abgabe von Kohlenstoffdioxid stehen im Gleichgewicht. Im Laufe der Erdgeschichte hat sich der Kohlenstoffdioxidgehalt der Luft aber verändert. Zeitweise stieg er langsam an, etwa durch die Aktivitäten von Vulkanen. Aber wenn zum Beispiel abgestorbene Pflanzen und Tiere in die Erde gelangten und nicht vollständig zersetzt wurden, wurde der in ihnen enthaltene Kohlenstoff dem Kreislauf entzogen. Durch solche und ähnliche Vorgänge sank der Kohlenstoffdioxidgehalt der Luft langsam ab.

Aus Resten von Pflanzen und Tieren entstanden im Laufe von Millionen Jahren Kohle, Erdöl und Erdgas. Heute nutzen wir diese **fossilen Energierohstoffe.** Sie enthalten die vor langer Zeit aus der Luft entfernten Kohlenstoffatome.

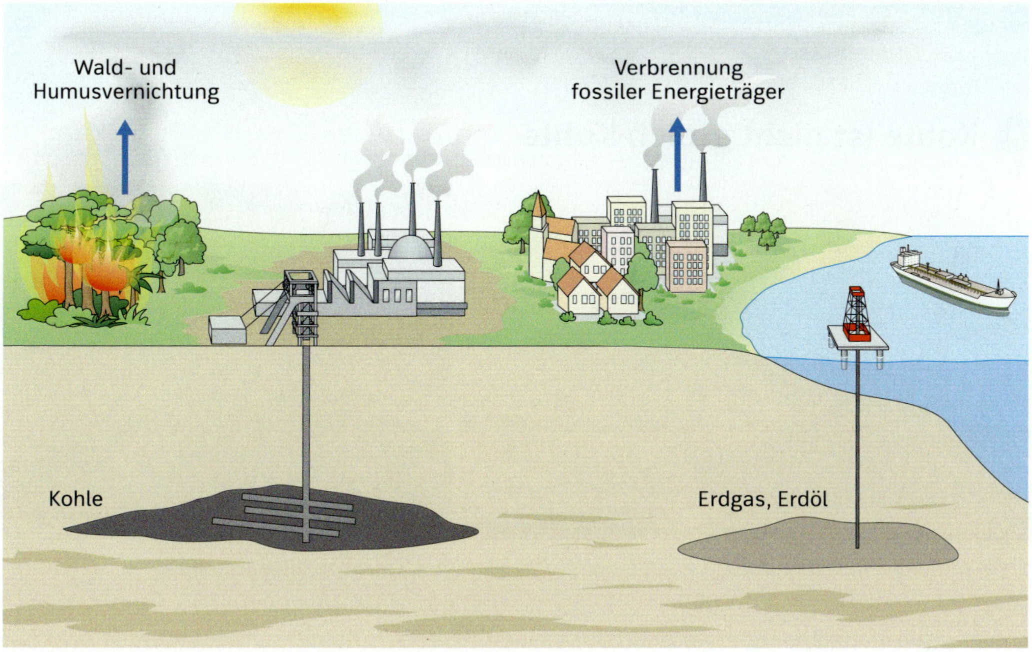

2 Der Mensch beeinflusst den Kohlenstoffkreislauf.

Der Mensch greift ein

So wie wir leben, benötigen wir Menschen viel Energie. Daher verbrennen wir Kohle, Erdöl und Gas. Kohlenstoffdioxid entsteht. Damit gelangen innerhalb weniger Jahrzehnte Kohlenstoffatome in die Luft zurück, die vor Jahrmillionen von Pflanzen der Luft entnommen wurden (→ Bild 2).

Der Gehalt an Kohlenstoffdioxid steigt und das besonders schnell. Das Gleichgewicht von Kohlenstoffaufnahme und Kohlenstoffabgabe ist gestört.

Der Klimawandel

Durch den steigenden Gehalt von Kohlenstoffdioxid in der Luft wird es langfristig immer wärmer. Man spricht vom **Klimawandel.** Er wird von uns Menschen verursacht und hat weit reichende Folgen.

Die Verbrennung fossiler Brennstoffe wie Kohle und Erdöl ist eine Hauptursache für den Klimawandel.

1 a) Nenne Vorgänge, durch die Kohlenstoffdioxid aus der Luft entnommen wird.
b) Nenne Vorgänge, durch die Kohlenstoffdioxid in die Luft gelangt.
c) Vergleiche die Zeiträume, in denen das jeweils passiert.

2 Beschreibe, wie der Mensch in den Kohlenstoffkreislauf eingreift und nenne Folgen.

3 I Erläutere, was mit Klimawandel gemeint ist.

4 II Stelle den natürlichen Kohlenstoffkreislauf in einem Blockdiagramm dar. Beschrifte Vorgänge in rot, deren Verursacher in grün und die Stoffe, die Kohlenstoffatome enthalten, in blau.

Starthilfe zu 4:

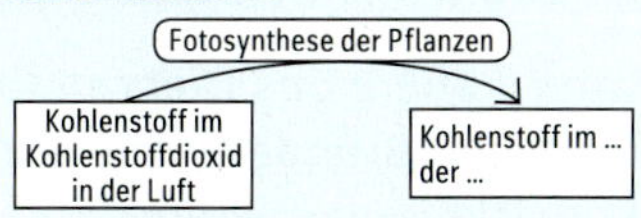

»

FORSCHEN UND ENTDECKEN

A Kohle ist nicht gleich Kohle

1 Gewinnung von Kohle: **A** Braunkohletagebau, **B** Lehmofen zur Holzkohleherstellung

Kohle ist ein vielfältiger Energierohstoff. Es gibt verschiedene Arten von Kohle. Sie alle entstanden aus Pflanzen. Sie unterscheiden sich aber darin, wie und wann sie entstanden sind. Wir nutzen sie auch ganz unterschiedlich.
Braunkohle entstand aus Bäumen, die vor mindestens 2 Millionen Jahren lebten. Wir nutzen Braunkohle zum Beispiel in Kraftwerken zur Stromerzeugung.
Holzkohle wird hingegen aus dem Holz frisch geschlagener Bäume hergestellt. Dazu wird es erhitzt. Heute geschieht dies meist mit Öfen in Fabriken. Holzkohle wird unter anderem zum Grillen verwendet.

1. Vergleiche die beiden Kohlearten in einer Tabelle miteinander. Berücksichtige jeweils den Ausgangsstoff, die Entstehung und die Zeit, die diese in Anspruch nimmt, sowie die Verwendung der fertigen Kohle.
2. Beurteile die Auswirkungen auf den Kohlenstoffkreislauf die die Nutzung der beiden Kohlearten jeweils verursachen.

Starthilfe zu 2:
Nur so lange eine Pflanze wächst, entnimmt sie Kohlenstoff aus der Luft.

B Ausstoß von Kohlenstoffdioxid und sein Anteil an der Atmosphäre

Jedes Jahr produzieren die Menschen über 35 Milliarden Tonnen Kohlenstoffdioxid. Das war in der Geschichte der Menschheit aber nicht immer so.

1. Beschreibe das Diagramm. Beachte den Zeitraum und den Verlauf der Kurve.
2. Interpretiere das Diagramm, indem du mögliche Gründe für die dargestellte Entwicklung erläuterst.

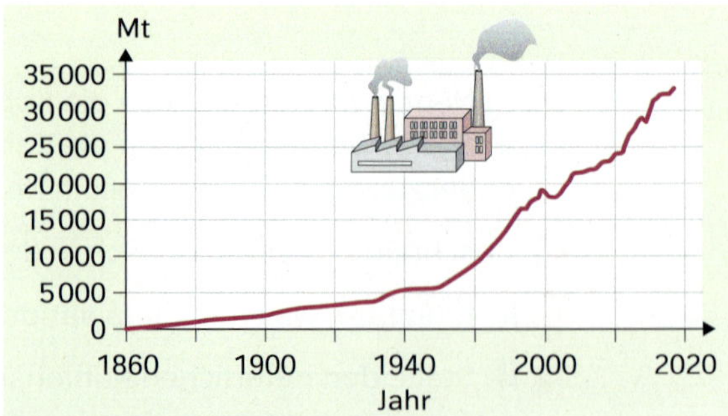

2 Energiebedingter Ausstoß von Kohlenstoffdioxid in Milliarden Tonnen pro Jahr

IM ALLTAG

Das Klima schützen

Klimaschutzbewegung

Als die Schwedin Greta Thunberg 2011 in der Schule vom Klimawandel erfuhr, erschrak sie über eines ganz besonders: Obwohl viele wissenschaftliche Erkenntnisse über den Klimawandel, seine Ursachen und seine Folgen bekannt waren, wurde jedes Jahr mehr Kohlenstoffdioxid ausgestoßen, als im Jahr davor. In den folgenden Jahren wurde sie zur Repräsentantin der weltweiten Klimaschutzbewegung „Fridays for Future“. Darin setzen sich vor allem Jugendliche für eine konsequent an wissenschaftlichen Erkenntnissen ausgerichtete Klimapolitik ein.

3 Demonstration der der Klimaschutzbewegung „Friday for Future“ mit Greta Thunberg

Strom ganz ohne Kohlenstoffdioxid?

Fotovoltaikanlagen (Solarzellen) wandeln Licht in elektrischen Strom um. Dabei setzen sie kein Kohlenstoffdioxid frei. Allerding erfordert die Herstellung der Solarzellen ja auch Energie. Wird bei der Gewinnung dieser Energie Kohlenstoffdioxid frei, muss dies also auf den Strom aus der Solarzelle angerechnet werden. Die Grafik berücksichtigt dieses „indirekte Kohlenstoffdioxid“. Sie zeigt, wie viel Kohlenstoffdioxid bei der Erzeugung der Strommenge freigesetzt wird, die man für 12 Stunden Computernutzung braucht.

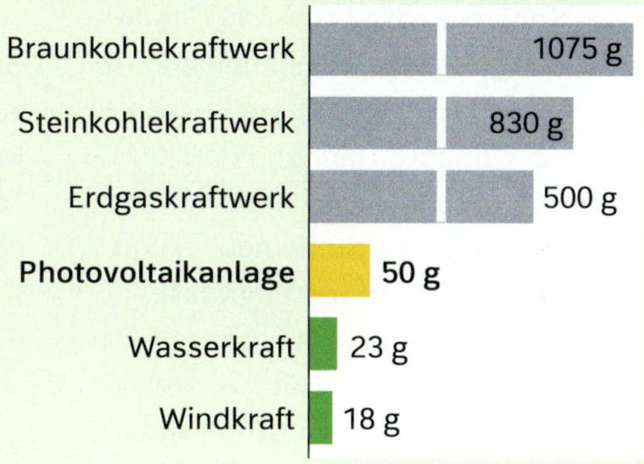

4 Ausstoß von Kohlenstoffdioxid im Vergleich

1 **a)** Recherchiere und berichte von den Zielen der Klimaschutzbewegung „Fridays for Future“.
b) Nimm begründet Stellung zu den Aktionen und Zielen dieser Bewegung.

2 **a)** Die oberen drei Balken in der Abbildung 3 sind verkürzt dargestellt. Übertrage die Abbildung in deine Unterlagen, zeichne dabei alle Balken in der richtigen Länge.
b) Erläutere die Aussagen der Abbildung 4 und beurteile die verschiedenen Arten der Stromerzeugung im Hinblick auf ihren Kohlenstoffdioxidausstoß.
c) Recherchiere und berichte, über Nachteile der Sonnen-, Wind- und Wasserkraftwerke. Erläutere, warum Strom nicht nur mit derartigen Kraftwerken gewonnen wird.

«

1 Entstehung eines fossilen Brennstoffes: **A** Aufbau von Biomasse, **B** unvollständige Zersetzung, **C** unterirdisch lagernde Kohle

Fossile Brennstoffe

Biomasse

Bei der Fotosynthese nutzen Pflanzen das Licht der Sonne, um energiereiche Stoffe aufzubauen. Lebewesen bestehen zum Teil aus solchen Stoffen. Denn Tiere fressen Pflanzen oder andere Tiere und damit immer auch Stoffe, deren Energie von der Sonne stammt. Solche Stoffe nennen wir **Biomasse.** Zum Aufbau von Biomasse entnehmen Pflanzen bei der Fotosynthese Kohlenstoffdioxid aus der Luft. Sie entfernen also Kohlenstoffatome aus der Atmosphäre, um sie in Biomasse einzubauen.

Unvollständige Zersetzung

Abgestorbene Lebewesen werden normalerweise von Bakterien und Pilzen abgebaut. Diese Zersetzer erzeugen dabei Kohlenstoffdioxid und schließen so den Kohlenstoffkreislauf. Allerdings benötigen die Zersetzer Sauerstoff, um Biomasse vollständig abzubauen und daraus wieder gasförmiges Kohlenstoffdioxid zu machen. Ohne Sauerstoff wird Biomasse nur unvollständig zersetzt. Es gelangen nicht alle Kohlenstoffatome in die Atmosphäre zurück. Sie bleiben stattdessen im Boden.

Kohle, Erdöl und Erdgas

Im Laufe der Erdgeschichte kam es immer wieder zur unvollständigen Zersetzung von Biomasse. Pflanzenreste in Mooren wurden von sauerstoffarmem Moorwasser bedeckt. Meeresbewohner versanken nach ihrem Tod mitunter tief im Meer, an dessen Grund ebenfalls kaum Sauerstoff im Wasser ist. Auch Wälder wurden überflutet oder zum Beispiel durch Erdbewegungen mit Sand und Steinen bedeckt. In allen diesen Fällen gab es nicht genug Sauerstoff zum Abbau der Biomasse.
Je tiefer die Biomasse in der Erde lag, umso höher wurde der Druck, der auf ihr lastete. Auch die Temperatur nimmt mit steigender Tiefe immer mehr zu. Unter diesen Bedingungen entstanden im Laufe vieler Millionen Jahre aus der Biomasse abgestorbener Meeresbewohner **Erdöl** und **Erdgas.** Aus Moorpflanzen entstand auf ähnlichem Weg die Kohle.
Fossile Brennstoffe sind aus der Biomasse abgestorbener Lebewesen entstanden. Sie enthalten Kohlenstoffatome, die Pflanzen vor Millionen von Jahren bei der Fotosynthese der Atmosphäre entnommen haben.

2 Verbrennung fossiler Brennstoffe

Nicht nachhaltig

Es dauert sehr lange, bis aus Biomasse fossile Brennstoffe entstehen. Sind die Vorräte an Kohle, Erdöl und Erdgas aufgebraucht, können wir nicht darauf warten, dass neue entstehen. Die Nutzung fossiler Energie ist daher nicht nachhaltig.

Fossile Brennstoffe und der Klimawandel

Einen großen Teil der fossilen Brennstoffe nutzen wir, um unseren Energiebedarf zu decken. Dabei entsteht viel Kohlenstoffdioxid. So gelangen in kurzer Zeit viele Kohlenstoffatome zusätzlich in die Atmosphäre, die seit vielen Millionen Jahren in der Erde gelegen haben. Dies ist eine der Hauptursachen für den **Klimawandel.**

Zum Verbrennen eigentlich zu schade

Hautcreme, Synthetik-Kleidung und Kaugummi – dies sind nur drei Beispiele für Alltagsprodukte, die ganz oder teilweise aus Erdöl gemacht werden. Zum Verbrennen ist Erdöl also eigentlich viel zu schade.

3 Produkte aus Erdöl

1. Die Energie in der Kohle kommt von der Sonne. Zeige den Zusammenhang mithilfe eines Flussdiagramms.

Starthilfe zu 1:
Weg und Umwandlung der Energie:

Sonnenlicht → Fotosynthese → Pflanzen → …

2. Erkläre, wie die Verbrennung von Kohle, Erdöl oder Erdgas den Klimawandel verursacht.
3. Erläutere die Aussage: „Erdöl ist zum Verbrennen eigentlich zu schade."
4. In manchen Kraftwerken wird Biogas verbrannt, das von Zersetzern aus Biomasse wie etwa Mais gebildet wird. Dabei entsteht Kohlenstoffdioxid. Erkläre, warum der Kohlenstoffdioxidgehalt der Atmosphäre dadurch dennoch nicht steigt.

»

LERNEN IM TEAM

Fossile Brennstoffe

Kohle, Erdöl und Erdgas enthalten nicht nur viel Energie, sondern sind auch Ausgangsstoffe für viele Alltagsprodukte.
Ihr recherchiert Hintergrundinformationen dazu, wie die Reserven entstanden und wie sie auf der Erde verteilt sind. Ihr beleuchtet eine Methode zum Abbau und entdeckt viele Alltagsprodukte, in denen diese fossilen Stoffe stecken.

1 Erdölförderanlage

TEAM 1 Entstehung

Kohle, Erdöl und Erdgas sind aus Lebewesen entstanden, die teilweise vor 100 Millionen Jahren lebten.

Fragen: Was waren das für Lebewesen und wie entstanden aus ihnen so unterschiedliche Stoffe wie Kohle, Erdöl und Erdgas?

Recherchevorschläge: Erdölentstehung, Inkohlung, fossile Energieträger

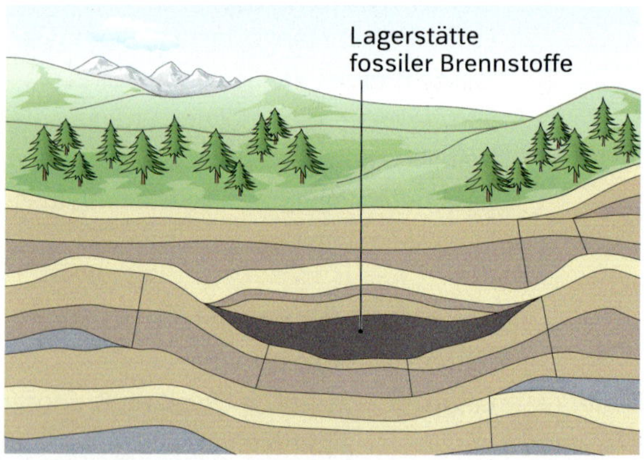

2 Lagerstätte im Erdboden

TEAM 2 Reserven

Die weltweiten Vorräte von Kohle, Erdöl und Erdgas sind nicht gleichmäßig über den Globus verteilt. Deshalb werden sie in großen Mengen über weite Strecken transportiert.

Fragen: Wo werden Kohle, Erdöl und Erdgas heute im großen Stil abgebaut?
Wie sieht deren Transport aus? Welche Vorräte vermutet man noch in der Erde und wo sollen diese liegen?

Recherchevorschläge: Lagerstätten, Vorkommen, Transport, Vorräte (jeweils zusammen mit „Erdöl und Erdgas")

3 Tankschiff im Ölhafen

LERNEN IM TEAM

TEAM 3 Produkte

Sehr viele verschiedene Alltagsprodukte werden ganz oder vorwiegend aus Erdöl hergestellt.

Fragen: Welche Produkte sind das? Wie viel Öl benötigt man jeweils zu deren Herstellung? Gibt es Alternativen und wenn ja, welche sind das?

Recherchevorschläge: „Produkte aus Erdöl", „Petrochemie", „Erdöl im Alltag"

4 Produkte aus Erdöl

TEAM 4 Gefahren

Die Nutzung der fossilen Brennstoffe ist eine Hauptursache für den Klimawandel. Auch der Abbau und der Transport von Kohle und Erdöl können Gefahren für die Umwelt und die Gesundheit der Menschen beinhalten.

Fragen: Welche Gefahren sind das abgesehen vom Klimawandel? Wie werden diese Gefahren zur Zeit diskutiert und vom wem? Welche Unglücke gab es bereits und was ist dabei passiert?

Recherchevorschläge: „Erdöl Gefahren", „Ölpest", „Fracking"

5 Moderne Ölförderplattform - alles sauber?

1. Informiert euch über euer Teilthema. Beantwortet mindestens die gestellten Fragen. Beginnt dazu mit den vorgeschlagenen Recherchestichworten, geht aber möglichst noch weiter. WICHTIG: Beachtet unbedingt immer die Quelle der angebotenen Information – meist verfolgen die Anbieter bei diesem Thema klare politische Interessen.
2. Präsentiert eure Ergebnisse in geeigneter Form. Unterscheidet dabei klar zwischen Sachinformation und der Darstellung von Meinungen und Bewertungen.
3. Diskutiert abschließend, welche Folgen sich für euch nun daraus ergeben. In dieser Diskussion könnt ihr euch zum Beispiel über die Frage austauschen, ob bzw. was ihr an eurem Leben nun konkret ändern und wie ihr dabei vorgehen wollt.

1 Folgen der Erderwärmung: Das Eis an den Polkappen schmilzt.

Es wird wärmer, aber warum?

Der Treibhauseffekt

In einem **Treibhaus** können Pflanzen wachsen, für die es sonst zu kalt wäre. Landwirte bauen kälteempfindliches Obst und Gemüse in Treibhäusern an. Zoos und botanische Gärten stellen in Treibhäusern die Landschaften wärmerer Regionen nach. Das Dach und die Wände von Treibhäusern sind lichtdurchlässig. Oft sind sie aus Glas. So gelangt viel Licht ins Treibhaus. Das Licht trifft im Treibhaus auf den Boden und die Pflanzen und wird zum Teil in Wärme umgewandelt. Für die Wärme sind Dach und Wände aber eher undurchlässig. Die Wärme ist im Treibhaus gefangen, die Temperatur im Inneren steigt dadurch an. Dies ist der **Treibhauseffekt.**

Die Atmosphäre als Treibhaus

Obwohl die Erde natürlich nicht unter Glas liegt, geht es beim Thema Treibhauseffekt um die Erde und ihre Erwärmung. Denn die Erde ist von einer Lufthülle umgeben, der Atmosphäre. Sie wirkt wie ein Treibhaus. Wie Glas ist die Atmosphäre für Licht gut durchlässig, für Wärme aber weniger gut durchlässig.

Der natürliche Treibhauseffekt

Dass die Erdatmosphäre wie ein Treibhaus wirkt, liegt an bestimmten Gasen. Diese **Treibhausgase** sind ein natürlicher Bestandteil der Atmosphäre.
Im Bild 2 kannst du die Abläufe nachvollziehen, die zum Treibhauseffekt führen. Sonnenlicht gelangt durch die Atmosphäre ziemlich ungehindert zur Erde (gelbe Pfeile). Auf der Erde wird das Licht teilweise in Wärme umgewandelt. Wärme wird abgestrahlt (orange-farbene Pfeile). Treibhausgase in der Atmosphäre blockieren den Weg der Wärmestrahlen. Die Wärmestrahlen werden von ihnen teilweise zur Erde zurückgeworfen, also reflektiert.

> Treibhausgase sind natürlicher Bestandteil der Atmosphäre. Auch ohne Menschen gäbe es also einen Treibhauseffekt. Dies ist der natürliche Treibhauseffekt.

Ganz ohne Treibhauseffekt wäre es auf der Erde etwa 33 Grad kälter. Die Durchschnittstemperatur läge dann bei −17 Grad.

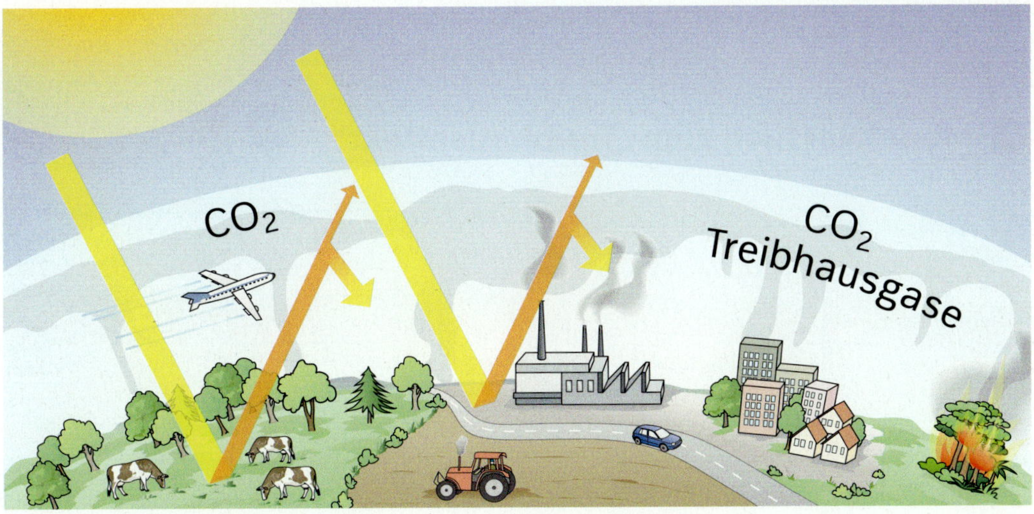

2 Der Mensch greift in den Treibhauseffekt ein.

Der Mensch greift ein

Um ihren Energiebedarf zu decken, verbrennen die Menschen große Mengen fossiler Brennstoffe. Dadurch entsteht viel zusätzliches Kohlenstoffdioxid. Es reichert sich in der Atmosphäre an.
Kohlenstoffdioxid ist ein Treibhausgas. Je mehr Kohlenstoffdioxid die Atmosphäre enthält, umso mehr Wärmestrahlen reflektiert sie zur Erde zurück. Das durch die Menschen erzeugte Kohlenstoffdioxid verstärkt den Treibhauseffekt. Dieser zusätzliche Treibhauseffekt wird auch der vom Menschen gemachte Treibhauseffekt genannt. Er ist die Ursache für den **Klimawandel.**

Weitere Treibhausgase

Neben Kohlenstoffdioxid gibt es eine Reihe weiterer Treibhausgase. Dazu gehört zum Beispiel Methan, das im Magen von Wiederkäuern wie Kühen und Schafen entsteht. Es wirkt sogar noch stärker als Kohlenstoffdioxid. Für die Erzeugung von Fleisch, Milch und Milchprodukten halten Menschen viele Kühe und Schafe. Auch dies trägt also zum von Menschen gemachten Treibhauseffekt bei.

Die Nutzung fossiler Brennstoffe und die Haltung von Wiederkäuern setzen zusätzliche Treibhausgase frei und verstärken so den Treibhauseffekt.

1 Erkläre, warum es in einem Treibhaus auch ohne Heizung wärmer wird.

2 **a)** Erstelle eine Zeichnung, die den natürlichen Treibhauseffekt zeigt. Füge auch eine Legende hinzu. Orientiere dich dabei amText und an Bild 2.
b) Erstelle eine zweite Zeichnung, die du so veränderst, dass der vom Menschen gemachte Treibhauseffekt deutlich wird.
c) Erkläre die Zusammenhänge mit einigen kurzen Sätzen.

3 **I** Im Sommer kann es in einem geparkten Auto sehr heiß werden. Erkläre dies mithilfe einer Zeichnung.

Starthilfe zu 3:
Betrachte dazu Bild 2.

4 **II** Neben Kohlenstoffdioxid gibt es eine Reihe weiterer Treibhausgase. Stelle eine begründete Vermutung auf, welche gemeinsame Eigenschaft sie haben.

»

FORSCHEN UND ENTDECKEN

A Modellversuch zum „Treibhauseffekt“

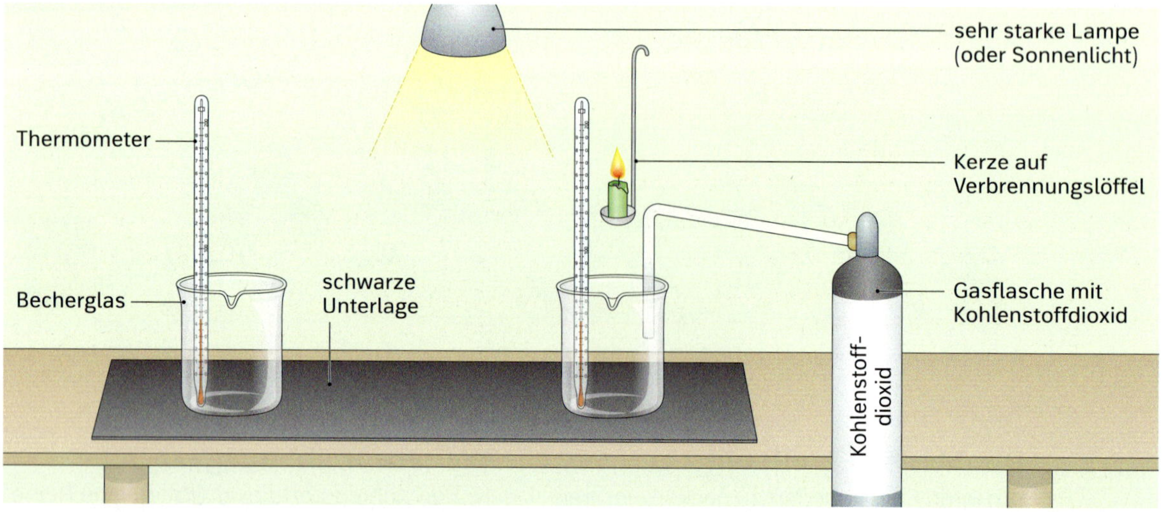

1 Versuchsaufbau zum Modellversuch „Treibhauseffekt“

Dieser Modellversuch weist die Entstehung des Treibhauseffektes nach. Am besten funktioniert er an einem sonnigen Tag mit Sonnenlicht. Ihr könnt aber auch eine Strake Lampe (Halogenlampe, keine LED) als „Sonne“ verwenden.

Material: 2 große Bechergläser (2 Liter, hohe Form), 2 Thermometer, schwarze Unterlage (zum Beispiel aus Tonpappe), Kohlenstoffdioxid, Kerze, Verbrennungslöffel, Schutzbrille

Durchführung:

Schritt 1: Baut den Versuch wie in Bild 1 zu sehen auf. Wählt wenn möglich einen sonnigen Tag und einen Platz nahe einem geschlossenen Fenster. Eine möglichst starke Lampe tut es aber notfalls auch.

Schritt 2: Füllt Kohlenstoffdioxid in das eine Becherglas.

Schritt 3: Lest alle 30 Sekunden die Temperatur an beiden Thermometern ab und dokumentiert dies in einer Tabelle.

Tipps:
- Vermeidet Luftbewegungen. Sie können Gas aus dem Becherglas wehen.
- Durch Eintauchen der brennenden Kerze in das Becherglas könnt ihr prüfen, ob dort noch Kohlenstoffdioxid ist.

1 Erstelle ein Protokoll, indem du die folgenden Teilaufgaben erledigst.
a) Zeichne den Aufbau in dein Heft.
b) Übertrage die Tabelle mit deinen Beobachtungen in das Protokoll.
c) Stelle die beiden Temperaturverläufe in einem Diagramm dar.
d) Erläutere und deute das Ergebnis.

2 Stelle den Modellversuch den Gegebenheiten in der Wirklichkeit gegenüber. Was ist ähnlich und wo liegen Unterschiede?

3 **III** Im Modell speilt auch die Wärmekapazität eine Rolle. Recherchiere, was Wärmekapazität ist, suche und vergleiche die Wärmekapazitäten von Luft und Kohlenstoffdioxid und stelle eine Vermutung auf, wie der Unterschied das Versuchsergebnis beeinflusst.

IM ALLTAG

Klimagas Methan

Schädlicher als Kohlenstoffdioxid

Zum Stichwort „Treibhauseffekt“ fällt vielen das Klimagas Kohlenstoffdioxid ein. Doch es gibt noch andere Treibhausgase.
Ein Beispiel ist Methan. Als Klimagas wirkt es etwa 25 Mal so stark wie Kohlenstoffdioxid. Zum Glück ist sein Anteil in der Atmosphäre auch viel geringer. Allerdings steigt er derzeit rapide.

2 Methanausstoß von Kühen

Menschengemachte Methanquellen

Nicht nur bei der Haltung von Wiederkäuern wie Kühen und Schafen, auch beim Reisanbau und zum Beispiel beim Abbau von Erdgas gelangt Methan in die Atmosphäre. Man schätzt, dass deutlich mehr als die Hälfte des Methans in der Atmosphäre auf Menschen zurückgeht.

3 Messung der Abgabe von Methan in einem Sumpfgebiet

Menschengemachte Methanquellen

Wie Kohlenstoffdioxid ist auch Methan ein natürlicher Bestandteil unserer Atmosphäre. Natürliche Methanquellen sind zum Beispiel Moore und Seen in warmen Gebieten. Auch wiederkäuende Wildtiere und sogar Termiten produzieren Methan. Wissenschaftler untersuchen diese natürlichen Quellen und erfassen dazu zum Beispiel den Methanausstoß in Sumpfgebieten. So konnten sie nachweisen, dass sich dieser durch die globale Erwärmung sogar noch verstärkt.

1 Stelle die Klimaschädlichkeit von Methan und Kohlenstoffdioxid in einem Diagramm vergleichend dar.

2 Recherchiere weitere natürliche und vom Menschen gemachte Methanquellen. Stelle die Informationen kurz und prägnant zusammen und ergänze wenn möglich auch passende Abbildungen wie Fotos oder Diagramme.

3 Durch den Konsum bzw. die Herstellung von Fleisch werden klimaschädliche Gase erzeugt. Das betrifft vor allem Rindfleisch. Die Frage, wie stark sich ein eingeschränkter Fleischkonsum oder eine vegane Ernährung auswirken würden, wird aber sehr widersprüchlich diskutiert.
a) Recherchiert dazu Informationen und Argumente, beachtet dabei die jeweilige Quelle.
b) Stellt wichtige Punkte und Zusammenhänge zusammenfassend dar.
c) Gewichtet und bewertet einzelne Argumente und formuliert eigene Standpunkte.

«

1 Eine Kerze verbrennt unter bestimmten Bedingungen.

Was geschieht beim Verbrennen?

Bedingungen für eine Verbrennung

Eine brennende Kerze wird immer kleiner. Das Wachs verbrennt. Kurz bevor sie ganz verschwunden ist, erlischt die Kerze. Ohne einen **Brennstoff** kann kein Feuer brennen. Außerdem ist Luft notwendig. Das kannst du leicht prüfen, indem du ein Glas umgedreht über die Kerze stülpst. So gelangt keine frische Luft mehr an die Kerze. Sie geht bald aus.

Eine dritte Bedingung für ein Feuer ist die hohe Temperatur. Deshalb musst du eine Kerze erst anzünden, damit die Verbrennung in Gang kommt.

Ein Brennstoff, Luft und das Erreichen der **Entzündungstemperatur** sind die Voraussetzungen für eine Verbrennung.

Genauer betrachtet: Die Rolle der Luft

Luft ist ein Gemisch aus verschiedenen Gasen: Stickstoff macht den Hauptanteil aus, aber etwa ein Fünftel der Luft besteht aus **Sauerstoff.** Zusammen machen diese beiden Gase ungefähr 99% der Luft aus. Nur 1 % sind andere Gase, vor allem Argon und Kohlenstoffdioxid. Wissenschaftler haben untersucht, welche dieser Gase an der Verbrennung beteiligt sind. Dazu haben sie brennende Kerzen in ein Gefäß mit jeweils nur einem dieser Gase gegeben. Das Ergebnis siehst du in Bild 2: In allen Gasen, außer in Sauerstoff, geht die Kerze aus. Im Sauerstoff brennt sie dagegen umso heftiger.Es muss also der Sauerstoff sein, der für die Verbrennung verantwortlich ist.

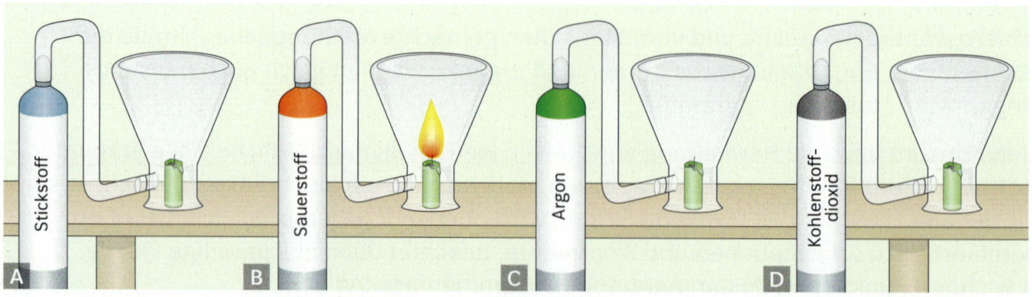

2 Eine Kerze im Labor: **A** in Stickstoff, **B** in Sauerstoff, **C** in Argon, **D** in Kohlenstoffdioxid

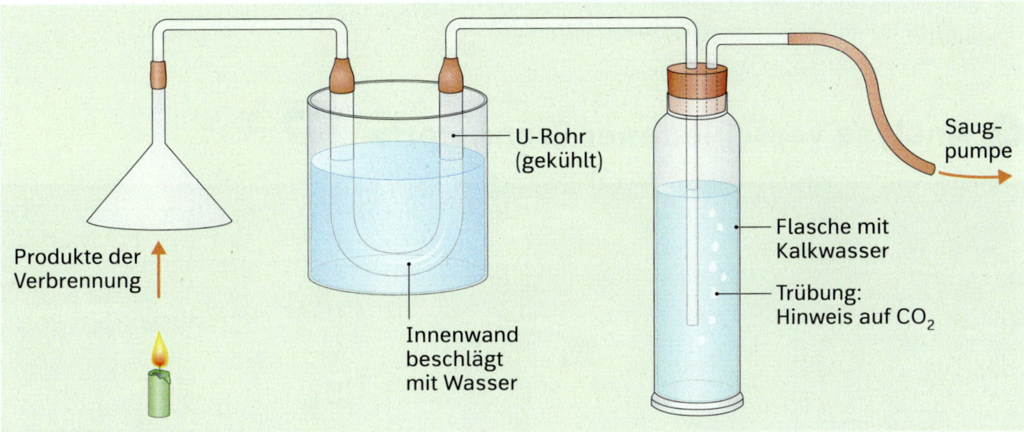

3 Untersuchung von Verbrennungsprodukten im Labor

Was bei der Verbrennung entsteht

Eine Kerze verbrennt nicht spurlos, wie du leicht feststellen kannst: Über der Flamme steigen heiße Gase auf. Du erkennst das am Flimmern über der Flamme. Diese Gase entstehen bei der Verbrennung. Es sind die Verbrennungs**produkte.** Genau wie die Ausgangsstoffe, die **Edukte,** können auch die Produkte der Verbrennung genauer untersucht werden.

Versuch zur Verbrennung

Bild 3 zeigt einen Aufbau, mit dem genau das möglich ist. Beim Abkühlen kondensiert aus den heißen Gasen eine Flüssigkeit. Es ist **Wasser.** Bei der Verbrennung von Wachs entsteht also Wasser. In Kalkwasser verursachen die Gase eine Trübung. Dies ist ein Nachweis für Kohlenstoffdioxid.

Chemische Reaktion

Die Untersuchungen belegen: Bei der Verbrennung einer Kerze entstehen aus den Edukten Wachs und Sauerstoff die Produkte Wasser und Kohlenstoffdioxid.

Werden ein oder mehrere Edukte zu einem oder mehreren Produkten umgewandelt, ist dies eine **chemische Reaktion.**

Eine chemische Reaktion lässt sich in einem **Reaktionsschema** beschreiben:

Wachs + Sauerstoff →
Kohlenstoffdioxid + Wasser

Du liest: Wachs und Sauerstoff reagieren zu Kohlenstoffdioxid und Wasser.

1. Das Branddreieck in Bild 1 ist etwas ungenau. Übertrage eine mithilfe des Textes verbesserte Version in dein Heft.
2. Beschreibe Experimente, die zeigen, welcher Bestandteil der Luft beim Verbrennen reagiert.

Starthilfe zu 2: Nimm Abbildung 2 zu Hilfe.

3. Nenne am Beispiel der Verbrennung einer Kerze ein wesentliches Kennzeichen von chemischen Reaktionen.
4. Erdgas verbrennt mit Sauerstoff aus der Luft zu Kohlenstoffdioxid und Wasser.
   - a) Erkläre an diesem Beispiel die Begriffe Edukt und Produkt.
   - b) Schreibe das Reaktionsschema zu dieser chemischen Reaktion.

»

FORSCHEN UND ENTDECKEN

A Analyse verschiedener Brennstoffe

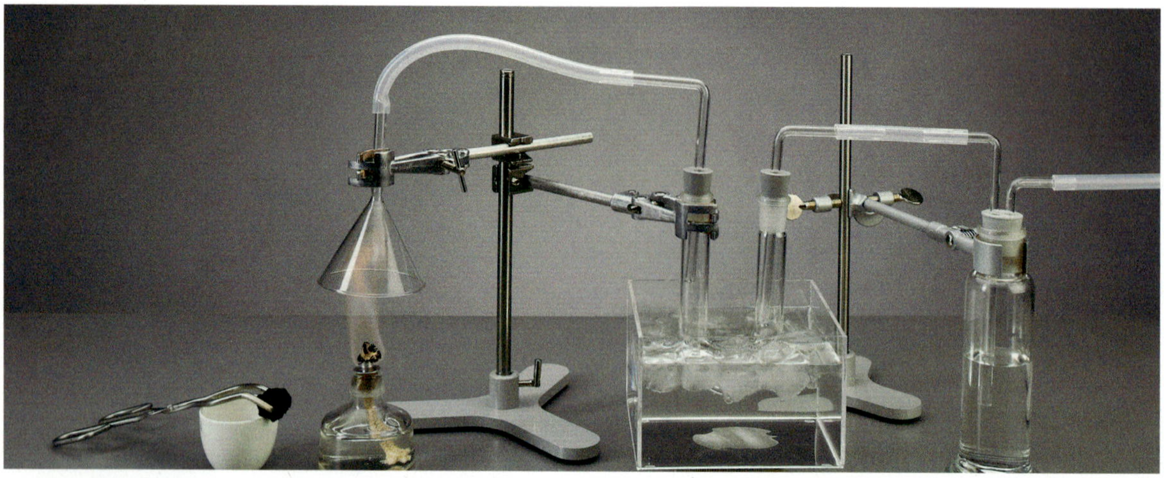

1 Versuchsaufbau

Kohle, Petroleum und Erdgas haben unterschiedliche Aggregatzustände. Es sind unterschiedliche Brennstoffe, die sich auch in ihrer chemischen Zusammensetzung unterscheiden.

Material: Glastrichter, Glasrohre, hitzebeständige Verbindungen (z. B. Silikonschläuche), Gaswaschflasche mit Kalkwasser, Wanne mit Eiswasser, U-Rohr, Saugpumpe, Öllampe mit Petroleum, Porzellantiegel mit Kohlestückchen, Tiegelzange, Schutzbrille

Durchführung:

Schritt 1: Baut den Versuch in Bild 1 zu sehen auf. Füllt das Eiswasser und das Kalkwasser ein.

Schritt 2: Schaltet die Saugpumpe ein, sodass Luft durch die Apparatur gesaugt wird.

Schritt 3: Entzündet den Gasbrenner, stellt die leuchtende Flamme so klein wie möglich ein.

Schritt 4: Bringt die Flamme unter den Trichter, sodass die Abgase eingesogen werden. Der Abstand darf nicht zu kein sein, sonst wird die Apparatur zu heiß.

Schritt 5: Beobachtet die Veränderungen im U-Rohr und im Kalkwasser.

Schritt 6: Bevor ihr diese Schritte mit dem nächsten Brennstoff wiederholt, wechselt das Kalkwasser aus und trocknet das U-Rohr.

Tipp: Haltet die Kohlestückchen mit der Zange zum Anzünden kurz in die Brennerflamme, dann glühend unter den Trichter.

1 Erstelle ein Protokoll, indem du die folgenden Teilaufgaben erledigst.
a) Zeichne den Aufbau in dein Heft.
b) Ordne die links unter „Material“ genannten Materialien zu und beschrifte deine Zeichnung entsprechend.
c) Lege eine Tabelle mit deinen Beobachtungen an: Eine Zeile je Brennstoff, je eine Spalte für das U-Rohr und die Waschflasche.
d) Bei einem der drei Brennstoffe sollten die Beobachtungen etwas anders ausfallen, als bei den anderen beiden. Nenne den entsprechenden Brennstoff und die abweichende Beobachtung.
e) Erstelle für jeden Brennstoff das Reaktionsschema der Verbrennung.

FORSCHEN UND ENTDECKEN

B Mit der Glimmspanprobe Sauerstoff nachweisen

Material: Holzspan, Reagenzglas mit Sauerstoff und Stopfen, Streichhölzer, Schutzbrille

Durchführung:

Schritt 1: Entzünde einen Holzspan mit einem Streichholz. Blase die Flamme vorsichtig aus, sodass der Span noch glimmt.

Schritt 2: Halte den glimmenden Holzspan in das leere Reagenzglas.

Schritt 3: Halte den glimmenden Holzspan in das Reagenzglas mit Sauerstoff.

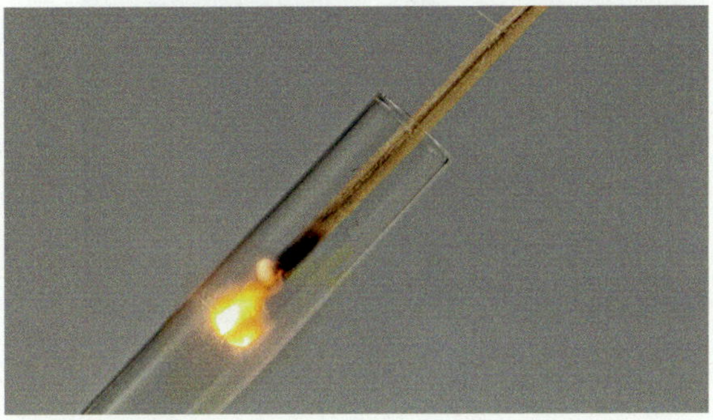

2 Reagenzglas mit glimmendem Holzspan

1 Beschreibe deine Beobachtungen

C Mit der Kalkwasserprobe Kohlenstoffdioxid nachweisen

Material: Reagenzglas, -klammer, Erlenmeyerkolben, durchbohrter Stopfen, Glasrohr, Calciumhydroxidlösung, Sprudelwasser, Schutzbrille

Durchführung:

Schritt 1: Fülle Sprudelwasser in den Kolben, setze den Stopfen mit Glasrohr auf.

Schritt 2: Tauche das andere Ende des Glasrohres in das Kalkwasser im Reagenzglas.

Schritt 3: Schwenke vorsichtig den Kolben.

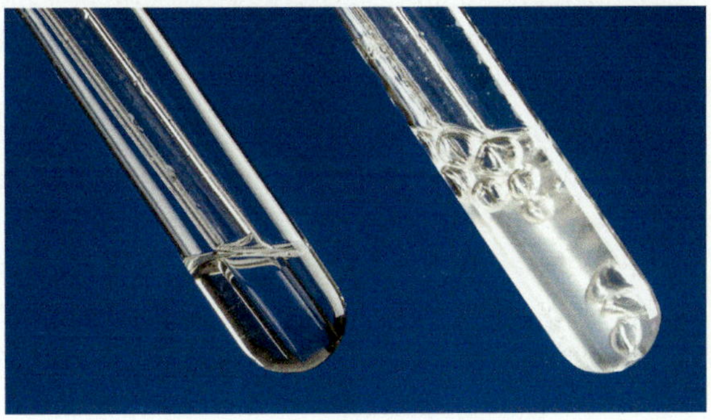

3 Reagenzglas vor und nach dem Einleiten

1 Beschreibe deine Beobachtungen

D Mit weißem Kupfersulfat Wasser nachweisen

Material: Uhrglas, weißes Kupfersulfat, Spatel, Pipette, Wasser, Schutzbrille

Durchführung:

Schritt 1: Gib mit dem Spatel wenig Kupfersulfat auf das Uhrglas.

Schritt 2: Tropfe mithilfe der Pipette ein paar Tropfen Wasser auf das Kupfersulfat.

4 Uhrglas mit Kupfersulfat

1 Beschreibe deine Beobachtungen.

1 JOHN DALTON um 1834

2 Atommodell nach JOHN DALTON

Chemische Reaktionen erklären

Chemie im Jahr 1808

Die Chemie als Naturwissenschaft steckte 1808 noch in den Kinderschuhen: Forscherinnen und Forscher hatten viele Beobachtungen gemacht und beschrieben, konnten sie aber kaum schlüssig erklären.
Bekannt war etwa eine Reihe von Stoffen, die sich nicht weiter in andere Stoffe auftrennen ließen. Sie heißen **Elemente.**
Ebenfalls bekannt waren zahlreiche Verbindungen, die aus genau diesen Elementen zusammengesetzt waren.
Verbindungen entstehen, wenn Elemente miteinander reagieren. Sie lassen sich in die Elemente, aus denen sie bestehen, zerlegen. Erklären konnte man all das allerdings kaum.

Der Naturforscher JOHN DALTON

Hätte es 1808 den Nobelpreis schon gegeben: JOHN DALTON hätte vermutlich gute Chancen gehabt, ihn zu bekommen. Denn der englische Naturforscher und Lehrer hatte nach der Auswertung vieler Experimente eine damals bahnbrechende Idee entwickelt. Damit ließen sich Vorgänge und Beobachtungen bei chemischen Reaktionen wissenschaftlich fundiert erklären.

Das Atommodell von DALTON

DALTON ging davon aus, dass alle Stoffe aus Bausteinen bestehen, den **Atomen** (→ Bild 2). Die stellte er sich als winzige Kugeln vor. Die Idee war nicht neu, das Teilchenmodell gab es schon. DALTON fand aber mehr über die Eigenschaften der Atome heraus – Teilchemodell 2.0 sozusagen.
DALTON machte folgende Kernaussagen:

- Die Atome eines Elementes sind gleich.
- Atome verschiedener Elemente sind unterschiedlich groß und schwer.
- Atome verändern sich nie, entstehen nie neu und verschwinden auch nicht.
- Bei einer chemischen Reaktion setzen sich die Atome neu zusammen.

Heutige Vorstellungen vom Atom

DALTONS Ideen wurden von anderen Forschern bestätigt und ergänzt. Wie wir heute wissen, sind nicht nur alle Atome des Elements Sauerstoff sehr ähnlich, sondern es hängen im Sauerstoff immer zwei dieser Atome zusammen. Auch die Fähigkeiten der Atome, sich miteinander zu verbinden, sind besser erforscht. Kohlenstoff kann sich zum Beispiel nicht nur mit einem, sondern auch mit zwei Sauerstoffatomen verbinden.

3 Verbrennung von Kohlenstoff im Dalton-Modell: **A** Edukte – 9 Kohlenstoffatome und 9 Sauerstoffmoleküle, **B** Foto der Reaktion, **C** Produkt – 9 Kohlenstoffdioxidmoleküle

Was bei der Verbrennung geschieht

Kohle enthält Kohlenstoffatome. Verbrennt sie, verbinden sich die Kohlenstoffatome mit Sauerstoffatomen aus der Luft. Bild 3 zeigt, wie die Atome im Laufe der Reaktion neu angeordnet werden. So entstehen neue Teilchen. Sie enthalten jeweils zwei Sauerstoffatome und ein Kohlenstoffatom. Der Stoff, der aus diesen Teilchen besteht, ist Kohlenstoffdioxid.
Teilchen, die wie die Kohlenstoffdioxidteilchen aus mehreren Atomen bestehen, nennen wir **Moleküle.** Der Stoff Kohlenstoffdioxid besteht also aus Kohlenstoffdioxidmolekülen.

Chemische Reaktion

Bei der Verbrennung von fester Kohle mit gasförmigem Sauerstoff entsteht Kohlenstoffdioxid. Aus den Edukten Kohlenstoff und Sauerstoff ist das Produkt entstanden, also ein neuer Stoff mit neuen Eigenschaften.
Dabei ist kein Atom verändert worden, neu entstanden oder verschwunden. Die Atome haben sich nur anders angeordnet.

Bei chemischen Reaktionen bleiben Art und Anzahl der Atome stets gleich. Die Atome der Edukte setzen sich nur anders zusammen und bilden so die Produkte.

1. Notiere die zentralen Aussagen von DALTONS Atommodell in deinem Heft.
2. Nenne den Unterschied zwischen einem Sauerstoffatom und einem Sauerstoffmolekül.
3. Stelle zeichnerisch dar, wie 4 Kohlenstoffatome mit Sauerstoff vollständig verbrennen. Zeichne dazu die richtige Anzahl der jeweiligen Atome und Moleküle.

Starthilfe zu 3: Orientiere dich an Bild 3.

4. Atome sind die Bausteine aller Stoffe. Auch Legosteine sind Bausteine, aus denen man verschiedene Sachen bauen kann. Nenne weitere Eigenschaften von Atomen, die du mit Legosteinen darstellen kannst.

»

ÜBEN UND ANWENDEN

Verschiedene Reaktionen

1 Verbrennung von: **A** Schwefel, **B** Methan

Schwefel (fest)

Besteht aus: vielen zusammenhängenden Schwefelatomen

typische Reaktionen: verbrennt mit Sauerstoff zu Schwefeldioxid

Schwefeldioxid (gasförmig)

Besteht aus: Molekülen mit 1 Schwefel und 2 Sauerstoffatomen

Eigenschaft: entsteht zum Beispiel bei der Verbrennung von Schwefel

Methan (gasförmig)

Besteht aus: Molekülen aus 1 Kohlenstoff- und 4 Wasserstoffatomen

Eigenschaft: verbrennt mit Sauerstoff zu Kohlenstoffdioxid und Wasser

Wasser (flüssig)

Besteht aus: Molekülen aus 2 Wasserstoff- und 1 Sauerstoffatom (Flüssigkeit)

1. Stelle jeweils das Reaktionsschema in Worten (Wortgleichung) für die Verbrennung auf
   a) von Schwefel
   b) von Methan

2. Stelle für jede der beiden Reaktionen jeweils die Produkte und die Edukte im Atommodell dar. Erstelle dazu beschriftete Zeichnungen.

Tipps:
- Zeichne Sauerstoffatome etwa doppelt so groß wie Wasserstoffatome.
- Zeichne Schwefelatome etwa doppelt so groß wie Sauerstoffatome.

3. Propan findet man zum Beispiel in Campinggaskochern. Propan ist eine Verbindung aus Kohlenstoff und Wasserstoff. Ein Propanmolekül enthält 3 Kohlenstoffatome und 8 Wasserstoffatome. Stelle für die Verbrennung von Propan an der Luft die Produkte und die Edukte im Atommodell dar.

Starthilfe zu 3:
Im Propanmolekül sind die drei Kohlenstoffatome in einer Kette miteinander verbunden.

METHODE

Reaktionen mit Symbolen beschreiben

Warum Symbole?

Schon Alchemisten nutzten Symbole, allerdings vorwiegend, um ihre Geheimnisse zu verschlüsseln: Nur wer die Symbole kannte, konnte die Aufzeichnungen lesen.
Heute nutzen Forscherinnen und Forscher Symbole, um sich auszutauschen. Die sind unabhängig von Sprache, weltweit bekannt und kürzer, als wortreiche Beschreibungen. Außerdem zeigen die Symbole – anders als die Stoffnamen – den Aufbau der Moleküle aus Atomen direkt an.

2 Historische Alchemistensymbole

Elementsymbole

Bisher wurden knapp 120 chemische Elemente entdeckt. Jedes Element hat ein Symbol. Es steht sowohl für das Element an sich als auch für ein Atom des Elements. Die Symbole einiger Elemente zeigt Bild 3.

Symbol	Element
H	Wasserstoff
C	Kohlenstoff
O	Sauerstoff
S	Schwefel

3 Heute verwendete Symbole für einige Elemente

Moleküle beschreiben

Um ein Molekül mit Symbolen zu beschreiben werden die Symbole der Atome im Molekül hintereinander geschrieben. Kommen Atome mehrfach vor, wird dies durch eine tiefgestellte Zahl hinter dem Elementsymbol dargestellt (→ Bild 4). Das Wassermolekül besteht aus zwei Wasserstoffatomen und einem Sauerstoffatom. Die Formel H_2O kennt eigentlich jeder.

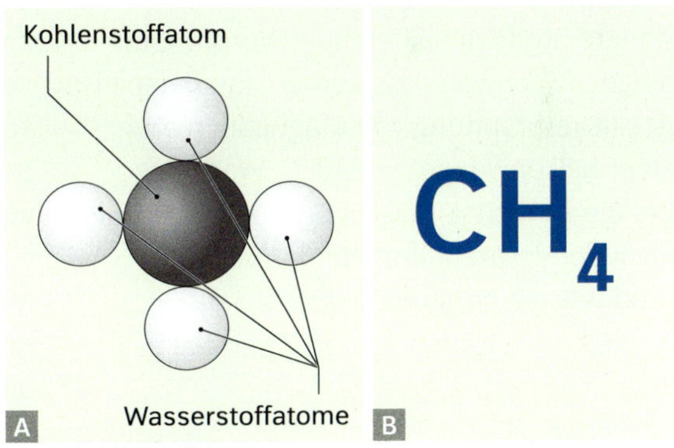

4 Bau eines Methanmoleküls: **A** im Kugelmodell, **B** als Molekülformel

Molekülanzahl angeben

Sind mehrere gleiche Moleküle beteiligt, schreibt man deren Anzahl mit einer großen Ziffer vor die entsprechenden Symbole. 4 Wassermoleküle sind also 4 H_2O.

1. Chemische Reaktionen lassen sich mit Worten oder mit Symbolen darstellen. Nenne Vor- und Nachteile der Methoden.
2. Beschreibe zwei auf den vorherigen Seiten beschriebene Verbrennungsreaktionen jeweils mit Worten und mit Symbolen.

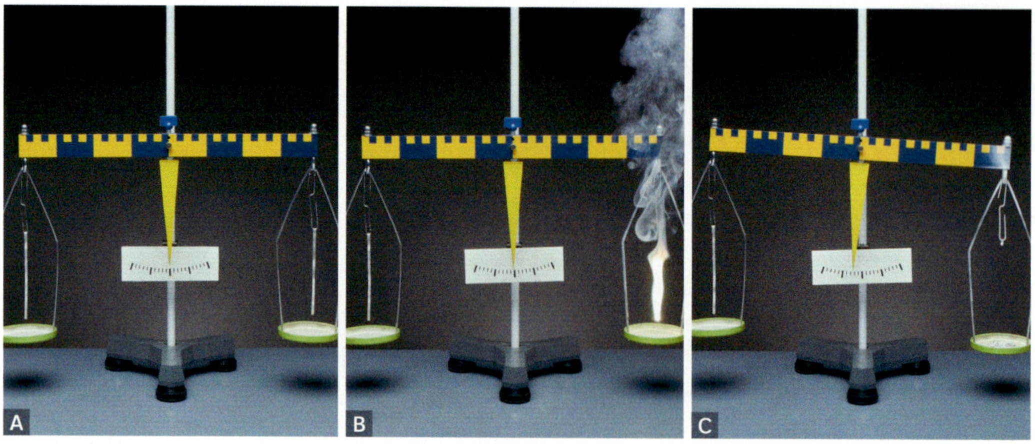

1 Verbrennung von Magnesium an einer Balkenwaage: **A** vor der Verbrennung, **B** Verbrennung, **C** nach der Verbrennung

Die Masse bleibt erhalten

Verwirrende Beobachtungen

Eine brennende Kerze wird kleiner und leichter. Ein Lagerfeuer macht aus schweren Holzscheiten ein Häufchen leichter Asche. Auch die Gasflasche am Grill oder Campingkocher ist irgendwann leer und dann leichter als eine volle.
Andere Stoffe scheinen beim Verbrennen hingegen schwerer zu werden. Ein Beispiel ist die Verbrennung von Magnesium an einer Balkenwaage (→ Bild 1). War die Waage zunächst im Gleichgewicht, zeigt sie nach der Verbrennung auf der Seite der Produkte ein höheres Gewicht.

Gesetz von der Erhaltung der Masse

In den Bildern (→ Bild 2) siehst du, wie Kohlenstoff in einer geschlossenen Apparatur verbrannt wird. Gase können weder entweichen noch von außen hinzukommen. Dabei bleibt die Masse der Apparatur mit ihrem Inhalt gleich. Das lässt sich bei allen Verbrennungen zeigen, wenn sie in einer solchen geschlossenen Apparatur ablaufen. In Versuchen wie diesem wird das **Gesetz von der Erhaltung der Masse** deutlich: Bei einer chemischen Reaktion ändert sich die Masse nicht. Die Produkte wiegen nach der Reaktion genau so viel, wie die Edukte vor der Reaktion gewogen haben.

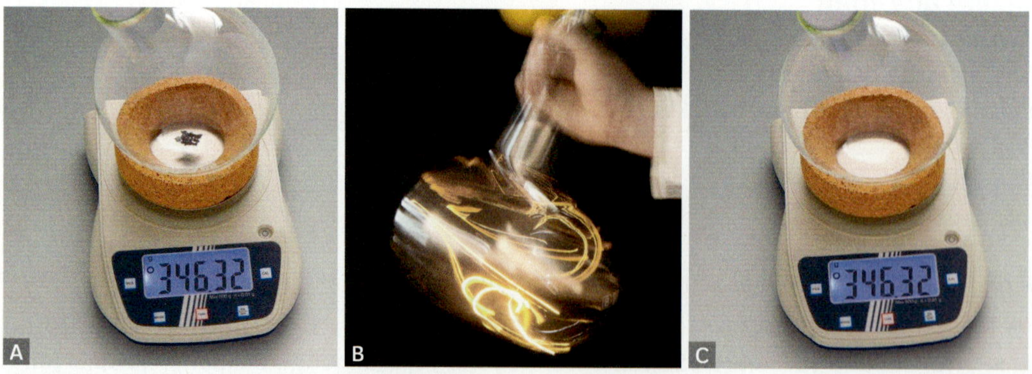

2 Verbrennung von Kohlenstoff: **A** vor der Verbrennung, **B** Verbrennung, **C** nach der Verbrennung

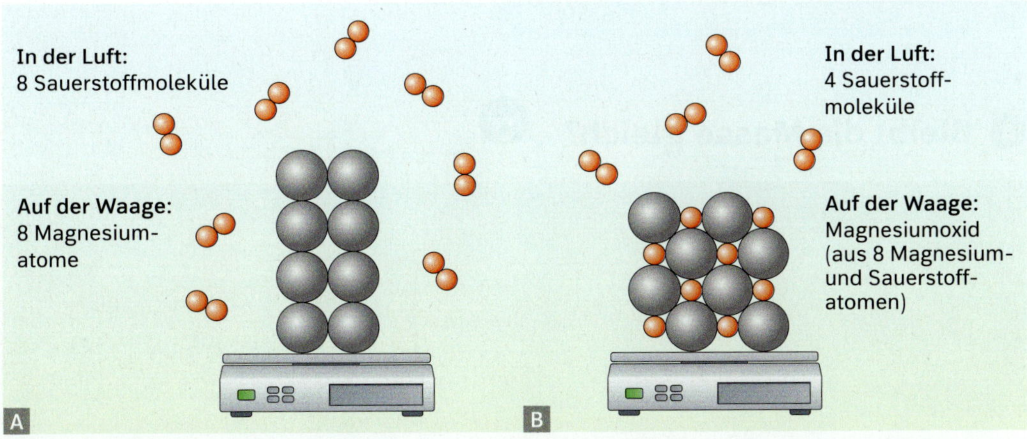

3 Verbrennung von Magnesium im Teilchenmodell: **A** Edukte: 9 Kohlenstoffatome und 9 Sauerstoffmoleküle, **B** Produkte: 9 Kohlenstoffdioxidmoleküle

Das Teilchenmodell liefert Erklärungen

Das Teilchenmodell erklärt das Gesetz von der Erhaltung der Masse. Teilchen bestehen aus Atomen. Bei chemischen Reaktionen verschwinden oder entstehen keine Atome. Dieselben Atome werden nur neu zusammengesetzt. Da es die Art und die Anzahl der Atome sind, die Stoffen Masse und Gewicht geben, verändert sich dieses also auch nicht.

Gasförmige Produkte

Verbrennungsprodukte sind oft gasförmig. Kohlenstoffdioxid etwa verteilt sich in der Luft. Der Stoff verbrennt und scheint spurlos zu verschwinden. Werden die gasförmigen Produkte gewogen, bestätigt sich das Gesetz von der Erhaltung der Masse aber.

Feste Produkte

Bei der Verbrennung von Magnesium (→ Bild 1 und 3) entsteht festes Magnesiumoxid. Es enthält neben den Magnesiumatomen zusätzlich Sauerstoffatome, die aus der Luft aufgenommen wurden. Das feste Produkt ist schwerer als das feste Edukt.

> Laut dem Gesetz von der Erhaltung der Masse wiegen die Produkte einer chemischen Reaktion stets genau so viel, wie die Edukte aus denen sie entstanden sind.

Da das ohne Ausnahme für alle chemischen Reaktionen gilt, ist das Gesetz von der Erhaltung der Masse ein **Naturgesetz.**

1 **a)** Nenne die Aussage des Gesetzes von der Erhaltung der Masse.
b) Erkläre kurz, warum es sich dabei um ein Naturgesetz handelt.

2 Erläutere, warum es sich bei der Verbrennung von Magnesium nur scheinbar um einen Widerspruch zum Gesetz von der Erhaltung der Masse handelt.

> **Starthilfe zu 2:**
> Nenne zuerst die Beobachtung und beschreibe den Widerspruch. Erkläre dann, warum er aber nur scheinbar ist. Nutze Abbildung 3.

3 Erläutere, wie dein Beispiel aus Aufgabe 2 trotzdem mit dem Gesetz von der Erhaltung Masse zusammenpasst. Nutze dafür das Teilchenmodell.

4 12 g Magnesium verbrennen an der Luft zu 20 g Magnesiumoxid.
a) Gib an, wie viel der Sauerstoff wiegt, der dabei aus der Luft aufgenommen wird?
b) Berechne, wie viel Gramm Magnesium und viel Gramm Sauerstoff gebraucht werden, um 100 Gramm Magnesiumoxid herzustellen?

»

A Bleibt die Masse gleich?

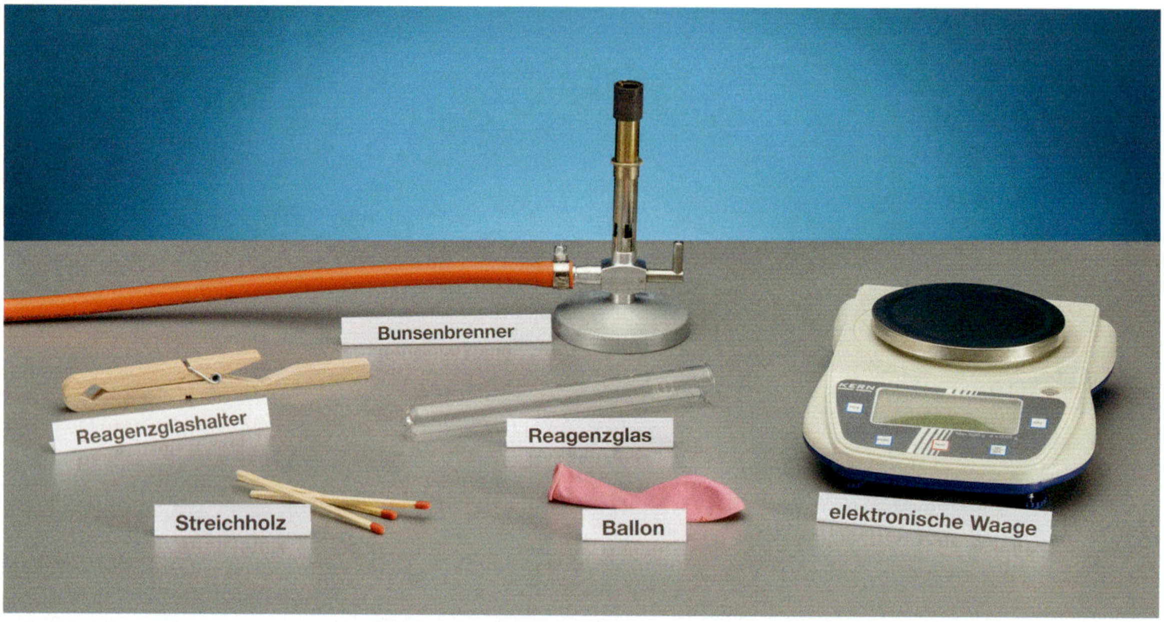

1 Materialien zum Versuch

Viele Alltagsbeobachtungen scheinen das Gesetz von der Erhaltung der Masse zu widerlegen. Ein Streichholz zum Beispiel wird beim Verbrennen auf jeden Fall leichter.
Mit einem Experiment soll dies genauer untersucht und das Gesetz von der Erhaltung der Masse überprüft werden.

Material: Waage (elektronische Tischwaage), Bunsenbrenner, Reagenzglas, Reagenzglashalter, Streichhölzer, Luftballon

Durchführung:

Schritt 1: Plant einen Versuch, mit dem ihr das Gesetz von der Erhaltung der Masse bestätigen könnt.

Tipp:
Ein Streichholz könnt ihr auch durch eine Glaswand entzünden. Gebt das Streichholz zum Beispiel in ein Reagenzglas und haltet dieses dann in die nicht leuchtende Flamme eines Bunsenbrenners.

1. Stellt eine begründete Vermutung auf, was ihr bei eurem Experiment beobachten werdet.
2. Führt den Versuch durch. Erstelle dann ein Protokoll mit Überschrift
   - Überschrift
   - Titel
   - Material
   - Durchführung
   - Beobachtung
   - Deutung
3. Erläutere, warum der Ballon notwendig ist. Warum kann man nicht einfach einen Stopfen verwenden?

FORSCHEN UND ENTDECKEN

B Verbrennung von Eisenwolle

2 Verbrennung von Eisenwolle: **A** mit einer Balkenwaage, **B** mit einer elektronischen Waage

Eisenwolle besteht aus feinen Eisenfäden. Sie kann leicht entzündet werden und reagiert dann unter Aufglühen zu festem Eisenoxid (→ Bild 2). Untersucht, ob sich auch hier ein scheinbarer Widerspruch zum Gesetz von der Erhaltung der Masse zeigt.

Material: Waage (elektronische Tischwaage mit Glasschale oder Balkenwaage mit Befestigungsmöglichkeit für die Eisenwolle), etwa 20 g Eisenwolle, Feuerzeug oder Streichhölzer, Tiegelzange, Schutzbrille

Durchführung mit einer Balkenwaage

Schritt 1: Baut den Versuch wie in Bild 2 B auf.

Schritt 2: Haltet kurz ein brennendes Streichholz oder Feuerzeug an die Eisenwolle.

Schritt 3: Beobachtet das Ergebnis an der Balkenwaage.

Durchführung mit einer elektronischen Waage

Schritt 1: Wiegt zunächst eure Eisenwolle. Legt sie dazu in die Schale.

Schritt 2: Haltet kurz ein brennendesStreichholz oder Feuerzeug an die Eisenwolle.

Schritt 3: Wiegt das Reaktionsprodukt in der Glasschale.

Tipps:
- Verwendet ihr eine elektronische Waage, haltet die Eisenwolle mit der Tiegelzange über die Glasschale, während sie reagiert.
- Ihr könnt die Eisenwolle nach dem Zünden vorsichtig anpusten. So kommt mehr Sauerstoff an die Eisenfäden. Es darf aber nichts weggepustet werden!
- Ist die Eisenwolle einmal komplett durchgeglüht, ist die Reaktion beendet.

1 Erstelle ein Protokoll (Überschrift, Material, Durchführung, Beobachtung und Deutung). Gehe in der Deutung auf den scheinbaren Widerspruch zum Gesetz von der Erhaltung der Masse ein.

2 Vergleiche die Verbrennung von Eisen mit der von Magnesium, indem du Gemeinsamkeiten und Unterschiede nennst.

1 Wunderkerzen brennen nach dem Anzünden ab.

Chemische Reaktionen und Energie

Starten chemischer Reaktionen

Brennende Wunderkerzen sind ein schönes Beispiel für eine chemische Reaktion (→ Bild 1). Wenn die Wunderkerzen an Silvester gebraucht werden, holst du sie aus der Packung und zündest sie an. Die ganze Zeit hatten sie im Regal gelegen, ohne Veränderungen zu zeigen. Sie haben sich nicht von selbst entzündet.
Auch ein Streichholz muss über die Reibfläche der Schachtel gezogen werden. Ansonsten brennt es nicht an. Das Gleiche gilt für Holzkohle zum Grillen. Sie entwickelt ihre Hitze erst, wenn sie entzündet wird.
Chemische Reaktionen brauchen offensichtlich einen Anstoß, um zu starten.
Um eine chemische Reaktion zu starten, musst du erst Energie aufwenden. Diese Energie kann zum Beispiel durch ein Feuerzeug oder einen Gasbrenner in Form von **Wärme** hinzugefügt werden. Erst wenn genügend Energie aufgewandt wurde, fängt die Wunderkerze an zu brennen.

Die Aktivierungsenergie

Es gibt aber auch chemische Reaktionen, die durch **Licht** oder **Bewegung** ausgelöst werden. Der Sprengstoff Nitroglycerin entzündet sich schon beim Fall aus geringer Höhe. Ein Beispiel für eine durch Licht ausgelöste chemische Reaktion ist die Schwärzung einer Silbersalzschicht. So wurden Schwarz-Weiß-Fotos erzeugt, bevor es Digitalkameras gab.
Die Energie zum Starten einer chemischen Reaktion, heißt **Aktivierungsenergie.**

Der Katalysator

Chemische Reaktionen brauchen Aktivierungsenergie. Ein **Katalysator** ist in der Lage, diese Energie zu vermindern. Dadurch benötigt die Reaktion weniger Aktivierungsenergie, damit sie startet. Ein bekanntes Beispiel ist der Abgaskatalysator beim Auto. Er enthält Platin und bewirkt, dass Schadstoffe schnell in ungefährlichere Stoffe umgewandelt werden. Ohne ihn würden die Schadstoffe in die Umwelt gelangen.

2 Exotherme Reaktionen beim Glühen von Holzkohle

4 Endotherme Reaktionen beim Grillen von Fleisch und Gemüse

Exotherme Reaktionen

In vielen Fällen läuft eine chemische Reaktion von alleine weiter, wenn sie durch Aktivierungsenergie angestoßen wurde. Dies gilt sowohl für die Holzkohle (→ Bild 2) als auch für die Wunderkerze. Einmal entzündet, brennt die Holzkohle über längere Zeit weiter. Eine chemische Reaktion, die Energie frei setzt, heißt exotherme Reaktion. Die chemische Energie wird in andere Energieformen wie Licht und Wärme umgewandelt und abgegeben. Der Energiegehalt aller an der Reaktion beteiligten Stoffe nimmt im Verlauf der Reaktion also ab. Dies zeigt ein Energiediagramm (→ Bild 3).

Endotherme Reaktionen

Es gibt aber auch chemische Reaktionen, die stoppen, wenn nicht ständig Energie zugeführt wird. Dazu gehören die Zubereitung von Speisen, wie das Grillen Fleisch und Gemüse (→ Bild 4). Auch das Backen eines Kuchens oder das Kochen eines Eies funktionieren nicht, wenn du den Herd ausschaltest. Die Fotosynthese der Pflanzen läuft nachts nicht weiter, wenn das Licht als Energiequelle ausfällt.
Eine chemische Reaktion, die eine ständige Energiezufuhr benötigt, heißt endotherme Reaktion (→ Bild 5).

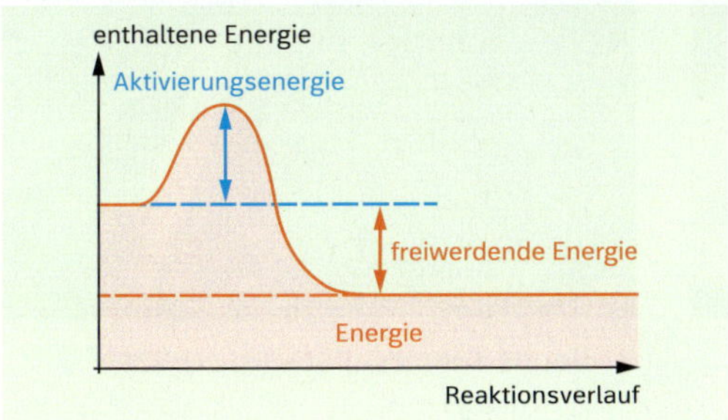

3 Energiediagramm einer exothermen Reaktion

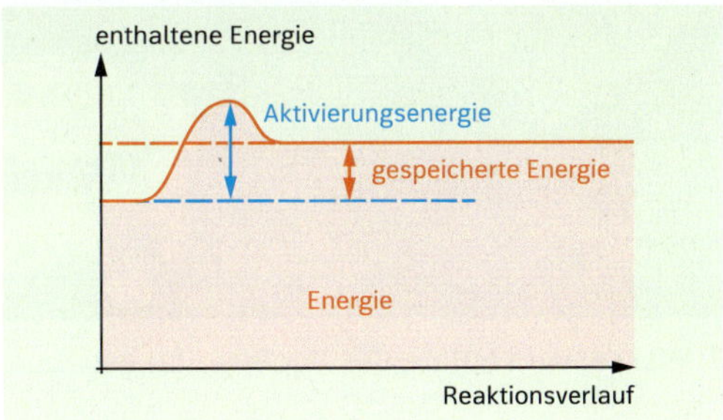

5 Energiediagramm einer endothermen Reaktion

1. Beschreibe in eigenen Worten, was die Begriffe bedeuten: Aktivierungsenergie, Katalysator, exotherme und endotherme Reaktion.
2. I Ordne folgende Vorgänge danach, ob sie endotherm und exotherm ablaufen: Braten eines Schnitzels, Abbrennen eines Lagerfeuers, Verbrennen von Benzin in einem Motor, Aufbau von Stärke bei der Fotosythese.
3. III Erkläre mithilfe der Diagramme in Bild 3 und 5 die Begriffe endotherme Reaktion und exotherme Reaktion.

Starthilfe zu 3:
Nutze folgende Begriffe: Aktivierungsenergie, Reaktionsverlauf

»

ÜBEN UND ANWENDEN

A Endotherm oder exotherm?

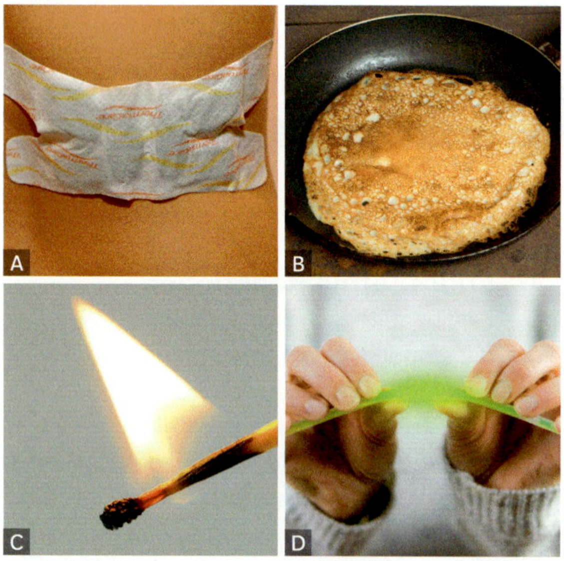

1 Exotherme oder endotherme Vorgänge: **A** Wärmepflaster aktivieren, **B** Pfannkuchen backen, **C** Streichholz abbrennen, **D** Knicklicht aktivieren

Manche chemische Reaktionen geben Energie zum Beispiel in Form von Wärme oder Licht ab, nachdem sie gestartet wurden. Andere chemische Reaktionen benötigen die ganze Zeit über Energie, um abzulaufen.

1 **a)** Begründe, ob die Vorgänge, die in den Bilder A – D dargestellt sind, endotherm oder exotherm ablaufen.
b) Begründe, für welche der abgebildeten Vorgänge das Zuführen von Aktivierungsenergie nötig ist.

2 Erstelle ein Energiediagramm für einen der Vorgänge.

B Kupfersulfat und Wasser

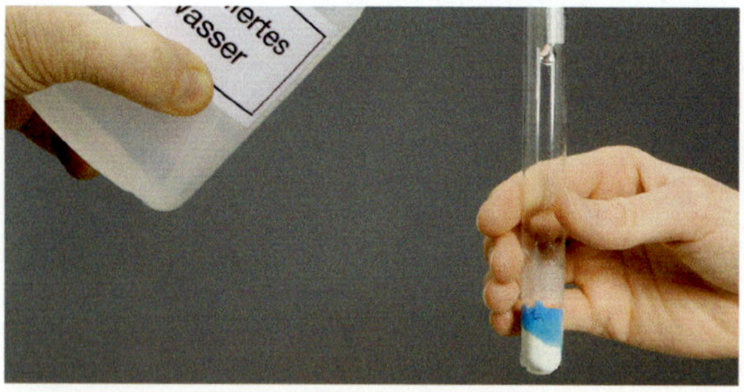

2 Wasser wird auf weißes Kupfersulfat gegeben.

3 Blaues Kupfersulfat wird erhitzt.

Weißes Kupfersulfat wird zum Nachweis von Wasser verwendet. Bei Umlagerungsvorgängen in der Kristallstruktur kommt es dabei zur Energieaufnahme oder Energieabgabe. Außerdem ändert sich die Farbe des Kupfersulfats. Gibt man Wasser auf weißes Kupfersulfat, so färbt es sich blau (→ Bild 2). Außerdem wird das Reagenzglas warm. Erhitzt man es über der Brennerflamme, so entsteht wieder das weiße Kupfersulfat (→ Bild 3). Zudem beschlägt das Reagenzglas.

1 Beschreibe den Nachweis von Wasser mit Kupfersulfat in eigenen Worten.

2 I Begründe, welcher Vorgang exotherm und welcher endotherm ist.

3 II Erstelle ein Energiediagramm für die beiden Vorgänge.

FORSCHEN UND ENTDECKEN

C Einen Katalysator benutzen

Material: Gasbrenner, Anzünder, Tiegelzange, zwei Zuckerwürfel, pflanzliche Asche, feuerfeste Porzellanschale, Schutzbrille

Durchführung:

Schritt 1: Halte einen Zuckerwürfel mit der Tiegelzange in die Brennerflamme.

Schritt 2: Nimm den Zuckerwürfel nach kurzer Zeit aus der Flamme heraus.

Schritt 3: Wälze den zweiten Zuckerwürfel in der pflanzlichen Asche und halte ihn mit der Tiegelzange in die Brennerflamme.

Schritt 4: Nimm den Zuckerwürfel nach kurzer Zeit aus der Flamme heraus.

3 Zuckerwürfel: **A** ohne Asche, **B** mit Asche

1 Beschreibe und vergleiche deine Beobachtungen.

2 I Begründe, ob es sich um eine exotherme oder eine endotherme Reaktion handelt.

3 II Beschreibe die Funktion der Asche.

D Eine Brausetablette in Wasser geben

Material: Becherglas, Thermometer, Brausetablette, Wasser

Durchführung:

Schritt 1: Fülle das Becherglas zur Hälfte mit Wasser.

Schritt 2: Miss die Themperatur des Wassers mit dem Thermometer.

Schritt 3: Löse die Brausetablette in dem Wasser auf und miss dabei erneut die Temperatur.

4 Eine Brausetablette in Wasser

1 Notiere die Temperatur vor und nach dem Versuch.

2 I Begründe, ob es sich um eine exotherme oder eine endotherme Reaktion handelt.

3 II Stelle eine Vermutung an, woher bei diesem Versuch die Aktivierungsenergie kommt.

«

Auf einen Blick: Menschen verändern die Umwelt

Kohlenstoffkreislauf

Kohlenstoff, genauer gesagt Kohlenstoffatome, sind Teil eines weltweiten Kreislaufes. Sie wechseln zwischen dem Kohlenstoffdioxid in der Atmosphäre und Stoffen in der Biomasse hin und her.

Treibhauseffekt

Kohlenstoffdioxid ist wie Methan ein Klimagas. Sie reflektieren Wärmestrahlung. Dadurch wird es auf der Erde wärmer.

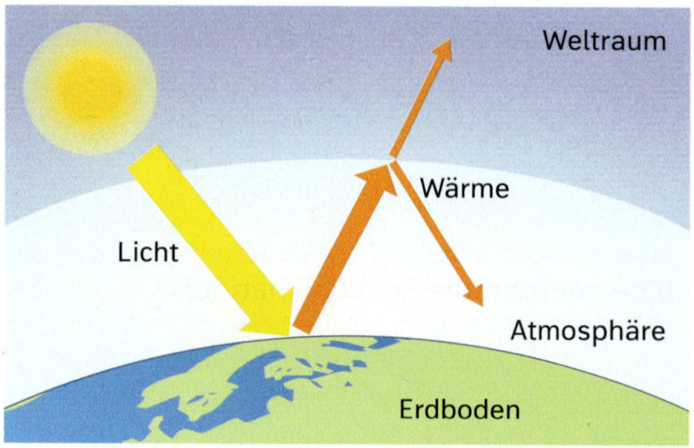

Klimawandel

Kohlenstoff kann als Bestandteil zum Beispiel von Kohle, Erdöl oder Erdgas in den Erdboden eingelagert und so dem Kreislauf entzogen werden. Verbrennen diese fossilen Brennstoffe, wird der Kohlenstoff als Kohlenstoffdioxid wieder dem Kreislauf zugeführt. Das verstärkt den Treibhauseffekt und ist eine der Hauptursachen des Klimawandel

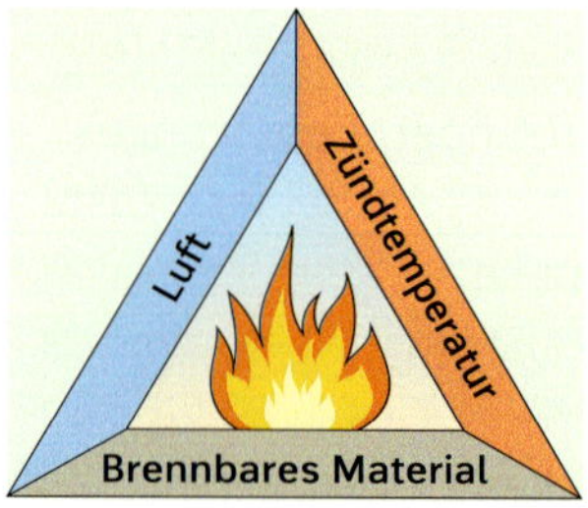

Verbrennung und chemische Reaktion

Das Branddreieck zeigt die drei Bedingungen, die für eine Verbrennung notwendig sind. Verbrennungen sind chemische Reaktionen. Bei chemischen Reaktionen werden ein oder mehrere Edukte zu einem oder mehreren Produkten umgewandelt.

Atommodell

Atome sind die Bausteine aller Stoffe. Sie unterscheiden sich in ihren Eigenschaften wie Größe und Gewicht. Mehrere Atome können zu Molekülen verbunden sein.

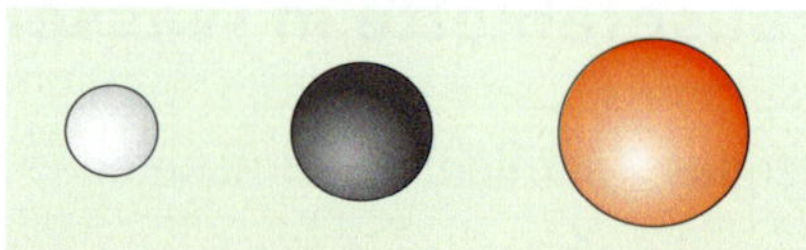

Gesetz von der Erhaltung der Masse

Bei einer chemischen Reaktion ändern sich die Atome nicht, sie werden jedoch neu zusammengesetzt. Daher bleibt auch die Masse gleich. Die Produkte wiegen also stets genauso viel wie die Edukte. Allerdings ändert sich der Energiegehalt.

WICHTIGE BEGRIFFE

- Kohlenstoffkreislauf
- fossile Brennstoffe
- Treibhausgase, Kohlenstoffdioxid, Methan
- Klimawandel

WICHTIGE BEGRIFFE

- chemische Reaktion
- Edukte, Produkte
- Atom, Molekül, Elementsymbol
- Aktivierungsenergie, endotherme und exotherme Reaktionen

Lerncheck: Menschen verändern die Umwelt

Stoffveränderungen bei chemischen Reaktionen

1 **a)** Beschreibe die Voraussetzungen für eine Verbrennung.
b) Beschreibe am Beispiel der Verbrennung von Kohle die Kennzeichen einer chemischen Reaktion.
c) Stelle das Reaktionsschema auf.

2 Vergleiche die Auswirkungen der Holz und der Erdölverbrennung auf den Treibhauseffekt.

3 Nenne die Kernaussagen des Atommodells von John Dalton.

4 Beschreibe, wie man am Beispiel der Verbrennung von Kohlenstoff das Gesetz von der Erhaltung der Masse im Experiment deutlich machen kann.

5 Erkläre das Gesetz von der Erhaltung der Masse mit Hilfe der Abbildung.

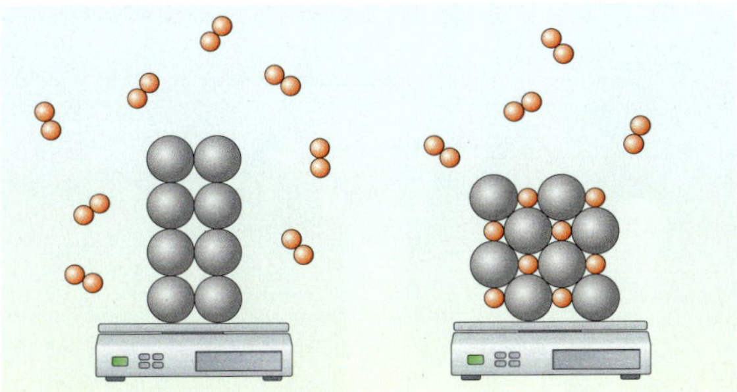

Energiefluss bei chemischen Reaktionen

6 Beschreibe den Energieumsatz bei der Verbrennung von Erdgas
a) mit einigen Sätzen.
b) mit einem Energiediagramm.
c) mit einem der Begriffe „endotherm“ oder „exotherm“.

7 Beschreibe die Bedeutung der Aktivierungsenergie für chemische Reaktionen
a) am Beispiel der Verbrennung einer Kerze.
b) ganz allgemein.

8 Beschreibe die Wirkung eines Katalysators auf die Aktivierungsenergie.

9 Verdeutliche die folgenden Begriffe jeweils mit einem selbst gezeichneten Energiediagramm und erkläre sie jeweils mit einigen Sätzen
a) Aktivierungsenergie.
b) endotherme Reaktion.
c) exotherme Reaktion.

DU KANNST JETZT ...

- ... Eingriffe des Menschen in den Kohlenstoffkreislauf und die Folgen erläutern.
- ... an Beispielen die Kennzeichen chemischer Reaktionen zeigen.

DU KANNST JETZT ...

- ... den Energieumsatz bei chemischen Reaktionen beschreiben.
- ... Energiediagramme erstellen.
- ... die Wirkung eines Katalysators beschreiben.

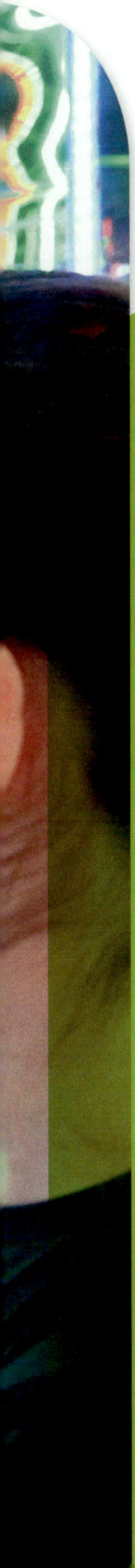

Licht und Sehen

Wo kommt das Licht her und wo geht es hin?

Was passiert denn hier mit dem Licht?

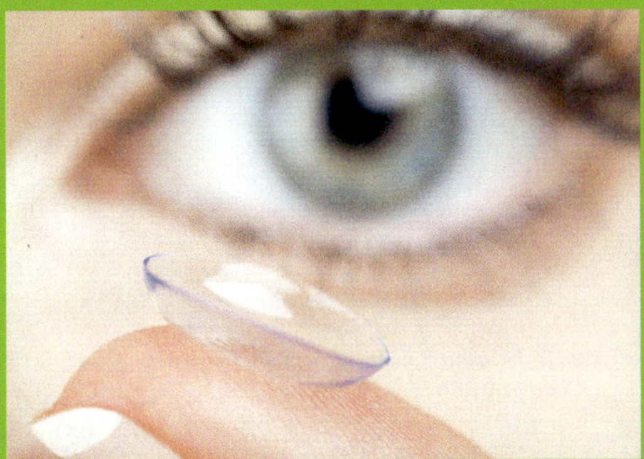

Warum benutzen manche Menschen Kontaktlinsen?

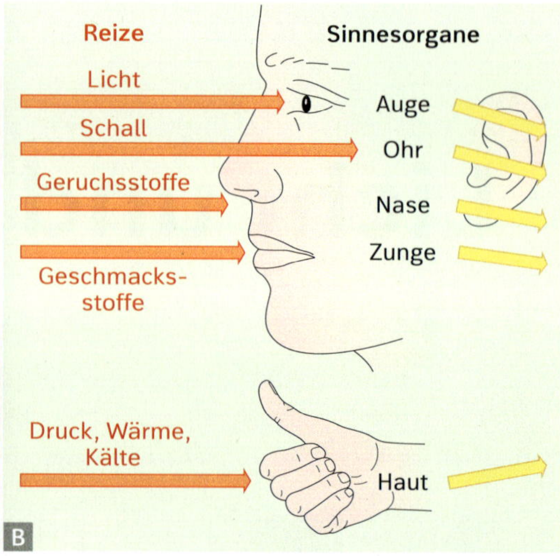

1 Vom Reiz zur Reaktion (Teil 1): **A** Aufmerksam mit allen Sinnen, **B** Sinnesorgane nehmen Reize auf

Sinne als Tore zur Welt

Aufmerksam mit allen Sinnen

Beim Biken ist Aufmerksamkeit gefragt. Kein Ast darf übersehen werden. Ein Warnruf des Vorausfahrenden hilft, richtig zu reagieren. Die Haut an den Händen am Lenker oder am Gesäß spüren die Bodenwellen. Das Kaugummi im Mund verliert langsam an Geschmack. Den Geruch nach Waldboden bemerkt der Biker gar nicht.

Reize und Sinnesorgane

Wir nehmen die **Reize** aus der Umwelt über spezielle **Sinnesorgane** auf. Licht sehen wir mit den Augen. Schall hören wir über die Ohren. Geschmacksstoffe erkennen wir über die Zunge, Geruchsstoffe über die Nase. Druck, Wärme, Kälte und Schmerz empfinden wir über verschiedene Sinne in der Haut. Jedes Sinnesorgan wird durch das zu ihm passende Signal aus der Umwelt gereizt.

Die **Sinne** der verschiedenen Organe heißen auch Sehsinn, Gehör, Gleichgewichtssinn, Geschmackssinn, Geruchssinn, Tastsinn, Wärmesinn, Kältesinn und Schmerzsinn.

Reize sind physikalische oder chemische Einwirkungen aus der Umwelt. Dazu gehören Licht, Schall, Schwerkraft, Druck, Wärme, Kälte und chemische Stoffe.

Sinneszellen

In jedem Sinnesorgan gibt es auf die bestimmte Reizsorte spezialisierte Zellen. Trifft der passende Reiz auf diese **Sinneszelle,** erzeugt die Sinneszelle elektrische Impulse. Die elektrischen Signale werden über Nervenzellen an das Gehirn geleitet. Erst im Gehirn kommt es zur Wahrnehmung.

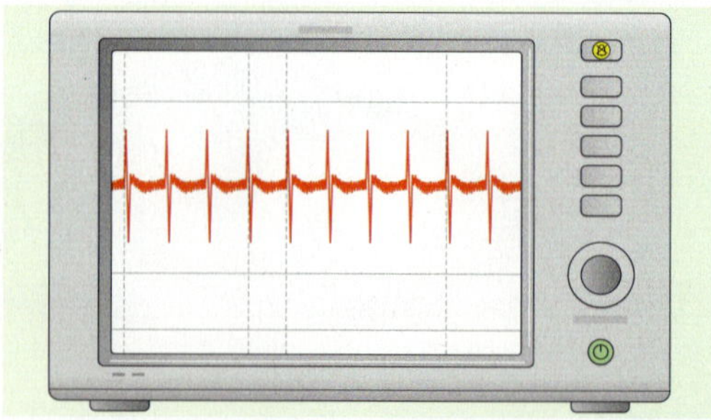

2 Messung elektrischer Impulse einer Sinneszelle

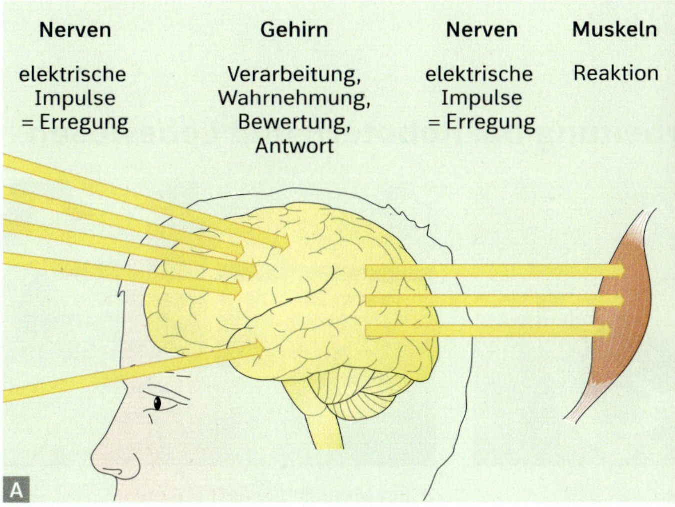

3 Vom Reiz zur Reaktion (Teil 2): **A** Wahrnehmung und Verarbeitung im Gehirn, **B** Reaktion der Muskeln

Vom Reiz zur Reaktion

Haben **Reize** Sinneszellen aktiviert, dann werden die elektrischen Impulse als so genannte Erregungen über Nervenzellen an das Gehirn geleitet. Dort werden die Informationen verarbeitet. Es kommt zur **Wahrnehmung** und zur Bewertung der Wahrnehmungen.
Zum Beispiel stuft der Biker den großen Ast auf dem Weg als Gefahr ein. Ein Ausweichmanöver wird nötig. Der Geruch nach Waldboden wird ausgeblendet, weil er gerade unwichtig ist.
Die Nervenzellen im Gehirn sind so miteinander verbunden, dass ein Nervensignal als Antwort ausgelöst wird. Elektrische Impulse werden über Nerven zu den Muskeln geleitet. Sie führen als **Reaktion** die hoffentlich passende Bewegung aus.

Woher kommt die Energie?

Das Gehirn braucht etwa ein Fünftel der Energie, die wir über die Nahrung aufnehmen. So wird die elektrische Energie für die Impulse der Nervenzellen bereitgestellt. Reize wirken zwar auch als Energieflüsse auf die Sinneszellen ein, aber sie lösen nur die Umwandlung der chemischen Energie in elektrische Energie aus. Wenn bei der Reaktion die Muskeln kräftig aktiv sind, wird zusätzlich reichlich chemische Energie aus den Nährstoffen in Bewegungsenergie umgewandelt.

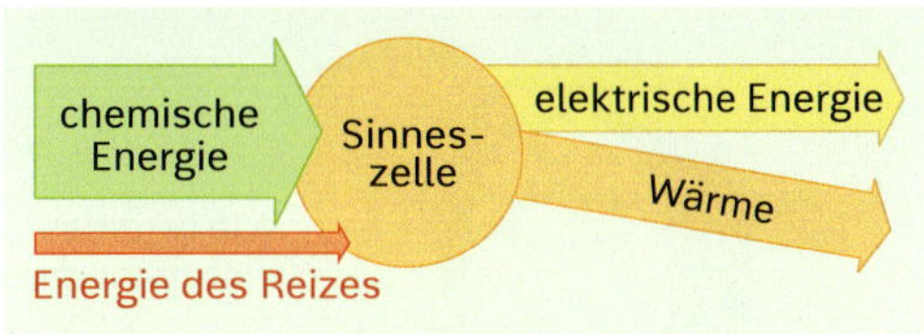

4 Die Sinneszelle als Energiewandler

1. Erstelle eine Tabelle mit den Bezeichnungen für die Sinne, die dazugehörigen Sinnesorgane und die passenden Reize.

Starthilfe zu 1:

Sinn	Sinnesorgan	Reiz
Wärmesinn	Haut	...
...	...	...

2. Beschreibe die Funktion von Sinneszellen.
3. Der Text erklärt den Weg vom Reiz zur Reaktion am Beispiel des Bikers. Wähle ein anderes Beispiel und erläutere daran den Weg vom Reiz zur Reaktion.
4. Erläutere, wie verschiedene Organe für eine Wahrnehmung verantwortlich sind.
5. Zeichne ein Energieflussdiagramm für den Muskel als Energiewandler.

»

ÜBEN UND ANWENDEN

A Informationsverarbeitung bei Robotern und Lebewesen

1 Ein Roboter sortiert Pakete.

2 Ein Mensch sortiert Pakete.

Viele unterschiedliche Roboter erleichtern heute die Arbeit. Roboter sind oft mit Sensoren ausgestattet, die etwas messen können. Zum Beispiel hat die Paketsortiermaschine einen Lichtsensor, der meldet, wenn ein Paket am Fließband ankommt. Oder vielleicht erkennt ein Lesegerät auch den Strich-Code. Die Elektronik in der Maschine ist so programmiert, dass der Eingang des Signals verarbeitet und der Greifarm betätigt wird. Die verschiedenen Motoren des Greifarms führen dann die Bewegung aus.
Allgemein wird das Prinzip von **E**ingabe, **V**erarbeitung und **A**usgabe bei Robotern und Computern als **EVA-Prinzip** bezeichnet.

3 „Intelligente" persönliche Assistenten

Die Person am Paketband sieht die Pakete und die Adressen. Die Augen nehmen das Licht als Reiz auf. Das Gehirn verarbeitet die Signale und steuert die Muskeln. Sie führen die Bewegung als Reaktion aus. Das Paket wird richtig gepackt.
Bei Menschen spricht man wie bei allen Lebewesen vom **Reiz-Reaktions-Prinzip.**

1 Vergleiche das EVA-Prinzip eines Roboters mit dem Reiz-Reaktions-Prinzip eines Menschen. Ordne dazu in einer Tabelle folgende Begriffe sinnvoll zu:
Eingabe, Gehirn, Sinnesorgan (z. B. Auge), Reiz (z. B. Licht), Ausgabe (z. B. Bewegung), Programm (Elektronik), Motoren, Reaktion (z. B. Bewegung), Muskeln, Sensor (z. B. Lichtsensor)

Starthilfe zu 1:

EVA-Prinzip	Reiz-Reaktions-Prinzip
Eingabe (z. B. Licht)	Reiz (z. B. Licht)
Sensor (z. B. Lichtsensor)	...
Programm (Elektronik)	...

2 II Sprachassistenten wählen auf Zuruf zum Beispiel Musik aus oder schalten ein Haushaltsgerät ein.
Wende das EVA-Prinzip auf ein solches System an. Benenne die Eingabe-, die Verarbeitungs- und die Ausgabemöglichkeiten.

3 Sprachassistenten werden manchmal auch als „Künstliche Intelligenz" (KI) bezeichnet. Beschreibt und diskutiert Möglichkeiten und Grenzen solcher Anwendungen.

IM ALLTAG

Sensoren erweitern unsere Sinne

4 Bild einer Wärmebildkamera

Wärmebilder

Unsere Augen werden nur durch die Strahlung des sichtbaren Lichts gereizt. Es gibt aber noch weitere Strahlungen. Zum Beispiel sendet jeder Körper Wärmestrahlung aus. Je höher seine Temperatur ist, desto stärker ist die **Wärmestrahlung,** auch **Infrarotstrahlung** genannt.
Diese sehen wir nicht, können sie aber mit Infrarotsensoren messen. Wärmebildkameras erzeugen aus den Messdaten für uns sichtbare Bilder auf einem Bildschirm. Blau bedeutet hier kälter, rot wärmer. So kann man zum Beispiel „sehen", wo ein Körper besser durchblutet ist.

5 Fledermaus-Detektor

Ultraschall

Die Rufe der Fledermäuse können wir nicht hören, weil sie im Ultraschallbereich liegen. Ein Fledermausdetektor wandelt die Ultraschalllaute in für uns hörbare Töne um.

6 Geigerzähler

Radioaktivität

Radioaktive Strahlung ist gefährlich. Aber wir können sie nicht sehen, hören oder anders wahrnehmen. Messgeräte wie der Geigerzähler helfen, diese radioaktive Strahlung zu erkennen und ihre Stärke zu messen.

1 **a)** Nenne drei Reize, für die wir keine passenden Sinnesorgane haben.
b) Nenne Messgeräte, die diese Reize aufzeichnen können, und beschreibe jeweils eine mögliche Nutzung dieses Sensors.

2 Recherchiere weitere Nutzungsmöglichkeiten für Wärmebildkameras. Stelle deine Ergebnisse auch unter Verwendung von Wärmebildern in der Klasse vor.

3 Handys empfangen Funkwellen und senden sie aus. Sie sind so schwach, dass sie keine Gesundheitsprobleme verursachen. Trotzdem haben manche Menschen Angst vor „Elektrosmog".
a) Erkläre die Angst vor „Elektrosmog" über unsere Wahrnehmungsmöglichkeiten.
b) Begründe, warum die Stärke dieser Strahlung mit Messgeräten überprüft wird.

«

1 Lichtshow bei einem Konzert

Licht in Bündeln

Lichteffekte

Auf einem Konzert kannst du verschiedene Lichteffekte sehr gut beobachten. Zu Beginn des Konzerts ist es dunkel und du siehst nichts. Dann gehen die Scheinwerfer an und beleuchten die Bühne. Künstlicher Nebel oder Rauch machen den Weg des Lichtes sichtbar, wie auf Bild 1. Aus den Öffnungen der Scheinwerfer fällt das Licht in bestimmte Richtungen, es entstehen **Lichtbündel.**

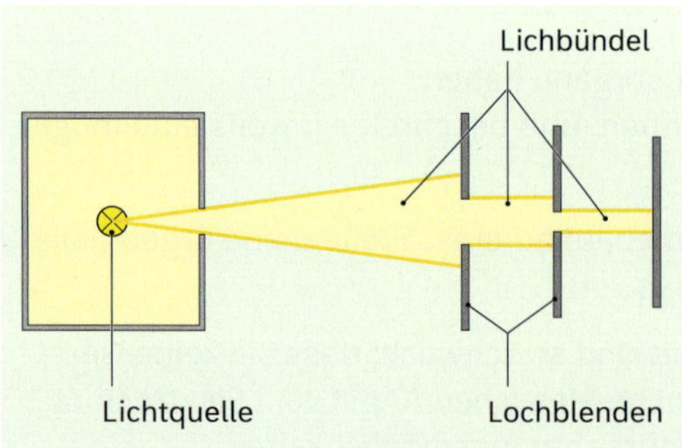

2 Blenden engen Lichtbündel ein.

Lichtquellen

Die Sonne oder Feuer sind **natürliche Lichtquellen.** Sie geben bei hoher Temperatur Licht ab. Dioden, Leuchtstoffröhren oder Deckenlampen sind **künstliche Lichtquellen.** Sie wandeln elektrische Energie in Lichtenergie um.

Licht in Bündeln

Licht breitet sich normalerweise von der Lichquelle **geradlinig** in alle Richtungen aus. Fällt Licht durch eine Öffnung, entstehen **Lichtbündel.** Die Öffnung wird **Blende** genannt. Je kleiner die Blende ist, desto schmalere Lichtbündel treten dahinter heraus. In Zeichnungen werden oft nur die Hauptrichtung des Lichtbündels oder die Ränder gezeichnet (→ Bild 2).

Lichtbündel:
Ein **Lichtbündel** entsteht, wenn Licht durch eine schmale Öffnung fällt. Lichtbündel verlaufen meist geradlinig.

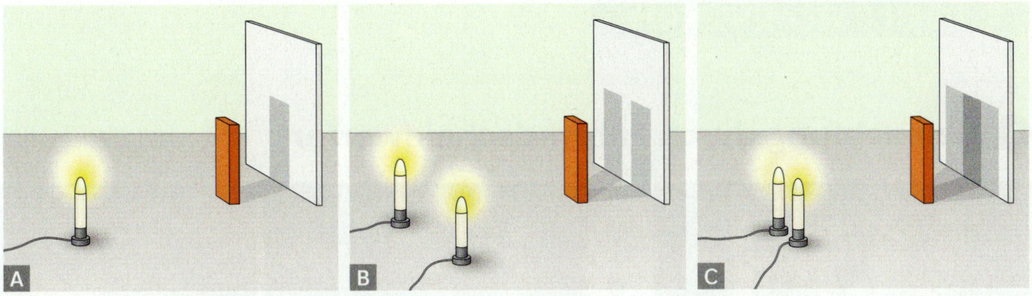

3 Schatten: **A** einfacher Schatten, **B** Halbschatten, **C** Halbschatten und Kernschatten

Licht und Schatten

Trifft Licht auf ein undurchsichtiges Hindernis, entsteht dahinter ein **Schatten.** Der Schatten ist begrenzt von dem Licht, das an dem Hindernis vorbei fällt, weil sich Licht geradlinig ausbreitet. Der lichtfreie Raum heißt **Schattenraum.** Auf den Boden, einer Wand oder einem Schirm lässt sich ein **Schattenbild** beobachten. Es hat die gleichen Umrisse wie das Hindernis. Seine Größe hängt vom Abstand zwischen Lichtquelle, Hindernis und Schirm ab. Je näher das Hindernis an der Lichtquelle ist, desto größer ist der Schatten. Je näher es am Schirm ist, desto kleiner ist der Schatten.

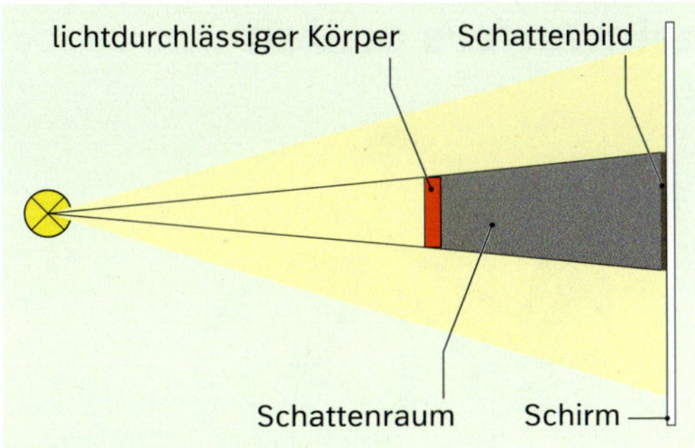

4 Licht und Schatten

Kern- und Halbschatten

Wird ein Gegenstand von zwei oder mehr Lichtquellen beleuchtet, entstehen dahinter unterschiedliche Schatten. Je nachdem, wie nahe sich die Lichtquellen sind, gibt es hellere und dunklere Schatten. Die helleren Schatten werden **Halbschatten** oder **Teilschatten** genannt. Halbschatten entstehen, wenn in den Schattenraum einer Lichtquelle Licht von einer anderen Lichtquelle fällt. Ein dunkler **Kernschatten** entsteht, wenn in einen Schattenraum kein Licht fällt (→ Bild 3).

Licht wird sichtbar

Wir können nur etwas sehen, wenn Licht in unsere Augen trifft. Selbst leuchtende Körper wie die Sonne oder eine Lampe senden direkt Licht aus. Beleuchtete Körper kannst du sehen, weil Licht an ihnen reflektiert wird und in deine Augen fällt. In Bild 1 siehst du den Weg des Scheinwerferlichtes. Die kleinen Tröpfchen, aus denen der künstliche Nebel im Raum besteht, reflektieren einen Teil des Lichtes, der dann deine Augen trifft.

1 Erkläre, wie Lichtbündel entstehen.

2 Beschreibe, wie du ein Lichtbündel sichtbar machen kannst.

3 Erstelle eine Skizze von einer Lichtquelle und drei Blenden, durch die das Licht fällt.

Starthilfe zu 3:
Nutze hierzu Bild 2.

4 I Erkläre, warum du mit einem Scheinwerfer eine Kurve nicht ausleuchten kannst.

5 II a) Erkläre, wie ein Kernschatten entsteht.
II b) Zeichne zu den Halbschatten und Kernschatten in Bild 3C eine Skizze wie in Bild 4.

»

ÜBEN UND ANWENDEN

A Beleuchtung durch Fahrradscheinwerfer

1 Lichtkegel von unterschiedlich eingestellten Fahrradscheinwerfern **A – C**

Beim Fahrradfahren in der Dunkelheit ist es wichtig, dass das Licht des Fahrradscheinwerfers andere Verkehrsteilnehmer nicht blendet und trotzdem den Weg gut ausleuchtet. Das Lichtbündel aus dem Scheinwerfer muss so geneigt sein, dass in etwa 10 Metern Entfernung der hellste Bereich auf den Boden trifft.

1 **a)** Betrachte die Bilder 1 A – C. Nenne die Bilder, die einen richtig eingestellten Fahrradscheinwerfer zeigen.
b) Mache Vorschläge, wie die falsch eingestellten Scheinwerfer korrigiert werden müssen und begründe.

FORSCHEN UND ENTDECKEN

A Einstellung eines Fahrradscheinwerfers prüfen

Um die Fahrradbeleuchtung richtig einzustellen, muss Folgendes beachtet werden: Das Lichtbündel aus dem Scheinwerfer muss so geneigt sein, dass in 5 Metern Entfernung die Mitte des Lichtbündels halb so hoch ist wie beim Austritt aus dem Scheinwerfer (→ Bild 2).

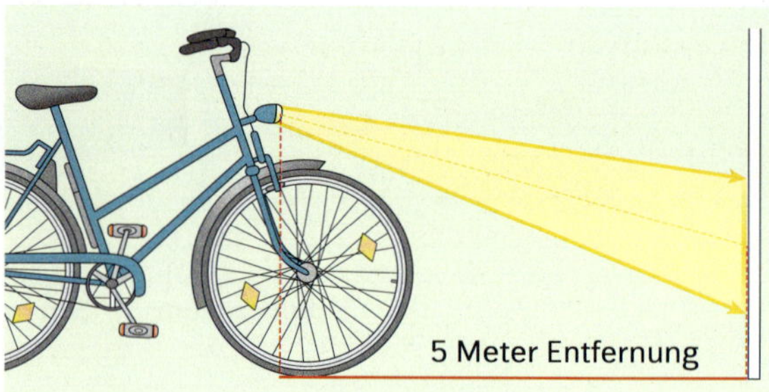

2 Fahrrad leuchtet an eine Wand.

Material: Fahrrad mit Standlichtscheinwerfer, Meterstab, Klebeband, Hauswand

Durchführung:

Schritt 1: Miss den Abstand von der Mitte des Scheinwerfers zum Boden.
Schritt 2: Stelle das Fahrrad in 5 Meter Abstand zu einer Wand gerade hin.
Schritt 3: Schalte den Scheinwerfer ein.
Schritt 4: Ermittele die Höhe des Lichtflecks an der Wand.

1 Beurteile, ob der Scheinwerfer von deinem Versuchsfahrrad richtig eingestellt ist und begründe deine Entscheidung.

2 Erstelle eine Skizze wie in Bild 2, und trage die von dir in Schritt 1 und 4 gemessenen Werte und den Wandabstand ein.

FORSCHEN UND ENTDECKEN

B Lichtbündel sichtbar machen

Material: Taschenlampe, Laserpointer, Sprühflasche mit Wasser, Räucherstäbchen, Feuerzeug

Achtung: Laserpointer immer nur auf nichtspiegelnde Gegenstände richten! Niemals in die Augen leuchten.

Durchführung:

Schritt 1: Dunkle den Raum ab.
Schritt 2: Leuchte mit der Taschenlampe auf die Wand.
Schritt 3: Sprühe Wasser zwischen Wand und Taschenlampe.
Schritt 4: Zünde das Räucherstäbchen an. Wiederhole Schritt 3 mit dem Rauch.
Schritt 5: Wiederhole Schritt 2 – 4 mit dem Laserpointer.

3 Versuchsmaterial

1 **a)** Beschreibe den Verlauf der Lichtbündel.
b) Erkläre, warum du die Lichtbündel nur mit Sprühwasser oder Rauch siehst.

C Schattenspiele

Werden Gegenstände von mehreren Lichtquellen beleuchtet, können ganze Schattenmuster entstehen. Wenn sich die Lichtquellen oder die Gegenstände dann auch noch bewegen, lassen sich regelrechte Schattenspiele erzeugen.

Material: vier Taschenlampen, Gegenstand (zum Beispiel eine Tasse), weiße Wand oder Karton

Durchführung:

Schritt 1: Dunkle den Raum ab.
Schritt 2: Leuchte mit einer Taschenlampe auf den Karton.
Schritt 3: Stelle die Tasse zwischen Karton und Taschenlampe.
Schritt 4: Leuchte mit einer zweiten Taschenlampe auf die Tasse.
Schritt 5: Verändere Abstand und Position der Taschenlampen zueinander, zur Tasse und zum Karton.
Schritt 6: Wiederhole Schritt 4 und 5 mit weiteren Taschenlampen.

4 Versuchsmaterial

1 Erkläre die Entstehung unterschiedlich heller Schatten.

2 Formuliere drei Sätze, in denen du beschreibst, wann die Schatten kleiner oder größer werden.

3 In einem Stadion beleuchten oft mehrere Scheinwerfer aus verschiedenen Richtungen das Spielfeld. Begründe die Anordnung der Scheinwerfer.

«

1 Spiegelbild an einer Wasseroberfläche

Von der Reflexion zum Spiegelbild

Reflexion folgt Regeln

Auf einer glatten Wasseroberfläche spiegeln sich zum Beispiel die Bäume, die am Ufer stehen. Das Licht, das von den Bäumen auf die Wasseroberfläche fällt, wird in deine Augen gelenkt. Du siehst das Spiegelbild der Bäume (→ Bild 1). Dieser Vorgang wird **Reflexion** genannt. Die Reflexion von Licht geschieht nach Regeln. Das Licht trifft auf eine Spiegeloberfläche. Von hieraus denken wir uns eine Linie senkrecht zur Spiegeloberfläche, die als **Einfallslot** bezeichnet wird. Der **Einfallswinkel α** wird zwischen dem einfallenden Lichtbündel und dem Einfallslot gemessen. Das Lichtbündel wird reflektiert. Das reflektierte Lichtbündel bildet mit dem Lot einen Winkel, den **Reflexionswinkel β.** Einfallswinkel und Reflexionswinkel sind immer gleich groß. Einfallendes, reflektiertes Lichtbündel und das Einfallslot liegen in einer Ebene. Auf Bild 2 siehst du zwei Menschen, die sich über einen Spiegel in die Augen sehen. Beide können die Augen des anderen sehen.

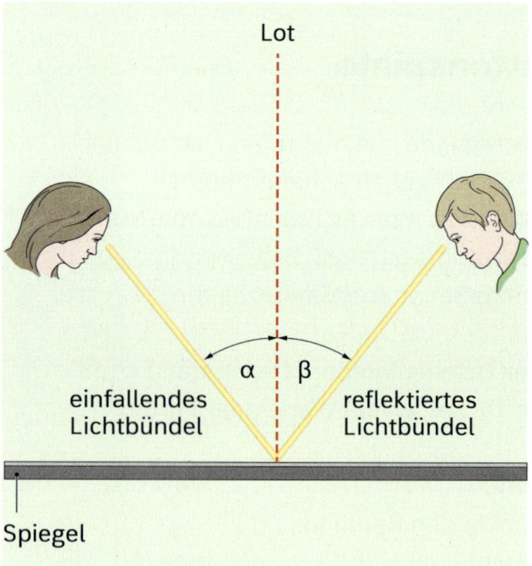

2 Reflexionsgesetz

Reflexionsgesetz:
Der **Einfallswinkel α** und der **Reflexionswinkel β** sind bei der Reflexion von Licht gleich groß.
Das einfallende Lichtbündel, das reflektierte Lichtbündel und das Lot liegen in einer Ebene.
Der Weg des Lichtes ist umkehrbar.

Streuung

Ein weißes Blatt Papier oder eine zerknitterte Alufolie reflektieren einen großen Teil des auftreffenden Lichtes. Zerknitterte Alufolie hat eine unebene Oberfläche. An dieser Oberfläche wird das Licht in verschiedene Richtungen reflektiert. Dies wird **Streuung** genannt. Auch bei der Streuung gilt das Reflexionsgesetz. Die einzelnen Flächen sind jedoch sehr klein. Je kleiner und unregelmäßiger angeordnet die einzelnen Flächen sind, desto stärker wird das Licht gestreut. Licht, das aus verschiedensten Richtungen kommt, wird diffus genannt.

Spiegelbilder

Spiegel zeigen Bilder von Gegenständen, die sich vor dem Spiegel befinden. Das Bild scheint hinter dem Spiegel zu sein, es ist ein **scheinbares Bild.** Das **Spiegelbild** kann mit dem Reflexionsgesetz konstruiert werden. Jedes Lichtbündel, das von dem Gegenstand in Bild 4 auf den Spiegel fällt, wird nach dem Reflexiongesetz reflektiert. Verlängerst du das reflektierte Lichtbündel hinter den Spiegel, dann sieht es so aus, als ob es von dem scheinbaren Bild ausgeht. Das Spiegelbild an einem ebenen Spiegel hat bestimmte Eigenschaften:

- Es ist originalgetreu. Größe, Farbe und Gestalt sind wie beim Original.
- Es hat denselben Abstand zum Spiegel wie das Original.
- Es vertauscht vorne und hinten.

Kurz gesagt, das Spiegelbild am ebenen Spiegel ist **symmetrisch** zum Original.

3 Lichtstreuung an einer rauen Oberfläche

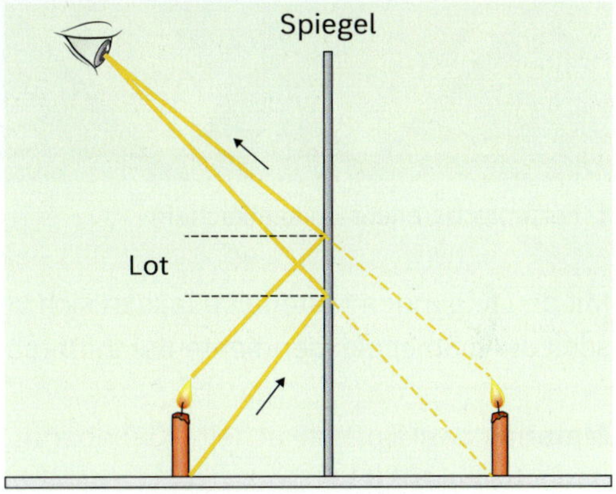

4 Konstruktion eines Spiegelbildes

5 Gegenstände vor einem ebenen Spiegel

1 **a)** Zeichne eine Spiegeloberfläche und in der Mitte ein Einfallslot. Zeichne ein Lichtbündel, das mit einem Einfallswinkel von 40° beim Einfallslot auf den Spiegel trifft. Zeichne das reflektierte Lichtbündel. Beschrifte deine Zeichnung.
b) Erkläre, warum sich zwei Personen (→ Bild 2) über einen Spiegel in die Augen sehen können.

2 Begründe, warum du auf einer unebenen Oberfläche kein Spiegelbild siehst.

Starthilfe zu 2:
Eine unebene Oberfläche besteht aus ...

3 Beschreibe anhand von Bild 5 die Eigenschaften von Spiegelbildern an einem ebenen Spiegel.

»

FORSCHEN UND ENTDECKEN

A Spiegelexperimente

1 Fertig vorbereitete Spiegelkacheln

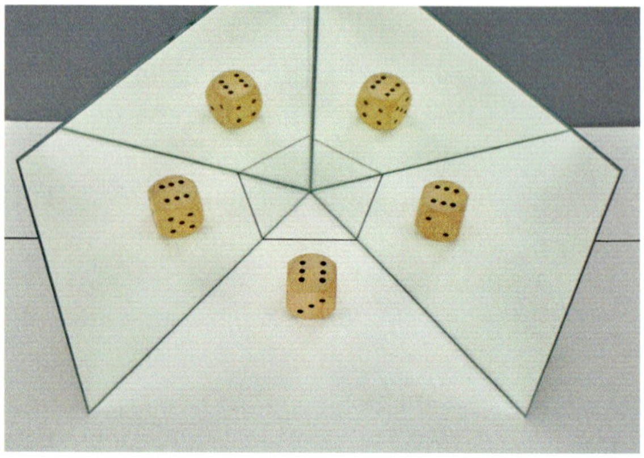

2 Versuchsanordnung zu Durchführung A

Mit den folgenden Materialen lassen sich verschiedene Spiegelexperimente durchführen.

Material: zwei Spiegelkacheln, Klebeband, doppelseitiges Klebeband, zwei Vierkanthölzer, Würfel, Taschenlampe, schwarze Pappe, scharfes Messer, weißes Papier mit einem schwarzen Strich

Vorbereitung:

Schritt 1: Klebe die beiden Vierkanthölzer mit dem doppelseitigen Klebeband an die Spiegelkacheln wie in Bild 1.

Durchführung A:

Schritt 1: Stelle die Spiegel wie ein geöffnetes Buch über die schwarze Linie auf dem Papier.

Schritt 2: Lege den Würfel zwischen die Spiegel (→ Bild 2).

Schritt 3: Verkleinere langsam den Winkel der Spiegel zueinander.

1 **a)** Wie viele Seiten des Würfels kannst du bei einem 70°-Winkel der Spiegel sehen?
b) Erkläre den Zusammenhang zwischen dem Winkel der Spiegel und der Anzahl der zu sehenden Bilder.

Durchführung B:

Schritt 1: Stelle zwei Spiegel im Abstand von 15 cm parallel gegenüber auf.

Schritt 2: Kratze mit dem Messer vorsichtig ein kleines Loch in die Beschichtung auf der Rückseite von einem Spiegel.

Schritt 3: Lege den Würfel zwischen die Spiegel (→ Bild 3).

Schritt 4: Schaue durch das Loch auf den gegenüber liegenden Spiegel.

3 Versuchsanordnung zu Durchführung B

2 **a)** Beschreibe deine Beobachtung aus Durchführung B.
II **b)** Erkläre die Veränderung der Spiegelbilder.

FORSCHEN UND ENTDECKEN

B Reflektoren sorgen für gute Sichtbarkeit im Dunkeln

Material: zwei Vierkanthölzer, Spiegelkacheln, Taschenlampe, schwarze Pappe, scharfes Messer, Lupe, Speichenreflektor

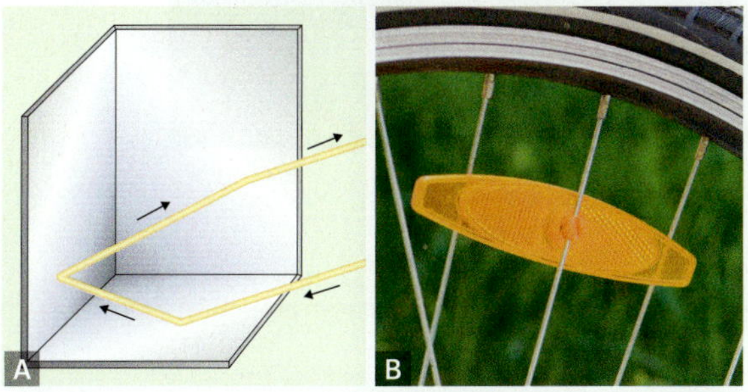

4 Versuchsmaterial: **A** Spiegelflächen, **B** Speichenreflektor

Durchführung:

Schritt 1: Klebe die beiden Vierkanthölzer an jeweils einen Spiegel.

Schritt 2: Stelle die Spiegel im 90°-Winkel zueinander auf und lege den dritten Spiegel in den Winkel.

Schritt 3: Schneide ein kleines Loch in die schwarze Pappe und klebe sie vor die Lichtöffnung der Taschenlampe.

Schritt 4: Leuchte die Spiegel aus verschiedenen Richtungen an.

Schritt 5: Betrachte den Speichenreflektor mit der Lupe.

1. Beschreibe deine Beobachtungen.
2. Vergleiche den Speichenreflektor mit deinem Versuchsaufbau.
3. II Begründe, warum Reflektoren und nicht etwa Spiegel für die bessere Sichtbarkeit im Dunkeln verwendet werden.

Starthilfe zu 2:
Was hast du in Schritt 5 gesehen? In welche Richtung wird das einfallende Licht reflektiert?

C Dein Bild im Spiegel

5 Selfie vom Spiegelbild

Material: Spiegel, Handy, abwaschbarer Stift, Maßband

Durchführung:

Schritt 1: Setze dich mit dem Handy so vor den Spiegel, dass du ihn mit deiner Hand noch erreichen kannst.

Schritt 2: Zeichne mit dem Stift den Umriss deines Spiegelbildes auf den Spiegel.

Schritt 3: Mache ein Foto von deinem Spiegelbild.

1. **a)** Nenne die Entfernung, auf die der Fokus deiner Kamera eingestellt sein muss, damit das Spiegelbild auf dem Foto scharf ist.
   b) Begründe deine Aussage.
2. **a)** Vergleiche die Zeichnung mit deinem Gesicht.
   b) Erkläre deine Beobachtungen.

1 Bild der Umgebung durch eine Lochblende

Löcher erzeugen Bilder

Ein Baum steht Kopf

In einem abgedunkelten Raum kannst du manchmal etwas Überraschendes beobachten: Auf der dem Fenster gegenüber liegenden Seite siehst du ein Bild der Umgebung, die vor dem Fenster ist (→ Bild 1). Das Bild steht auf dem Kopf und ist seitenverkehrt. Ein solches Bild entsteht, wenn die Verdunkelung ein kleines Loch hat. So ein Loch ist eine **Lochblende.**

Entdeckung von Lochblenden

Etwa 350 v. Chr. erkannte Aristoteles dieses Phänomen. Während einer Sonnenfinsternis saß er unter einem Baum und ihm fielen die Bilder der Sonnensichel auf dem Boden auf. Er fand heraus, dass sie durch Lücken zwischen den Blättern enstanden, die wie eine Lochblende nur wenige Lichtbündel durchlassen (→ Bild 2).

Von der Lochblende zur Kamera

Bis dieser Effekt für die Aufzeichnung von Bildern verwendet wurde, hat es noch weit über Tausend Jahre gedauert. Erste Versuche mit einer Lochkamera wurden vor etwa 1000 Jahren gemacht. Vor 700 Jahren wurde sie zur Beobachtung der Sonne benutzt, um nicht mit bloßem Auge in das helle Licht blicken zu müssen. In der Renaissance (15.-16. Jahrhundert) beschäftigten sich die Menschen viel mit der Natur. Zeichner und Maler nutzten Lochkameras, um Dinge abzubilden und dann nachzuzeichnen (→ Bild 3). Die Zeichungen wurden dadurch naturgetreu. Die Lochkamera heißt auch **Camera obscura,** das bedeutet übersetzt dunkle Kammer. Daher hat auch der Fotoapparat seinen Namen. Mit einer Camera Obscura entstanden die ersten Fotografien.

2 Bilder der Sonnensichel durch Blätter

3 Camera obscura zur Landschaftsmalerei

4 Lichtbündel fallen durch eine Lochblende.

Bildentstehung an einer Lochblende

Ein sichtbarer Gegenstand sendet Licht in alle Richtungen aus. Steht zum Beispiel eine Kerze vor einer Lochblende, fällt von jeder Stelle der Kerze auch ein Lichtbündel durch die Blende auf die Wand oder einen Schirm. Dort entsteht ein kleiner Lichtfleck von der entsprechenden Stelle der Kerze (→ Bild 4). Aus diesen Lichtflecken setzt sich dann das Bild zusammen.

Verlauf der Lichtbündel

Der Verlauf der Lichbündel kann wie in Bild 5 gezeichnet werden. Die Lichtbündel verlaufen immer geradlinig. Das Lichtbündel von der Kerzenspitze trifft daher unten auf dem Schirm. Das Lichtbündel vom unteren Teil der Flamme trifft weiter oben auf den Schirm. Das Bild steht auf dem Kopf. Rechts und links werden ebenfalls vertauscht. Das Bild ist also seitenverkehrt.

Helligkeit

Die Lochblende ist klein, daher kann nur wenig Licht einfallen und das Bild ist lichtschwach und scharf. Bei einer Lochblende mit einem einigermaßen größeren Durchmesser werden auch die Lichtbündel, die durch die Blende fallen, größer. Sie erzeugen auf dem Schirm größere Lichtflecken, die sich überlagern. Das Bild wird heller und unschärfer.

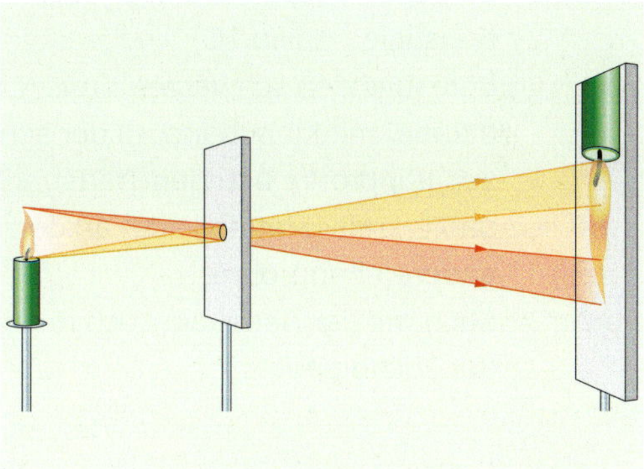

5 Verlauf der Lichtbündel an einer Lochblende

1 Nenne eine wichtige Erfindung, die durch die Camera obscura möglich wurde.

2 a) Nenne die Eigenschaften des Bildes, das hinter einer Lochblende auf einem Schirm aufgefangen werden kann.
b) Beurteile, wie sich das Bild in Abhängigkeit von der Lochgröße ändert.

3 I Erkläre, zu welchem Zweck Maler und Zeichner eine Camera obscura benutzten.

4 II Erstelle eine Skizze von einer Tasse, die hinter einer Lochblende ein Bild auf einem Schirm erzeugt. Zeichne den Verlauf eines Lichtbündels, das vom Henkel ausgeht, ein.

Starthilfe zu 4: Betrachte dazu Bild 5.

»

FORSCHEN UND ENTDECKEN

A Bau einer Lochkamera

Material: Pappröhre (z. B. von einer Toilettenpapierrolle), schwarze Pappe, Nähnadel, Transparentpapier, Klebeband, Schere, weißer Stift

Durchführung:

Schritt 1: Schneide ein Stück schwarze Pappe zurecht: Es soll einmal um die Pappröhre gewickelt werden und etwa die Länge der Röhre haben.

Schritt 2: Wickele das Pappstück so fest um deine Pappröhre, dass es sich gerade noch verschieben lässt. Klebe es mit dem Klebeband zusammen, sodass eine zweite Pappröhre entsteht (→ Bild 1B).

Schritt 3: Zeichne auf schwarze Pappe und Transparentpapier mithilfe der Pappröhre einen Kreis.

Schritt 4: Schneide die beiden Kreise etwa 0,5 cm größer aus.

Schritt 5: Schneide Zacken in diese Teile bis zur Kreislinie (→ Bild 1C).

Schritt 6: Befestige den schwarzen Kreis (Lochblende) mit Klebeband an der schwarzen Pappröhre und den Transparentpapierkreis (Mattscheibe) an der anderen Pappröhre.

Schritt 7: Stich mit der Nadel ein Loch in die Mitte der Lochblende.

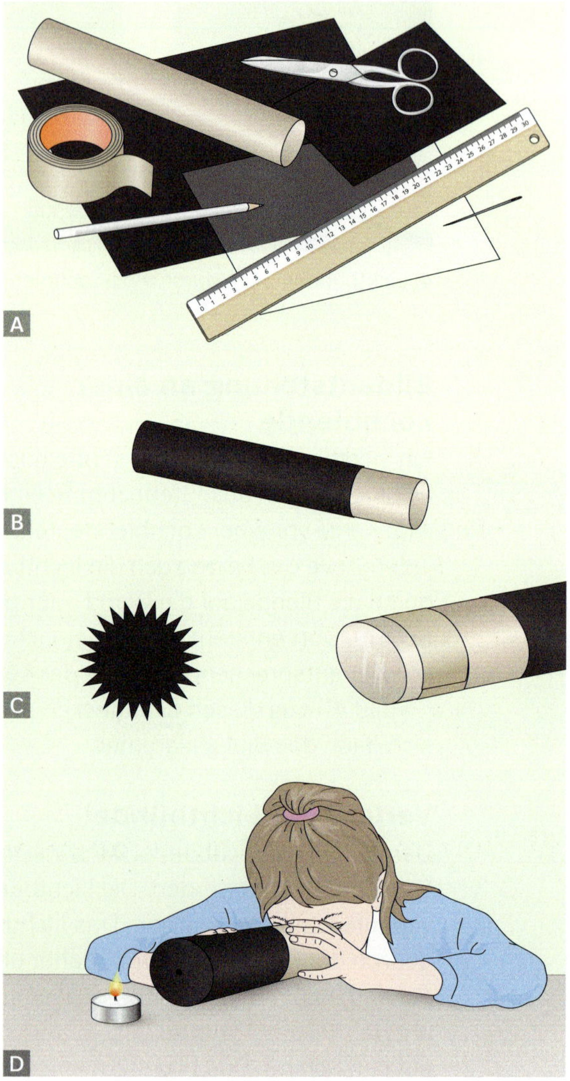

1 Vom Material zur fertigen Lochkamera

1. Betrachte mit der Lochkamera deine Umgebung.
2. Betrachte immer aus der selben Entfernung einen hellen Gegenstand. Verändere die Länge der Kamera durch Zusammenschieben und Auseinanderziehen der Röhren. Beschreibe, wie sich das Bild auf der Mattscheibe verändert.
3. Beschreibe, wie sich das Bild auf der Mattscheibe ändert, wenn du mit der Kamera näher an den beobachteten Gegenstand heran gehst und dich wieder entfernst.

FORSCHEN UND ENTDECKEN

B Verschiedene Lochblenden

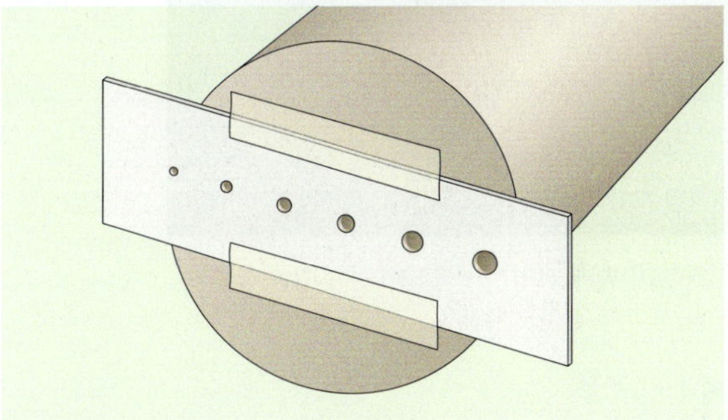

2 Camera Obscura mit veränderbarer Lochblende

Material: Camera obscura aus dem vorherigen Versuch, verschieden dicke Nähnadeln, Schere

Durchführung:

Schritt 1: Schneide einen rechteckigen Pappstreifen zurecht (→ Bild 2).

Schritt 2: Stich mit den verschiedenen Nadeln Löcher in den Streifen.

Schritt 3: Vergrößere das Loch in der Blende der Kamera so, dass es etwas größer ist als das größte Loch deiner Nadel.

Schritt 4: Halte den Lochstreifen so vor die Blende deiner Lochkamera, dass Licht durch eines der Löcher auf die Mattscheibe fallen kann.

Schritt 5: Betrachte einen hellen Gegenstand durch die verschieden großen Löcher.

Schritt 6: Wiederhole Schritt 4 und 5 mit den anderen Löchern in dem Lochblenden.

1 Erkläre, wie sich das Bild in Abhängigkeit von der Größe der Lochblende verändert.

ÜBEN UND ANWENDEN

A Zeichnen durch eine Lochblende

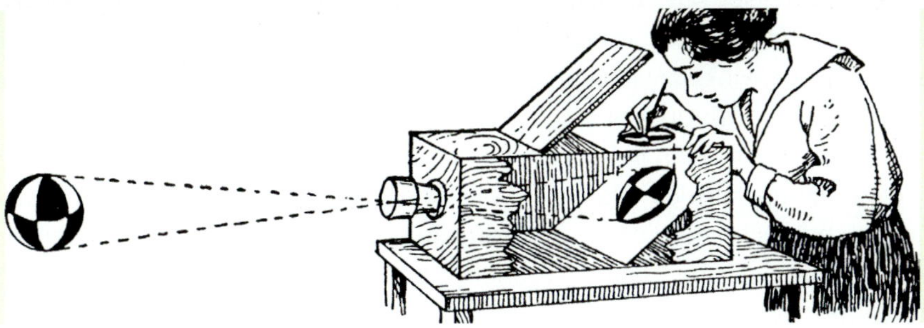

3 Camera obscura mit Spiegel

Die Camera obscura, die früher von Zeichnerinnen und Zeichnern verwendet wurde, hatte eine Lochblende und oft auch einen Spiegel (→ Bild 3). Damit konnten Dinge gespiegelt und auf eine Mattscheibe zum Nachzeichnen abgebildet werden.

1 Erstelle eine Skizze wie in Bild 3 und zeichne den Verlauf der Lichtbündel von einem Punkt am Gegenstand zum Spiegel und vom Spiegel zur Mattscheibe ein.

2 Vergleiche die Eigenschaften von dem Bild auf der Mattscheibe mit den Eigenschaften des Bildes, das nur von einer Lochblende erzeugt wird.

1 Lichtbrechung an einer Grenzfläche

2 Lichtweg durch Luft – Wasser – Luft

Lichtbrechung und Linsen

Licht verändert seine Richtung

Betrachtest du ein Glas mit Wasser, in dem ein Trinkhalm steht, so sieht es so aus, als ob der Trinkhalm einen Knick hätte (→ Bild 1). Das Wasser ist duchsichtig, das Licht breitet sich darin ähnlich aus wie in Luft. Werden Lichtbündel sichtbar gemacht, kannst du beobachten, dass sie beim Übergang zwischen Wasser und Luft abknicken (→ Bild 2). Das wird als **Brechung** bezeichnet.

Für die Beschreibung der Brechung des Lichtes werden die Winkel zwischen Lichtbündel und Lot gemessen. Der Winkel zwischen einfallendem Lichtbündel und Lot ist der **Einfallswinkel.** Der Winkel zwischen dem Lot und gebrochenem Lichtbündel heißt **Brechungswinkel.** Bei großen Einfallswinkeln ist die Brechung stärker, als wenn das Licht fast senkrecht auf die Grenzfläche fällt. Bei der Lichtbrechung wird immer ein Teil des Lichts reflektiert.

Zum Lot hin oder vom Lot weg

Beim Übergang des Lichtes von Luft in Wasser ist der Einfallswinkel größer als der Brechungswinkel. Das Licht wird **zum Lot hin** gebrochen. Beim Übergang von Wasser in Luft ist der Einfallswinkel kleiner als der Brechungswinkel. Das Licht wird **vom Lot weg** gebrochen.

Optisch dicht und dünn

Wasser, Glas oder Luft werden auch Medien genannt. Das Medium, in dem der **kleinere Winkel** liegt, wird als optisch dichter bezeichnet. Das Medium, in dem der **größere Winkel** liegt, wird **optisch dünner** genannt. Wasser ist also optisch dichter als Luft.

Totalreflexion

Etwas Besonderes kannst du beobachten, wenn Licht aus einem optisch dichteren Medium auf die Grenzfläche zu einem optisch dünneren fällt. Wird der Einfallswinkel größer, nimmt der Anteil des reflektierten Lichtes zu. Das gebrochene Lichtbündel verläuft immer flacher an der Grenzfläche, bis es ab einem bestimmten Einfallswinkel vollständig reflektiert wird (→ Bild 3). **Totalreflexion** wird zum Beispiel bei Glasfaserkabeln genutzt. Dort werden Informationen durch Lichtsignale übertragen.

3 Totalreflexion bei großen Einfallswinkeln

Brechung durch Sammellinsen

Hältst du eine Lupe bei Sonnenlicht in einem bestimmten Abstand über Holz, siehst du zunächst einen kleinen, sehr hellen Lichtfleck. Die Stelle wird heiß (→ Bild 4). Leicht brennbares Material lässt sich mit einem solchen Brennglas entzünden. Eine Lupe kann Licht an einer Stelle sammeln. Sie ist eine **Sammellinse.** Der kleinste erzeugte Lichtfleck entsteht im **Brennpunkt F.** Der Abstand der Sammellinse zum Brennpunkt ist die **Brennweite f** (→ Bild 5). Eine Sammellinse ist in der Mitte dicker als am Rand. Sie ist also gewölbt. Die Brennweite hängt von der Wölbung der Linse ab. Je größer die Wölbung der Linse, desto kleiner ist die Brennweite.

4 Sammellinse als Brennglas

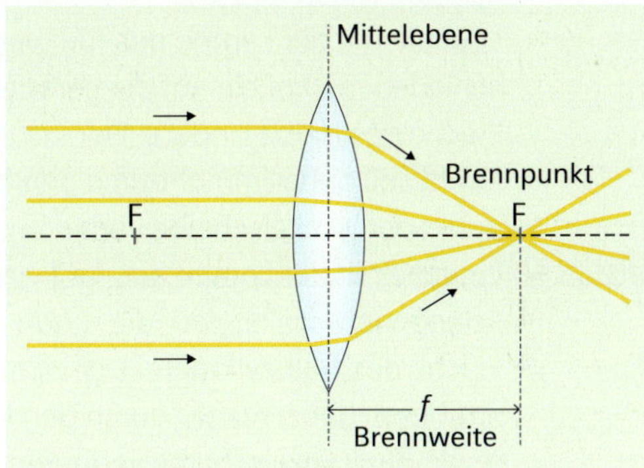

5 Lichtweg durch eine Sammellinse

Brechung durch Zerstreuungslinsen

Eine **Zerstreuungslinse** ist im Gegensatz zur Sammellinse am Rand dick und innen dünn. Dadurch laufen Lichtbündel nach der Lichtbrechung auseinander. Verlängerst du die gestreuten Lichtbündel geradlinig zurück vor die Linse, scheinen sie von einem Punkt auszugehen. Dies ist der **scheinbare Brennpunkt F** (→ Bild 6). Die Brennweite f ist auch hier der Abstand zum Brennpunkt. Brennweite und Brennpunkt werden mit negativen Werten angegeben, da sie vor der Linse liegen. Zerstreuungslinsen werden hauptsächlich bei Brillen verwendet, aber auch beispielsweise in manchen Fernrohren, LEDs und Fotoapparaten.

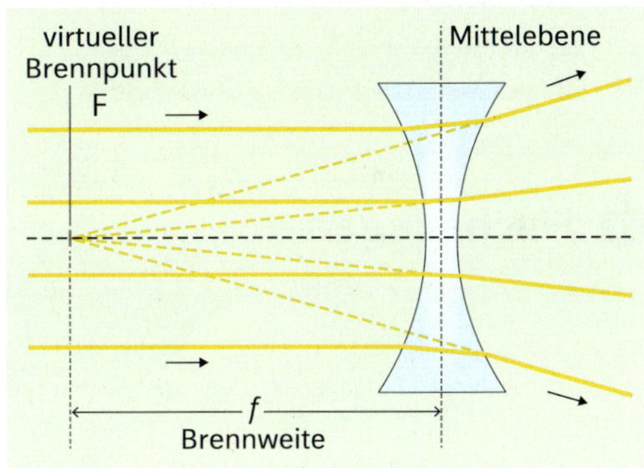

6 Lichtweg durch eine Zerstreuungslinse

1. Beschreibe, wie sich der Weg des Lichtes ändert, wenn das Lichtbündel von Luft in Wasser übergeht.
2. Erläutere, warum Sammellinsen auch Brenngläser genannt werden.
3. Erkläre, wie du die Brennweite einer Sammellinse mithilfe von Sonnenlicht bestimmen kannst.
4. Formuliere Sätze, in denen du die beiden Linsentypen gegenüber stellst.
5. Beschreibe, unter welcher Bedingung Totalreflexion entsteht.

Starthilfe zu 4:
Eine Sammellinse ... parallele...
... hat einen Brennpunkt, die ...linse ...
Eine Sammellinse ist in der Mitte...

»

FORSCHEN UND ENTDECKEN

A Lichtbrechung und Einfallswinkel

Material: Halbzylinder aus Glas, Experimentierleuchte mit Schlitzblende, Winkelscheibe

Durchführung:

Schritt 1: Lege den Halbzylinder auf die Winkelscheibe wie in Bild 1.

Schritt 2: Leuchte mit der Lampe aus fünf verschiedenen Winkeln auf die gerade Fläche des Halbzylinders. Der Lichtstrahl soll dabei immer durch den Mittelpunkt der Winkelscheibe verlaufen.

Schritt 3: Leuchte mit der Lampe aus fünf verschiedenen Winkeln auf die runde Fläche des Halbzylinders. Der Lichtstrahl soll dabei immer durch den Mittelpunkt der Winkelscheibe verlaufen.

1 Halbzylinder auf einer Winkelscheibe

1 **a)** Erstelle jeweils eine Tabelle mit den Einfallswinkeln und den zugehörigen Brechungswinkeln aus Schritt 2 und 3.
b) Erkläre den Unterschied zwischen den Werten in den beiden Tabellen mit der unterschiedlichen optischen Dichte.

2 Beschreibe den Zusammenhang zwischen Einfallswinkel und Brechungswinkel.

ÜBEN UND ANWENDEN

A Fische jagen

2 Ein Fischreiher erbeutet einen Fisch.

3 Versuchsaufbau

Manche Vögel wie der Fischreiher jagen Fische. Auch Menschen jagen Fische mit Speeren. Dazu gehört sehr viel Erfahrung. Ein Fisch befindet sich im Wasser nämlich gar nicht dort, wo er zu sein scheint. Unser Gehirn denkt immer, dass Lichtbündel sich nur geradlinig fortsetzen. Bild 3 zeigt einen Versuch, der diese Situation nachstellt.

1 Zeichne eine Skizze von Bild 3 und zeichne darin den Weg des Lichtes von der Münze zu deinem Auge, mit dem du am oberen Ende durch das Rohr schaust.

2 **a)** Beurteile, ob du die Münze mit der Einstellung auf dem Bild treffen kannst.
b) Beschreibe und begründe, wie du die Einstellung eventuell ändern musst, um die Münze zu treffen.

FORSCHEN UND ENTDECKEN

A Brennpunkt und Brennweite

Material: zwei verschiedene Sammellinsen, Knete, Lampe, Millimeterpapier, Maßstab

Durchführung:
Schritt 1: Klebe das Milimeterpapier an eine Wand.
Schritt 2: Leuchte mit der Lampe auf die Wand.
Schritt 3: Stelle eine Linse parallel zur Wand in das Lichtbündel der Lampe. Die Knete kann helfen, die Linse zu halten.
Schritt 4: Miss den Durchmesser des hellen Lichtflecks, den Durchmesser des Schattens und den Abstand der Linse zur Wand.
Schritt 5: Verändere den Abstand der Linse zur Wand und wiederhole Schritt 3.
Schritt 6: Wiederhole Schritt 4 dreimal. Wähle den Wandabstand der Linse so, dass ein möglichst kleiner Lichtfleck entsteht.
Schritt 7: Wiederhole Schritt 2 - 5 mit der anderen Linse.

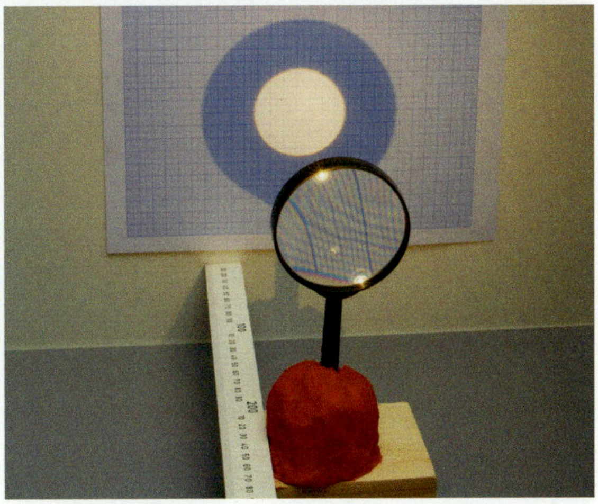

4 Sammellinse vor einem Milimeterpapier

1. Nenne die Brennweiten der beiden Linsen.
2. Erstelle eine Tabelle, in der du jeweils den Abstand zur Wand, die Größe des Lichtflecks und die des Schattens einträgst.
3. Beschreibe deine Beobachtungen.

B Papier entzünden

Mit einer Sammellinse kannst du bei Sonnenschein Papier entzünden.

Material: Sammellinse (Brennweite +50 mm), zum Beispiel eine Leselupe, Papier oder anderes leicht entzündbares Material, feuerfeste Unterlage

Durchführung:
Schritt 1: Halte eine Sammellinse so, dass die Lichtstrahlen der Sonne senkrecht darauf fallen.
Schritt 2: Lege ein Stück Papier auf die andere Seite der Linse auf eine feuerfeste Unterlage und verändere den Abstand zur Linse, bis der helle Lichtfleck ganz klein wird.

5 Versuchsanordnung

1. Beschreibe deine Beobachtungen.
2. Wenn im Sommer im trockenen Gras Glasscherben liegen und die Sonne darauf scheint, kann dies nicht nur für deine Füße gefährlich werden. Erkläre, was mit dem Gras passieren kann.

1 Original auf einem Monitor und Bild durch eine Linse auf einem Schirm

Linsen erzeugen Bilder

Bildentstehung durch eine Lupe

Schaust du durch eine Lupe auf das Display eines Smartphones, dann siehst du die Einzelheiten dort vergrößert. Das Bild ist aufrecht und seitenrichtig.
Vergrößerst du den Abstand zwischen der Linse und dem Display, verschwindet das Bild. Dies ist der Fall, wenn der Abstand so groß wie die Brennweite der Linse ist.
Vergrößerst du den Abstand weiter, kannst du das Bild wieder sehen. Es steht jetzt auf dem Kopf und ist seitenverkehrt. Dieses Bild kannst du auch auf einem weißen Blatt Papier auffangen (→ Bild 1). Bilder, die auf einem Schirm aufgefangen werden können, heißen **reelle Bilder**.

Gegenstandsweite und Bildweite

Die Eigenschaften von Bildern bei Sammellinsen wie bei einer Lupe hängen von den Abständen ab. Die Entfernung des Gegenstandes zur Linse wird die **Gegenstandsweite** genannt und wird mit g abgekürzt. Der Abstand von der Linse zum Bild heißt **Bildweite** und wird mit b abgekürzt.

Lichtbündel beobachten – Lichtstrahlen zeichnen

Du hast den Verlauf von Lichtbündeln bei der Lichtbrechung bereits beobachtet. Um zu verstehen, wie die Bilder durch die Linsen entstehen, helfen Zeichnungen. Zur Vereinfachung wird von einem Lichtbündel nur eine dünne Linie, ein **Lichtstrahl,** gezeichnet.
Für drei Lichtstrahlen lässt sich der Lichtweg besonders leicht zeichnen. Ein parallel zur optischen Achse einfallender Lichtstrahl geht nach der Brechung durch den Brennpunkt der Linse (→ Bild 2). Dieser Strahl heißt **achsenparalleler Strahl.**
Umgekehrt verläuft der **Brennpunktstrahl.** Er verläuft vor der Brechung durch den Brennpunkt und geht nach der Brechung parallel zur optischen Achse weiter. Licht, das durch den Mittelpunkt der Linse verläuft, wird nicht gebrochen. Dieser Strahl heißt **Mittelpunktstrahl**. Vereinfacht wird die Brechung bei dünnen Linsen an der Mittelebene der Linse gezeichnet, obwohl das Licht an beiden Grenzflächen gebrochen wird.

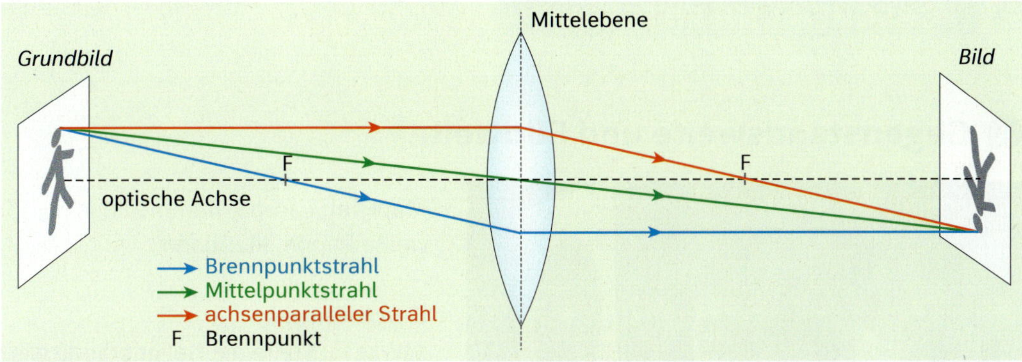

2 Bildkonstruktion mithilfe ausgezeichneter Lichtstrahlen

Konstruktion der Bildpunkte

Von jedem Punkt eines Gegenstandes geht Licht in alle Richtungen aus. Das Lichtbündel, das durch die Sammellinse läuft, wird gebrochen.
Wo sich das Licht hinter der Linse in einem Punkt trifft, entsteht der scharfe Bildpunkt. Um die Bildpunkte zeichnerisch zu konstruieren, benötigst du nur zwei der ausgezeichneten Lichtstrahlen. Der dritte Strahl kann zur Kontrolle der Zeichnung dienen.

3 Zerstreuungslinse in einem Türspion

Bilder an Zerstreuungslinsen

Die Bildentstehung an einer Zerstreuungslinse verläuft anders als an einer Sammellinse. Wenn Lichtbündel auf eine Zerstreuungslinse treffen, laufen sie hinter der Linse „auseinander“. In Abhängigkeit von der Entfernung des Gegenstandes von der Linse sowie von ihrer Brennweite entstehen unterschiedlich große Bilder. Alle Bilder sind aber höhenrichtig und seitenrichtig (→ Bild 4).

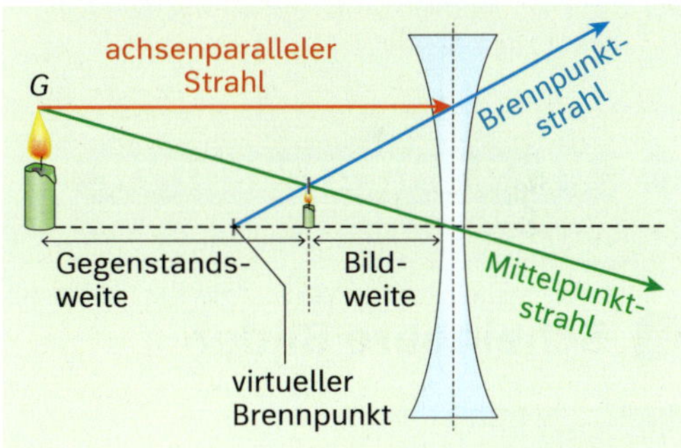

4 Bildkonstruktion an einer Zerstreuungslinse

1. Beschreibe die Veränderung des Bildes, das du durch eine Lupe siehst, wenn du mit der Lupe zuerst nahe an einem Gegenstand bist und die Lupe dann weiter von dem Gegenstand entfernst.

2. Nenne die drei Hauptstrahlen zur Beschreibung der Bildentstehung durch Linsen. Beschreibe jeweils den Verlauf dieser Strahlen vor und nach der Brechung an einer Sammellinse.

Starthilfe zu 2:
Der ...stahl verläuft ... und nach der Brechung ...

3. I Stelle die Begriffe Bildweite und Gegenstandsweite zeichnerisch dar.

4. II a) Beschreibe das Bild, das an einer Zerstreuungslinse entsteht.
   II b) Nenne den Ort, an dem das Bild entsteht.

»

FORSCHEN UND ENTDECKEN

A Gegenstandsweite und Bildweite

1 Versuchsaufbau

g in cm	b in cm	Bild-eigenschaften	Bildgröße in cm
10	...	...	...
20	...	...	...
25	...	...	...

2 Wertetabelle

Material: Lampe, Sammellinse (f = 20 – 30 cm), weiße Pappe, Maßband

Durchführung:

Schritt 1: Stelle die Gegenstände wie in Bild 1 auf. Erzeuge jeweils ein möglichst scharfes Bild.

Schritt 2: Erstelle eine Tabelle wie in Bild 2.

Schritt 3: Variiere die Gegenstandsweite wie in der Tabelle vorgegeben und trage deine Beobachtungen in der Tabelle ein.

1 Beschreibe den Zusammenhang zwischen der Bildweite b und der Brennweite f, wenn der Gegenstand doppelt so weit von der Linse entfernt ist wie die Brennweite.

2 Vergleiche die Bildgröße mit der Gegenstandsgröße und formuliere einen „je..., desto...“-Satz.

ÜBEN UND ANWENDEN

A Scheinbare Bilder

3 Blick durch eine Lupe auf das scheinbare Bild

Sammellinsen können auch scheinbare Bilder erzeugen, die nicht auf einem Schirm aufgefangen werden können.

1 Ein Gegenstand ist 2 cm groß und er steht 3 cm vor der Mittelebene einer Linse.
a) Konstruiere das Bild des Gegenstandes vor einer Sammellinse mit einer Brennweite von f = 8 cm.
b) Beschrifte in deiner Zeichnung Brennweite, Bildweite und Gegenstandsweite mit den Abkürzungen.

2 Konstruiere das Bild des Gegenstandes an einer Zerstreuungslinse mit einer Brennweite von f = –8 cm.

IM ALLTAG

Linsenkombinationen in optischen Geräten

Beamer

In einem Beamer sind verschiedene Linsensysteme eingebaut, um das Licht umzuleiten und ein scharfes Bild auf eine Wand zu projizieren. Linsen bündeln das Licht der Lampe und verteilen es anschließend wieder. Die Projektionsoptik bringt das kleine Bild auf eine große Leinwand. Eine Sammellinse ist mit einer Zerstreuungslinse kombiniert, um eine kurze Bauform zu ermöglichen. Weitere Linsenkombinationen korrigieren Farbfehler und Abbildungsfehler.

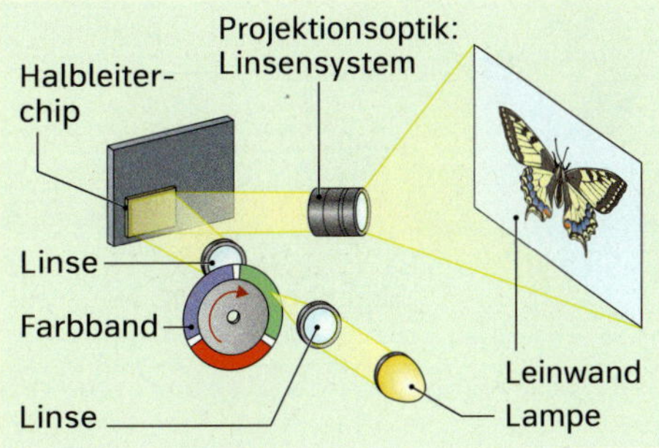

4 Aufbau eines Beamers

5 Selbst gebautes Fernrohr

Fernrohre

Durch Fernrohre siehst du weit entfernte Gegenstände vergrößert, aber umgekehrt. In einem astronomischen Fernrohr erzeugt eine Sammellinse mit großer Brennweite ein Zwischenbild. Dieses Bild wird dann durch eine zweite Sammellinse mit kleiner Brennweite betrachtet. Dieses Okular vergrößert das Bild. Ein galileisches Fernrohr eignet sich für Beobachtungen auf der Erde. Das Okular ist hier eine Zerstreuungslinse. Das Bild erscheint aufrecht, wird aber weniger vergrößert als beim astromonischen Fernrohr.

Mikroskop

Mit einem Mikroskop kannst du sehr kleine Objekte vergrößert betrachten. In einem Mikroskop befinden sich zwei Sammellinsen mit kleinen Brennweiten. Die erste Linse im Objektiv erzeugt im Tubus ein vergrößertes Zwischenbild. Die Linse im Okular vergrößert dieses Bild noch einmal. Der Tubus oder der Objekttisch können bewegt werden. Dadurch ändert sich die Gegenstandsweite und das Bild kann scharf gestellt werden.

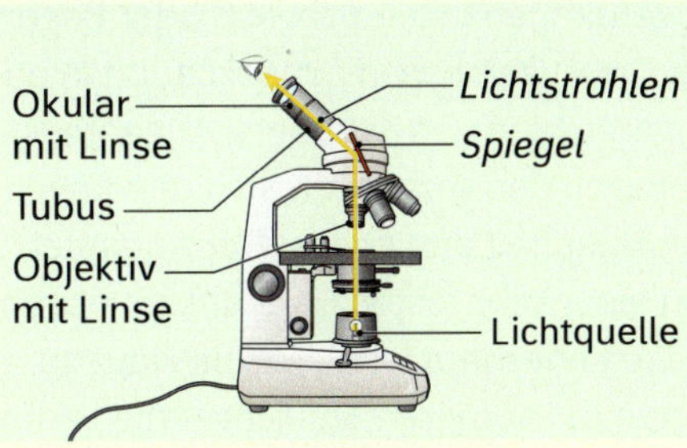

6 Aufbau eines Mikroskops

1. Erkläre die Aufgabe der Projektionsoptik in einem Beamer.
2. Nenne den Fachbegriff für den Vorgang, wenn bei einem Mikroskop der Tubus bewegt wird.
3. Du möchtest Tiere beobachten. Entscheide, welcher Typ von Fernglas dafür geeignet ist und begründe deine Wahl.
4. Nenne drei weitere Gegenstände aus dem Alltag, in denen Linsensysteme vorhanden sind.

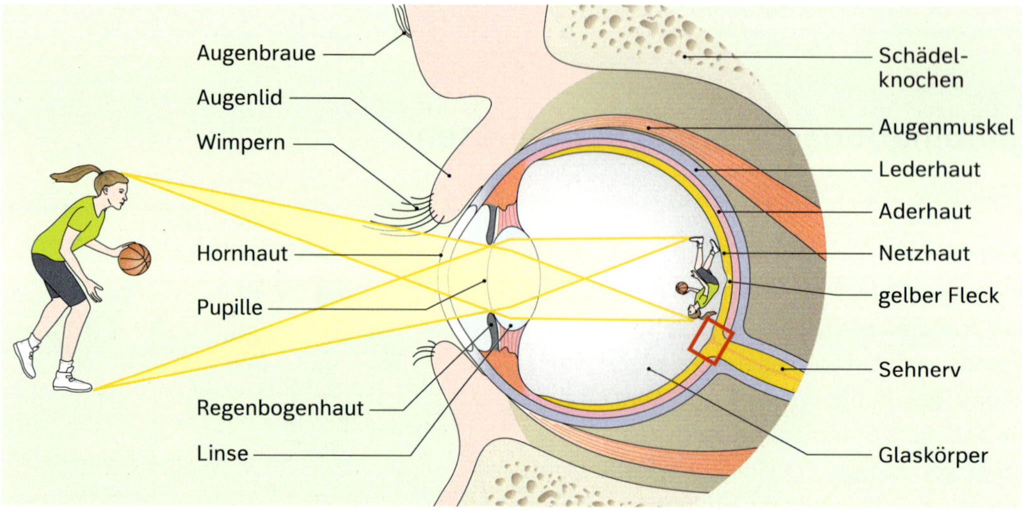

1 Aufbau des Auges und Bildentstehung im Auge

Das menschliche Auge

Unser Sehsinn

Mit den Augen orientieren und verständigen wir uns. Wir sehen unsere Umgebung bewegt, farbig und dreidimensional. Der Aufbau der Augen ermöglicht diese Funktionen.

Schutz und Versorgung

Die Augenlider mit den Wimpern schützen die Augen gegen Staub und Insekten. Die Augenbrauen leiten Schweiß oder Regen ab. Die Augen liegen gut geschützt in den Augenhöhlen des Schädels. Augenmuskeln bewegen den **Augapfel**, also den kugeligen Hauptteil des Auges. Der Augapfel ist von einer sehr festen Haut umschlossen. Diese **Lederhaut** ist als weiße Haut zu sehen. Im vorderen Bereich ist die Lederhaut durchsichtig und bildet die **Hornhaut.** Unter der Lederhaut liegt die gut durchblutete **Aderhaut.** Sie versorgt das Auge mit Sauerstoff und Nährstoffen.
Unsere „Augenfarbe" ergibt sich aus der blau, braun oder grün schillernden Farbe der Regenbogenhaut, auch **Iris** genannt. Die Iris begrenzt die Lichtmenge, die durch die **Pupille** ins Innere des Auges fällt.

Hell-Dunkel-Anpassung

Wenn es hell ist und das Auge sich gegen zu viel Licht schützen muss, zieht sich die Iris zusammen. Die Pupille wird kleiner und lässt nur wenig Licht ins Auge.
Im Dunklen entspannt sich die Iris. Durch die große Pupille fällt nun noch genügend Licht zum Sehen ins Auge. Diese **Hell-Dunkel-Anpassung** heißt auch **Adaptation.**

Der Weg des Lichtes

Aus der Luft fällt das Licht zuerst durch die feste, durchsichtige Hornhaut. Dabei wird das Licht zum ersten Mal gebrochen. Es gelangt dann durch die Pupille ins Innere des Auges. An der **Augenlinse** findet eine weitere Lichtbrechung statt. Diese durchsichtige Linse ist elastisch. Sie kann mehr oder weniger stark gewölbt sein, sodass die Stärke der Lichtbrechung reguliert werden kann.
Das Innere des Auges ist vom **Glaskörper** gefüllt. Diese weiche Masse ist glasklar und lässt das Licht bis zum Augenhintergrund durchgehen. Dort entsteht das Bild auf der **Netzhaut,** auch **Retina** genannt.

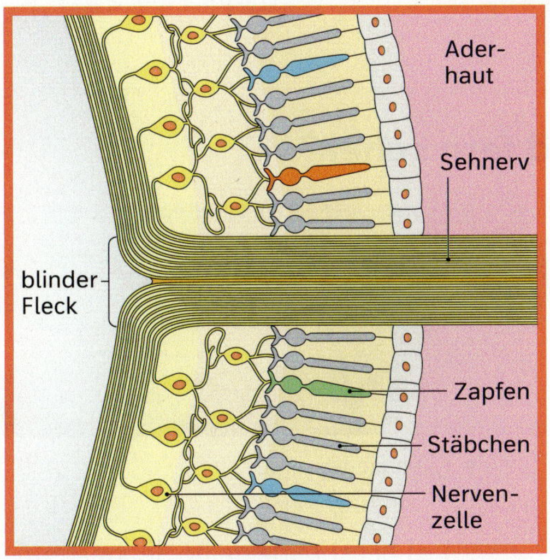

2 Aufbau der Netzhaut (Retina)

Immer ein scharfes Bild

Das Bild auf der Netzhaut entsteht wie die Bilder durch andere Sammellinsen. Es ist umgekehrt und verkleinert. Passen die Entfernung des Gegenstandes, die Brechkraft der Augenlinse und die Entfernung zur Netzhaut, so entsteht ein scharfes Bild. Dann treffen sich die Lichtbündel, die von einem Punkt des Gegenstandes ausgehen, nach der Lichtbrechung in einem Bildpunkt. Treffen die Lichtbündel dagegen auf einen größeren Fleck, ist das Bild unscharf. Damit ein scharfes Bild auch von unterschiedlich weit entfernten Gegenständen erzeugt werden kann, wird die Linsenwölbung angepasst. Daran arbeiten ein Ringmuskel und Linsenbänder mit. Die **Nah- und Fernanpassung** beim Sehen heißt **Akkommodation.**

Licht reizt Lichtsinneszellen

In der Netzhaut liegen Lichtsinneszellen. Fällt Licht darauf, so werden die Lichtsinneszellen gereizt und bilden elektrische Impulse. Diese Impulse werden auf Nervenzellen übertragen und über den Sehnerv ins Gehirn geleitet. Wo der Sehnerv die Netzhaut verlässt, befinden sich keine Lichtsinneszellen. Hier ist der **blinde Fleck.** Es gibt zwei Typen von Sehsinneszellen. Die schmalen **Stäbchen** befinden sich überwiegend im Randbereich der Netzhaut. Stäbchen sind auf das **Hell-Dunkel-Sehen** spezialisiert. Sie sind sehr lichtempfindlich, sodass wir auch in der Dämmerung noch sehen können. Das **Farbensehen** wird bei ausreichender Lichtmenge durch die **Zapfen** ermöglicht. Diese etwas dickeren Lichtsinneszellen liegen im Zentrum der Netzhaut. Besonders dicht liegen sie im **gelben Fleck,** dem Bereich des schärfsten Sehens. Es gibt drei Zapfentypen, die für blaues, grünes beziehungsweise rotes Licht besonders empfindlich sind.

Vom Auge ins Gehirn

Im Gehirn werden die elektrischen Signale verarbeitet. Die etwas unterschiedlichen Signale von beiden Augen werden zu einem dreidimensionalen Bild verrechnet, das uns aufrecht erscheint. Die Informationen werden auch mit bereits Gelerntem verglichen und bewertet. So entsteht im Gehirn eine **Wahrnehmung** wie „die Ballspielerin bewegt sich schnell".

1 Erstelle für alle in Bild 1 und 2 aufgeführten Begriffe eine Tabelle zu Bau und Funktion der Bestandteile des Auges.

Starthilfe zu 1:

Begriff	Bau	Funktion
Hornhaut	feste durchsichtige Haut	Schutz, Lichtleitung
...		

2 Beschreibe die Funktion und die Lage der verschiedenen Sehsinneszellen.

3 Erkläre, warum eine Akkommodation nötig ist und wie sie erreicht wird.

4 Beschreibe verschiedene Schutzeinrichtungen des Auges.

5 **a)** Stelle den Weg des Lichtes im Auge durch ein Flussdiagramm dar.
b) Erkläre, warum es falsch wäre zu sagen: „Der Sehnerv leitet das Bild ins Gehirn".

FORSCHEN UND ENTDECKEN

A Kann ich gleichzeitig nah und fern sehen?

Material: zwei Bücher oder Hefte

Durchführung:

Schritt 1: Halte ein aufgeschlagenes Buch mit ausgestrecktem Arm, das andere daneben mit der anderen Hand in etwa 30 cm Entfernung.

Schritt 2: Lies abwechselnd in beiden Büchern. Prüfe, ob du die Schrift auch gleichzeitig in beiden Büchern scharf sehen kannst.

1 Gleichzeitig scharf?

1 **a)** Beschreibe deine Beobachtungen.
b) Beantworte die Fragestellung des Experiments und formuliere eine Aussage zur Akkommodation.

B Wie nah kann ich noch scharf sehen?

Material: Lineal, Stift

Durchführung:

Schritt 1: Setze wie in Bild 2 das Lineal auf die Wange und führe einen Stift langsam an das Auge heran, bis du die Spitze gerade nicht mehr scharf erkennst. Diese Stelle heißt Nahpunkt.

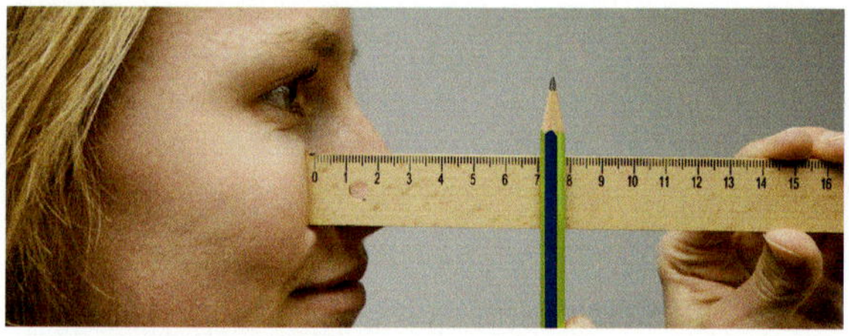

2 Abstand des Nahpunktes messen

1 **a)** Notiere den Abstand deines Nahpunkts.
b) Vergleiche deinen Nahpunkt mit denen deiner Mitschülerinnen und Mitschüler.

C Welche Linsenstärke für Nahsicht und welche für Fernsicht?

Material: verschieden starke Sammellinsen, Teelicht oder Kerze, weißer Schirm

Durchführung:

Schritt 1: Stelle ein Teelicht, eine Sammellinse mittlerer Wölbung (Stärke) und den Schirm so auf, dass ein möglichst scharfes Bild der Flamme entsteht.

Schritt 2: Lass den Abstand zwischen Linse und Schirm gleich. Tausche die Linse gegen eine andere aus und verschiebe das Teelicht, bis das Bild wieder scharf ist.

3 Welche Sammellinse passt besser?

1 Formuliere als Versuchsergebnis: Je weiter weg ..., desto ... gewölbt muss die Linse sein.

2 Vergleiche den Modellversuch mit der Nah- und Fernanpassung beim Auge.

ÜBEN UND ANWENDEN

A Nah- und Fernanpassung – die Akkommodation

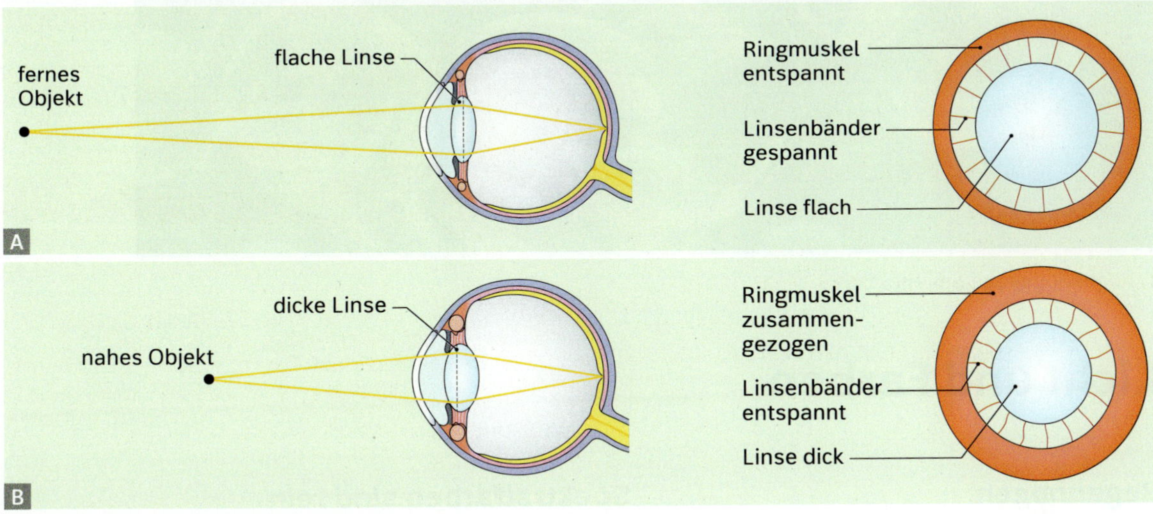

4 Akkommodation: **A** Fernsicht, **B** Nahsicht

Die Augenlinse ist ringsum an Linsenbändern aufgehängt, die mit einem Ringmuskel verbunden sind. Im Inneren des Auges herrscht Druck. Dieser Druck gibt dem Auge die kugelige Form. Er sorgt auch dafür, dass die Linsenbänder im ruhigen Zustand straff gespannt sind. Sie ziehen dann die Augenlinse etwas flach. So ist die Augenlinse bei Entspannung auf Fernsicht eingestellt.

Wenn wir nahe Dinge genauer erkennen wollen, zieht sich der Ringmuskel zusammen. Er wird dabei dicker und der Kreis in der Mitte wird kleiner. Die Linsenbänder lockern sich. Die elastische Augenlinse kugelt sie sich dann leicht ab. Sie wölbt sich mehr und hat eine höhere Brechkraft. So entsteht das scharfe Bild weiterhin auf der Netzhaut, obwohl der Gegenstand näher an der Linse ist.

1 Erstelle für die Fernsicht und die Nahsicht jeweils eine Tabelle, in die du die Zustände und Wirkungen der beteiligten Augenbestandteile einträgst.

Starthilfe zu 1:
Bei Fernsicht

Bestandteil	Zustand	Wirkung
Augapfel	unter Druck	zieht Linsenbänder straff
Ringmuskel	entspannt	
		geringe Brechkraft

2 Erkläre, warum die Augen nach längerem Lesen ermüden.

3 **III** Bild 2 zeigt einen Luftballon, der mehr oder weniger auseinander gezogen wird. Analysiere ihn als Modell der Augenlinse bei der Akkommodation. Was entspricht sich in Modell und Realität? Was zeigt das Modell schön? Wo liegen seine Grenzen?

5 Luftballon als Linsenmodell

«

1 Regenbogen auf Seifenblasen

Licht und Farben

Regenbogen

Die Farben eines Regenbogens bringen uns immer wieder zum Staunen. Dieselbe Abfolge von Farben beobachten wir aber auch an einem Springbrunnen, an Seifenblasen oder an einer DVD im Sonnenlicht. Das farblose, oft auch als „weiß“ bezeichnete Sonnenlicht enthält offenbar viele Farben.

Weißes Licht zerlegen

Weißes Licht lässt sich auch mithilfe eines Prismas aus Glas oder Quarz in die „Regenbogenfarben“ zerlegen (→ Bild 2). Sie werden **Spektralfarben** genannt und die Abfolge der Farben ist das **Spektrum.** Im Spektrum beobachten wir Rot, Orange, Gelb, Grün, Blau und Violett. Dazwischen sind fließende Übergänge.

Spektralfarben sind rein

Wenn Licht einer Spektralfarbe noch einmal durch ein Prisma geschickt wird, lässt es sich nicht mehr in weitere Farben auftrennen. Spektralfarben sind reine Farben.
Licht einer bestimmten Spektralfarbe wird an Glaskörpern oder Wassertropfen in ganz bestimmter Weise gebrochen. Blau wird zum Beispiel stärker gebrochen als Rot.

Spektralfarben zu weiß addieren

Lässt man das Licht des Spektrums durch eine Sammellinse laufen, so bündelt die Linse das Licht wieder. Die Farben überlagern sich und bilden auf einem dahinter aufgestellten Bildschirm wieder einen hellen, weißen Fleck. Die Spektralfarben lassen sich zu Weiß addieren (→ Bild 4).

2 Versuchsaufbau zur Spektralzerlegung von weißem Licht

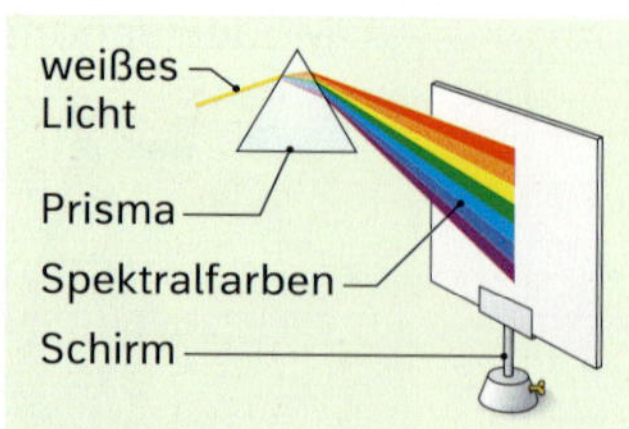

3 Schema zur Spektralzerlegung am Prisma

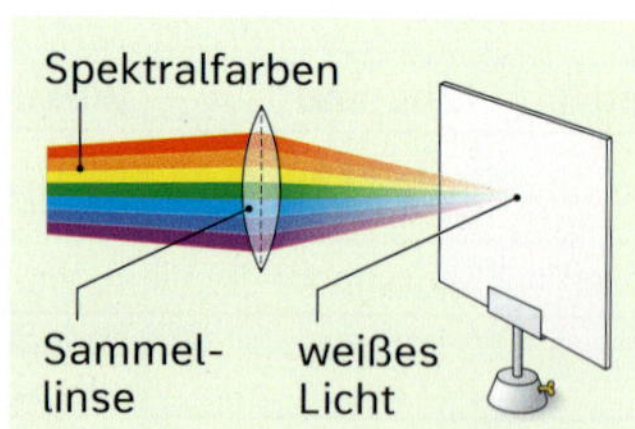

4 Spektralfarben überlagert zu weißem Licht

5 Additive Farbmischung

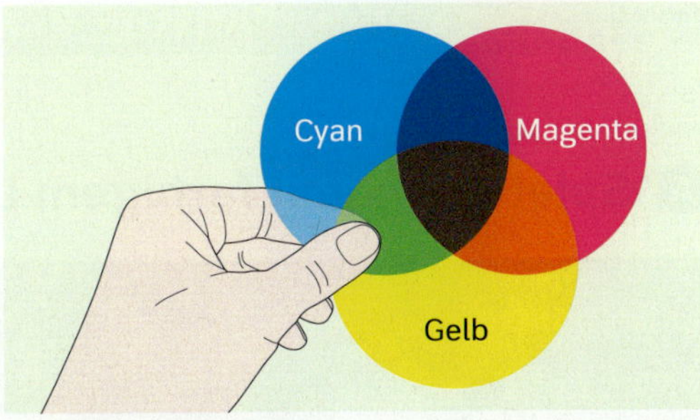

6 Subtraktive Farbmischung

Farbaddition

Erstaunlicherweise reichen schon drei Farben, um sie zu Weiß zu addieren. Wird ein Bildschirm gleichzeitig mit blauem, grünem und rotem Licht beleuchtet, ergibt sich ein weißer Lichtfleck.

Wird die eine oder andere Lampe etwas abgedunkelt oder deckt man die eine oder andere Farbe ab, lassen sich alle möglichen Mischfarben erzeugen. Bei der **Farbaddition** entstehen die Mischfarben aus der Überlagerung von Licht der drei Grundfarben.

Für die drei Grundfarben besitzt unser Auge die empfindlichen Zapfen. Und unser Gehirn errechnet aus den Signalen jede Mischfarbe.

Bei der additiven Farbmischung überlagert sich Licht verschiedener Farben. Die Grundfarben der additiven Farbmischung sind Blau, Grün und Rot.

Farbsubtraktion

Mischfarben entstehen auch, wenn Farbfilter übereinander gelegt werden (→ Bild 5). Jeder Farbstoff nimmt Licht auf. Er absorbiert Licht, wie es fachsprachlich heißt. Jeder zusätzliche Farbstoff entfernt weiteres Licht aus dem Spektrum. Bei der **Farbsubtraktion** aller Farben entsteht Schwarz. Schwarz bedeutet, dass kein Licht mehr vorhanden ist.

Du kennst diese Art der Farbmischung auch aus dem Kunstunterricht. Du mischst alle Farben aus den Grundfarben Blau, Rot und Gelb. Die Physiker nennen diese Farben Cyan (Blaugrün), Magenta (Rotviolett) und Yellow (Gelb).

Bei der subtraktiven Farbmischung wird Licht verschiedener Farben absorbiert. Die Grundfarben der subtraktiven Farbmischung sind Cyan, Magenta und Yellow.

1 **a)** Nenne Beispiele dafür, wo du in der Natur oder im Alltag Farbspektren beobachtest.
b) Nenne die Hauptspektralfarben in der Reihenfolge, wie sie tatsächlich auftreten. Betrachte den Regenbogen genau und begründe, warum du deine Aufzählung sowohl mit Rot als auch mit Blau beginnen kannst.

2 Stelle Unterschiede zwischen additiver und subtraktiver Farbmischung heraus.

Starthilfe zu 2:
Beachte: das Vorgehen, die Grundfarben, die Mischfarbe aus allen drei Grundfarben.

3 **I** Nutze Bild 3 und zeichne die Versuchsanordnung zur Lichtzerlegung in dein Heft und beschrifte die Zeichnung.

4 **III** Hunde besitzen zum Farbensehen nur zwei Zapfentypen, nämlich für Blau und für Rot. Wenn Hunde sprechen könnten: Welche Grundfarben der Farbaddition würden sie nennen? Begründe deine Vermutung.

»

FORSCHEN UND ENTDECKEN

A Spielereien mit farbigem Licht

1 Farb-Addition per Handy

2 Farbige Schatten

Material: mehrere Smartphones (mit RGB-App, kostenfrei); weiße Fläche

Durchführung:

Schritt 1: Stellt eure Handys so ein, dass eines einen roten, eines einen grünen und eines einen blauen Bildschirm zeigt. Strahlt das Licht der drei Handys auf dieselbe weiße Fläche.

Schritt 2: Verändert die Helligkeiten der einzelnen Handys und beobachtet die Farbwirkungen.

Schritt 3: Erzeugt farbige Schatten, indem ihr die Hände in das Licht der verschiedenen Handys haltet und diese Farbe damit wegnehmt.

1 **a)** Beschreibe deine Beobachtungen.
b) Erkläre deine Beobachtungen.

B Farbfilter nehmen Licht weg

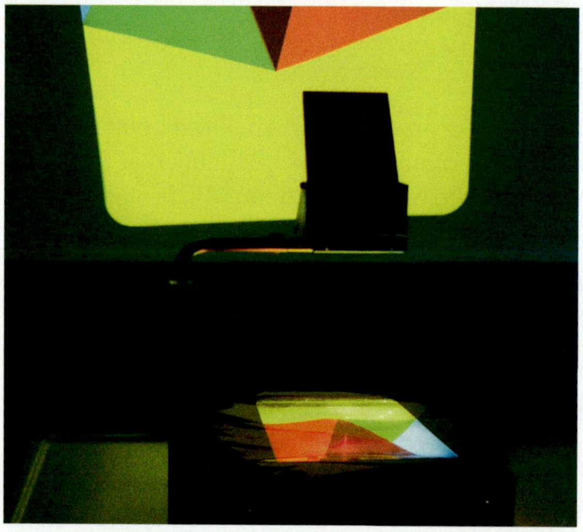

3 Subtraktive Farbmischung

Material: Farbfilter (Folien) für Blau, Gelb und Rot, Overhead-Projektor (oder Beamer)

Durchführung:

Schritt 1: Halte Farbfilter einzeln und auch übereinander in das Licht des Projektors. Erzeuge verschiedene Mischfarben.

1 **a)** Beschreibe deine Beobachtungen.
b) Erkläre deine Beobachtungen.

2 II **a)** Erkläre, warum die Mischfarben immer dunkler werden, je mehr Farben du mischst.
b) Erkläre, warum Weiß und Schwarz physikalisch gesehen eigentlich keine Farben sind.

ÜBEN UND ANWENDEN

A Farbsehschwächen

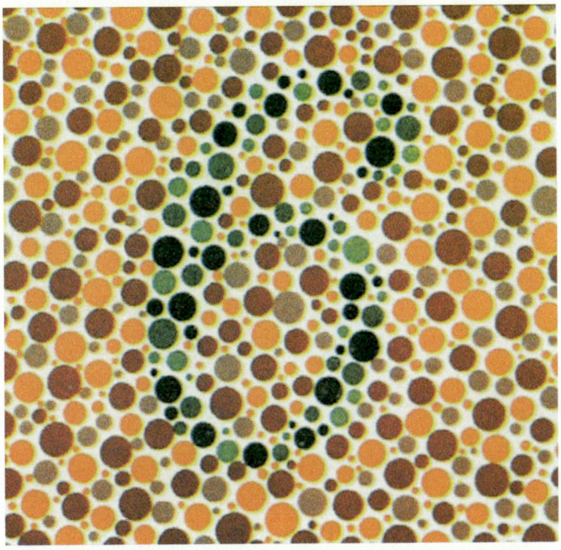

4 Farbsehtest

Manche Menschen haben eine Farbsehschwäche. Sie sind nicht farbenblind, aber sie können manche Farben nicht sicher unterscheiden. Am häufigsten ist die Rot-Grün-Sehschwäche. Dann liefern die Zapfen bei rotem oder grünem Licht keine unterschiedlichen Signale. Diese Sehschwäche ist erblich. Männer sind häufiger betroffen als Frauen.

1 **a)** Teste dich selbst: Gib an, was du in Bild 4 siehst?
b) Vergleicht die Ergebnisse in der Klasse.

2 Recherchiere im Internet weitere Farbsehtests. Erläutere verschiedene Arten von Farbsehschwächen.

B RGB-Farben und CMYK-Farben

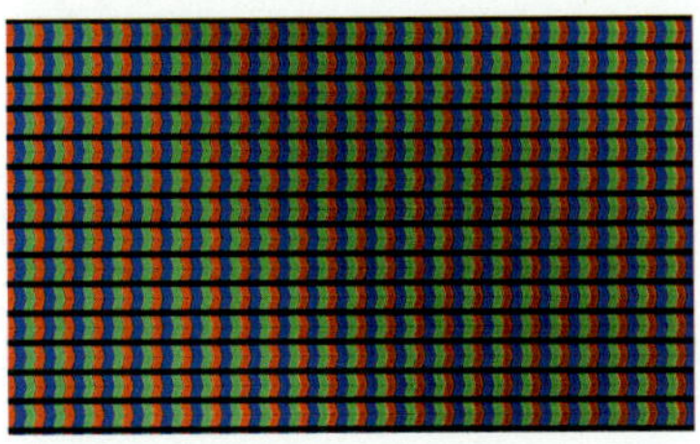

5 RGB-Farben am Monitor

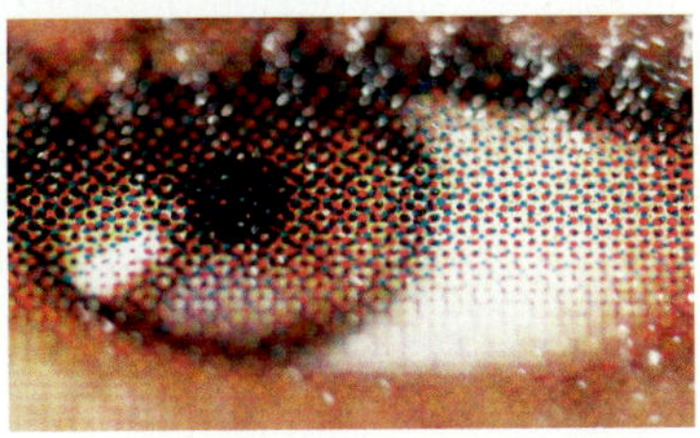

6 CMYK-Farben beim Drucken

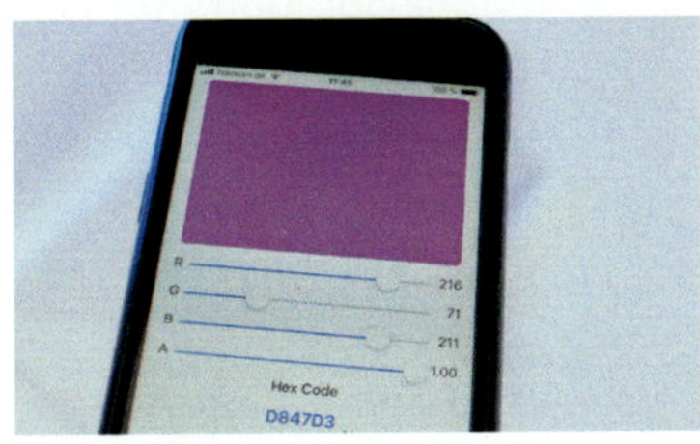

7 Farb-Apps

Farbige Bilder auf Monitoren von Fernsehern, Computern oder Handys setzen sich aus winzigen blauen, grünen und roten Leuchtelementen zusammen. Durch Farbaddition entstehen in diesem RGB-System alle Farben.
Anders werden farbige Bilder gedruckt. Im CMYK-System werden die vier Grundfarben Cyan, Magenta, Yellow und Black übereinander gedruckt. K steht für Key und meint die schwarze Grundtönung. Die farbigen Bilder entstehen durch Farbsubtraktion. Die Druckfarben absorbieren Licht bestimmter Farben, anderes reflektieren sie. Dies sehen wir dann.

1 **a)** Untersuche mit einer starken Lupe ein farbiges Bild einmal auf einem Computerbildschirm und einmal gedruckt in einer Zeitung.
b) Beschreibe, aus welchen Bildpunkten sich die Farbbilder zusammensetzen, und erkläre jeweils die Art der Farbmischung.

2 **II** **a)** Stelle mithilfe einer Handy-App, die es auch kostenlos gibt, verschiedene Mischfarben im RGB-System und im CMYK-System ein.
b) Farben werden digital codiert. Erkläre, warum es immer drei, beziehungsweise vier Zahlen sind, die für eine Farbe angegeben werden.

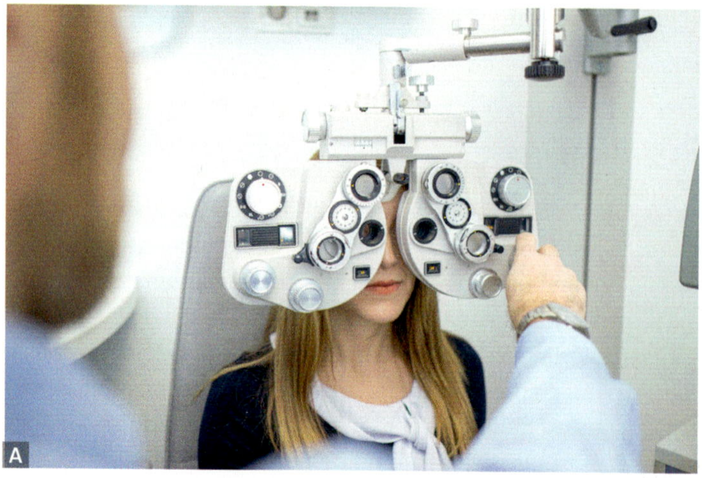

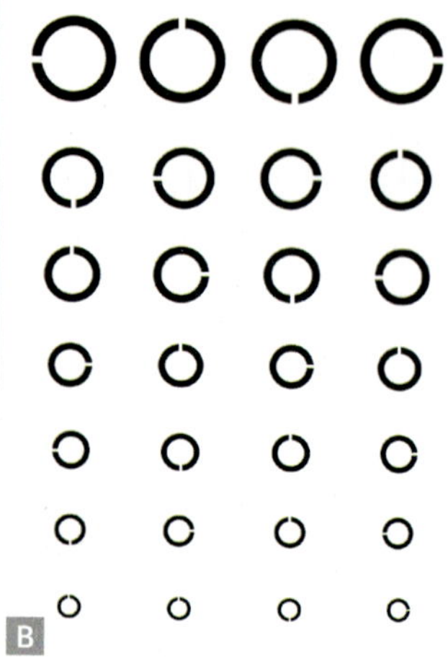

1 Beim Augenarzt: **A** Untersuchung, **B** Sehtest

Linsen korrigieren Sehfehler

Sehfehler

Kannst du in der Schule die Tafelanschriebe oder projizierte Bilder nur schlecht erkennen? Wirst du beim Lesen schnell müde und bekommst Kopfschmerzen? Ist die Schrift am Computer oft zu klein? Erkennst du Hinweisschilder oder Personen auf größere Entfernung nur unsicher? Dann solltest du deine Augen einmal untersuchen lassen.

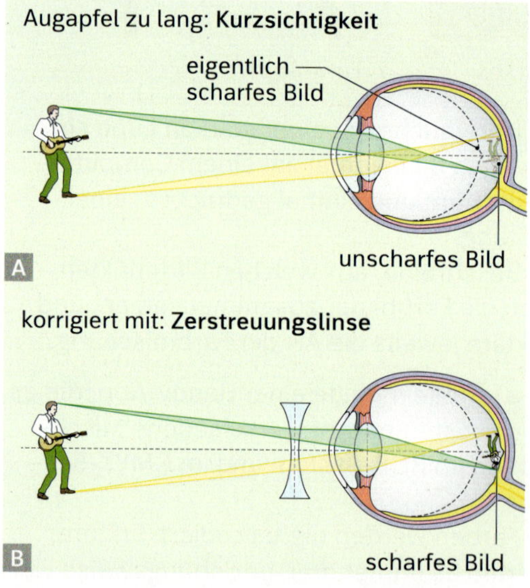

2 Kurzsichtigkeit: **A** Augapfel zu lang, **B** Korrektur durch eine Zerstreuungslinse

Die Augen untersuchen

Ein Augenarzt oder eine Augenärztin kann ins Auge schauen, den Augenhintergrund untersuchen und den Augendruck messen. Augenkrankheiten lassen sich so erkennen und gezielt behandeln.
Häufige Sehfehler wie die **Kurzsichtigkeit** oder die **Weitsichtigkeit** lassen sich durch eine Brille oder Kontaktlinsen korrigieren. Sie können auch durch einen Optiker oder eine Optikerin angepasst werden.

Kurzsichtigkeit

Kurzsichtige Menschen sehen nahe Dinge scharf, sie erkennen aber Gegenstände in größerer Entfernung nicht genau.
Ursache ist oft ein Augapfel, der etwas zu lang ist. Dadurch entsteht das scharfe Bild, das die Augenlinse erzeugt, bereits vor der Netzhaut. Auf der Netzhaut laufen die Lichtbündel schon wieder auseinander und bilden ein unscharfes Bild.
Eine Zerstreuungslinse vor dem Auge sorgt dann dafür, dass das Licht weniger stark gebrochen wird. So entsteht das scharfe Bild weiter hinten. Es liegt dann auf der Netzhaut. Die Stärke der Zerstreuungslinse wird genau angepasst.

Weitsichtigkeit
Bei der Weitsichtigkeit sind die Verhältnisse genau umgekehrt. Weitsichtige können in der Entfernung alles gut erkennen. Sie haben aber beim Lesen kleiner Schrift und beim genauen Betrachten nah gelegener Gegenstände Schwierigkeiten.
Bei ihnen ist oft der Augapfel etwas verkürzt. Das scharfe Bild würde erst hinter der Netzhaut entstehen. Auf der Netzhaut dagegen bleibt das Bild unscharf.
Hier schaffen Sammellinsen der richtigen Stärke Abhilfe. Durch die stärkere Lichtbrechung wird das scharfe Bild auf die Netzhaut vorgezogen.

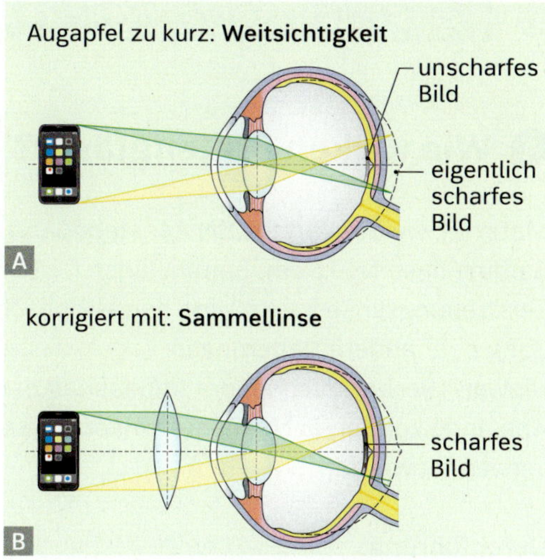

3 Weitsichtigkeit: **A** Augapfel zu kurz, **B** Korrektur durch eine Sammellinse

Altersweitsichtgkeit
Ältere Personen benutzen oft eine Lesebrille. Die Altersweitsichtigkeit hat aber eine andere Ursache. Die Augenlinse ist im Alter weniger elastisch. Sie bleibt in der etwas flacheren Form zur Fernsicht und kugelt sich zur Nahsicht nicht mehr genug ab.

Brille oder Kontaktlinsen
Sowohl Brillengläser als auch Kontaktlinsen sind genau angepasste Zerstreuungslinsen oder Sammellinsen. Die meist weichen Kunststofflinsen werden direkt auf das Auge gesetzt. Brillenträger können sich aus kosmetischen Gründen oder bei bestimmten Sportarten oder Arbeiten für die eine oder andere Lösung entscheiden und auch situationsbedingt wechseln.

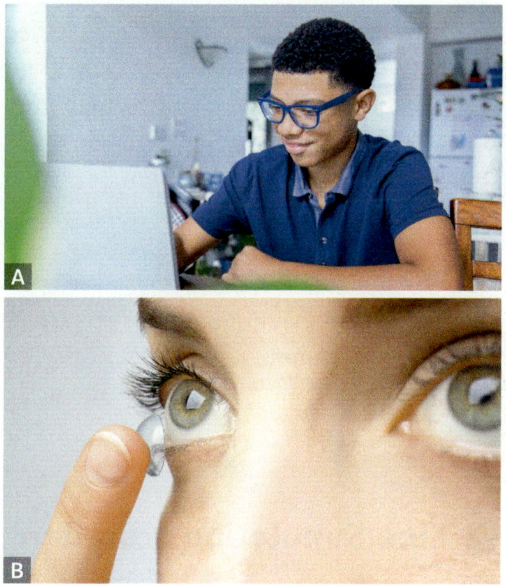

4 Sehhilfen: **A** Brille, **B** Kontaktlinsen

1 Stelle in einer Tabelle wichtige Informationen zu Kurzsichtigkeit und Weitsichtigkeit zusammen.

2 Erkläre, warum unterschiedliche Linsentypen für die Korrektur von Sehfehlern verwendet werden.

3 Beschreibe Nachteile in der Schule, wenn ein Sehfehler nicht korrigiert wird.

4 a) Vergleiche Brillen und Kontaktlinsen als mögliche Sehhilfen.
b) Bewerte beide Möglichkeiten aus deiner Sicht.

5 Vergleiche die Altersweitsichtigkeit mit der „normalen" Weitsichtigkeit.

Starthilfe zu 1:

Sehproblem	Augapfel	Korrekturlinsen
kurzsichtig: in der Ferne schlecht sehen	zu ...	...-linsen
...		

»

FORSCHEN UND ENTDECKEN

A Wie wirken Brillengläser?

Material: weißer Karton DIN A4, Klebeband, Sammellinse f = 15 cm, Sammellinse f = 30 cm, Zerstreuungslinse f = – 30 cm, Kerze, optische Bank oder andere Halterungen
Hinweis: Bei entsprechender Anpassung der Abstände können auch andere Linsenstärken verwendet werden.

Durchführung:

Schritt 1: Schneide zwei 25 cm lange und 6 cm breite Kartonstreifen und klebe sie zu einem Kreis mit einem Durchmesser von etwa 15 cm. Scheide auf einer Seite ein Loch von etwa 3 cm Durchmesser.

Schritt 2: Befestige das so angefertigte Augenmodell vor der Sammellinse f = 15 cm, die als Augenlinse dient.

Schritt 3: Stelle in einiger Entfernung die Kerze auf und stelle die Entfernung der Augenlinse so ein, dass auf dem „Augenhintergrund" ein scharfes Bild der Flamme entsteht.

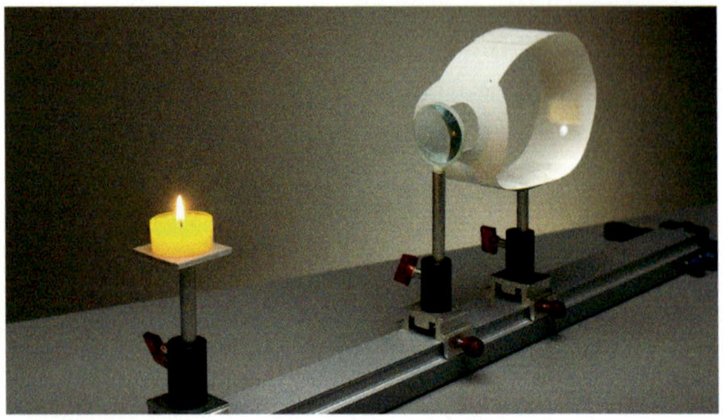

1 Versuchsaufbau zur Bildentstehung am Auge und der Korrektur von Sehfehlern

Schritt 4: Drücke den Pappkreis etwas zusammen oder ziehe ihn auseinander und verändere so die Form des Auges.

Schritt 5: Stelle eine der anderen Linsen als „Brillengläser" so vor die Augenlinse, dass wieder ein scharfes Bild entsteht.

1 **a)** Beschreibe deine Beobachtungen für die beiden veränderten „Augenformen".
b) Erkläre die Beobachtungen am Augenmodell im Zusammenhang mit deinem Wissen über Kurz- und Weitsichtigkeit von Augen.

B Eine Simulation erstellen

Material: Computer, Präsentationsprogramm

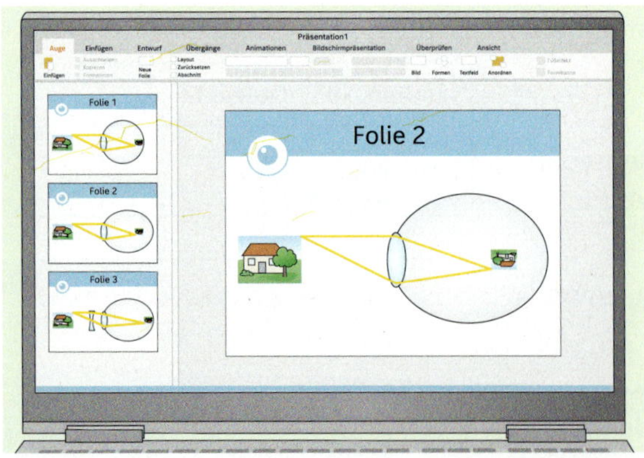

2 Präsentation zu Sehfehlern

Durchführung:

Schritt 1: Erstelle eine einfache Folie mit einem Kreis als Auge, einer Linse, einem Gegenstand, seinem Bild und Lichtbündeln.

Schritt 2: Kopiere die Folie und verändere die Form des Auges. Simuliere eine Kurzsichtigkeit oder eine Weitsichtigkeit.

Schritt 3: Kopiere die Folien weiter und verändere sie so, dass Sehfehler und ihre Korrekturen deutlich werden.

1 Präsentiere deine Simulation.
Tipp: Du kannst auch einen Text einsprechen und die Präsentation ablaufen lassen.

IM ALLTAG

Barrierefreiheit für Sehbehinderte

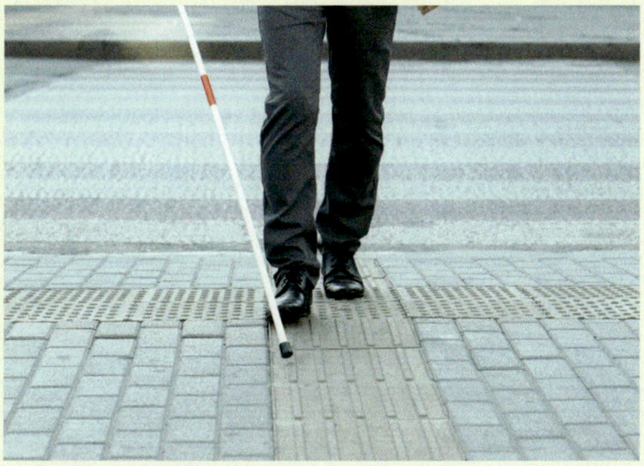

3 Tastend orientieren

Bodenleitsysteme

Bodenleitsysteme und Stufenmarkierungen auf Gehwegen, in Bahnhöfen und in Gebäuden helfen Blinden und sehbehinderten Menschen bei der Orientierung. Die weißen oder sogar nachleuchtenden Streifen sind für Menschen mit starker Seheinschränkung noch erkennbar. Blinde Menschen ertasten mithilfe des Blindenstocks die Struktur der Markierungen. So können sie sich im öffentlichen Raum orientieren und selbstständig fortbewegen.

4 Braille-Tastatur

Digitale Hilfen

Die Digitalisierung bietet für Blinde und Sehbehinderte viele Möglichkeiten. Mit einer Tastatur in der Braille-Blindenschrift können sie Computer bedienen. Sie können sich Texte und Bilder in Großformaten anzeigen lassen. Texte werden vorgelesen und Diktierhilfen erleichtern das Schreiben.

5 Mobiles Lesegerät

Lesehilfen

Lesegeräte – auch mobile – stellen einen Text stark vergrößert dar. Damit die Übersicht nicht verloren geht, ist aber meist ein größerer Bildschirm nötig.

1 Vergleiche, wie Blinde und stark Sehbehinderte die Bodenleitsysteme unterschiedlich nutzen können.

2 Beschreibe Hilfen, die Sehbehinderte durch Computer bekommen.

3 II Recherchiere unter dem Stichwort „barrierefreies Internet“ für verschiedene Formen von Einschränkungen. Berichte darüber.

«

Auf einen Blick: Licht und Sehen

Lichtausbreitung
Die Sonne, Sterne und Lampen sind Beispiele für Lichtquellen. Von ihnen geht Licht geradlinig in alle Richtungen aus.

1 Lichtbündel verlaufen geradlinig.

Lichtbündel
Durch Wolkenlöcher oder Blenden fallen Lichtbündel hindurch. Die geradlinige Ausbreitung des Lichtes lässt sich beobachten, wenn ein Teil des Lichtes an Staub oder Nebeltröpfchen gestreut wird und in unsere Augen gelangt.

Schatten
Wird die Lichtausbreitung behindert, entstehen Schatten. Teilschatten erhalten noch Licht von einem Teil der vorhandenen Lichtquellen. In Kernschatten fällt fast kein Licht.

2 Halbschatten und Kernschatten

Reflexion
An glatten, glänzenden Oberflächen wird das Licht gespiegelt. Nach dem Reflexionsgesetz wird es in eine ganz bestimmte Richtung reflektiert. So entstehen auch Spiegelbilder. Dies sind Bilder, die scheinbar hinter dem Spiegel liegen. Licht ist dort nicht.
Sind die Oberflächen uneben, erfolgt auch eine Reflexion. Diese Streuung erfolgt aber in verschiedene Richtungen. Ein Teil des Lichtes wird auch absorbiert, also vom Material aufgenommen und meist in Wärmeenergie umgewandelt.

Lochkamera
Durch das Loch einer Lochkamera fällt Licht von dem Gegenstand auf die Rückwand der Lochkamera. Da sich das Licht geradlinig ausbreitet, kommt Licht von einer Stelle des Gegenstandes zu einer Stelle der Wand. Es entsteht ein reales Bild, an dem tatsächlich Licht auftrifft. Wegen der geringen Lichtmenge ist das Bild aber lichtschwach.

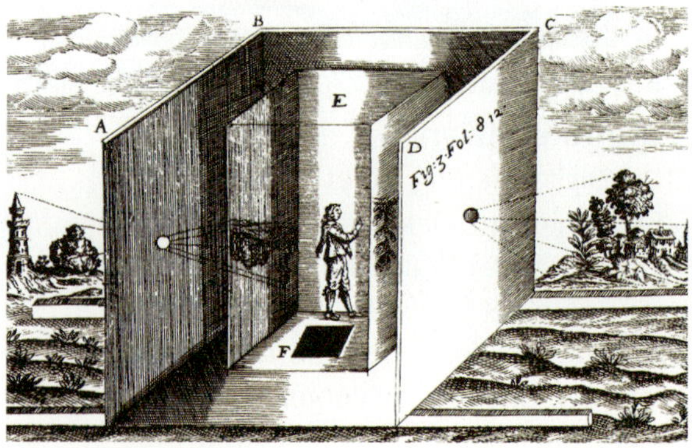

3 Lochkamera

WICHTIGE BEGRIFFE
- Lichtquelle
- Lichtausbreitung
- Lichtbündel
- Schatten
- Teilschatten, Kernschatten

WICHTIGE BEGRIFFE
- Reflexion, Streuung
- Absorption
- Spiegelbild
- Lochkamera
- scheinbares Bild
- reales Bild

Lichtbrechung

Geht Licht aus der Luft zum Beispiel in Wasser oder Glas über, dann ändert sich die Ausbreitungsrichtung. Das Licht wird gebrochen. Auch umgekehrt erfolgt die Brechung. Der Lichtweg ist umkehrbar.

Linsen

Die Lichtbrechung an Sammellinsen und Zerstreuungslinsen lässt sich zum Bündeln und zum Zerstreuen von Licht nutzen. Sammellinsen erzeugen scharfe, lichtstarke, reale Bilder.

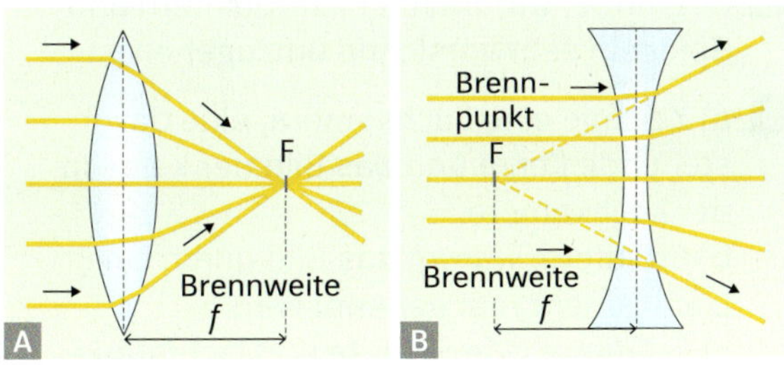

5 Linsen: **A** Sammellinse, **B** Zerstreuungslinse

Das Auge

Verschiedene Bestandteile des Auges schützen und versorgen dieses wichtige Sinnesorgan. Das Bild entsteht durch die lichtbrechende Wirkung der Hornhaut und der Augenlinse. Sie ist eine Sammellinse. Das scharfe Bild fällt auf die Netzhaut. Das Licht, das von einem Punkt des Gegenstandes ausgegangen und durch die Pupille ins Auge gelangt ist, trifft sich in einem scharfen Bildpunkt. Sinneszellen reagieren auf den Lichtreiz und erzeugen elektrische Impulse. Über den Sehnerv weitergeleitet ermöglichen sie im Gehirn die Wahrnehmung.
Sehfehler können oft durch Brillen mit verschiedenen Linsen korrigiert werden. Sehbehinderte und Blinde benötigen weitere Hilfsmittel.

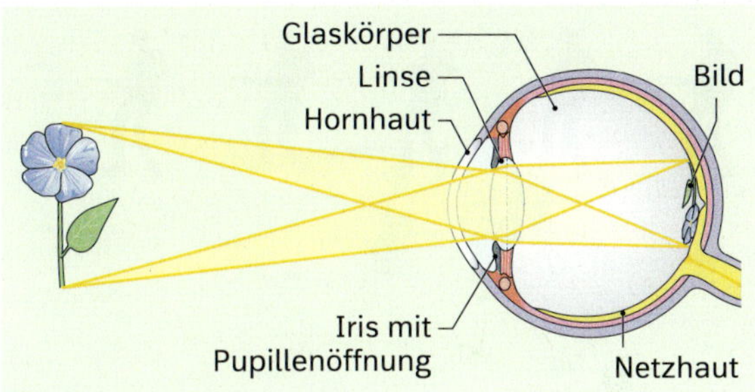

6 Bildentstehung am Auge

Farbensehen

Die Stäbchen sind sehr lichtempfindliche Sinneszellen zum Hell-Dunkel-Sehen. Zum Farbensehen besitzt das Auge drei Typen von Zapfen. Diese Sinneszellen sind für blaues, grünes beziehungsweise rotes Licht besonders empfindlich.

WICHTIGE BEGRIFFE

- Lichtbrechung
- Sammellinsen, Zerstreuungslinsen
- Brennpunkt, Brennweite
- Gegenstandsweite, Bildweite
- Farbspektrum
- Farbaddition, Farbsubtraktion

WICHTIGE BEGRIFFE

- Bau und Funktion des Auges
- Augenbestandteile
- Helligkeitsregulation (Adaptation)
- Nahsicht, Fernsicht (Akkommodation)
- Farbensehen
- Sehfehler, Sehhilfen, Sehbehinderung

Lerncheck: Licht und Sehen

Geradlinige Lichtausbreitung

1 **a)** Benenne die Lichtquellen im Bild oben.
b) Beschreibe, was das Bild über die Ausbreitung des Lichtes zeigt. Nutze Fachbegriffe.

2 **a)** Schatten lassen sich mit Bildbearbeitungsprogrammen auch digital erzeugen. Begründe, woran du erkennst, dass beim Bild oben kein Profi am Werke war.
b) Erläutere Verbesserungsvorschläge.

DU KANNST JETZT ...

- ... Lichtquellen nennen.
- ... die Ausbreitung von Lichtbündeln beschreiben.
- ... die Entstehung von verschiedenen Schatten erklären.
- ... Lichtstreuung beschreiben.

Reflexion und Streuung

3 **a)** Beschreibe Eigenschaften des Spiegelbildes, das die Reaktion der Katze hervorruft.
b) Erläutere, warum das Spiegelbild als scheinbares Bild bezeichnet wird.

4 Zeichne eine waagerechte Spiegelebene als Linie. Errichte etwa in der Mitte ein Einfallslot. Zeichne ein Lichtbündel, das mit einem Einfallswinkel von $\alpha = 35°$ auf den Spiegel trifft. Zeichne nach dem Reflexionsgesetz den reflektierten Strahl und den Reflexionswinkel β ein.

5 Begründe, warum mit Laserpointern und Spiegeln sehr vorsichtig umzugehen ist.

6 **a)** Zeichne eine Lochkamera, eine davor stehende Kerze und das Bild der Kerze in der Lochkamera.
b) Erläutere, warum das Bild durch eine Lochkamera real genannt wird.
c) Erläutere, wie Schärfe und Lichtstärke des Bildes von der Lochgröße abhängen.

DU KANNST JETZT ...

- ... das Reflexionsgesetz beschreiben und anwenden.
- ... Spiegelung und Streuung unterschieden.
- ... Eigenschaften von Spiegelbildern an ebenen Spiegeln beschreiben.
- ... die Bildentstehung an der Lochkamera beschreiben und erklären.

Lichtbrechung

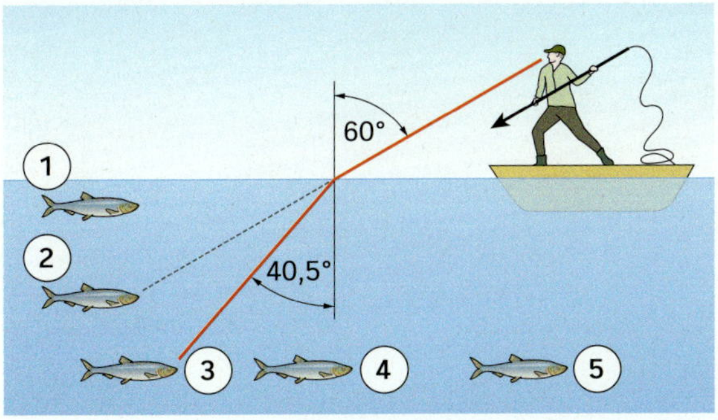

7 **a)** Allerhand Fische im klaren Wasser! Wo befindet sich der Fisch, den der Fischer gerade im Blick hat? Begründe deine Wahl.
b) Erläutere, wohin der Fischer seine Harpune richten muss, wenn er Fisch 3 treffen will.
c) Gib einen begründeten Ratschlag, welcher Fisch am leichtesten zu treffen ist.

8 **a)** Zeichne ähnlich wie rechts abgebildet einmal eine Sammellinse und einmal eine Zerstreuungslinse und parallel darauf zulaufende Lichtbündel.

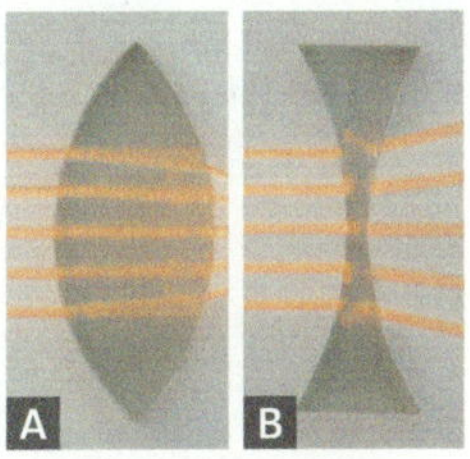

b) Ergänze den Verlauf der Lichtbündel nach der Brechung durch die Linsen. Die Brennweiten sollen $f = 3$ cm und $f = -3$ cm betragen.

9 Nenne Möglichkeiten, wie sich weißes Licht in seine Spektralfarben zerlegen lässt.

DU KANNST JETZT ...

- ... die Lichtbrechung beschreiben und zeichnerisch darstellen.
- ... die Lichtbrechung an Sammellinsen und Zerstreuungslinsen vergleichen.
- ... Linsen über ihre Brennweite charakterisieren.
- ... die Bildentstehung an einer Sammellinse beschreiben.
- ... die Entstehung von Farben erläutern.

Auge und Sehen

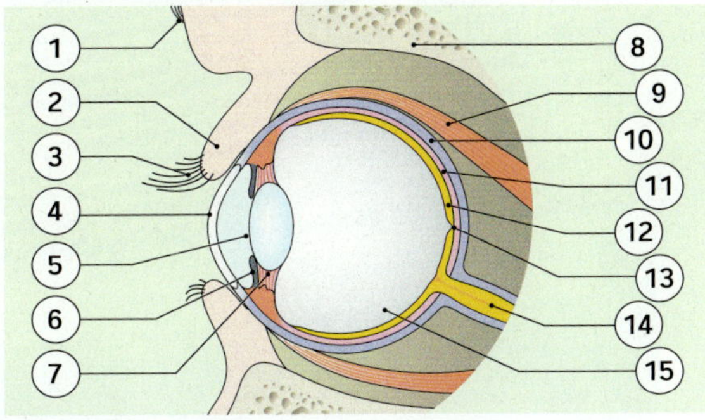

10 **a)** Benenne die mit Zahlen gekennzeichneten Bestandteile des Auges.
b) Nenne Bestandteile, die das Auge schützen.
c) Nenne Bestandteile, die das Licht brechen.

11 Beschreibe die Vorgänge vom Lichteinfall auf der Netzhaut bis zur Bildwahrnehmung.

12 Can und Clara vergleichen ihre neuen Brillen. Die Gläser von Cans Brille sind in der Mitte dicker als am Rand, die von Clara am Rand dicker als in der Mitte.
a) Entscheide und begründe, wer von den beiden kurzsichtig und wer weitsichtig ist.
b) Erkläre, wie die Brillengläser die Sehfehler ausgleichen können.

13 Beschreibe, wie Hilfsmittel den Alltag von blinden Menschen erleichtern können.

DU KANNST JETZT ...

- ... die Bestandteile des Auges nennen und ihre Funktionen beschreiben.
- ... die Bildentstehung im Auge und die Sehwahrnehmung beschreiben.
- ... erläutern, wie wir Farben sehen.
- ... Sehfehler und ihre Korrektur durch Linsen erläutern.
- ... Probleme sehbehinderter Menschen und Hilfsmöglichkeiten beschreiben.

Nachhaltiger Umgang mit Energie

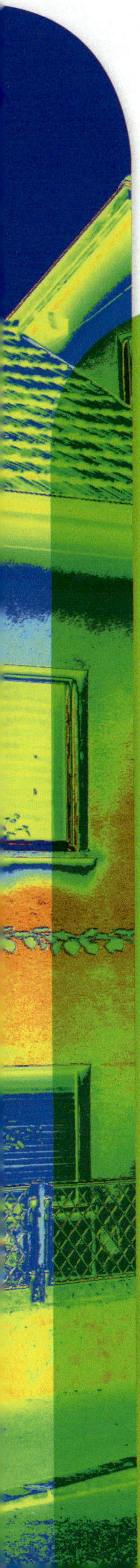

Wieviel Energie ist für eine heiße Dusche eigentlich nötig?

Wie kommt die Wärme dahin, wo sie gebraucht wird? Und wie bleibt sie dort?

Wie können wir gut leben, ohne so viel Energie zu verschwenden?

1 Holzpellets zum Heizen: **A** Lieferung, **B** im Brenner der Heizung

Was heißt hier „Energieverbrauch"?

Energiebedarf im Haushalt

Energie brauchen wir fast überall: zu Hause, in der Schule, im Verkehr und in der Industrie. Aber wozu brauchen wir die Energie? Schauen wir uns einen typischen Haushalt an.

Das Diagramm in Bild 2 zeigt, dass mehr als vier Fünftel der Energie eines Haushalts für Heizung und Warmwasser gebraucht werden. Auf die meist elektrisch betriebenen Haushaltsgeräte entfallen weniger als 15 % der Gesamtenergie. Und Lampen haben nur einen sehr geringen Anteil.

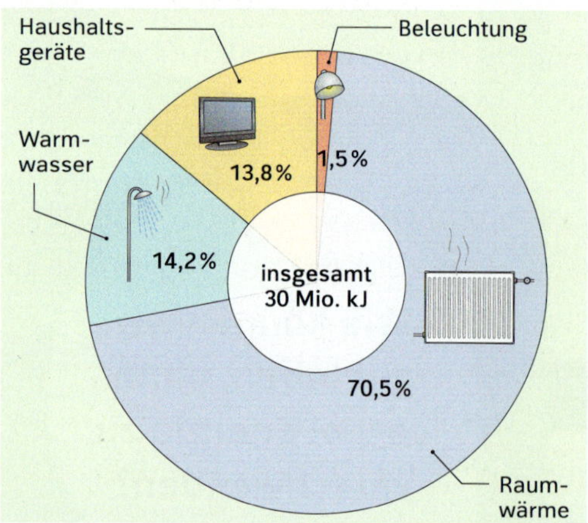

2 Energiebedarf im Haushalt in einem Jahr (im Durchschnitt pro Person)

Energieversorgung

Zur Energieversorgung müssen Energieträger wie Erdöl, Kohle, Holz oder Solarenergie in ausreichender Menge zur Verfügung stehen. Aber sie sind knapp und ihre Nutzung schafft unterschiedliche Probleme.

„Energieverbrauch"

Bei den Umwandlungen von Energieformen bleibt die Gesamtmenge der Energie erhalten. Allerdings werden die Energieträger beim Verbrennen oder Nutzen verbraucht. Die Energie wird bei jeder Umwandlung entwertet, weil Wärme als nicht nutzbare Energie verloren geht. „Energieverbrauch" ist die Abnahme der nutzbaren Energie.

Energieeinheit Joule

In der Physik wird die **Energie** mit dem Formelzeichen ***E*** abgekürzt. Die Energiemenge wird in der Einheit **Joule,** abgekürzt **J**, angegeben. 1 kg Holz enthält etwa 14 000 000 J an chemischer Energie, die beim Verbrennen in Wärme umgewandelt wird. Weil die Zahlen oft sehr groß sind, benutzt man auch die Einheit kJ (Kilojoule). 1 kJ sind 1000 J. Das heißt, 1 kg Holz enthält 14 000 kJ Energie.

Regenerative Energieträger

Regenerative Energieträger sind Energieträger, die immer wieder da sind oder sich erneuern. Das Holz von Bäumen wächst durch die Energie des Sonnenlichtes nach. Sonne, Wind und Wasser sind immer verfügbar, allerdings nicht immer im gleichen Maße und zur gleichen Zeit. Nachts scheint die Sonne nicht und mal weht der Wind stärker und mal weniger stark.
Die Strahlung der Sonne ist dabei der „Antriebsmotor" für die Bewegungsenergie von Wind und Wasser (→ Bild 3).

3 Nutzung von regenerativen Energien: **A** Sonnenenergie, **B** Windenergie

Nicht-regenerative Energieträger

Erdöl, Erdgas und Kohle haben sich über Jahrmillionen tief in der Erde entwickelt. Unter hohem Druck, hoher Temperatur und über eine lange Zeit wurden diese Stoffe aus absterbenden Pflanzen gebildet. Wenn diese **fossilen Brennstoffe** einmal aufgebraucht sind, wachsen sie nicht nach. Sie sind dann verbraucht.
Mit diesen **nicht-regenerativen Energieträgern** müssen wir daher besonders sparsam umgehen. Außerdem entsteht bei der Verbrennung das Gas Kohlenstoffdioxid, das zur Klimaerwärmung beiträgt. Weitere umweltschädliche Verbrennungsgase müssen aufwändig gereinigt werden.

4 Förderung von fossilen Brennstoffen: **A** Braunkohle, **B** Erdöl

1 **a)** Ordne die Bereiche, in denen wir im Haushalt Energie nutzen, nach der Menge an benötigter Energie.
b) Ordne alle im Text genannten Energieträger nach regenerativ und nicht-regenerativ.

Starthilfe zu 1b):

nicht-regenerativ	regenerativ

2 Beurteile, in welchen Bereichen im Haushalt sich Energiesparen besonders lohnt.

3 **I** Erläutere an zwei Beispielen, dass auch regenerative Energieträger nicht unbegrenzt zur Verfügung stehen.

4 **II** **a)** Berechne mit dem Taschenrechner, wieviel kg Holz verbrannt werden müssten, um den Jahres-Energiebedarf eines 4-Personen-Haushalts nur über Holz zu decken.
b) Erkläre, warum man noch deutlich mehr Holz bräuchte.

5 **III** In Deutschland verbraucht eine Person im Durchschnitt etwa 8000 kJ Nahrungsenergie am Tag. Vergleiche diesen Wert mit seinem häuslichen Energieverbrauch.

»

ÜBEN UND ANWENDEN

A Diagramme lesen und auswerten

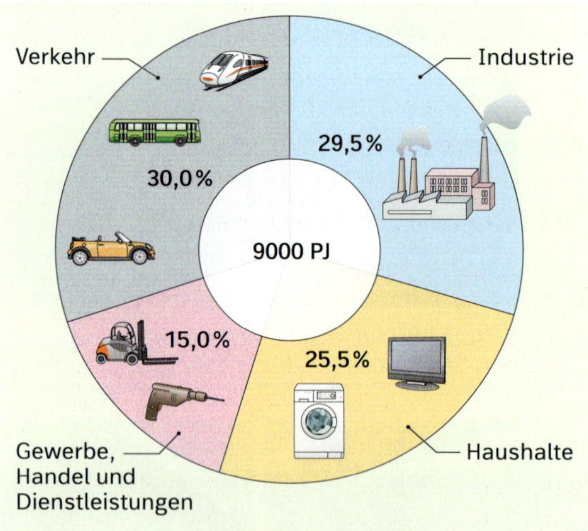

1 Energiebedarf in Deutschland (2018)

Das Diagramm in Bild 1 zeigt die Anteile, die die verschiedenen Lebens- und Wirtschaftsbereiche am Energiebedarf in Deutschland haben. Die Anteile signalisieren auch Einsparmöglichkeiten. Wo viel Energie umgesetzt wird, wirkt sich eine gesteigerte Energieeffizienz besonders aus.

1 **a)** Nenne die Lebens- und Wirtschaftsbereiche in der Reihenfolge ihres Energiebedarfs.
b) Ordne folgende Beispiele aus dem Alltag den vier im Diagramm angegebenen Bereichen zu: Schule, Schulbus, Supermarkt, Schuhgeschäft, Schuhfabrik, Schwimmbad, Automobilwerk, Autowerkstatt, Autofahren.
c) Beurteile, ob bestimmte Bereiche sehr viel mehr Energie als andere verbrauchen. Belege dein Urteil mit Zahlen aus dem Diagramm.

2 „Die Industrie braucht die meiste Energie. Darum brauchen wir im Verkehr und im Haushalt nicht zu sparen." Nimm zu dieser Aussage begründet Stellung.

3 II **a)** Recherchiere, welche Energieträger in den verschiedenen Lebens- und Wirtschaftsbereichen zur Deckung des Energiebedarfs beitragen. Nutze zum Beispiel die Internetseite des Umweltbundesamtes.
b) Stelle ein Diagramm in der Klasse vor. Beschreibe Kernaussagen und ziehe zwei oder drei interessante Schlussfolgerungen.

B Gigantische Zahlen

Kilo, Mega, Giga, Tera, Peta

am Beispiel der Energieeinheit Joule (J)
Grundeinheit der Energie: J

1 000 J = 1 kJ (Kilojoule) = 1 Tausend J
1 000 000 J = 1 MJ (Megajoule) = 1 Mio. J
1 000 000 000 J = 1 GJ (Gigajoule) = 1 Mrd. J
1 000 000 000 000 J = 1 TJ (Terajoule) = 1 Billion J
1 000 000 000 000 000 J = 1 PJ (Petajoule) = 1 Billiarde J

2 Kennzeichnung großer Zahlen

Werden Energiemengen gemessen und in der Einheit Joule (J) aufgeschrieben, ergeben sich oft riesige Zahlen. Damit es übersichtlicher wird, werden Abkürzungen benutzt. Dieselben Bezeichnungen wie Kilo, Giga und so weiter werden auch für andere Einheiten verwendet.

1 **a)** Vergleiche die Verwendung der Einheit kJ mit der Verwendung der Einheiten km (Kilometer) und kg (Kilogramm).
b) Nenne die Zahl der Nullen, die jeweils zum nächsten Größenschritt hinzukommen.

2 Schreibe die in Bild 1 genannte Energie mit allen Nullen in J aus.

IM ALLTAG

Das Prinzip Nachhaltigkeit

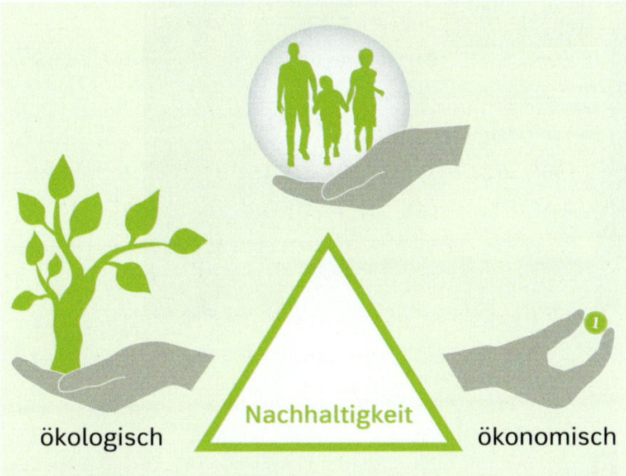

3 Das Nachhaltigkeitsdreieck

Nachhaltigkeit als Leitbild

Die Idee der Nachhaltigkeit kann als Leitbild für gesellschaftliches und persönliches Handeln dienen. Ziel ist es, gute Lebensbedingungen heute und in Zukunft dauerhaft zu erreichen. Wer die drei Dimensionen der Nachhaltigkeit prüft, kann ökologische, soziale und ökonomische Folgen berücksichtigen

Ökologische Nachhaltigkeit

Ökologisch nachhaltiges Handeln bewahrt die natürlichen Lebensgrundlagen wie Böden, Luft und Gewässer und die Lebensgemeinschaften dort.
Holz zum Beispiel darf den Wäldern einer Region nur so viel entnommen werden, wie im selben Zeitraum dort auch wieder nachwachsen kann. Das Kohlenstoffdioxid, das beim Verbrennen fossiler Brennstoffe entsteht, darf das Klima nicht zu stark verändern.

Ökonomische Nachhaltigkeit

Wirtschaftlich nachhaltiges Handeln berücksichtigt die finanziellen Möglichkeiten und hinterlässt keine Schulden für nachfolgende Generationen. Fairer Handel und faire Preise vermeiden Armut und ermöglichen die wirtschaftliche Entwicklung weltweit.

Soziale Nachhaltigkeit

Sozial nachhaltiges Handeln fördert ein menschenwürdiges Leben für alle und auch für nachfolgende Generationen. Dazu benötigen die Menschen eine intakte Umwelt, ein ausreichendes Einkommen und eine Gesellschaft, die Bereiche wie Gesundheit, Bildung und Kultur gerecht organisiert.

4 Nachhaltige Schwimmbadbeheizung

1 Im Gemeinderat wird diskutiert, ob das Wasser im Nichtschwimmerbecken des öffentlichen Freibades beheizt werden soll. Nichtschwimmer und Familien mit Kindern haben so mehr Spaß im Wasser. Folgende Alternativen stehen zur Diskussion:
A: keine Beheizung, da zu teuer und unökologisch
B: die Beheizung mit Solarenergie verschuldet die Gemeinde über 15 Jahre
C: die Beheizung mit moderner Erdgasheizung belastet Umwelt mit Kohlenstoffdioxid; zuerst billiger, aber nach 15 Jahren teurer als Solarthermie
a) Prüfe die Alternativen A, B und C jeweils auf ihre soziale, ökologische und ökonomische Nachhaltigkeit.
b) Triff eine Entscheidung für eine der Alternativen und bewerte, welche Überlegungen zur Nachhaltigkeit dir am wichtigsten sind.
c) Ergänze eigene Ideen zu dem Problem.

1 „Stromzähler": **A** analog, **B** digital

Energieströme vergleichen

Energieströme messen

Im Zählerkasten von eurer Wohnung kannst du den „Stromzähler" betrachten. Er misst die umgesetzte elektrische Energie. Bei den analogen Zählern dreht sich ein Metallrad mal etwas schneller, mal etwas langsamer, je nachdem wieviel elektrische Energie euer Haushalt gerade benötigt. Bei den digitalen Zählern laufen nur die Zahlen schneller weiter. Als Maßeinheit für die Energie steht auf allen Zählern: Kilowattstunden, abgekürzt kWh.

Leistung

Wenn gerade der Elektroherd, die Waschmaschine, der Kühlschrank und viele Lampen angeschaltet sind, dann wird im Haushalt mehr Energie umgesetzt, als wenn nachts nur der Kühlschrank läuft. Es kommt darauf an, wieviel Energie pro Zeit umgewandelt wird. Diese Stärke des Energiestroms wird in der Physik und Technik als **Leistung** bezeichnet und mit dem Zeichen *P* (englisch: power) abgekürzt. Die Einheit der Leistung ist das **Watt,** abgekürzt W. Die Leistung lässt sich für die elektrische Energie leicht messen. Sie gilt aber für alle **Energiestromstärken.**

Energie und Leistung

Die Leistung *P* gibt an, wieviel Energie *E* pro Zeit *t* fließt. Sie ist die Energiestromstärke.

$$\text{Leistung} = \frac{\text{Energie}}{\text{Zeit}}$$

$$P = \frac{E}{t}$$

Daraus ergibt sich auch, wie die Einheit Watt (W) für die Leistung mit der Einheit Joule (J) für die Energie und der Einheit Sekunde (s) für die Zeit zusammenhängen:

$$1\ \text{W} = 1\ \frac{\text{J}}{\text{s}}$$

1 kW (Kilowatt) bezeichnet 1000 W.

Energie und Leistung
Energie *E*: Einheit J (Joule)
Leistung *P*: Einheit W (Watt)
(Energiestromstärke)

$$\text{Leistung} = \frac{\text{Energie}}{\text{Zeit}}$$

$$P = \frac{E}{t}$$

Einheit: $1\ \text{W} = 1\ \frac{\text{J}}{\text{s}}$

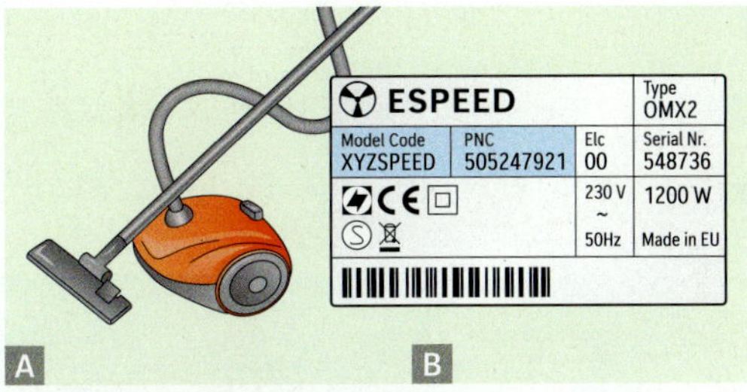

2 Staubsauger: **A** Gerät, **B** Typenschild mit „Wattzahl“

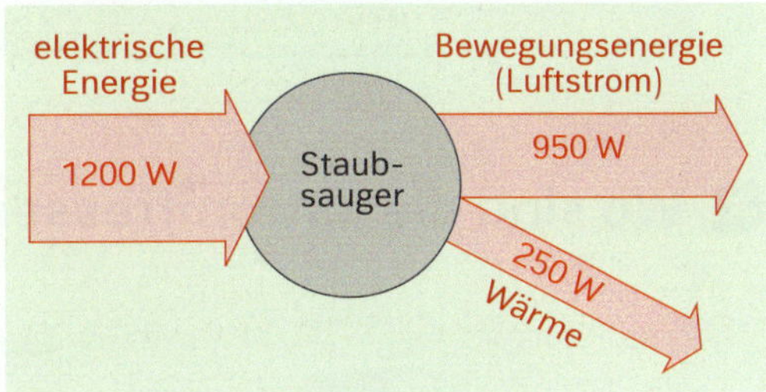

3 Energiefluss beim Staubsaugen

Das Energie ist Leistung mal Zeit

Mit einem leistungsstarken Staubsauger lässt sich ein Teppich schneller und gründlicher reinigen als mit einem schwachen. Dafür benötigt er aber in derselben Zeit mehr elektrische Energie. Die Leistung des Gerätes kann als **„Wattzahl“** am Typenschild abgelesen werden (→ Bild 2B). Der Staubsauger mit 1200 Watt wandelt 1200 Joule elektrische Energie pro Sekunde in Bewegungsenergie und Wärme um. Wenn der Staubsauger 10 Minuten in Betrieb ist, wird eine Energiemenge von

$E = 1200\text{ W} \cdot 10 \cdot 60\text{ s} = 720\,000\text{ J} = 720\text{ kJ}$

umwandelt. Wenn jemand doppelt so lange Staub saugt, wird auch doppelt so viel Energie umgesetzt.

> Die Energie ergibt sich, indem die Leistung mit der Zeit multipliziert wird, die der Energieumsatz andauert.
>
> Energie = Leistung · Zeit
>
> $E = P \cdot t$

Einheiten kWh und Joule

Wird die Energie in der Einheit **Joule** angegeben, sind die Zahlenwerte oft sehr groß. Die Einheit kWh für die Energie ist dann praktischer. Hier wird einfach die Leistung in kW mit der Zahl der Betriebsstunden multipliziert. Am Beispiel des Staubsaugers:

Er hat eine Leistung von $P = 1{,}2\text{ kW}$. Wenn er 2 Stunden läuft, dann setzt er

$E = 1{,}2\text{ kW} \cdot 2\text{ h} = 2{,}4\text{ kWh}$

Energie um. Da eine Stunde 3600 Sekunden hat (1 h = 3600 s), lässt sich 1 kWh auch jederzeit wieder in Joule umrechnen:

$1\text{ kWh} = 1\text{ kW} \cdot 3600\text{ s}$

$= 3600\text{ kJ} = 3\,600\,000\text{ J}$

Energieeffizienz

Der Staubsauger nutzt die benötigte elektrische Energie besonders effizient, wenn der Motor einen starken Luftstrom bewirkt. Etwas Abwärme entsteht immer, aber sie sollte möglichst gering sein.

1 Ordne zu, ob sich die folgenden Angaben auf die Energie oder auf die Leistung (Energiestromstärke) beziehen.
Jahresrechnung: 3734,544 kWh; Lampe 17 W; Fernseher 100 W; Geschirrspüler ein Spülvorgang 0,8 kWh; Herd 2,2 kW; Kühlschrank am Tag 3 kWh

Starthilfe zu 1:

Energie	Leistung
…	…
…	…

2 Auf dem Typenschild eines Wasserkochers steht 1500 W. Berechne die Energie, die das Gerät in einem Jahr umsetzt, wenn es etwa 30 Stunden in Betrieb ist.

Starthilfe zu 2:
gegeben: Leistung $P = \ldots$ kW
Zeit $t = \ldots$
gesucht: Energie E
Formel: $E = \ldots$
eingesetzt (mit Einheiten): $E = \ldots$
Ergebnis: $E = \ldots$ kWh

3 Zeichne das Energieflussdiagramm eines Staubsaugers, der wie in Bild 3 eine Leistung von 1200 W hat, aber energieeffizienter saugt.

FORSCHEN UND ENTDECKEN

A Wo sind die „Stromfresser“?

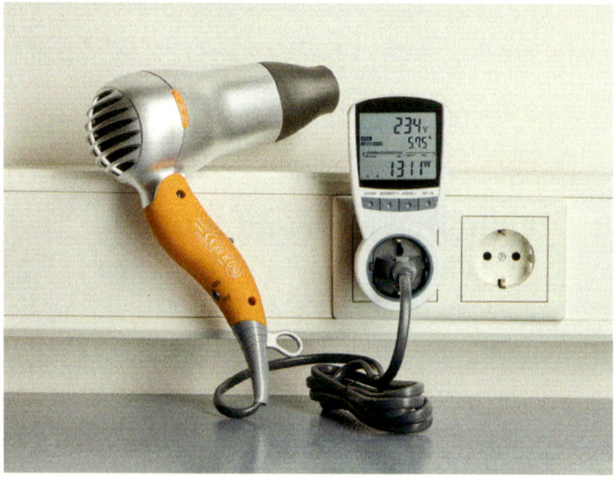

1 modernes Energiemessgerät

2 Energiestromstärken messen und vergleichen

Ein 4-Personen-Haushalt verbraucht in etwa $E = 4000$ kWh elektrische Energie im Jahr. Um „Stromfressern“ im Haushalt auf die Spur zu kommen, hilft ein Energiemessgerät. Damit lässt sich sowohl die in einer bestimmten Zeit umgesetzte Energiemenge E in der Einheit kWh messen als auch die Leistung P eines Gerätes in der Einheit W oder kW.
Mithilfe dieser Informationen kannst du dann überlegen, ob sich der Energieverbrauch vermindern lässt. Dazu könnte die zeitliche Nutzung des Gerätes eingeschränkt oder verbessert werden. Oder es kann sich lohnen, das Gerät gegen ein energieeffizienteres auszutauschen.

Material: Energiemessgerät, Steckdose mit Verlängerungskabel, verschiedene Elektrogeräte

Tipp: Energiemessgeräte lassen sich auch beim Stromversorgungsunternehmen ausleihen.

Durchführung:

Schritt 1: Schließe das Verlängerungskabel an eine Steckdose an und stecke das Energiemessgerät in die Steckdose des Verlängerungskabels, sodass du das Gerät bequem ablesen kannst.

Schritt 2: Schließe das zu testende Elektrogerät über das Energiemessgerät an die Stromversorgung an.

Schritt 3: Schalte das Elektrogerät ein und miss seine Leistung in W oder kW. Dazu musst du den entsprechenden Messbereich am Messgerät einstellen.

1 **a)** Berechne aus den Messwerten und der geschätzten Nutzungsdauer jeweils die elektrische Energie, die die Geräte pro Tag und pro Jahr verbrauchen.
b) Beurteile, wie stark die Geräte zum jährlichen Stromverbrauch beitragen.
c) Zeige Möglichkeiten zu nachhaltigerem Handeln auf.

Gerät	Leistung P in kW	geschätzte Nutzungsdauer pro Tag (Zeit in h)	umgesetzte Energie pro Tag E in kWh	umgesetzte Energie pro Jahr E in kWh	Beurteilung, Verbesserungsvorschläge
...	...	...	...	...	...
...	...	...	...	...	...

3 Tabelle zur Messung und Auswertung

IM ALLTAG

Was leisten regenerative Energieträger?

Fotovoltaikanlage

Bei einer Fotovoltaikanlage wandeln Solarzellen Strahlungsenergie der Sonne in elektrische Energie um. Die Leistung hängt vom Standort des Hauses, der Ausrichtung des Daches und weiteren Faktoren ab. Ein Quadratmeter Solarzellen kann bis zu $P = 200$ W erreichen. Über das ganze Jahr gerechnet gibt die Anlage pro Quadratmeter im Schnitt nur etwa $E = 150$ kWh elektrische Energie ab.

4 Hausdach mit Solarzellen

Biogas

5 Maisfeld und Biogasanlage

Bei der Fotosynthese wandeln Pflanzen Strahlungsenergie der Sonne in chemische Energie um. Aus dem Pflanzenmaterial lässt sich Biogas herstellen. Dieses lässt sich vielseitig nutzen, zum Beispiel zum Heizen, zur Gewinnung elektrischer Energie oder als Kraftstoff. Etwa 10 – 20 m^2 Ackerboden sind zur Gewinnung von 1 m^3 Biogas mit etwa 6 kWh chemische Energie nötig.

Ein 4-Personen-Haushalt

benötigt im Jahr etwa 4000 kWh an elektrischer Energie.

Windkraftanlage

Der Generator der Windkraftanlage wandelt die Bewegungsenergie des Windes in elektrische Energie um. Eine moderne Windkraftanlage mit einer Leistung von $P = 1{,}5$ MW produziert im Jahr etwa 5 Mio. kWh elektrische Energie.

6 Windkraftanlage

1 **a)** Berechne, wieviel Quadratmeter Solarzellen auf einem Dach ausreichen, um den Jahresbedarf von etwa 4000 kWh elektrischer Energie eines 4-Personen-Haushalt zu decken.
b) Berechne die durchschnittliche Leistung der Anlage über das Jahr hinweg und vergleiche den Wert mit der angegebenen Maximalleistung von 200 W. Erkläre den Unterschied.

2 **a)** Berechne, für wie viele 4-Personen-Haushalte die oben vorgestellte Windkraftanlage die elektrische Energie bereitstellen könnte.
b) Berechne die elektrische Energie, die die Windkraftanlage produzieren würde, wenn sie in allen Stunden des Jahres unter voller Leistung arbeiten würde.
c) Gib die produzierte elektrische Energie in Prozent davon an und erkläre den Unterschied.

3 **III** Erarbeitet mit den Daten zu Biogas sinnvolle Rechenaufgaben, tauscht sie untereinander aus und löst sie.

«

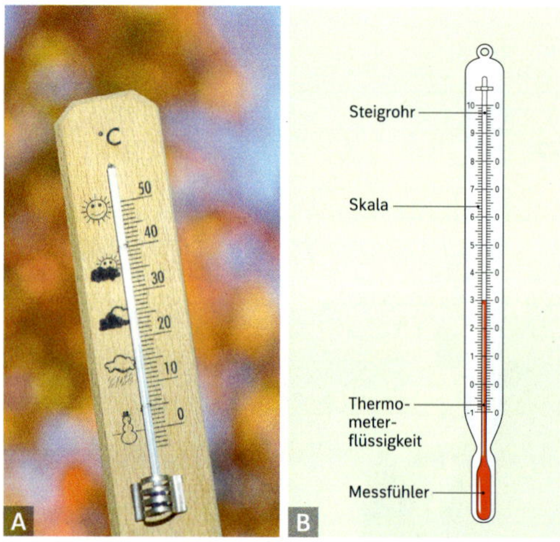

1 Flüssigkeitsthermometer: **A** Außenthermometer, **B** Aufbau im Schema

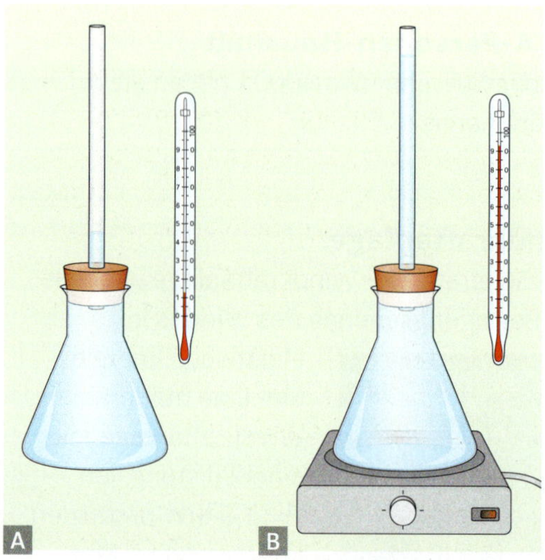

2 Wasser wird erhitzt: **A** kalt, **B** warm

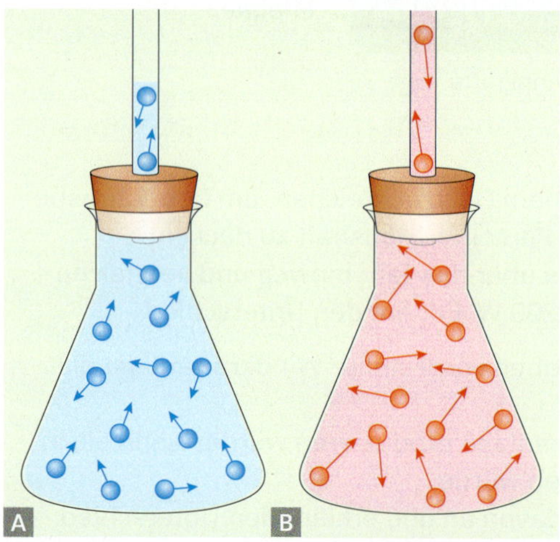

3 Thermische Energie im Teilchenmodell: **A** kalt, **B** warm

Thermische Energie

Temperatur

Wird etwas erwärmt oder abgekühlt, ändert sich die **Temperatur.** Die Temperatur lässt sich mit einem Thermometer messen und in der **Einheit °C** (Grad Celsius) angeben. Bei einem Flüssigkeits**thermometer** dehnt sich eine Flüssigkeit beim Erwärmen aus und steigt in einem dünnen Glasrohr hoch. Die Oberkante der Messflüssigkeit zeigt an der Skala die Temperatur an.

Thermische Energie

Was geschieht beim Erwärmen? Entweder nimmt der Körper Wärme auf oder es wird Energie einer anderen Energieform in **thermische Energie** umgewandelt. Bild 2 zeigt, wie elektrische Energie in der Heizplatte in thermische Energie umgewandelt wird und von dort in das Wasser übergeht. Dabei steigt die Temperatur des Wassers und das Wasser dehnt sich aus.
Beim Abkühlen gibt das Wasser Wärme an die Umgebung ab. Die thermische Energie und die Temperatur sinken und das Volumen geht wieder zurück.

Im Teilchenmodell

Jeder Körper besteht aus kleinsten Teilchen. Sie bewegen sich mit steigender Temperatur schneller, haben also mehr **Bewegungsenergie.** Bei der heftigeren Bewegung benötigen die Teilchen mehr Platz. Das Volumen des Körpers nimmt zu. Dabei nehmen die Teilchen zusätzlich Energie auf, denn sie entfernen sich gegen die Anziehungskräfte, die sie in festen und flüssigen Körpern zusammenhalten.

Thermische Energie
Diese Energieform beinhaltet die Summe der Bewegungsenergien aller Teilchen in einem Körper.

4 Änderung der thermischen Energie durch mechanische Energie: **A** Bohrer, **B** heiße Luft spannt den Luftballon auf

5 Änderung der thermischen Energie durch Wärmeaustausch zwischen Tee, Tasse und Luft

Umwandlung zwischen mechanischer und thermischer Energie

Beim Sägen, Schleifen oder Bohren wird das Werkstück schnell heiß. Die winzigen Unebenheiten an Säge, Schleifpapier und Bohrer stoßen gegen die Teilchen, aus denen das Werkstück besteht. Diese werden dadurch schneller. So wird bei der Reibung Bewegungsenergie in thermische Energie umgewandelt.
Umgekehrt geht es nicht so einfach. Die sich durcheinander bewegenden Teilchen des heißen Werkstückes werden nie die Säge in eine bestimmte Richtung schieben.
Bild 4 zeigt, dass sich ein Temperaturunterschied aber nutzen lässt, um den Luftballon zu spannen. Auch in Verbrennungsmotoren treiben heiße Gase die Kolben an, die das Auto in Bewegung setzen.

Änderung der thermischen Energie durch Wärmetransporte

Füllst du heißen Tee in eine kalte Tasse, kühlt sich der Tee ab und die Tasse wird warm. Die schnellen Teilchen im Tee stoßen die langsameren im Porzellan an. Die thermische Energie des Tees nimmt ab, die der Tasse nimmt zu. Wärme ist aus dem Tee in die Tasse übergegangen. Auch an die umgebende Luft wird Wärme abgegeben. Wärmetransport findet immer nur in eine Richtung statt: von der höheren zur niedrigeren Temperatur.

Endstation thermische Energie
Thermische Energie lässt sich nur in eine Richtung übertragen. Sie lässt sich auch bei Temperaturunterschieden nur begrenzt in andere Energieformen umwandeln.

1 Beschreibe den Aufbau und die Funktionsweise eines Flüssigkeitsthermometers.

2 **a)** Beschreibe die Veränderungen, die man beim Erhitzen von Wasser beobachten kann.
b) Erkläre diese Veränderungen mithilfe des Teilchenmodells.

3 Erkläre die Entstehung von Reibungswärme mithilfe des Teilchenmodells.

4 **a)** Beschreibe an einem Beispiel die Umwandlung einer anderen Energieform in thermische Energie.
b) Beschreibe an einem Beispiel die Veränderung der thermischen Energie durch Wärmetransport.

5 **a)** Erläutere die Energieumwandlungen, die in Bild 4 B gezeigt werden.
b) Begründe, warum sich die thermische Energie der Luft in der Flasche nicht vollständig in andere Energieformen umwandeln lässt.

Starthilfe zu 5:
Verwende: Volumen, Spannenergie, Temperaturdifferenz, thermische Energie

»

FORSCHEN UND ENTDECKEN

A Wie lässt sich die thermische Energie erhöhen?

Material: Eisennagel (20 cm), Metallsäge, Schleifpapier mit Schleifklotz (→ Bild 1)

Durchführung:

Schritt 1: Bearbeite den Nagel 1 Minute kräftig mit Schleifpapier. Befühle dann mit den Fingern die Oberfläche von Nagel und Schleifpapier.

Schritt 2: Säge den Eisennagel in der Mitte durch.

Schritt 3: Befühle mit den Fingern die Schnittstellen an beiden Hälften.

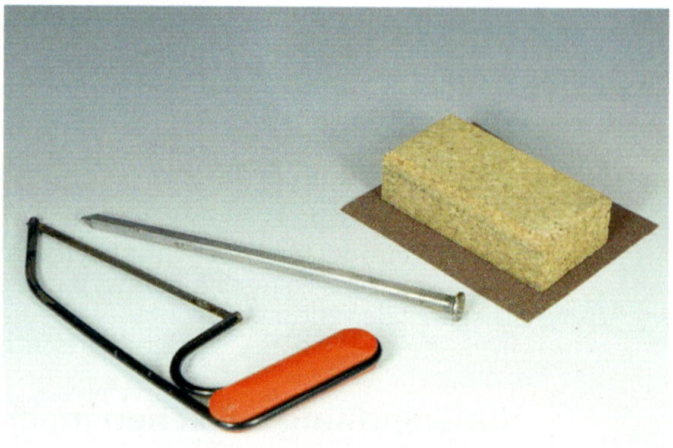

1 Ein Eisennagel soll bearbeitet werden.

1 Beschreibe jeweils deine Beobachtungen.

2 I Erläutere am Beispiel des Nagels den Begriff thermische Energie. Grenze ihn dabei zum Begriff Temperatur ab.

3 II Erkläre die Auswirkung der Veränderung der thermischen Energie mit dem Teilchenmodell.

B Wie schnell nimmt die thermische Energie des Wassers ab?

Material: Becherglas, Digitalthermometer, Uhr, 100 ml Wasser, Heizplatte, Tassen aus verschiedenen Materialien mit ungefähr gleicher Größe

Durchführung:

Schritt 1: Erwärme 100 ml Wasser in einem Becherglas auf der Heizplatte. Miss dabei die Temperatur. Schalte die Platte bei einer Wassertemperatur von 50 °C ab.

Schritt 2: Fülle das Wasser in eine Tasse. Bestimme die Wassertemperatur in der Tasse. Wiederhole die Messung nach 60 s. Trage deine Messwerte in eine Tabelle ein.

Schritt 3: Wiederhole die Schritte 1 und 2 für die Tassen aus den verschiedenen Materialien.

Starthilfe zu 1:
Verwende Tassen aus Keramik, Porzellan, Glas und Kunststoff.

Material der Tasse	Temperatur des Wassers nach dem Eingießen	Temperatur des Wassers nach 60 s

1 **a)** Vergleiche die Temperaturabnahme in den Tassen. Stelle eine Reihenfolge der Materialien auf.
b) Beschreibe die Bedeutung der Materialeigenschaft für die thermischen Energien der Tassen.

2 II Nenne die Bedingung, unter der keine Veränderung der thermischen Energie eines Körpers mehr stattfindet.

3 III Erkläre die Veränderung der thermischen Energie und der Temperatur von Wasser und Tasse mit dem Teilchenmodell.

FORSCHEN UND ENTDECKEN

C Wie verändert sich die thermische Energie in der Luft?

Material: Fahrrad-Handluftpumpe, Multimeter mit Temperaturfühler

Durchführung:

Schritt 1: Halte die Luftpumpe vorne zu und pumpe mehrmals kräftig.

Schritt 2: Führe den Temperaturmessfühler in die Öffnung der Pumpe, verschließe sie wieder mit dem Daumen und pumpe mehrfach.

2 Was spürst die linke Hand?

1 **a)** Beschreibe, was du beim Pumpen an der Hand spürst, die die Pumpe hält und die Öffnung verschließt.
b) Beobachte und notiere die Temperaturänderungen beim Pumpen.

2 Erkläre die Beobachtungen mithilfe von Energieumwandlungen und mit dem Teilchenmodell.

D Wie verändern sich Volumen und thermische Energie?

Material: zwei leere, dünnwandige PET-Wasserflaschen, Luftballon, Tiefkühlfach

Durchführung:

Schritt 1: Schraube die eine leere Flasche fest zu und lege sie in ein Gefrierfach. Lege die andere leere Flasche offen daneben.

Schritt 2: Nimm nach etwa einer Viertelstunde beide Flaschen wieder heraus. Verschließe die offene Flasche sofort mit einem nicht aufgeblasenen Luftballon.

Schritt 3: Notiere die Form der Flasche, die geschlossen war.

Schritt 4: Lass die Flaschen wieder warm werden und beobachte die Veränderungen.

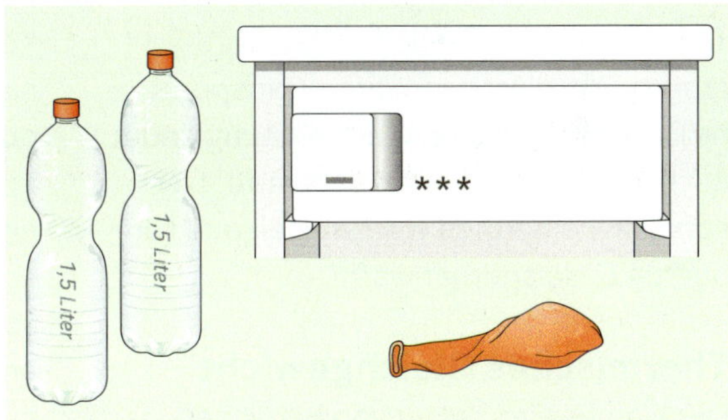

3 Luft bei hohen und bei niedrigen Temperaturen

1 **a)** Beschreibe jeweils die Beobachtungen.
b) Erkläre die Beobachtungen. Benutze dabei die Begriffe Temperatur, Wärmeaufnahme, Wärmeabgabe, Teilchenbewegung, Stöße, Volumen, thermische Energie.

2 II Ein Mitschüler meint: „Der Luftballon füllt sich, weil die warme Luft hoch steigt."
a) Beweise, dass der Schüler nicht Recht hat, indem du die Flasche geeignet ausrichtest.
b) Zeichne ein Schema, wie sich die Teilchen in der Flasche bewegen. Zeige dabei, dass sie in alle Richtungen an die Flaschenwand und an die Luftballonwand stoßen können.

«

1 Wärmestrom im Teeglas

2 Warum schützen Topflappen?

Die Arten der Wärmeübertragung

Die Wärmeleitung

Ein kalter Löffel aus Metall erwärmt sich in heißem Tee. Dabei berühren sich Körper unterschiedlicher Temperatur. Die schnelleren Teilchen des heißen Tees stoßen die langsameren Teilchen des kalten Löffels an. So wird die thermische Energie des Tees kleiner und die des Löffels wird größer. Diese Art des Wärmetransports heißt **Wärmeleitung.** Wärmeleitung findet auch innerhalb eines Körpers statt. Der Löffel im heißen Tee wird schnell auch am oberen Ende spürbar warm.

Thermisches Gleichgewicht

Die Wärme wird immer von Bereichen höherer Temperatur zu Bereichen niedrigerer Temperatur geleitet. Sie breitet sich in alle Richtungen aus. Der Wärmefluss endet, wenn überall die gleiche Temperatur herrscht. Dann ist das **thermische Gleichgewicht** erreicht.

Im Falle des Tees haben dann nicht nur Tee und Löffel dieselbe Temperatur. Es findet auch Wärmeleitung an die umgebende Luft statt. Daher wird das thermische Gleichgewicht erst erreicht, wenn der Tee auf Raumtemperatur abgekühlt ist.

Gute und schlechte Wärmeleiter

Alle Metalle, vor allem Silber, Kupfer, Gold und Aluminium sind **gute Wärmeleiter.** Körper aus diesen Stoffen werden dort verwendet, wo eine gute Wärmeleitung erwünscht ist. Deshalb sind beispielsweise Kochtöpfe aus Metall gefertigt.

Körper aus Kunststoffen, Holz und Glas sind **schlechte Wärmeleiter.** Luft ist ebenfalls ein schlechter Wärmeleiter. Sie ist in flauschigen Stoffen und Schaumstoffen eingeschlossen. Dadurch wird die Wärme schlecht durch den Stoff transportiert. So schützen Topflappen vor einer Verbrennung am heißen Backblech (→ Bild 2).

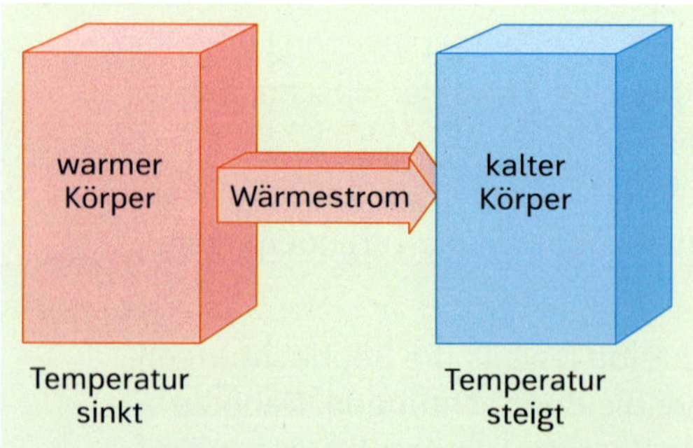

3 Wärme wird von Körpern höherer zu Körpern niedrigerer Temperatur transportiert.

Die Wärmeströmung

Die Luft über einer Kerzenflamme strömt nach oben. Es entsteht ein Strom von Luftteilchen. Sie setzen das Rad der Weihnachtspyramide in Bild 4 in Bewegung. Die strömende Luft führt Wärme mit sich. Diese Art des Wärmetransports heißt **Wärmeströmung** oder auch **Konvektion.** Wärmeströmung ist immer an die Strömung eines Materials gebunden. Sie findet auch in Flüssigkeiten statt. Das Wasser unter der Dusche führt die Wärme vom Heizkessel mit sich.

4 Die Wärme strömt mit der Luft.

Die Wärmestrahlung

Ein Lagerfeuer wie in Bild 5 verbreitet eine angenehme Wärme in alle Richtungen. Jeder spürt sie auf der dem Feuer zugewandten Körperseite. Die Wärme fließt hier nicht mit dem Luftstrom. Ein solcher Wärmetransport ohne die Beteiligung anderer Körper heißt **Wärmestrahlung.** Auch die Wärme der Sonne gelangt durch Strahlung zur Erde. Zwischen Sonne und Erde befindet sich kein Stoff, der die Wärme weiterleiten kann.

Trifft die Wärmestrahlung auf einen Körper mit heller oder glatter Oberfläche, so wird ein Teil davon zurückgeworfen. Dieser Teil wird **reflektiert.** Trifft die Wärme auf einen Körper mit dunkler oder rauer Oberfläche, so wird die auftreffende Wärme aufgenommen. Sie wird von dem Körper **absorbiert.** Deshalb erwärmen sich dunkle Körper in der Sonne stärker als helle Körper.

5 Die Wärme strahlt in alle Richtungen.

Wärmeübertragung: Wärme kann durch
- Wärmeleitung,
- Wärmeströmung (Konvektion)
- Wärmestrahlung

von einem wärmeren auf einen kälteren Körper übertragen werden.
Der Wärmetransport endet, wenn sich zwischen den Körpern ein **thermisches Gleichgewicht** gebildet hat.

1 Nenne zu jeder Art des Wärmetransportes zwei Beispiele.

2 Du stehst erst mit einem weißen T-Shirt und dann mit einem schwarzen T-Shirt jeweils für einige Minuten in der Sonne.
a) Beschreibe deine Wahrnehmung.
b) Erkläre die Ursache für deine Wahrnehmung.

3 Eine Pizza wird aus der Kühltruhe in den Backofen gelegt. Beschreibe den Wärmetransport beim Backvorgang.

Starthilfe zu 3:
Verwende für die Beschreibung die grafische Darstellung aus Bild 3.

4 Eine heiße Pizza liegt vor dir auf dem Teller und wird von dir gegessen. Beschreibe die Wärmetransporte.

»

IM ALLTAG

Überall wird Wärme übertragen

Die Wärmeströmung

Bei der Verbrennung von Kraftstoff im Motor eines Autos wird eine große Menge Wärme freigesetzt. Sie wird im Motorblock an einen **Kühlmittelkreislauf** abgegeben. Das Kühlmittel nimmt Wärme auf und strömt in den Kühler im vorderen Bereich des Autos. Dort wird die Wärme an die Umgebung abgegeben.

1 Der Kühler wird mit Kühlmittel befüllt.

Die Wärmeleitung

In Prozessoren von Computern kommt es zu einer starken Wärmeentwicklung. Das Bauteil würde sehr heiß und dadurch zerstört werden. Durch einen Kühlkörper aus Metall wird die Wärme abgeführt. Er sitzt direkt auf dem Prozessor. Er nimmt die Wärme durch Wärmeleitung auf. Dabei sorgt eine Wärmeleitpaste für einen guten Kontakt. Über die Kühlrippen wird die Wärme an die Umgebung abgegeben.

2 Kühlkörper auf einem Prozessor

Die Wärmestrahlung

Die Wärmestrahlung einer **Rotlichtlampe** oder **Infrarot-Lampe** kannst du zur Unterstützung der Heilung bei einer Muskelzerrung oder bei einer Erkältung nutzen. Die Wärme wird direkt von der Lampe auf deinen Körper gestrahlt.

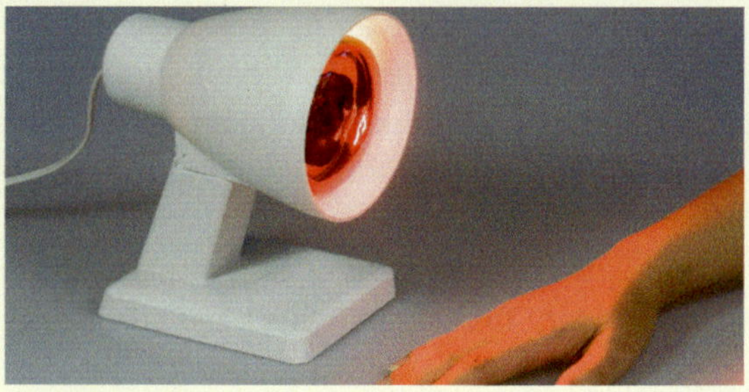

3 Heilende Wärme

1. Nenne je ein weiteres Beispiel zu den Arten der Wärmeübertragung.
2. II In manchen Fällen ist die Wärmeübertragung unerwünscht.
   a) Beschreibe, wie die Übertragung durch Wärmestrahlung verringert werden kann.
   b) Beschreibe, wie die Übertragung durch Wärmeleitung verringert werden kann.
3. II Nenne Beispiele, bei denen zwei Arten der Wärmeübertragung gleichzeitig vorkommen.
4. III Erkläre die Wärmeleitung mit dem Teilchenmodell.

IM ALLTAG

Die Zentralheizung

In vielen Häusern werden die Räume durch eine **Zentralheizung** mit Wärme versorgt.
Im **Heizkessel** wird die chemische Energie eines Brennstoffes in Wärme umgewandelt. Gas, Heizöl oder Holz wird unter Zufuhr von Luft verbrannt. Die entstehende Wärme wird an zwei **Wärmetauscher** abgegeben.
Durch Wärmeleitung geht die Wärme auf das Wasser im Heizkreislauf über. Das Wasser im Heizkreislauf transportiert die Wärme als Wärmeströmung. Über die Vorlaufleitung fließt das warme Wasser zu den Heizkörpern. Dort geben die Heizkörper die Wärme durch Wärmeleitung an die Raumluft ab. In den Räumen verteilt sich die Wärme über Wärmeströmung mit der strömenden Luft. Das abgekühlte Wasser strömt dann durch die **Rücklaufleitung** zum Heizkessel zurück. Der Kreislauf wird durch eine **Umwälzpumpe** unterstützt.
Über den **Warmwasserkreislauf** im Heizkessel wird Wärme in einen Warmwasserspeicher übertragen. Darüber werden Waschbecken und Duschen mit warmem Wasser versorgt.

Solarthermie unterstützt

Solarkollektoren auf dem Dach eines Hauses sind mit Wasser gefüllt. Sie nehmen die Wärmestrahlung der Sonne auf. Die Wärme des Wassers wird über einen weiteren Kreislauf in die Anlage eingespeist. Dieser Teil der Wärmenutzung ist umweltschonend und spart fossile Brennstoffe.

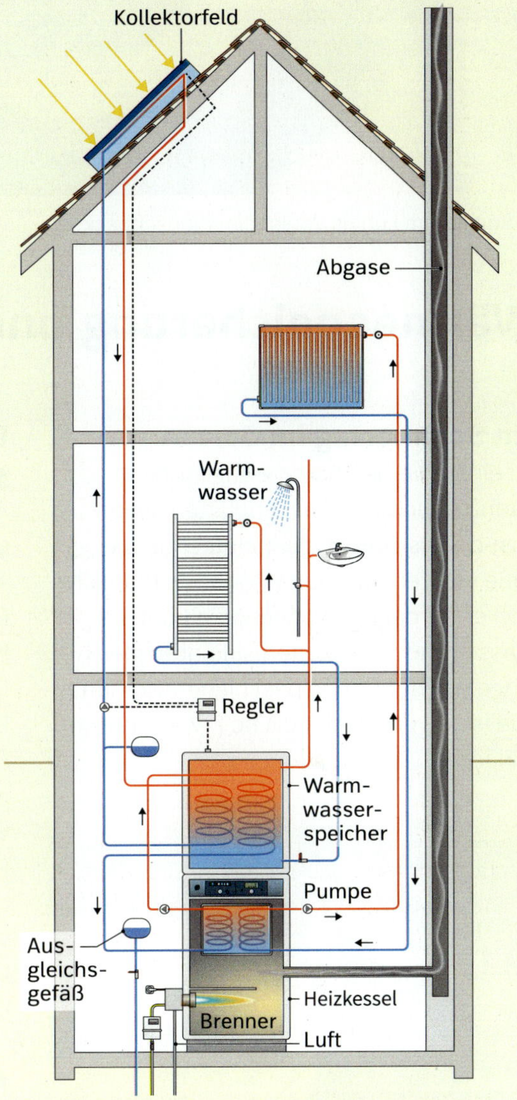

4 Eine Zentralheizung mit Solarkollektoren

1 a) Nenne die wichtigsten Teile einer Zentralheizung.
b) Beschreibe den Weg des Wassers im Heizkreislauf.
c) Begründe den Temperaturunterschied zwischen der Vorlaufleitung und der Rücklaufleitung.

2 II a) Beschreibe die Wirkungsweise der Wärmetauscher in einem Heizkessel.
II b) Beschreibe die Wärmeübertragung vom Heizkessel zum Heizkörper in einem Zimmer.

3 III Beschreibe den Weg der Luftströmung in einem Zimmer. Beginne beim Heizkörper.

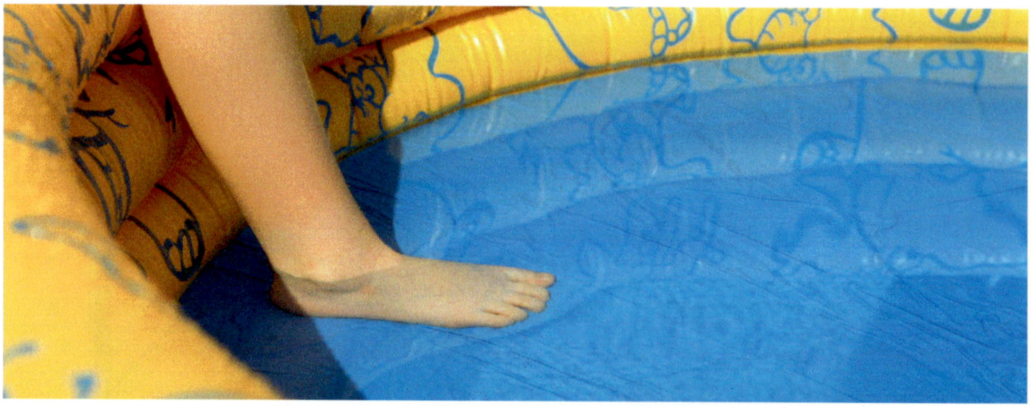

1 Angenehm kühles Wasser im Planschbecken

Wärmespeicherung und Wärmedämmung

Ein Sommertag im Garten

An einem heißen Sommertag läufst du barfuß über die Terrassenplatten. Dabei hast du das Gefühl, du könntest dir die Füße verbrennen. Das Wasser im Planschbecken ist dagegen angenehm kühl. Wasser und Steinplatten sind aber gleich lange von der Sonne beschienen worden. Wie ist die unterschiedliche Erwärmung zu erklären?

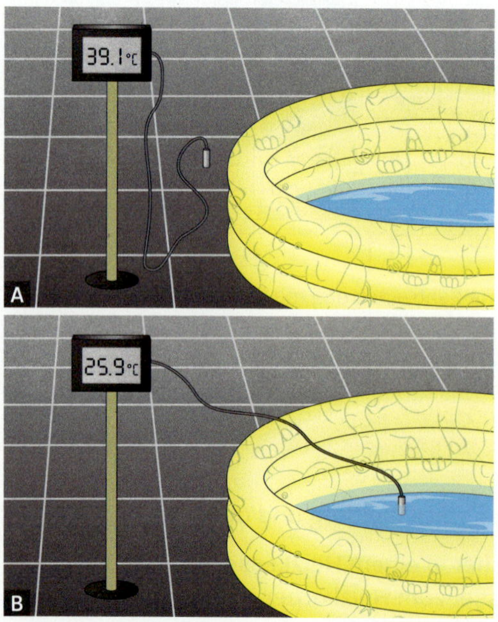

2 Temperaturmessung: **A** auf Steinen, **B** im Wasser

Die Wärme der Sonne wird gespeichert

Am Morgen spürst du zwischen Platten und Wasser kaum einen Temperaturunterschied. Im Tagesverlauf werden beide Oberflächen gleichmäßig von der Sonne beschienen. Zur Mittagszeit sind die Platten deutlich wärmer als das Wasser. Die Wärme der Sonne wird als thermische Energie in den Platten und im Wasser gespeichert. Der Temperaturanstieg im Wasser ist jedoch geringer als in den Platten (→ Bild 2). Um die gleiche Temperatur zu erreichen, müsste dem Wasser mehr Wärme zugeführt werden. Das Wasser kann mehr Wärme aufnehmen. Es ist ein besserer **Wärmespeicher** als die Steine.

Art des Stoffes

Werden gleiche Mengen von Wasser, Öl und Stein längere Zeit von der Sonne beschienen, steigt in allen Stoffen die Temperatur. Steine erreichen den höchsten Wert, Wasser den niedrigsten. Dem Öl muss mehr Wärme zugeführt werden als den Steinen, wenn es die gleiche Temperatur wie die Steine erreichen soll. Dies bedeutet, dass die Menge der gespeicherten Wärme abhängig von der **Art des Stoffes** ist.

Wärmedämmung

Heißer Tee soll heiß bleiben. Die warme Wohnung soll im Winter nicht zu schnell auskühlen. Das Ziel einer guten Wärmedämmung ist es, den Wärmefluss zu behindern. Wie viel Wärme fließt, hängt von verschiedenen Faktoren ab.

Ein heißer Tee draußen auf dem Weihnachtsmarkt wird schneller kalt als in der warmen Stube. Bei einem **geringeren Temperaturunterschied** wird weniger Wärme abgegeben.

Auch die Form des Bechers spielt eine Rolle. Ein runder Becher mit **kleiner Oberfläche** hält die Wärme besser als eine flache Teeschale mit einer großen Oberfläche. Auch die Art der Stoffe, die die Wärme leiten, spielt eine große Rolle. **Dämmstoffe** verlängern die Zeit für die Wärmeübertragung.

3 Eine große Fläche gibt Wärme schnell ab.

4 Ein Dämmstoff behindert die Wärmeübertragung.

Dämmstoffe

Eine Teeflasche lässt sich mit einer Thermohülle aus Schaumstoff warm halten. Der Schaumstoff hat eine **geringe Wärmeleitfähigkeit.** Eigentlich ist es die im Schaumstoff eingeschlossene Luft, die Wärme schlecht leitet. Durch die vielen getrennten Hohlräume kann die Luft auch nicht in Strömung geraten. Konvektion wird so verhindert. Eine Aluschicht auf der Innenseite der Hülle reflektiert die Wärmestrahlung.

Der Wärmetransport wird beeinflusst von
- dem Temperaturunterschied
- der Größe der Oberfläche
- der Art des Dämmstoffes
- der in Hohlräumen eingeschlossenen Luft.

1 **a)** Beschreibe für einen Sonnentag im Sommer den Temperaturverlauf von Sonnenaufgang bis zum Sonnenuntergang.
b) Beschreibe die Auswirkungen der Wärmestrahlung der Sonne auf einen Weg aus Steinplatten und den Rasen neben dem Plattenweg.

Starthilfe zu 1 a:
Teile den Tagesverlauf in mehrere Zeitabschnitte ein.

Starthilfe zu 1 b:
Bedenke: Pflanzen enthalten viel Wasser.

2 Hausdächer können zum Beispiel mit Steinwolle, Schafswolle oder Holzwolle gedämmt werden. Beschreibe eine gemeinsame Eigenschaft, die zur wärmedämmenden Wirkung dieser Materialien führt.

3 Erkläre, warum ein auf 22 °C beheiztes Haus an einem kalten Wintertag mehr Wärme abgibt als ein auf 18 °C beheiztes Haus.

4 Erkläre, warum flache Häuser mit vielen Anbauten im Winter mehr Wärme verlieren als Häuser der üblichen Form.

»

FORSCHEN UND ENTDECKEN

A Welcher Dämmstoff ist der beste?

Material: zwei gleich große Schuhkartons, zwei gleichartige Schraubgläser, warmes Wasser (70 °C), Digitalthermometer, verschiedene Dämmstoffe wie Schaumstoff, Wolle, Wellpappe, Styropor und andere

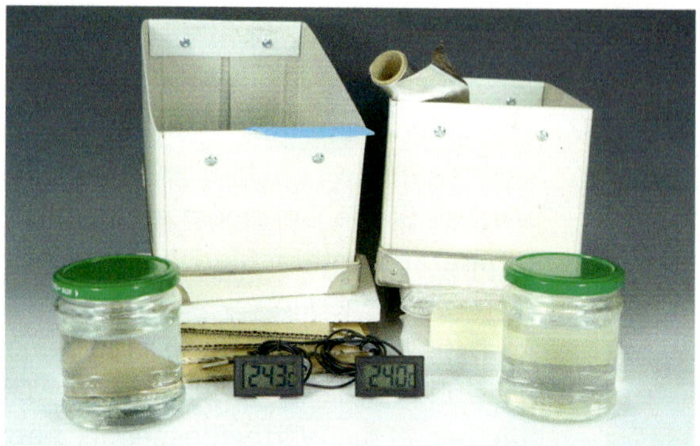

1 Dämmstoffe testen

Durchführung:

Schritt 1: Kleidet die beiden Schuhkartons mit zwei verschiedenen Dämmstoffen aus.

Schritt 2: Gebt jeweils die gleiche Menge gleich armes Wasser in die Schraubdeckelgläser.

Schritt 3: Verschließt die Gläser, stellt sie in die Kartons.

Schritt 4: Messt und notiert nach 10 min die Wassertemperaturen in den beiden Gläsern.

Schritt 5: Wiederholt den Versuch mit weiteren Dämmstoffen

1 **a)** Vergleicht die Messwerte und ordnet sie. **b)** Stellt eine Reihenfolge der Dämmstoffe auf. Beginnt mit dem Dämmstoff, der den Wärmefluss am besten behindert.

2 Erklärt die Dämmwirkung der Materialien.

B Welchen Einfluss hat die Dämmstoffdicke?

Material: wie in Versuch A; nur Schaumstoff

Durchführung:

Schritt 1: Kleidet den zweiten Schuhkarton mit einer etwa doppelt so dicken Schicht Schaumstoff aus wie den ersten.

Schritt 2: Führt den Versuch entsprechend wie in Versuch A durch.

Schritt 3: Experimentiert mit weiteren Dämmstoffdicken.

1 **a)** Haltet in einer Messtabelle die Dicke der Dämmstoffschicht und die Temperaturabnahme fest. **b)** Formuliert ein Versuchsergebnis.

2 Begründe, warum nicht immer ganz dicke Dämmstoffschichten verwendet werden.

C Alufolie innen oder außen?

Material: wie in Versuch A; nur Schaumstoff, Aluminiumfolie

Durchführung:

Schritt 1: Plant einen Versuch, der zeigen kann, ob die Alufolie die Wärmeabgabe effektiver innen oder außen behindert.

Schritt 2: Führt den Versuch durch.

1 Schreibt ein Versuchsprotokoll.

IM ALLTAG

Luft ist ein schlechter Wärmeleiter

2 Ein Warmhaltegefäß

So bleiben Speisen warm

Der Einsatz eines **Warmhaltegefäßes** besteht aus einem doppelwandigen Gefäß mit glatter, glänzender Oberfläche. Aus dem Raum zwischen den Wänden wurde die Luft weitgehend abgesaugt. Dadurch wird die Wärmeübertragung von innen nach außen vermindert. Zusätzlich ist der Innenraum mit einer Spiegelschicht überzogen. Sie verhindert die Übertragung durch Wärmestrahlung. So bleiben die Speisen länger warm.

3 Wolle, Fleece und Daunen halten warm.

Die Wärme soll im Körper bleiben

Warme Kleidung besteht immer aus flauschigen Stoffen. Sie bilden eine Schicht aus Fasern von natürlichen oder künstlichen Stoffen. Zwischen den Fasern ist Luft eingeschlossen. Die Luft als schlechter Wärmeleiter behindert in den Schichten eines Kleidungsstückes die Wärmeübertragung nach außen. Durch die warme Kleidung wird der Körper vor Auskühlung geschützt.

4 Eine Thermobox

Die Thermobox schützt

In einer **Thermobox** können größere Mengen an warmen oder kühlen Speisen transportiert werden. Die Thermobox besteht aus einem Schaumstoff, der sehr viel Luft enthält. Luft als schlechter Wärmeleiter behindert die Wärmeübertragung nach außen oder nach innen.

1 Nenne Beispiele für die Nutzung von Warmhaltegefäßen.

2 a) Zeichne den Aufbau eines Warmhaltegefäßes wie in Bild 2.
b) Gib die Wärmeübertragung für jede Schicht an und wie sie vermindert wird.

3 II Zeichne für eine Thermobox wie in Bild 4 die Wärmeübertragung für Speisen,
a) die warm gehalten werden sollen.
b) die kühl gehalten werden sollen.

4 II Nenne Beispiele, wie sich Tiere in der Natur vor Kälte schützen. Begründe die jeweilige Schutzfunktion.

«

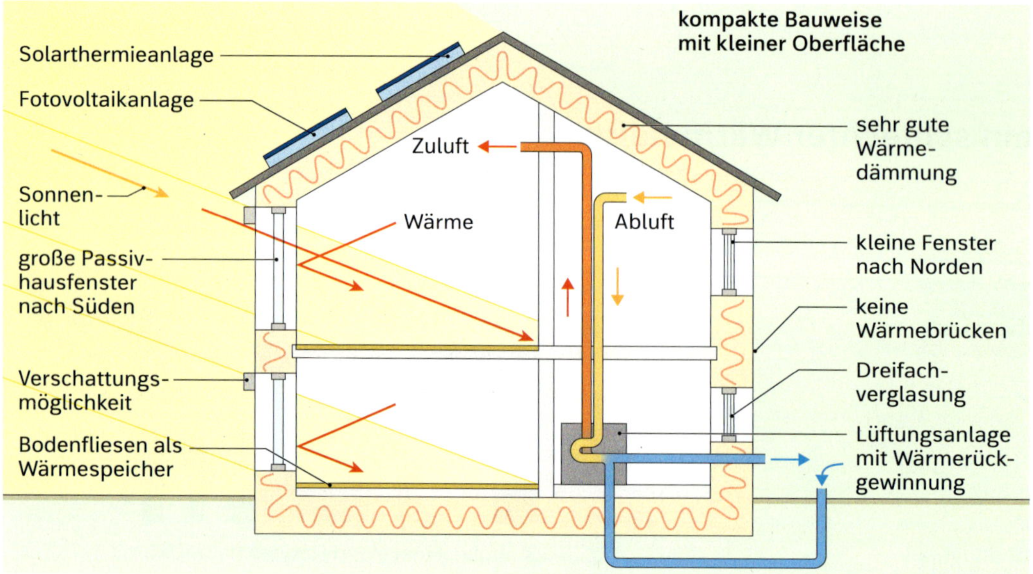

1 Das Passivhaus verbessert die Energieausnutzung überall.

Intelligenter Umgang mit Energie

Jeder kann etwas tun

Es sind kleine Änderungen des eigenen Verhaltens, mit denen jede und jeder zu einem effektiveren Umgang mit Energie beitragen kann. Dazu gehört das Abschalten von Lampen oder elektronischen Geräten, wenn sie nicht gebraucht werden. Volle Waschmaschinen und Geschirrspüler sparen elektrische Energie ebenso wie abgeschaltete Standby-Funktionen.
Mehr Energie lässt sich beim Heizen sparen. Eine kurze Stoßlüftung jede Stunde lässt weniger Wärme zum Fenster hinausströmen als lange gekippte Fenster. Und wer im Winter auch im Haus einen Pullover trägt, muss die Heizung erst gar nicht so weit aufdrehen.

Zukunftsvisionen

Um aber den Energieumsatz insgesamt deutlich zu senken, ist viel mehr nötig. Da müssen Häuser neu gebaut oder umgebaut werden. Die Energienutzung und die Energieversorgung müssen neu gedacht und anders organisiert werden.

Passivhaus

Ein Konzept ist das **Passivhaus,** das in vielen verschiedenen Ausführungen bereits gebaut wird. Im Idealfall braucht es keine Energie, sondern liefert sogar welche.
Es hat keine Heizungsanlage.
Durch die kompakte Gebäudeform und die sehr gute Wärmedämmung verliert das Haus so gut wie keine Wärme. Die Fenster sind nach Süden ausgerichtet. Sie lassen Sonnenlicht herein, aber kaum Wärmestrahlung hinaus. So wird das Haus „passiv“ von der Sonne geheizt. Böden und Wände speichern die aufgenommene Wärme. **Sonnenkollektoren** auf dem Dach heizen das Duschwasser vor.

Passivhaus
Es nutzt „passiv“ die Wärme durch das Sonnenlicht. Es ist so gut wärmeisoliert, dass keine Zentralheizung nötig ist. Durch Nutzung regenerativer Energieträger kann es sogar Energie abgeben.

Die Bewohner heizen selbst

Eine zusätzliche Wärmequelle ist die Körperwärme der Bewohner. Außerdem ist die Abwärme der Elektrogeräte nicht nutzlose Energie, sondern dient als Heizung. Nur an sehr kalten Wintertagen kann eine zusätzliche Heizung nötig werden. Eine automatische Lüftung mit **Wärmetauschern** sorgt für frische, vorgewärmte Luft.

Vom Passiv-Haus zum Plus-Haus

Die doch benötigte Menge an elektrischer Energie liefert eine **Fotovoltaikanlage.** Wo es passt, kann auch eine **Mikrowindkraftanlage** installiert werden. Je nachdem, wie viel elektrische Energie das Haus erzeugt, kann es sogar zum Energielieferanten werden, zum so genannten Plus-Haus. Vielleicht reicht die Anlage auch, um das Elektroauto aufzuladen.

Energieumsatz gezielt steuern

Die Energieversorgung durch regenerative Energie schwankt oft stark. Manche Geräte lassen sich aber durch eine intelligente Steuersoftware sinnvoll daran koppeln. Bei Sonnenschein schaltet sich die Waschmaschine ein, Akkus werden geladen und die Kühltruhe heruntergekühlt. Über das Handy können die Bewohner ihr **Smart-Home** auch aus der Ferne nachsteuern. Cloud-Speicher können überschüssige Energie ins Stromnetz aufnehmen und bei Bedarf abgeben.

2 Moderne Passivhaussiedlung

3 Das Plus-Haus speist Strom ins Netz ein.

4 Smart-Home vom Handy nachgesteuert.

1 a) Nenne drei Beispiele, wie du selbst Energie sparen kannst, und drei Beispiele, die größere Investitionen erfordern.
b) Begründe, warum Investitionen in das Einsparen von Heizenergie besonders effektiv sind.

2 Bild 1 zeigt mehrere Einrichtungen, wie das Passivhaus durch eine geschickte Ausnutzung von Wärmeleitung, Wärmeströmung, Wärmestrahlung und Wärmespeicherung behaglich warm wird. Beschreibe die Einrichtungen und ordne sie den oben genannten Begriffen zu.

Starthilfe zu 2:
Wärmestrahlung: Sonnenlicht gelangt …

3 Erkläre, warum Abwärme von Elektrogeräten nicht immer ein Verlust an Nutzenergie ist.

4 Bild 3 zeigt drei verschiedene Energieanlagen auf dem Hausdach. Benenne sie und beschreibe ihre Funktionen.

LERNEN IM TEAM

Energie zu Hause effizient nutzen

Ein erheblicher Anteil des Energiebedarfs wird für das Heizen und auch das Kühlen eingesetzt. In diesem Bereich lässt sich daher auch viel einsparen. Ihr untersucht in den Teams Möglichkeiten der Wärmedämmung von Häusern, zur effektiven Warmwasserbereitung und für energieeffizientes Kühlen.
Präsentiert die Ergebnisse eurer Untersuchungen und Recherchen in geeigneter Weise.

1 Wärmedämmung im Haus anbringen

TEAM 1 Wärmedämmstoffe

Es gibt eine Vielzahl von Dämmstoffen. Sie unterscheiden sich nicht nur in ihrer wärmedämmenden Wirkung und im Preis. Brennbarkeit und Feuchtigkeitsregulation spielen ebenfalls eine Rolle.
Auftrag: Informiert euch im Internet und im Baumarkt über die Funktionsweise und die Einsatzbereiche verschiedener Dämmstoffe. Bringt auch Proben mit. Prüft die Dämmstoffe auch auf Nachhaltigkeit. Werden nachwachsende Rohstoffe benutzt? Wie kann das Material entsorgt oder recycelt werden?

2 Dämmstoffe im Baumarkt

TEAM 2 Wärmebrücken erkennen und schließen

Kalte Ecken und Fenster sind nicht nur unangenehm und verschwenden Heizenergie. Schimmel an den Wänden kann schwer wiegende Gesundheitsprobleme verursachen.
Auftrag: Findet heraus, was Wärmebrücken sind und stellt typische Beispiele vor. Erklärt, warum es dort leicht zu Schimmelbildung kommt und welche Gefahren davon ausgehen. Erkundet und beschreibt, was Bewohner gegen Schimmel unternehmen können. Stellt Techniken vor, wie moderne Dämmung Wärmebrücken vermeidet. Stellt Vorteile einer geregelten Lüftung vor.

3 Schimmelbildung durch Feuchtigkeit

LERNEN IM TEAM

TEAM 3 Kühlen kostet viel elektrische Energie

Kühlschränke und Klimaanlagen funktionieren als „Wärmepumpen" nach demselben Prinzip. Elektrische Energie wird genutzt, um Wärme gegen das Temperaturgefälle zu transportieren. Wie kann das gehen? Und warum sind Kühlschränke eigentlich Heizungen?

Auftrag: Stellt das Funktionsprinzip einer „Wärmepumpe" vor. Beschreibt die Vorteile von Klimaanlagen und Kühlgeräten. Entwickelt Vorschläge, wie sich der Energiebedarf zum Kühlen einschränken lässt.

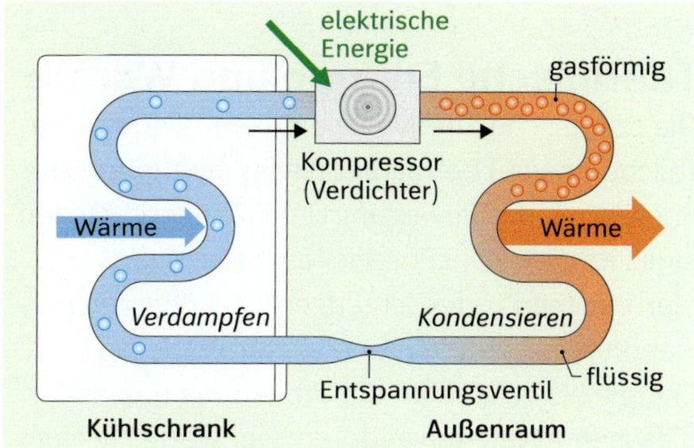

4 Kühlgeräte heizen

TEAM 4 So bleibt das Haus kühl

Klimaanlagen verbrauchen viel elektrische Energie. Aber schon durch die Bauweise der Häuser und durch das Verhalten der Bewohner bleiben Gebäude auch an heißen Tagen angenehm kühl.

Auftrag: Vergleicht traditionelle Bauweisen und moderne Architektur. Findet heraus, wodurch die Gebäude kühl bleiben. Wie können die Bewohner durch gezielte Verschattung und Lüftung ihre Gebäude kühl halten?

5 Kühle Gebäude: **A** traditionelles Atrium im Mittelmeerraum, **B** moderne Fassade

TEAM 5 Warmes Wasser durch die Sonne

Mithilfe der Solarthermie kann Sonnenenergie direkt zum Aufheizen von Wasser genutzt werden.

Auftrag: Führt mithilfe einer Campingdusche oder schwarzen Schläuchen vor, wie die Sonne Wasser erwärmt. Messt auch die erzielte Wassertemperatur und die Wassermenge.

Stellt für Wohnhäuser technische Möglichkeiten der solarthermischen Warmwasserbereitung vor. Geht auch auf die Wärmedämmung von Wasserspeichern und Leitungen ein.

6 Camping-Solardusche

Auf einen Blick: Nachhaltiger Umgang mit Energieträgern

Thermische Energie und Wärme

Die thermische Energie ist eine Energieform. Im Teilchenmodell betrachtet, steigt die thermische Energie mit der Bewegung der kleinsten Teilchen eines Körpers. Die Energie lässt sich nicht „verbrauchen“ oder „erzeugen“. Bei Energieumwandlungen geht immer etwas thermische Energie als Wärme an die Umgebung und so für die weitere Nutzung verloren. Der wertvolle Nutzanteil der Energie wird kleiner. Die Energieentwertung wird oft als etwas ungenau als „Energieverbrauch“ bezeichnet.

Wärme wird auf verschiedene Arten transportiert. Bei der Wärmeleitung stoßen sich die kleinsten Teilchen an und verteilen die Bewegung. Bei der Konvektion (Wärmeströmung) fließt die Wärme mit strömenden Stoffen wie Luft oder Wasser. Wärmestrahlung erfolgt auch ohne Stoffe. Wärmespeicher enthalten bei bestimmten Temperaturen unterschiedlich viel thermische Energie.

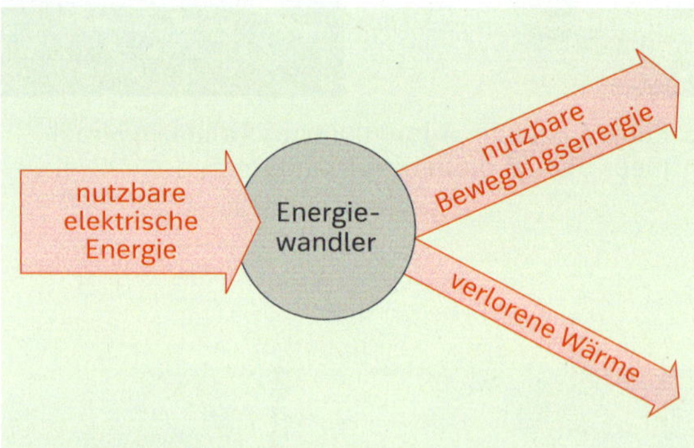

1 Energieentwertung im Energieflussdiagramm

WICHTIGE BEGRIFFE

- Energieentwertung
- Energieträger, fossil, regenerativ
- Thermische Energie und Wärme
- Wärmetransporte: Wärmeleitung,
- Konvektion, Wärmestrahlung
- Wärmespeicherung

Energie und Leistung

Damit auch in Zukunft genug nutzbare Energie zur Verfügung steht, muss mit fossilen und regenerativen Energieträgern nachhaltig umgegangen werden. Wenige Energieumwandlungen bei möglichst geringen Wärmeverlusten dienen diesem Ziel. Passivhäuser halten durch Wärmedämmung die thermische Energie im Haus. Sie nutzen verschiedene Energieflüsse effektiv. Die Energie, die fließt, wenn zum Beispiel ein Haartrockner Wärme und Luftbewegung erzeugt, lässt sich mit einem Energiemessgerät feststellen. Die Energie E wird entweder in der Einheit J (Joule) oder in der Einheit kWh (Kilowattstunden) angegeben. Je länger der Haartrockner läuft, desto mehr Energie wird umgesetzt. Ein leistungsstarker Haartrockner setzt in der gleichen Zeit mehr Energie um als ein schwacher. Die Energiestromstärke wird als Leistung P bezeichnet. Die Leistung wird in der Einheit W (Watt) gemessen. 1000 W sind 1 kW (Kilowatt).

2 Energiemessgerät

WICHTIGE BEGRIFFE

- Energie E in J oder kWh
- Leistung P in W (Watt)
- Energie = Leistung mal Zeit
- Nachhaltigkeit
- Wärmedämmung
- Passivhaus

Lerncheck: Nachhaltiger Umgang mit Energieträgern

Thermische Energie und Wärme

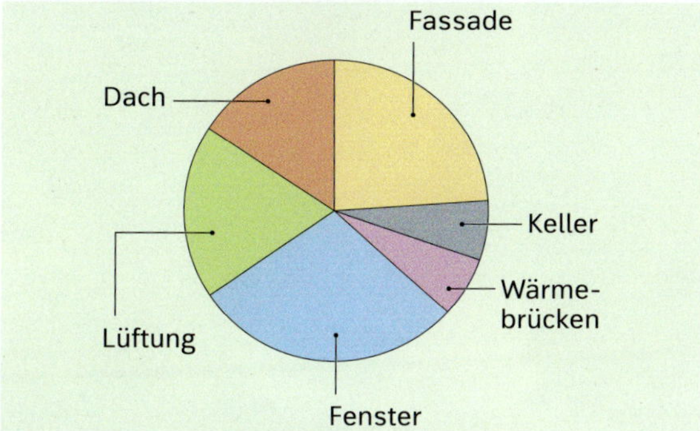

1 **a)** Beschreibe die Wärmeverluste aus einem Altbauhaus, die im Diagramm oben dargestellt sind.
b) Entwickle Vorschläge für eine effektivere Wärmedämmung.

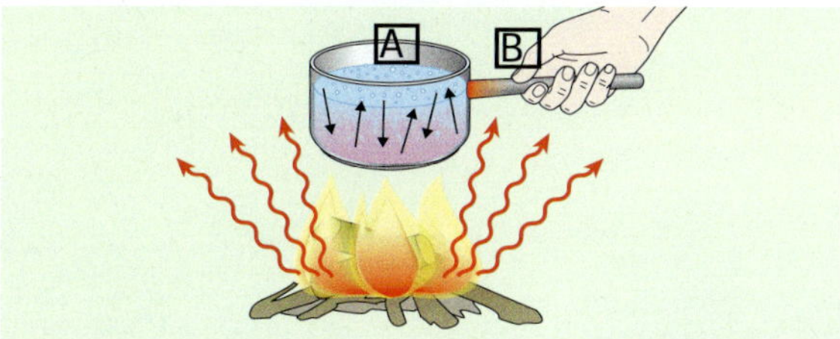

2 **a)** Benenne die im obigen Bild dargestellten Wärmetransporte.
b) Erkläre die Wärmetransporte A und B mithilfe des Teilchenmodells.

3 **a)** Zeichne für das oben abgebildete Feuer ein Energieflussdiagramm.
b) Erkläre, was beim Kochen über dem Feuer „verbraucht" wird und warum der Begriff „Energieverbrauch" falsch wäre.

DU KANNST JETZT ...

- ... Energieverbrauch als Energieentwertung deuten.
- ... thermische Energie und Wärmetransporte im Teilchenmodell erklären.
- ... Energieflüsse und Energieentwertung im Energieflussdiagramm darstellen

Energie und Leistung

4 Im Jahr benötigt eine schlecht wärmeisolierte Altbauwohnung zum Beispiel etwa 10 000 kWh Energie zum Heizen.
a) Berechne, wieviel Liter Heizöl dieses Haus im Jahr benötigt, wenn sich aus 1 l Heizöl etwa 10 kWh thermische Energie gewinnen lassen.
b) Nenne zum Heizen geeignete andere fossile und regenerative Energieträger.
c) An einem kalten Wintertag werden 100 kWh Heizenergie benötigt. Berechne die Leistung einer Elektroheizung, die diese Energie liefern könnte.
d) Erkläre, warum in ein Passivhaus ohne Heizung auskommen kann.

5 **a)** Nenne drei Materialien, die sich als Dämmstoff eignen.
b) Erkläre typische Eigenschaften, die zu der wärmedämmenden Wirkung führen.
c) Erkläre, warum ein gut wärmegedämmtes Haus im Sommer kühl bleibt.

6 Beschreibe, wie du durch dein eigenes Verhalten Heizenergie sparen kannst.

DU KANNST JETZT ...

- ... Energiemengen in J oder kWh angeben.
- ... Leistungen (Energiestromstärken) in W oder kW angeben.
- ... Möglichkeiten zur Wärmedämmung und nachhaltigen Energienutzung beschreiben.

Elektrische Energie im Alltag

Wieso stehen mir manchmal die Haare vom Kopf ab?

Was ist eigentlich elektrischer Strom?

Was bedeuten die Zahlen auf meinem Smartphone-Akku?

1 Unterschiedliche Spannungsquellen

Elektrische Stromkreise im Alltag

Elektrische Geräte benötigen Strom

Viele Geräte wie das Smartphone, der Computer, elektrische Küchengeräte, der Fernseher oder die Audioanlage benötigen **elektrische Energie.** Diese wird von einer **Spannungsquelle,** beispielsweise von einem Akku oder aus der Steckdose des Haushaltsnetzes, auf die Geräte übertragen (→ Bild 1). Die elektrische Energie hat viele Vorteile gegenüber anderen Energieformen. Sie kann als einzige Energie in alle anderen Formen von Energie umgewandelt werden. Außerdem kann sie transportiert und gespeichert werden.

Energie wird gewandelt

Elektrische Geräte werden oft Stromverbraucher genannt. Das ist jedoch nicht richtig. Elektrische Geräte wandeln die elektrische Energie in andere Energieformen um. Ein Laptop beispielsweise wandelt elektrische Energie in Licht, Bewegungsenergie, Schall und Wärme um. Der Weg der Energie von der Spannungsquelle zum Nutzer kann in einem **Energieflussdiagramm** dargestellt werden (→ Bild 2). Die Menge der zugeführten Energie und der nach der Umwandlung abgegebenen Energie ist gleich. Es geht keine Energie verloren und sie wird nicht verbraucht.

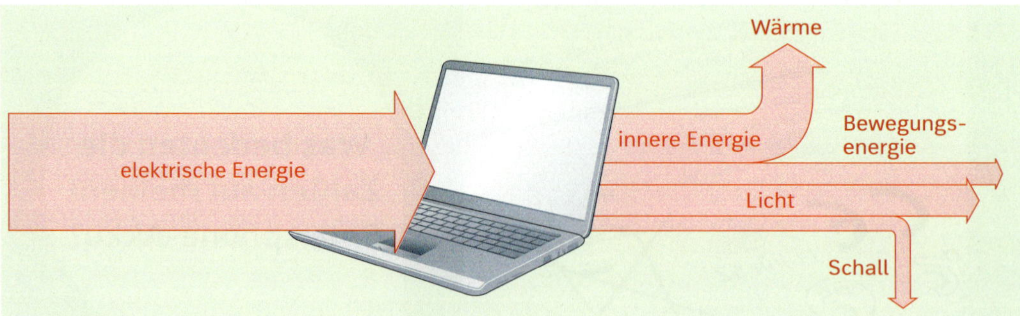

2 Energieflussdiagramm

3 In einem Wasserkraftwerk wird elektrische Energie bereitgestellt.

Energie wird genutzt

Elektrische Geräte wandeln die elektrische Energie in Energieformen um, die von uns genutzt werden. So wandelt eine Glühbirne elektrische Energie in Lichtenergie um. Das Licht nutzen wir, um nachts das Haus zu erhellen.

Bei der Energieumwandlung sind nicht immer alle Energieformen erwünscht. Alte Glühbirnen wandeln elektrische Energie auch in thermische Energie um. Sie werden warm, obwohl das nicht erwünscht ist. Neuere Leuchtmittel wie beispielsweise LEDs erzeugen nicht so viel Wärme. Hier wird möglichst viel elektrische Energie in die erwünschte Energieform Licht umgewandelt. Sie sind besonders effizient.

Woher stammt die elektrische Energie?

Für das Laden deines Smartphones nutzt du die Energie aus der Steckdose. Die elektrische Energie dafür wird in Kraftwerken bereitgestellt. Ein Kraftwerk wandelt die Energie, die in Kohle, Erdöl und in der Bewegung von Wind oder Wasser gespeichert ist, um. In einem Wasserkraftwerk wird Höhenenergie in elektrische Energie umgewandelt (→ Bild 3). Wasser fließt von einem Staudamm nach unten und treibt dabei Turbinen an. Die Höhenenergie wird in Bewegungsenergie umgewandelt. Ein Generator wandelt die Bewegungsenergie in elektrische Energie um, die in das Stromnetz gespeist wird.

1 Erstelle eine Tabelle mit elektrischen Geräten. Ergänze die Energieformen, in die gewandelt wird.

2 Erstelle für zwei Beispiele aus Aufgabe 1 jeweils ein Energieflussdiagramm.

Starthilfe zu 1:

Gerät	Energieform
Laptop	Schall, Bewegungsenergie, …

3 I Erstelle für das Wasserkraftwerk ein Energieflussdiagramm.

4 II Beschreibe den Weg der Energie von dem Wasser im Stausee bis zum Bildschirm eines Laptops.

5 II Zeichne jeweils ein Energieflussdiagramm für einen Elektroroller und für einen Roller mit Verbrennungsmotor.

»

IM ALLTAG

Energieumwandlungen in elektrische Energie

1 Ein Gezeitenkraftwerk

Ein Gezeitenkraftwerk

Das **Gezeitenkraftwerk** nutzt Ebbe und Flut, um Strom zu gewinnen. Je größer der Unterschied zwischen dem Niedrigwasserstand und dem Hochwasserstand ist, desto stärker ist die Strömung und desto mehr Energie kann gewonnen werden.

2 Ein Wellenkraftwerk

Ein Wellenkraftwerk

Bei einem **Wellenkraftwerk** treibt die Hin- und Herbewegung der Meereswellen einen Generator an. Der Generator gibt elektrische Energie ab. Gleichzeitig wird der Generator durch das umgebene Wasser gekühlt.

Ein Windgenerator

3 Miniwindanlage

Windgeneratoren werden auch als Kleinanlagen gebaut. Die Rotorflügel treiben über ein gekoppeltes Getriebe direkt den Generator an. Er stellt nun elektrische Energie bereit. Ein Teil der Energie wird durch Reibungsvorgänge in innere Energie gewandelt. Diese wird in Form von Wärme an die Umgebung abgegeben.

Eine Taschenlampe

4 Eine Kurbellampe

Über die Kurbel wird ein kleiner Generator in der **Taschenlampe** angetrieben. Er gibt elektrische Energie ab und die LEDs leuchten. Die Lager und der Generator werden warm. Die Wärme wird an die Umgebung abgegeben. Häufig enthalten diese Lampen auch noch einen Akku. In ihm wird die elektrische Energie gespeichert. Das Gerät benötigt keine Batterien.

1 Zeichne ein Energieflussdiagramm für den Windgenerator. Gib dabei die zugeführte Energie, den Wandler und die abgegebenen Energien an.

Starthilfe zu 1:

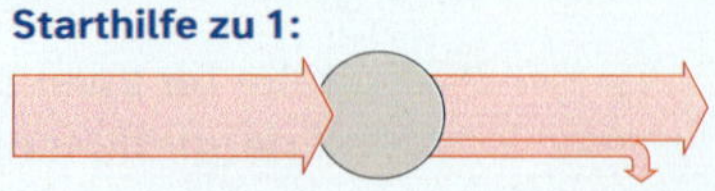

2 **a)** Zeichne für die Kurbellampe das Energieflussdiagramm.
b) Zeichne für die Kurbellampe das Energieflussdiagramm, wenn die Lampe zusätzlich einen Akku enthält.

3 **III** In der Dunkelheit musst du an deinem Fahrrad das Licht einschalten. Zeichne das Energieflussdiagramm, das das Licht als letzte Form der Energie hat. Beginne bei der chemischen Energie deiner Nahrungsmittel.

ÜBEN UND ANWENDEN

A Solarladegeräte liefern Strom

Wenn du dein Smartphone umweltfreundlich aufladen möchtest oder wenn du du draußen unterwegs bist, kannst du ein **Solarladegerät** verwenden. Seine Solarzellen wandeln Lichtenergie in elektrische Energie um, die zum Aufladen des Smartphones genutzt werden kann.

5 Lichtenergie wird in elektrische Energie gewandelt.

1 **a)** Nenne die Vorteile eines Solarladegeräts.
b) Nenne weitere Beispiele aus dem Haushalt, in denen Strom aus Solarzellen Anwendung finden.

2 **II** Zeichne ein Energieflussdiagramm für das Aufladen des Smartphones mit einem Solarladegerät.

B Stromausfall

Stelle dir vor, du kommst abends nach Hause und in deiner Straße ist es dunkel. Du öffnest die Tür und auch in der Wohnung ist es dunkel. Du erfährst, dass es in deiner Stadt durch einen großen Schaden im Elektrizitätswerk zu einem totalen Stromausfall gekommen ist, der noch 24 Stunden lang andauert.

6 Stromausfall in einer Straße

7 Kochen bei Stromausfall

1 Beschreibe die Auswirkungen des Stromausfalls für die Straße, in der du lebst und für das Kochen eines Abendessens. Verwende dazu Bild 6 und 7.

2 **a)** Nenne fünf weitere Einschränkungen durch den Stromausfall, die deinen Alltag betreffen.
b) Nenne fünf Veränderungen durch den Stromausfall, die das Leben in der Stadt betreffen.

3 Beschreibe in einer kurzen Geschichte, wie dein Tag ohne Strom aussieht.

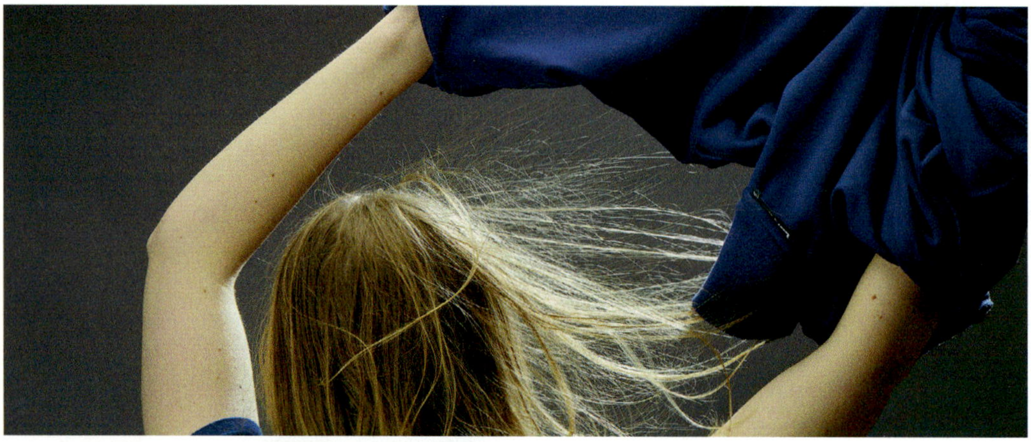

1 Elektrisch aufgeladene Haare

Die elektrische Ladung

Stoffe laden sich elektrisch auf

Du streifst dir bei frisch gewaschenem Haar einen Kunststoffpulli über den Kopf. Plötzlich stehen dir wie in Bild 1 die Haare zu Berge. Die Ursache dafür ist **Elektrizität.**

Elektronen im Atommodell

Alle Stoffe bestehen aus kleinsten Teilchen, den **Atomen.** Atome sind aus einem **Atomkern** und aus **Elektronen** in der **Atomhülle** aufgebaut (→ Bild 2).
Der Atomkern ist positiv geladen, die Elektronen sind negativ geladen. Nur die Elektronen in der Atomhülle sind frei beweglich, der Atomkern ist nicht beweglich. Die Elektronen tragen die **elektrisch negative Ladung.**

Die Ladungstrennung

Jeder Körper enthält nach außen hin gleich viele positive und negative Ladungen. Er ist **elektrisch neutral.**
Beim Überstreifen des Pullovers reiben die Fasern des Pullovers über deine Haare. Dabei wandern Elektronen vom Pullover auf dich über. Deine Haare haben Elektronen aufgenommen. Sie haben einen **Elektronenüberschuss** und sind elektrisch negativ geladen. Von der Oberfläche des Pullovers werden elektrische Ladungen entfernt. Dadurch hat der Pullover einen **Elektronenmangel.** Er ist elektrisch positiv geladen. Der Pullover und deine Haare sind unterschiedlich elektrisch geladen (→ Bild 3). Es findet eine **Ladungstrennung** statt.

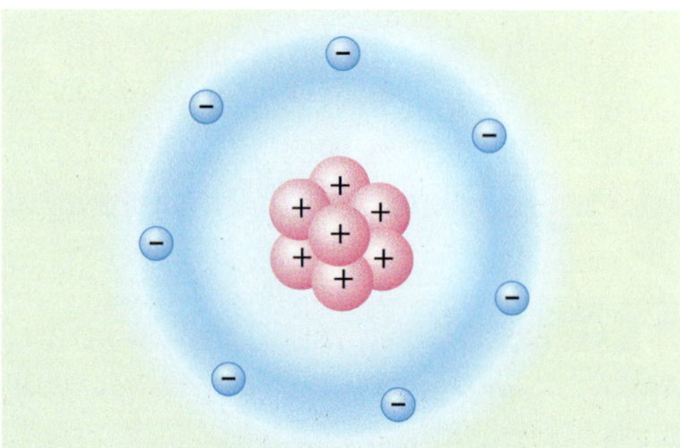

2 Ein einfaches Atommodell

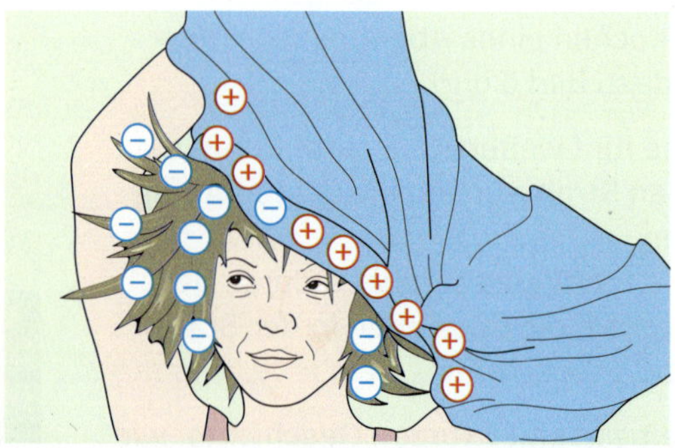

3 Ladungstrennung

Der Ladungsausgleich

Durch den direkten Kontakt zweier unterschiedlicher Stoffe wurden die Ladungen getrennt. Berührst du nun eine Türklinke aus Metall, kannst du einen **elektrischen Schlag** bekommen. Es kommt zu einem schlagartigen Ladungsausgleich. Die Elektronen fließen von dir über die Tür ab (→ Bild 4). Dabei wurde der Stromkreis geschlossen. Die Elektronen bewegen sich und transportieren die elektrische Energie.

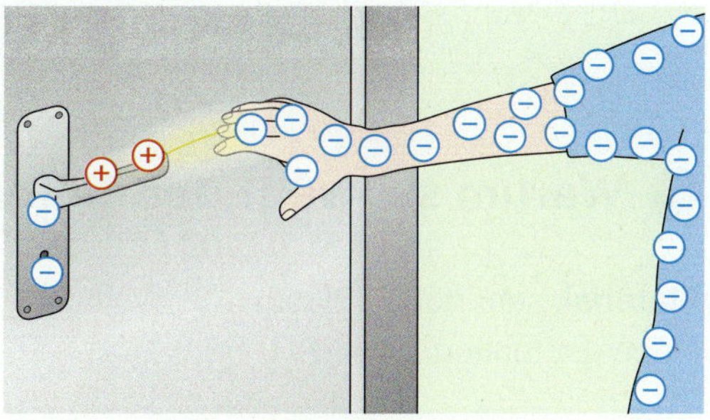

4 Der Ladungsausgleich ist spürbar.

Die Anziehung und die Abstoßung

Wie du bereits weißt, können Körper durch Reibung elektrisch positiv oder negativ geladen sein. Sind zwei Körper nahe beieinander, stoßen sie sich bei gleichartiger Ladung ab. Je stärker sie geladen sind, desto stärker stoßen sie sich ab. Sind die Körper dagegen ungleichartig geladen, ziehen sie sich an (→ Bild 5).

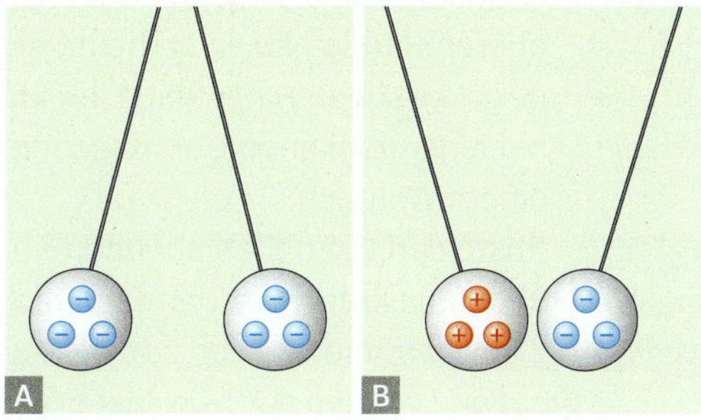

5 Elektrisch geladene Kugeln: **A** Abstoßung, **B** Anziehung

Das Nachweisgerät Glimmlampe

Elektrische Ladung kannst du nicht sehen. Mit einer **Glimmlampe** kannst nachweisen, dass ein Gegenstand elektrisch geladen ist. Du kannst sogar die Art der Ladung bestimmen. Im Inneren der Glimmlampe befinden sich zwei voneinander getrennte Drähte und das Gas Neon (→ Bild 6A). Hältst du die Glimmlampe an einen elektrisch geladenen Gegenstand, leuchtet der Draht auf, der Elektronen abgibt. Besitzt der Gegenstand einen Elektronenüberschuss, leuchtet also der Draht am Körper auf (→ Bild 6C).

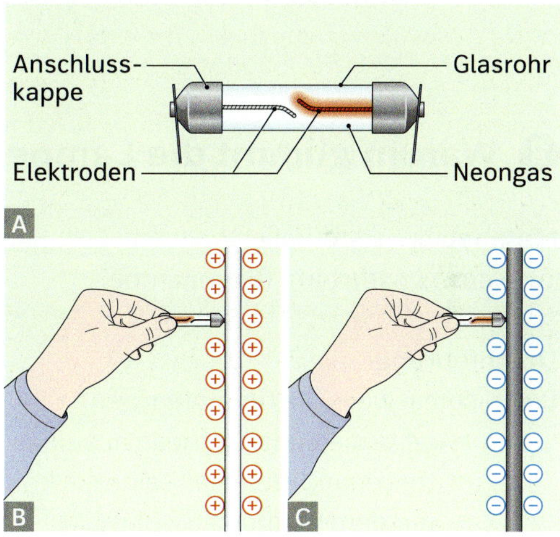

6 Glimmlampe: **A** Aufbau, **B** Elektronenmangel, **C** Elektronenüberschuss

1. Beschreibe Situationen, in denen du einen elektrischen Schlag bekommst.
2. Beschreibe den Aufbau des Atoms.
3. Eine elektrisch geladene Kugel wird einer zweiten geladenen Kugel genähert.
   a) Die Kugeln haben gleichartige Ladungen. Beschreibe das Verhalten der Kugeln.
   b) Beschreibe das Verhalten der Kugeln, wenn die Kugeln ungleichartig geladen sind.
4. Der Pluspol und der Minuspol einer Spannungsquelle können mit einer Glimmlampe bestimmt werden. Beschreibe dein Vorgehen.

Starthilfe zu 2:
Nutze dazu Bild 2.

»

FORSCHEN UND ENTDECKEN

A Warum schwebt der Ballon?

Material: sehr dünne Plastiktüte, Wolltuch, langer Luftballon (→ Bild 1)

Durchführung:

Schritt 1: Schneide von der Plastiktüte 5 cm des oberen Randes ab. Du erhältst einen geschlossenen Ring. Reibe ihn kräftig auf einer trockenen Unterlage mit einem Wolltuch.

Schritt 2: Puste den Luftballon auf und reibe ihn ebenfalls kräftig mit dem Wolltuch.

Schritt 3: Ziehe den Tütenstreifen zu einem Ring auf und lass ihn aus zwei Metern Höhe gleiten. Versuche, den Ring mit dem Luftballon in der Schwebe zu halten, ohne dass sich Ballon und Ring berühren.

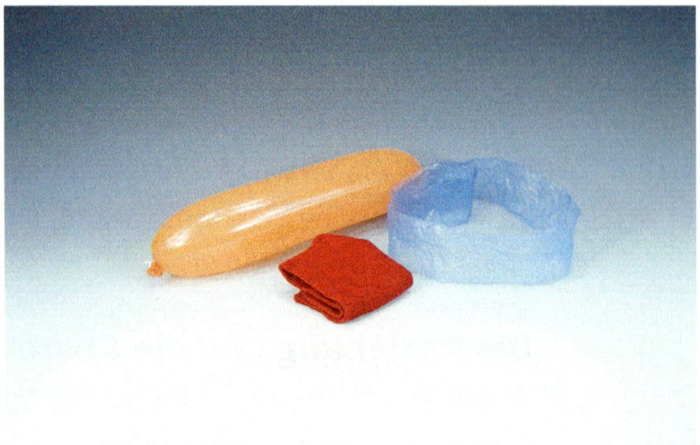

1 Das Versuchsmaterial

1 Erkläre das Beeinflussen des Plastikringes durch den Luftballon. Berücksichtige dabei ihre Ladungszustände. Beginne beim Reiben der Kunststofffolie und des Ballons.

B Warum glimmt die Lampe?

Material: Kunststofffolie, Wolltuch, Fell, Seide, Tuch aus Kunstfasern, Glimmlampe

Durchführung:

Beobachte jeweils die Glimmlampe.

Schritt 1: Lege die Kunststofffolie auf eine trockene Unterlage. Reibe sie kräftig mit dem Wolltuch (→ Bild 2A).

Schritt 2: Taste verschiedene Stellen der Folie mit der Glimmlampe ab (→ Bild 2B).

Schritt 3: Wiederhole die Schritte 1 und 2. Reibe die Folie jetzt mit dem Fell, dem Seidentuch und dem Kunstfasertuch.

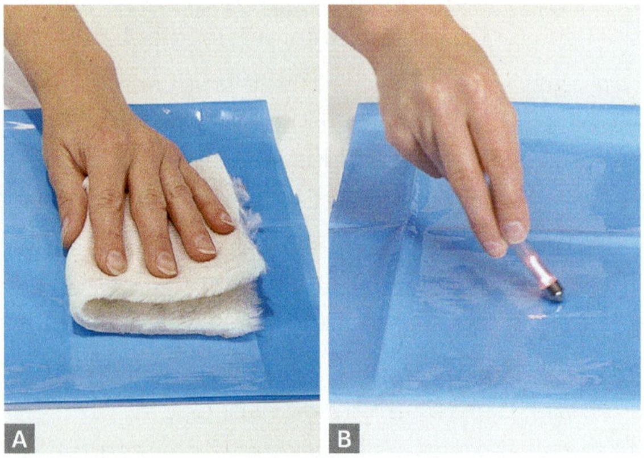

2 Eine Folie wird: **A** aufgeladen, **B** geprüft.

1 **a)** Beschreibe die Anzeige der Glimmlampe, nachdem die Folie mit dem Wolltuch gerieben wurde.
b) Beschreibe die Anzeige der Glimmlampe nach dem Reiben mit dem Fell und mit den Tüchern.

Starthilfe zu 1:
Gehe bei deiner Beschreibung auf den Draht der Glimmlampe ein, der leuchtet.

2 Erkläre die verschiedenen Anzeigen der Glimmlampe. Benutze die Begriffe: Elektronenüberschuss, elektrisch negativ geladen und Elektronenmangel, elektrisch positiv geladen.

IM ALLTAG

Elektrische Ladungen in der Natur

Eine besondere Rutschpartie

Rutschen ist für Kinder ein Vergnügen, besonders, wenn sich dabei auch noch die Frisur verändert. Beim Rutschen werden Elektronen aus der Oberfläche der Rutsche auf die Kleidung des Kindes übertragen. Sie verteilen sich über den Körper bis in die Haare. Die gleichartigen Ladungen stoßen sich ab. Dabei nehmen sie die Haare mit und lassen sie zu Berge stehen (→ Bild 3).

3 Eine Rutschpartie

Gewitter

An sonnigen Tagen erwärmt die Sonne die Erdoberfläche und die Luft darüber. Die Luft steigt auf. Enthält die Luft viel Wasserdampf, kondensiert dieser in großen Höhen zu Wasser. Es bildet sich eine Wolke, die immer höher wächst. Im Inneren der Wolke entstehen kräftige Aufwinde. Wassertropfen in der Wolke werden in große Höhen getragen, wo sie gefrieren. Beim Herunterfallen reiben sich die Eiskristalle an anderen Wasserteilchen in der Luft. Dabei werden Ladungen getrennt. Es entstehen zwischen den Wolken große Ladungsunterschiede. Der Ladungsausgleich erfolgt durch einen **Wolkenblitz.** An der Erdoberfläche sammeln sich Ladungen, die zu denen in der Wolke entgegengesetzt sind. Ein Leitblitz macht die Luft leitfähig. Ihm wachsen vom Boden Fangentladungen entgegen. Treffen sich beide, kommt es zum Ladungsausgleich durch einen **Erdblitz.**

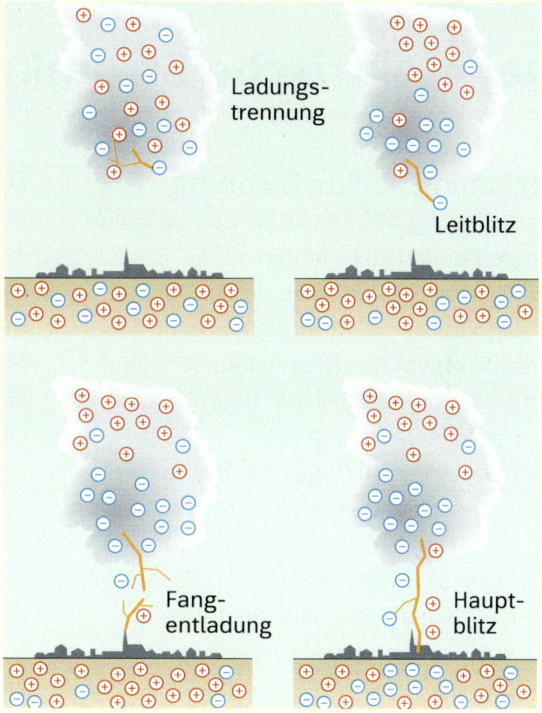

4 Entstehung eines Erdblitzes

1 Das Kind in Bild 3 berührt nach dem Rutschen eine Begleitperson.
a) Beschreibe die Beobachtung.
b) Erkläre die Beobachtung. Nenne Materialien für eine Rutsche, bei denen es kaum zu einer Ladungstrennung kommt.

Starthilfe zu 1:
Benutze die Begriffe:
- Ladungstrennung
- Ladungsausgleich
- elektrischer Schlag

2 **II** Überlege, wo es im Alltag zu kleinen Entladungen oder Blitzen kommen kann. Beschreibe den Vorgang und erkläre ihn.

«

1 Ein Fluss strömt den Berg hinab.

Der elektrische Stromkreis

Strömung in eine Richtung

Das Wort „Strom“ kennst du aus verschiedenen Bereichen im Alltag.
Auf Autobahnen strömen die Autos. Ein großer Fluss wird oft Strom genannt. Hier strömt Wasser den Berg hinab. Bei einem Marathonlauf strömen die Sportlerinnen und Sportler Richtung Ziel.
Immer, wenn sich Gegenstände, Teilchen oder Menschen bewegen, sprechen wir von einem **Strom.** In einem Wasserstrom bewegen sich zum Beispiel die Wasserteilchen (→ Bild 1). In einem elektrischen Stromkreis bewegen sich Elektronen.

Der elektrische Stromkreis

Damit der elektrische Strom fließt, muss der Stromkreis geschlossen sein. In einem **offenen Stromkreis** können keine Elektronen fließen. Erst wenn ein Nutzer, zum Beispiel eine Glühlampe, mit jeweils einem elektrischen Leiter an beiden Polen der Spannungsquelle angeschlossen ist und der Schalter geschlossen ist, leuchtet sie. Der Stromkreis ist **geschlossen.**

Der elektrische Strom

Elektrische Leitungen bestehen aus Drähten aus Metall, meistens aus Kupfer.
Metalle bestehen aus Atomen, die in einem Gitter angeordnet sind. Innerhalb des **Metallgitters** können sich einige Elektronen frei bewegen (→ Bild 2 A).
Die elektrische Energie ist an die Elektronen im metallischen Leiter gebunden. Die Elektronen nehmen elektrische Energie an der Spannungssquelle auf. Sie transportieren sie vom Minuspol der Spannungsquelle durch den elektrischen Leiter zum Nutzer. Dort geben die Elektronen die elektrische Energie ab. Die Energie wird in Licht und Wärme gewandelt. Die Lampe leuchtet. Nachdem die Elektronen ihre Energie an die Lampe abgegeben haben, werden sie weiter zum Pluspol der Spannungsquelle gedrängt.

> In einem Stromkreis transportieren Elektronen negative Ladungen.
> Die Elektronen können nur in einem geschlossenen Stromkreis fließen.

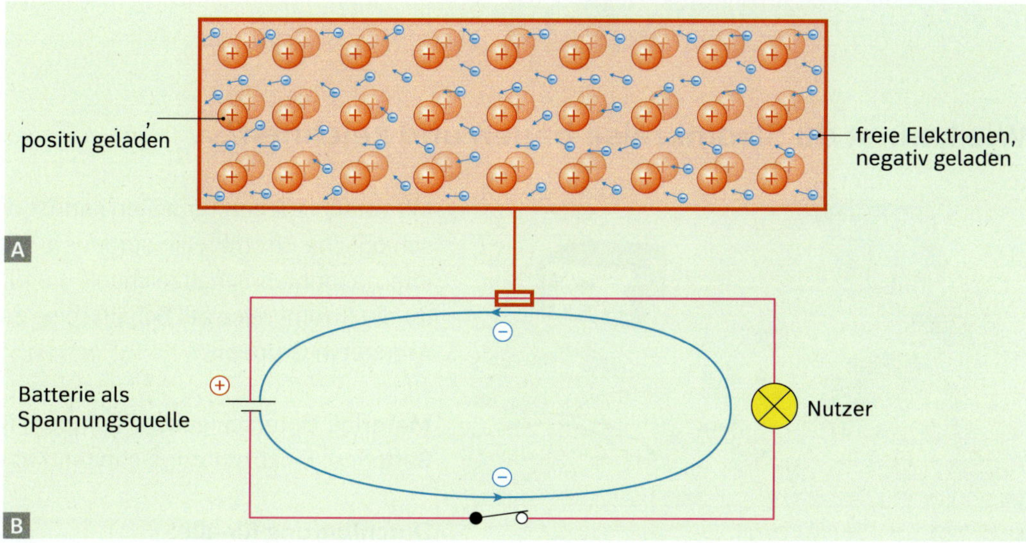

2 Modell zum Stromkreis: **A** Freie Elektronen im Metallgitter, **B** Die Batterie als Ladungspumpe ruft in einem geschlossenen Stromkreis einen gerichteten Elektronenstrom hervor.

Elektronenstrom und Energiefluss

Die Elektronen transportieren die elektrische Energie von der Spannungsquelle zum Nutzer. Nach der Energieabgabe am Nutzer fließen die Elektronen weiter zum Pluspol der Spannungsquelle. Ihre Bewegung ist gerichtet, sie bewegen sich im geschlossenen Stromkreis.

Der Elektronenstrom ist somit die Ursache des Energieflusses (→ Bild 3). Die Energie fließt von der Spannungsquelle zum Nutzer. Die elektrische Energie wird durch die Elektronen transportiert. Der **elektrische Energiefluss** ist von der Spannungsquelle zur Lampe **gerichtet.**

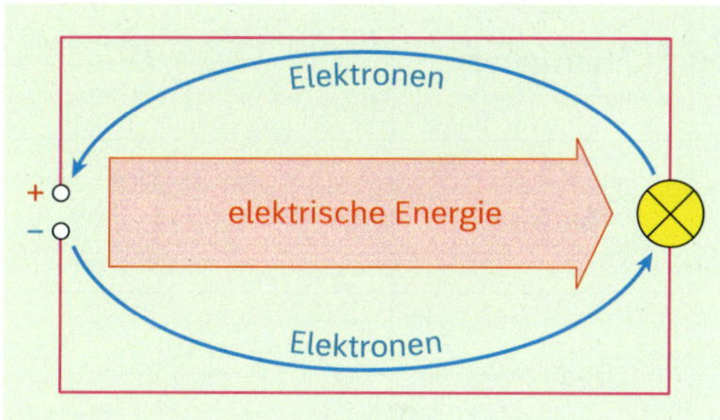

3 Elektronenstrom und Energiefluss

In einem Stromkreis transportieren Elektronen negative Ladungen. Die Elektronen und die Ladungen haben die gleiche Bewegungsrichtung. Sie verläuft vom Minuspol zum Pluspol der Spannungssquelle.

1. Vergleiche einen elektrischen Stromkreis mit einem Wasserstrom. Nenne Gemeinsamkeiten und Unterschiede.
2. Erkläre, warum ein Stromkreis geschlossen sein muss.
3. **I** Beschreibe den Weg der Elektronen in elektrischem Stromkreis.
4. **II** Erkläre die Funktion einer Batterie
   a) für den Stromkreis und
   b) für die Elektronenbewegung innerhalb des Stromkreises.
5. **II** Erkläre den Unterschied zwischen dem Elektronenstrom und dem elektrischen Energiefluss.

Starthilfe zu 5:
Nutze dazu auch Bild 3.

»

FORSCHEN UND ENTDECKEN

Wie kannst du Stromkreise bauen und zeichnen?

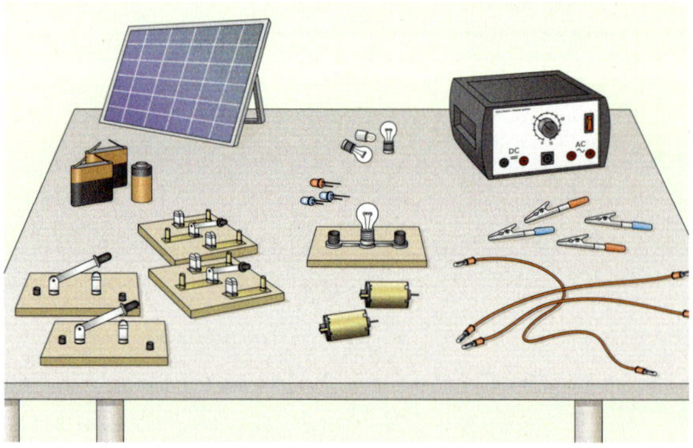

1 Verschiedene Bauteile für Stromkreise

Bauelement	Schaltzeichen
Netzgerät	
Batterie	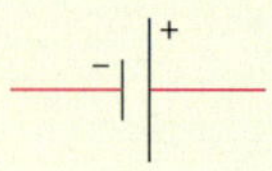
Solarzelle	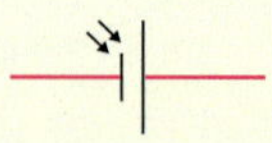
Leitung	
Schalter	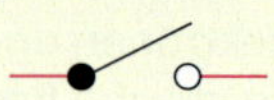
Umschalter	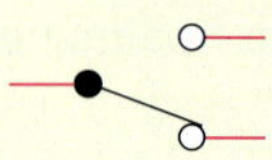
Motor	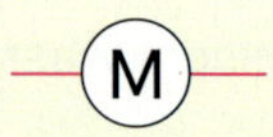
Glühlampe	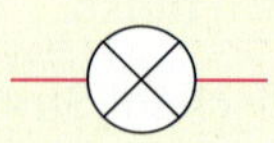
LED	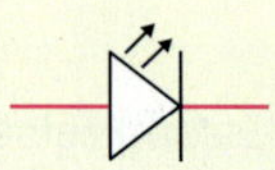

2 Internationale Schaltzeichen

Mit verschiedenen Bauteilen kannst du unterschiedliche Stromkreise aufbauen. Mit den internationalen Schaltzeichen (→ Bild 2) kannst du die Stromkreise als Schaltkreise zeichnen. Arbeitet in Gruppen.

Material: Unterschiedliche Lampen, Netzgerät, Batterien, Elektromotor, Schalter, Kabel

Durchführung für alle:

Schritt 1: Stellt den Regler des Netzgeräts auf 0.

Schritt 2: Schließt eine Lampe mithilfe der Kabel an das Netzgerät an.

Schritt 3: Lasst den Versuchsaufbau von eurer Lehrkraft kontrollieren.

Schritt 4: Schaltet das Netzgerät an und dreht den Regler, bis die Lampe leuchtet. Dreht nicht zu weit, da die Lampe sonst kaputtgeht.

Schritt 5: Wiederholt den Versuch mit anderen Lampen.

Schritt 6: Baut eine Schaltung auf, in der eine Lampe durch einen Schalter ein- und ausgeschaltet wird.

Schritt 7: Baut eine Schaltung auf, in der ein Motor durch das Netzgerät betrieben und durch einen Schalter ein- und ausgeschaltet wird.

Schritt 8: Baut einen Stromkreis mit einer Batterie und einer Lampe auf. Verwendet unterschiedliche Batterien.

1 **a)** Notiert eure Beobachtungen zu jedem Aufbau.
b) Fertigt jeweils einen Schaltplan an.

2 Zeichnet jeweils den Elektronenstrom und den Energiestrom in die Schaltkreise ein.

METHODE

Ein Lernplakat erstellen

Informationen in übersichtlicher Form

Auf einem **Lernplakat** wie in Bild 3 kannst du viele Informationen zu einem Thema übersichtlich zusammenstellen. Diese Informationen sollten eine Kombination aus Abbildungen und Texten sein. Wenn du Material zu einem Thema gesammelt hast, kannst du es auf einem Plakat zeigen. Beachte dabei Folgendes:

- Erstelle zuerst eine Skizze des Plakates. Sie soll zeigen, wie das Plakat nach der Fertigstellung aussehen könnte.
- Lege Abbildungen probeweise auf dem Plakatkarton aus.
- Lege die Plätze für die Texte fest und markiere diese. Erstelle die Texte und klebe sie auf.
- Klebe zuletzt die Abbildungen auf.

Die Überschrift und Text

Die Überschrift muss das Thema angeben. Schreibe sie deutlich und groß. Sie muss aus einem Abstand von 3 m bis 4 m gut lesbar sein. Plane möglichst kurze Texte. Formuliere sie eigenständig. Schreibe den Text am Computer oder sauber mit einem breiten Stift.

Die Abbildungen

Verwende nur wenige ausgewählte Bilder und Zeichnungen. Sie sollten das Thema gut wiedergeben. Bei Bildern aus Zeitschriften oder dem Internet musst du das **Urheberrecht** beachten. Schreibe die Quelle, den Urheber und das Zugriffsdatum unter die Abbildung.

Der Hintergrund und die Farben

Der Hintergrund sollte einfarbig und nur leicht gefärbt sein. Die Schrift und die Bilder müssen sich gut von der Farbe des Hintergrundes abheben.

Digitale Plakaterstellung

Du kannst ein Plakat auch **digital** erstellen. Es gibt verschiedene kostenlose, aber auch kostenpflichtige Programme im Internet. Sie helfen dir bei der Erstellung von Plakaten am Computer. Für die Ausgestaltung gelten dabei die gleichen Regeln wie für ein von Hand gestaltetes Plakat. Für Plakate bis DIN A3-Format reicht auch ein einfaches Textverarbeitungsprogramm.
Digital erstellte Plakate ab DIN A3 können im Copy-Shop ausgedruckt werden. Jedoch ist dies mit Druckkosten verbunden.

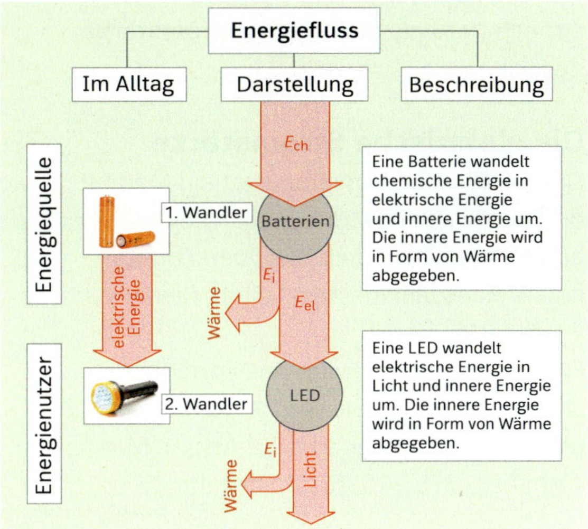

3 Plakat zum Energiefluss

1 Erstelle ein Plakat zum Thema: Energieumwandlungen.
a) Sammle und notiere Beispiele für einfache Energieumwandlungen. Beginne mit der elektrischen Energiequelle und ordne passende Geräte zu, die die elektrische Energie nutzen.
b) Suche im Internet nach Abbildungen dieser Geräte. Notiere dir für jede Abbildung die Quelle und den Urheber.
c) Erstelle jeweils einen Text, der die Energieumwandlung des gewählten Wandlers beschreibt.

2 **a)** Informiere dich im Internet über frei verfügbare, kostenlose Programme zur Plakatgestaltung.
b) Informiere dich über die Druckkosten für das Format DIN A2 oder eine vergleichbare Größe.

1 Ein Verkehrsstrom

Die elektrische Stromstärke

Der Elektronenstrom

In metallischen Leitern transportieren Elektronen die negativen Ladungen. Jedes Elektron besitzt dabei genau eine negative Ladung. Wenn in der gleichen Zeit mehr Elektronen durch den elektrischen Leiter fließen, wird eine größere Ladungsmenge transportiert. Die Stärke dieses Elektronenstromes wird als **elektrische Stromstärke** bezeichnet.

Die elektrische Stromstärke

Die elektrische Stromstärke ist ein Maß für die Anzahl der Elektronen, die in einer bestimmten Zeit durch die Querschnittsfläche eines elektrischen Leiters fließen (→ Bild 2A).
Für die Stromstärke wird das Formelzeichen I verwendet. Sie wird in der Einheit **A (Ampere)** gemessen, die auf ANDRÉ MARIE AMPÈRE (1775 – 1836) zurückgeht.

Der Verkehrsstrom als Modell

Das Messen der Stromstärke kannst du mit dem Messen des Verkehrsstroms vergleichen. Auf Autobahnen wird die Anzahl der Fahrzeuge gemessen. Es werden die Fahrzeuge gezählt, die an einer festgelegten Stelle in einer bestimmten Zeit in einer Richtung vorbeifahren. Das Ergebnis ist die Stärke des Verkehrsstromes (→ Bild 2B). Mithilfe dieser Messungen lässt sich auf Autobahnen die Geschwindigkeit regeln. Bei zu vielen Autos wird die Geschwindigkeit verringert und die erlaubte Geschwindigkeit angezeigt.

Name: elektrische Stromstärke
Formelzeichen: I
Einheit: A (Ampere)
Weitere Einheiten:
1 A = 1000 mA (Milliampere)
1 mA = 0,001 A

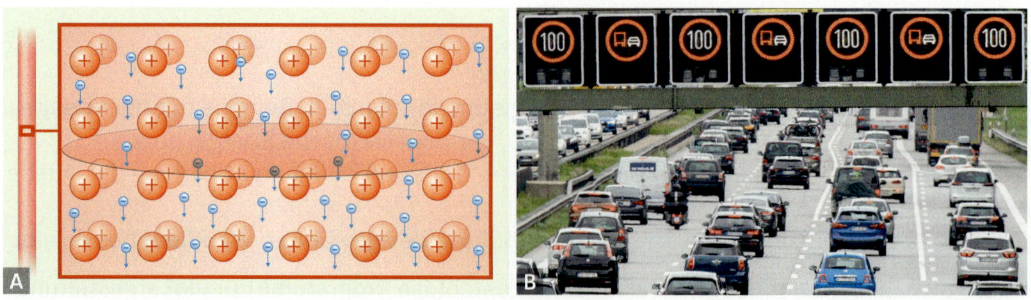

2 Ein Vergleich: **A** der Elektronenstrom, **B** der Verkehrsstrom

Die Messung der Stromstärke

Mit einem **Stromstärkemessgerät,** kannst du die Stärke des Elektronenstromes in einem Stromkreis messen. Es misst die Anzahl der Ladungen. Dafür muss das Messgerät immer in Reihe in den Stromkreis eingebaut werden (→ Bild 3).
Oft werden dazu **Vielfachmessgeräte** verwendet. Diese können neben der Stromstärke noch andere elektrische Größen messen. Die Anzeige kann digital oder analog erfolgen (→ Bild 4). Der Messbereich kann eingestellt werden.

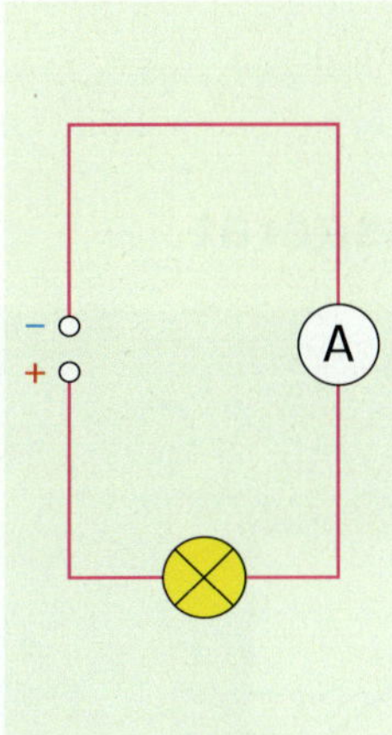

3 Messung der Stromstärke

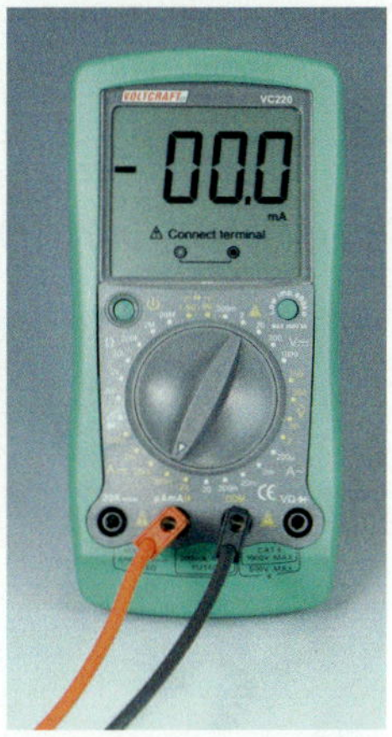

4 Digitales Stromstärkemessgerät

Die Angabe der Stromstärke

Im Alltag ist es für den Anschluss von elektrischen Geräten wichtig, deren Stromstärke zu kennen. Auf dem **Typenschild** zum Beispiel von Netzteilen wie in Bild 5 wird die Stromstärke mit 7 A angegeben.

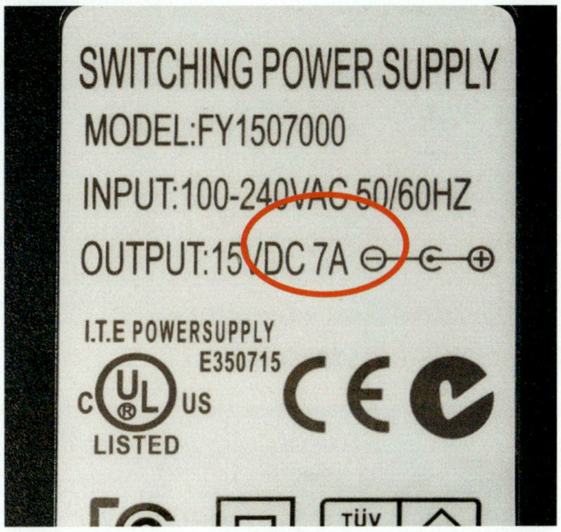

5 Typenschild eines Netzteils

Gefährliche Ströme

Beim Umgang mit elektrischem Strom kann es je nach Stromstärke zu schweren Verletzungen kommen. Stromstärken bis 0,5 mA sind nicht spürbar und haben keinerlei Schädigungen zur Folge.
Ab 10 mA kommt es Muskelverkrampfungen. Von 10 bis höchstens 50 mA ist mit Muskelkontraktionen und Atemschwierigkeiten zu rechnen. Von 50 bis 500 mA treten Herzstillstand, Atemstillstand und Verbrennungen auf. Stromstärken ab 50 mA können tödlich sein.

Ein **Stromstärkemessgerät** muss **in Reihe** in den Stromkreis geschaltet werden.

1. Erkläre den Begriff Stromstärke mit eigenen Worten.
2. Vergleiche das Modell des Verkehrsstroms mit dem Modell für die Stromstärke.
3. Beschreibe die gesundheitlichen Folgen von hohen Stromstärken für den menschlichen Körper.
4. I Begründe, dass das Stromstärkemessgerät an jeder Stelle in den Stromkreis eingebaut werden kann.

   Starthilfe zu 4: Nutze dazu auch Bild 3.
5. II Begründe, wieso das Strommessgerät in Reihe in den Stromkreis eingebaut werden muss.
6. II Skizziere einen Elektronenstrom, wie in Bild 2 A, der eine höhere Stromstärke zeigt.

»

METHODE

Ein Vielfachmessgerät

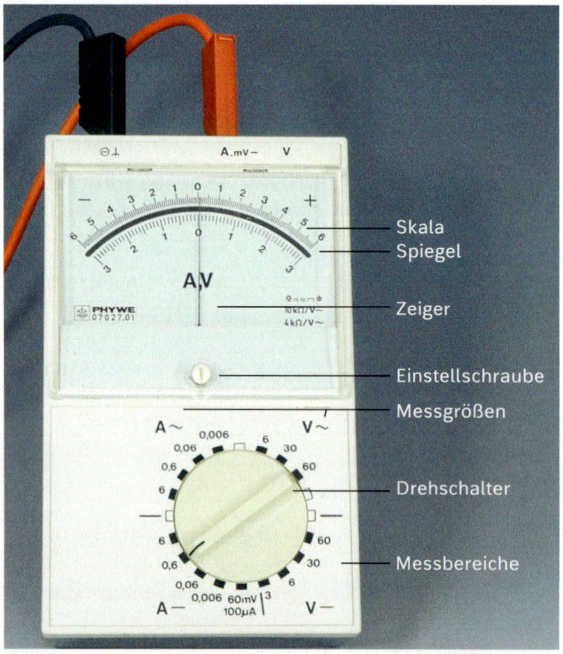

1 Analoges Vielfachmessgerät

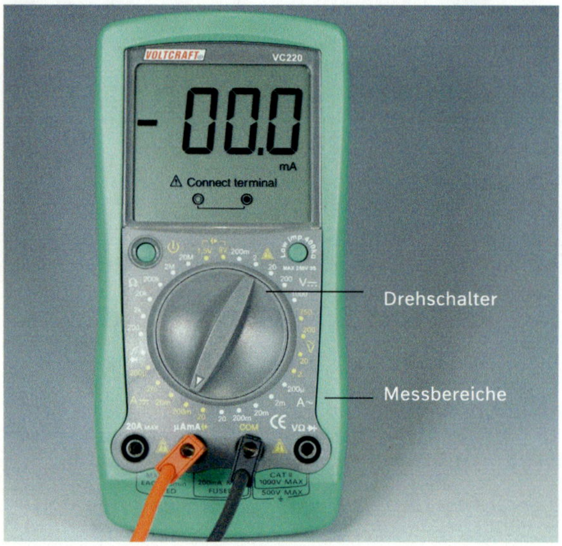

2 Digitales Vielfachmessgerät

Mit einem **Vielfachmessgerät** lassen sich verschiedene elektrische Größen messen. Eine elektrische Größe ist die Stromstärke. Weitere elektrische Größen sind zum Beispiel die Spannung und der Widerstand.
Die Anzeige des Messergebnisses kann digital oder analog erfolgen (→ Bild 1 und 2).

Schritt für Schritt zum Messwert

Das Vielfachmessgerät wird wie ein Elektrogerät so in den Stromkreis eingebaut, dass es vom elektrischem Strom durchflossen wird. Das Messgerät muss immer **in Reihe** in den Stromkreis eingebaut werden. Dazu wird der Stromkreis geöffnet und der Minuspol der Spannungsquelle mit dem Minuspol des Messgerätes (COM-Buchse) verbunden. Der Pluspol des Messgerätes (Buchse V) wird somit mit dem Pluspol der Spannungsquelle verbunden. Im Stromkreis muss ein Nutzer wie eine Lampe enthalten sein, sonst könnte das Messgerät zerstört werden.
Am Messgerät wird der größte geeignete Messbereich für Gleichspannung eingestellt: DCV oder V-.

Messwert ablesen

Bei einem analogen Vielfachmessgerät wird der Messwert aus Messbereich und Zeigerstellung bestimmt. Vor dem Messen muss der Zeiger mit der Stellschraube auf null eingestellt werden.
Bei einem digitalen Vielfachmessgerätes können die gemessen Werte direkt auf der Ziffernanzeige abgelesen werden.

1. Zeichne einen Schaltplan von einer Strommessung in einer Reihenschaltung.

Starthilfe zu 1:
Schaltzeichen für das Stromstärkemessgerät: –(A)–

2. Drei analoge Messgeräte von drei Schülerinnen und Schülern zeigen gleiche Werte an. Die drei nennen aber unterschiedliche Ergebnisse. Nenne mögliche Gründe für die unterschiedlichen Antworten.

FORSCHEN UND ENTDECKEN

A Stromstärke mit einem Vielfachmessgerät messen

Material: Vielfachmessgerät, Glühlampe mit Fassung, Netzgerät, Kabel

Durchführung:

Schritt 1: Messgerät im Stromkreis in Reihe schalten: 1. eine Leitung an Buchse A anschließen, 2. eine Leitung an Buchse COM anschließen (→ Bild 3)

Schritt 2: Messbereich für Wechselstrom wählen: ACA oder A~

Schritt 3: Drehschalter auf den höchsten Messbereich stellen

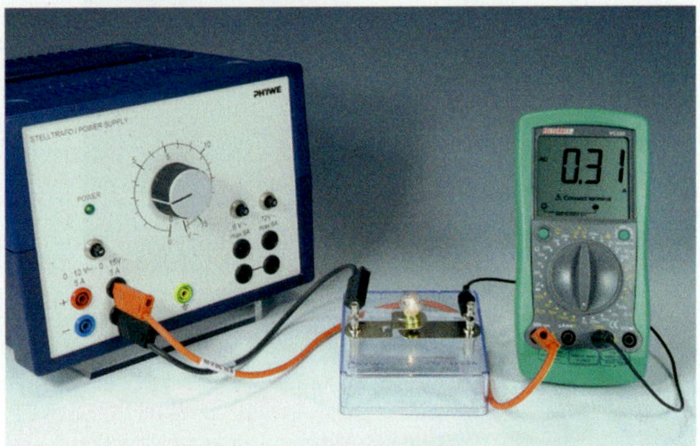

3 Messung der Stromstärke in einem Wechselstromkreis mit einem digitalen Vielfachmessgerät

1. Lies den Messwert mit der richtigen Maßeinheit ab.
2. Baue das Vielfachmessgerät an eine andere Stelle in den Stromkreis ein. Beachte, dass du vorher das Netzgerät ausschalten musst!!

ÜBEN UND ANWENDEN

A Typische Stromstärken

Im Alltag ist es für den Anschluss von elektrischen Geräten wichtig, deren Stromstärke zu kennen. Auf dem **Typenschild** wird die benötigte Stromstärke in Ampere (A) angegeben.
Eine Haushaltssteckdose hat maximal 16 Ampere. Werden zu viele Geräte an eine gemeinsame Verteilersteckdose angeschlossen, kann bei einer Überbelastung die Sicherung herausfliegen.

1. Sortiere die abgebildeten Geräte nach ihrer Stromstärke.
2. Erkläre, ob du alle abgebildeten Geräte an eine Verteilerfachsteckdose anschließen darfst.
3. Stelle Vermutungen an, warum das Bügeleisen eine höhere Stromstärke benötigt als der Fernseher.

4 Typische Stromstärken für Haushaltsgeräte

1 Eine Taschenlampe wird mit der passenden Spannung betrieben.

2 Eine Taschenlampe wird mit zu niedriger Spannung betrieben.

Die elektrische Spannung

Spannungsquelle als Antrieb

Wenn du ein Elektrogerät benutzen möchtest, benötigst du elektrischen Strom. Damit die Elektronen im Stromkreis und durch dein Gerät fließen, ist eine Spannungsquelle nötig. Die elektrische **Spannung** treibt den Elektronenfluss an. Sie wird auch als elektromotorische Kraft bezeichnet. Je größer die Spannung ist, desto stärker fließt der Strom. Das Formelzeichen der Spannung ist ***U***. Die Spannung wird in der Einheit **V (Volt)** gemessen. Die Einheit ist benannt nach dem italienischen Physiker ALLESANDRO VOLTA (1745 – 1827).

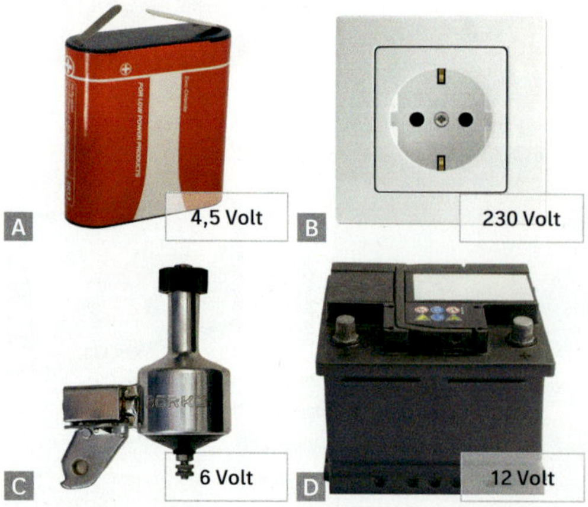

3 Verschiedene Spannungsquellen

Verschiedene Spannungsquellen

Im Haushalt begegnen dir viele verschiedene Spannungsquellen.
Die am häufigsten genutzte Spannungsquelle ist die Steckdose. Sie hat 230 Volt (→ Bild 3 B). Handyakkus haben in etwa 3,7 Volt. Ein Fahrraddynamo hat 6 Volt, wenn er angetrieben wird (→ Bild 3 C).

Die passende Spannung

Jedes elektrische Gerät benötigt eine Spannung, bei der es betrieben werden sollte. Eine kleine Taschenlampe benötigt zum Beispiel eine Spannung von 3 Volt (→ Bild 1). Es sind also Batterien notwendig, die zusammen 3 Volt haben. Wird die Taschenlampe mit weniger Spannung betrieben, leuchtet sie schwächer oder funktioniert gar nicht (→ Bild 2). Würde man eine Batterie mit zu hoher Spannung wählen, würde die Glühlampe kaputt gehen.

Name: elektrische Spannung
Formelzeichen: *U*
Einheit: V (Volt)
Weitere Einheiten:
1 V = 1000 mV
1 kV = 1000 V

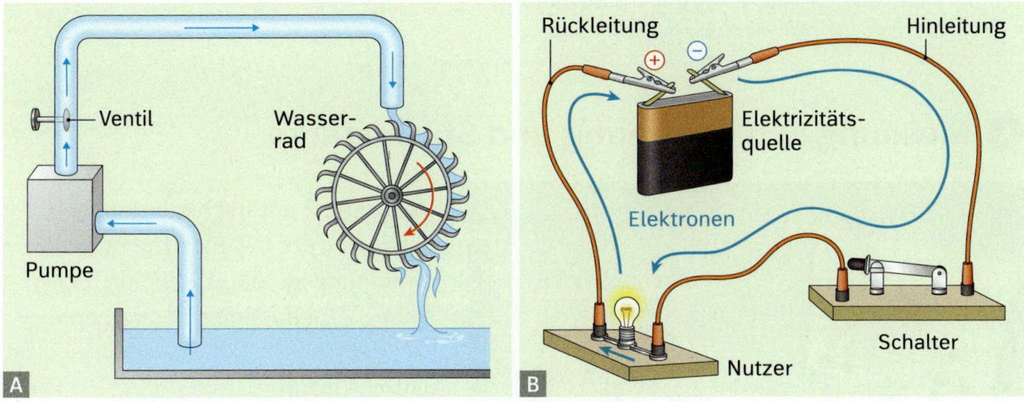

4 Elektrische Spannung: **A** im Modell, **B**: im Stromkreis

Ein Wasserkreislauf

Die elektrische Spannung ist der Antrieb für den elektrischen Strom. Dieser Vorgang kann mit einem Modell veranschaulicht werden. Die Pumpe in Bild 4 befördert Wasser in dem Wasserkreislauf nach oben. Das Wasser fällt auf ein Wasserrad und fließt zurück zur Pumpe. Zwischen der Lage des Wassers im Graben und der Lage des Wassers in der Rohrleitung besteht ein Höhenunterschied. Die Pumpe hebt das Wasser in eine höhere Lage. Je größer die Spannung ist, desto höher wird das Wasser angehoben. Die Übertragung der Energie im elektrischen Gerät ist damit zu vergleichen, dass das Wasserrad Energie aus dem fallenden Wasser aufnimmt. So wird Energie von der Pumpe auf das Wasserrad übertragen.

Ein Stromkreis

Überträgt man das Modell auf einen Stromkreis, verdeutlicht es die Vorgänge. Die Batterie in Bild 4 treibt einen Elektronenstrom in einem geschlossenen Stromkreis an. Die Elektronen bewegen sich in einem ständigen **Kreislauf.**
Die Batterie erzeugt an ihrem Minuspol einen Elektronenüberschuss. Am Pluspol herrscht Elektronenmangel. Dieser Unterschied wird als **elektrische Spannung U** bezeichnet.

Energieübertragung

Die Batterie leitet elektrische Energie in den Stromkreis ein. Die Glühlampe wandelt sie in Energie anderer Form um. Die Energie bewegt sich also gerichtet von der Spannungsquelle zum Nutzer.

1. Erkläre den Begriff elektrische Spannung.
2. Erkläre, warum man auf die richtige Spannung eines Gerätes achten muss.
3. Erkläre, warum es ohne Spannung keinen elektrischen Strom geben kann
4. Vergleiche den Stromkreis mit dem Wasserkreislauf nach Aufbau und Arbeitsweise. Erstelle eine Tabelle.
5. Nenne verschiedene Spannungsquellen.
6. Zwischen den Polen einer Batterie besteht eine Spannung. Nenne die Ursache und beschreibe ihre Wirkung.

Starthilfe zu 4:

Wasserkreislauf	Stromkreis
Pumpe	Spannungsquelle

»

FORSCHEN UND ENTDECKEN

A Messung von Spannung und Stromstärke

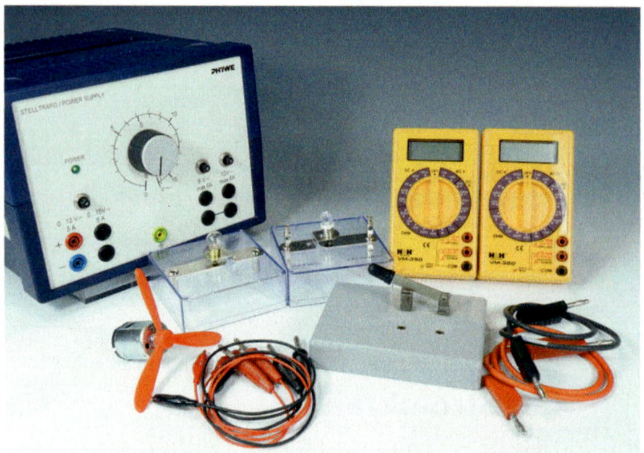

1 Bauteile für die Messung der Stromstärke und Spannung in einem Stromkreis

ACHTUNG: Lass die Schaltung von deiner Lehrerin oder deinem Lehrer abnehmen, bevor du die Spannungsquelle einschaltest.

E-Quelle	U in V	1,0	2,0	3,0	4,0	5,0	6,0
Lampe 1	I in A						
Lampe 2	I in A						
Elektromotor	I in A						

2 Wertetabelle für die Stromstärkemessung

Lampe 1	I in A						
	U in V						
Lampe 2	I in A						
	U in V						
Elektromotor	I in A						
	U in V						

3 Wertetabelle für die Spannungsmessung

Material: 2 unterschiedliche 6 V-Lampen, 2 Fassungen, 6 V-Elektromotor mit Lüfterrad, Spannungsquelle, 1 Schalter, Experimentierkabel, 2 Vielfachmessinstrumente (→ Bild 1)

Durchführung:

Schritt 1: Zeichne den Schaltplan eines einfachen Stromkreises mit Lampe, Schalter und einem Vielfachmessinstrument zur Stromstärkenmessung sowie einem Vielfachmessinstrument zur Spannungsmessung.

Schritt 2: Baue den Stromkreis nach deinem Schaltplan mit Lampe 1 auf.

Schritt 3: Erhöhe die Spannung in 1 V-Schritten von 1 V bis 6 V. Wähle jeweils am Spannungsmessgerät den passenden Messbereich. Beginne am Stromstärkemessgerät immer mit dem größten Messbereich. Schalte auf kleinere Messbereiche um, bis der Wert für die Stromstärke gut ablesbar ist. Trage die Messwerte in Tabelle 2 ein.

Schritt 4: Entnimm die Stromstärken für die Lampe 1 aus Tabelle 2. Stelle die Spannungsquelle nacheinander auf diese Werte ein und miss die zugehörigen Spannungen an Lampe 1. Trage die Werte in die Tabelle 3 ein.

Schritt 5: Wiederhole die Schritte 3 und 4 mit der Lampe 2 und anschließend mit dem Elektromotor.

1 Beschreibe, wie sich beim Erhöhen der Spannung die Stromstärke
a) in den Lampen 1 und 2,
b) im Elektromotor ändert.

2 Beschreibe jeweils die Auswirkung der Erhöhung der Spannung.

IM ALLTAG

Umgang mit Spannung und Stromstärke

Die richtige Spannung ist wichtig!

Elektrische Geräte dürfen nur an eine Spannungsquelle mit der passenden Spannung angeschlossen werden. Bei Geräten, die an das öffentliche Versorgungsnetz angeschlossen werden sollen, ist die Spannung mit 230 V auf dem Typenschild angegeben (→ Bild 4).
Elektrische Kleingeräte werden mit passenden Steckernetzgeräten, Akkus oder Batterien betrieben. Ist die Spannung der Spannungsquelle zu hoch, können die Geräte zerstört werden. Ist die Spannung zu niedrig, arbeiten sie nicht richtig. Akkus dürfen nur mit den passenden Ladegeräten aufgeladen werden.
Auf den Ladegeräten findest du zwei Angaben. Der **Input-Wert** gibt die Spannung an, mit dem das Ladegerät betrieben wird, in Bild 5 mit 12 V. Der **Output-Wert** ist die Spannung, die an den Akku im Ladegerät abgegeben wird, um ihn aufzuladen, hier beispielsweise 5 V.

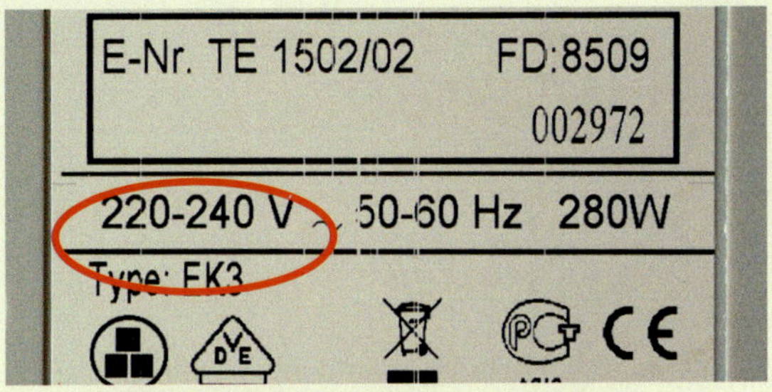

4 Typenschild eines elektrischen Gerätes

5 Input- und Output-Spannungsangaben

ACHTUNG: Werden Akkus mit zu hoher Spannung geladen, besteht Brandgefahr!

Beruf: Elektronikerin/Elektroniker

Das Berufsbild umfasst unterschiedliche Fachrichtungen mit verschiedenen Arbeitsfeldern.

- Automatisierungstechnik
- Energie- und Gebäudetechnik
- Informations- und Telekommunikationstechnik
- Maschinen- und Antriebstechnik
- Informations- und Systemtechnik
- Telekommunikationssystem-Elektronik
- Mikrotechnologie

Die Ausbildung dauert 3 bis 3 1/2 Jahre.
Voraussetzung ist der Realschulabschluss.

6 Elektronikerin und Elektroniker in der Ausbildung

1 **a)** Suche in den Bedienungsanleitungen von elektrischen Haushaltsgeräten die Sicherheitshinweise für den elektrischen Anschluss heraus und vergleiche sie.
b) Lies von einem Akku und dem dazugehörigen Ladegerät die Input- und Output-Angaben in Volt (V) ab und vergleiche sie.

2 Recherchiere zwei Arbeitsfelder aus dem Berufsbild Elektronikerin/Elektroniker. Stelle sie in einem Kurzvortrag deinen Mitschülerinnen und Mitschülern vor.

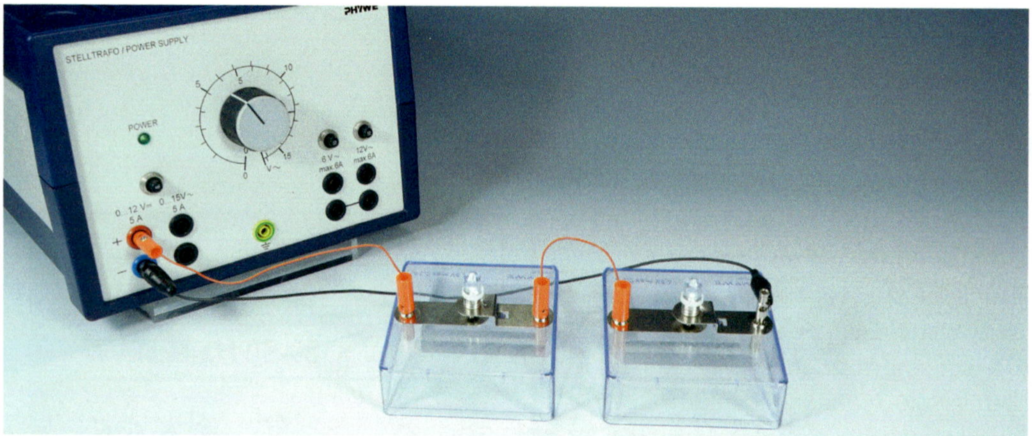

1 Zwei Lampen in Reihenschaltung

Die Stromstärke und die Spannung in der Reihenschaltung und der Parallelschaltung

Spannungen in der Reihenschaltung

Liegen zwei Lampen wie in Bild 1 in Reihe in einem Stromkreis, so wird die Spannung der Spannungsquelle aufgeteilt. An jeder der beiden Lampen liegt dann eine **Teilspannung U_1** oder **U_2** an. Beide Teilspannungen addieren sich zur **Gesamtspannung U_{ges}** (→ Bild 2). Für die Spannungen in einer Reihenschaltung gilt:

$$U_{ges} = U_1 + U_2$$

Messung der Spannungen

Die Teilspannungen U_1 und U_2 an den Lampen 1 und 2 sind zusammen so groß, wie die Spannung U_{ges} an der Spannungsquelle.

Stromstärken in der Reihenschaltung

Alle Elektronen bewegen sich vom Minuspol der Spannungsquelle durch beide Lampen zum Pluspol.
Die elektrische Stromstärke I_{ges} an der Spannungsquelle und die Stromstärken I_1 und I_2 an den Lampen sind gleich (→ Bild 3). Für die Stromstärke in einer Reihenschaltung gilt:

$$I_{ges} = I_1 = I_2$$

Messung der Stromstärke

In der Reihenschaltung ist die Stromstärke überall gleich. Das Vielfachmessgerät kann deshalb an jeder Stelle in den Stromkreis eingebaut werden. Es kann an jeder Stelle derselbe Messbereich eingestellt sein.

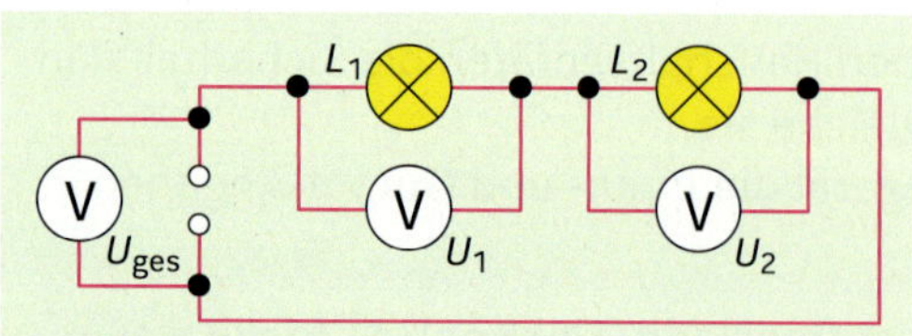

2 Spannungen messen in der Reihenschaltung

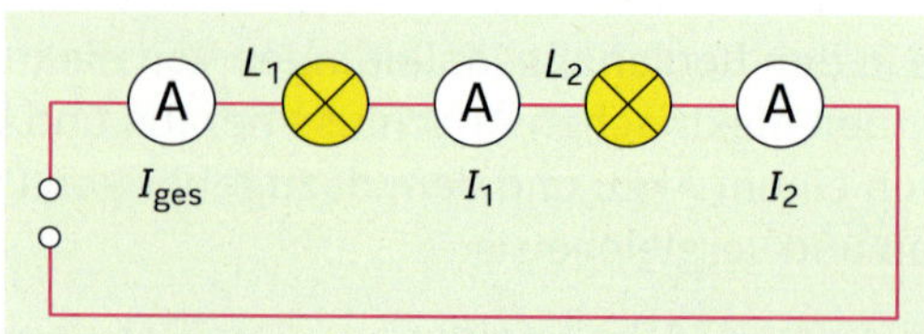

3 Stromstärken messen in der Reihenschaltung

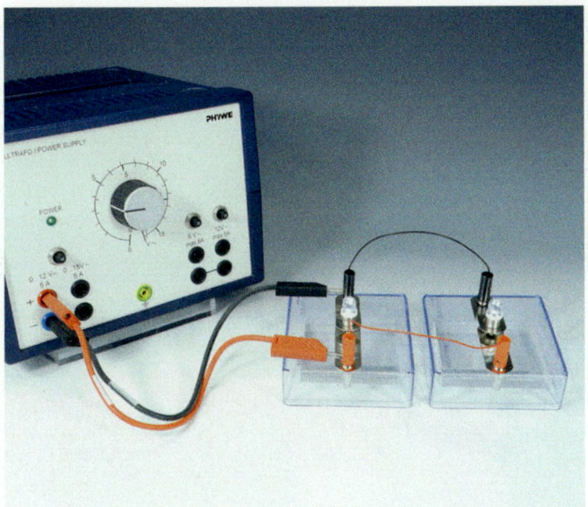

4 Zwei Lampen in Parallelschaltung

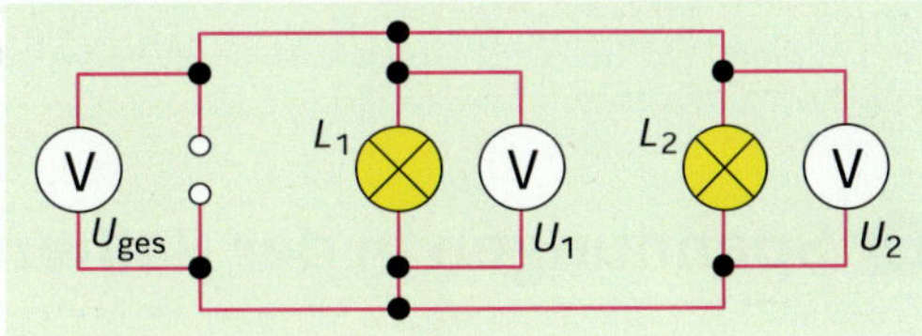

5 Spannungen messen in der Parallelschaltung

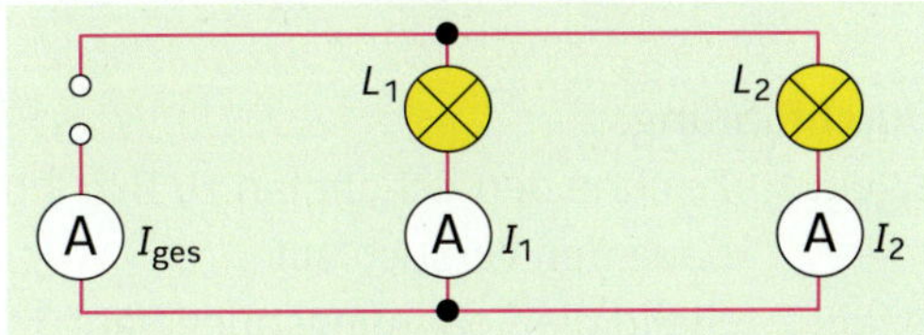

6 Stromstärken messen in der Parallelschaltung

Spannungen in der Parallelschaltung

Liegen zwei Lampen wie in Bild 4 parallel in einem Stromkreis, so liegt an jeder die gesamte Spannung der Spannungsquelle. Für die Spannung in der Parallelschaltung gilt:

$$U_{ges} = U_1 = U_2$$

Messung der Spannung

In der Parallelschaltung sind die Spannungen U_{ges}, U_1 und U_2 überall gleich. Die Vielfachmessgeräte können deshalb parallel zu jeder Lampe und zur Spannungsquelle eingebaut werden (→ Bild 5). Jedes Vielfachmessgerät kann auf denselben Messbereich eingestellt sein.

Stromstärken in der Parallelschaltung

In der Parallelschaltung teilt sich der Elektronenstrom in Teilströme. Die **Teilstromstärken I_1** und **I_2** ergeben zusammen die **Gesamtstromstärke I_{ges}** in der Parallelschaltung.

$$I_{ges} = I_1 + I_2$$

Messung der Stromstärken

Die Stromstärken I_1 und I_2 an den Lampen sind zusammen so groß wie die Gesamtstromstärke I_{ges}. Die Stromstärken I_1, I_2 und I_{ges} müssen daher einzeln gemessen werden (→ Bild 6). Die Vielfachmessgeräte müssen für jede Stromstärke auf den passenden Messbereich eingestellt sein.

1 **a)** Beschreibe den Unterschied zwischen der Spannung am Netzgerät und an den Lampen.
b) Erkläre, warum die Stromstärke in der Reihenschaltung überall gleich groß ist.

2 In einer Reihenschaltung mit zwei baugleichen Lampen kann an einer Lampe eine Spannung von 4 V und eine Stromstärke von 1 A gemessen werden.
a) Gib die Gesamtspannung und die Gesamtstromstärke an.
b) Gib die Spannung und die Stromstärke an der zweiten Lampe an.

3 Zwei baugleiche Lampen sind parallel an eine Batterie mit $U_{ges} = 6$ V angeschlossen. Die Gesamtstromstärke I_{ges} beträgt 0,5 A. Gib für jede der Lampen die Spannung in V und die Stromstärke in A an.

»

FORSCHEN UND ENTDECKEN

A Spannungen in der Reihenschaltung messen

Material: Spannungsquelle, 3 LED mit Fassung, 4 Vielfachmessinstrumente, Experimentierkabel

Durchführung:

Schritt 1: Zeichne den Schaltplan zu Bild 1 und baue den Versuch auf.

Schritt 2: Stelle die Spannungsquelle auf 2,0 V ein und erhöhe die Spannung in 0,2 V-Schritten bis 4,0 V. Lies jeweils die Höhe der Spannung an der Spannungsquelle und an den LEDs ab. Trage die Werte in die Tabelle ein (→ Bild 2).

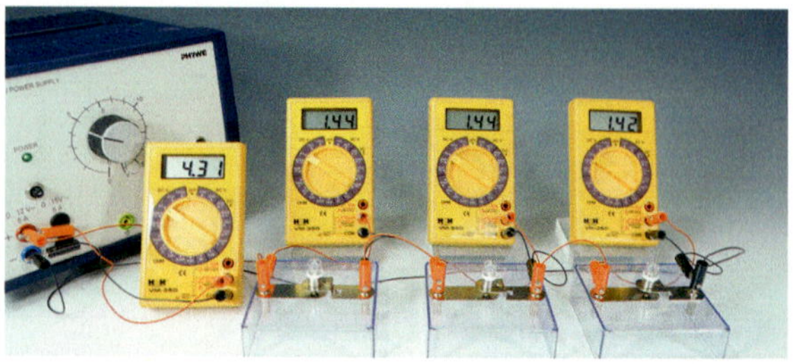

1 Spannungen messen in einer Reihenschaltung

Spannung U_{ges} an der E-Quelle	Spannung U_1 an LED 1	Spannung U_2 an LED 2

2 Messwerttabelle

1 Vergleiche die Spannungen in deiner Tabelle. Beschreibe einen Zusammenhang.

2 II Erweitere die Schaltung in Bild 1 und die Tabelle in Bild 2 auf drei LED und wiederhole den Versuch. Vergleiche das Ergebnis mit dem Ergebnis aus dem Versuch mit zwei LED.

B Stromstärken in der Reihenschaltung messen

Material: Spannungsquelle, 3 LED mit Fassung, 4 Vielfachmessinstrumente, Experimentierkabel

Durchführung:

Schritt 1: Zeichne den Schaltplan zu Bild 3 und baue den Versuch auf.

Schritt 2: Stelle die Spannungsquelle auf 2,0 V ein und erhöhe die Spannung in 0,2 V-Schritten bis 4,0 V. Lies jeweils die Höhe der Stromstärke an der Spannungsquelle und an den LEDs ab. Trage die Werte in die Tabelle ein (→ Bild 4).

3 Stromstärken messen in einer Reihenschaltung

Stromstärke I_{ges} an der E-Quelle	Stromstärke I_1 an LED 1	Stromstärke I_2 an LED 2

4 Messwerttabelle

1 I Vergleiche die Stromstärken in deiner Tabelle. Beschreibe einen Zusammenhang.

2 II Erweitere die Schaltung in Bild 3 und die Tabelle in Bild 4 auf drei LED und wiederhole den Versuch. Vergleiche das Ergebnis mit dem Ergebnis aus dem Versuch mit zwei LED und erläutere es.

METHODE

Recherchieren und strukturieren

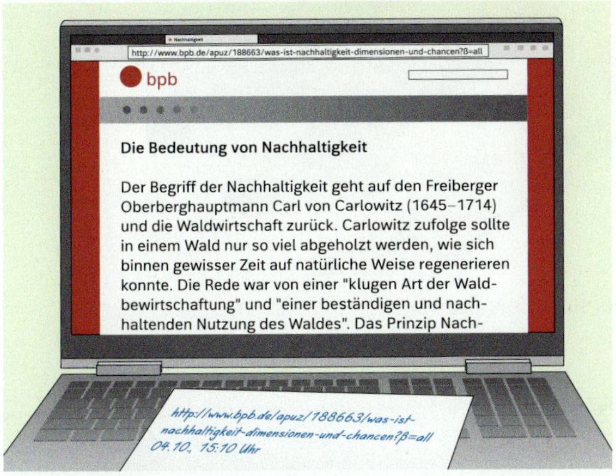

5 Suchworte werden kombiniert.

Überall Informationen

Du sollst zu einem bestimmten Thema einen Vortrag halten oder eine Facharbeit schreiben. Heutzutage findest du im Internet unzählige Texte, Bilder und Filme, die an sehr unterschiedliche Lesergruppen gerichtet sind. Der Betreiber eines Kraftwerkes nennt ausschließlich die Vorteile seiner Anlage. Eine Gruppe von Umweltschützern stellt die Nachteile einer Anlage in den Vordergrund. Die folgenden Tipps sollen dir helfen, die Inhalte für dein Thema zu werten, sorgfältig auszuwählen und gut zu strukturieren.

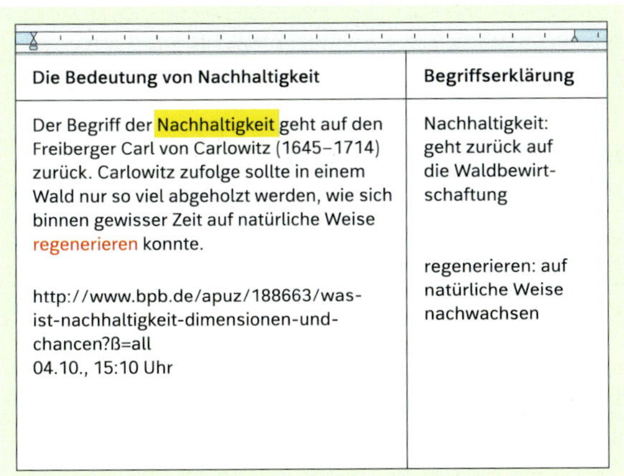

Die Bedeutung von Nachhaltigkeit	Begriffserklärung
Der Begriff der Nachhaltigkeit geht auf den Freiberger Carl von Carlowitz (1645–1714) zurück. Carlowitz zufolge sollte in einem Wald nur so viel abgeholzt werden, wie sich binnen gewisser Zeit auf natürliche Weise regenerieren konnte. http://www.bpb.de/apuz/188663/was-ist-nachhaltigkeit-dimensionen-und-chancen?ß=all 04.10., 15:10 Uhr	Nachhaltigkeit: geht zurück auf die Waldbewirtschaftung regenerieren: auf natürliche Weise nachwachsen

6 Informationen werden sortiert.

Informationen recherchieren

① **Stelle** dir **Fragen** zu deinem Thema und überlege dir eine grobe Gliederung.

② **Kombiniere** mit einer Suchmaschine das Hauptwort deines Themas mit einem wichtigen Wort aus deinen Fragen. (→ Bild 1)

③ Die Suchmaschine bietet dir nun eine Vielzahl von Seiten an. Schau dir genau an, wer die Seite bereitgestellt hat. **Wähle** einige Seiten sorgfältig und kritisch **aus.** Lass dich eventuell von deiner Lehrerin oder deinem Lehrer beraten.

Beachte:
Die Schöpferin oder der Schöpfer eines Werkes wird als **Urheberin** oder **Urheber** bezeichnet. Bei den Werken kann es sich um Texte, Fotos, Bilder, Filme oder Musik handeln. Das **Urheberecht** schützt die Verwendung solcher Werke. Verwendest du in einer Recherche fremde Texte oder Abbildungen, bist du **verpflichtet,** die Quellen **anzugeben.**

Informationen sortieren und gliedern

① **Kopiere** die Texte in ein Textverarbeitungsprogramm. **Notiere** alle Quellen sorgfältig mit Internetadresse, Datum und Uhrzeit deiner Recherche.

② **Lies** die Texte aufmerksam durch.

③ **Lösche** Absätze, die für die Beantwortung deiner Fragen unwichtig sind oder die du nicht verstehst.

④ **Markiere** wie in Bild 2 wesentliche Informationen in der Textdatei.

⑤ **Markiere** unbekannte Fachbegriffe mit einer anderen Farbe. Suche im Internet nach verständlichen Begriffserklärungen und ergänze sie in der Textdatei (→ Bild 2).

⑥ **Schreibe** eine Zusammenfassung. Vermeide dabei lange Aufzählungen.

⑦ **Formuliere** für jeden Gliederungspunkt geeignete Überschriften.

1 Verlangsamter Verkehrsfluss

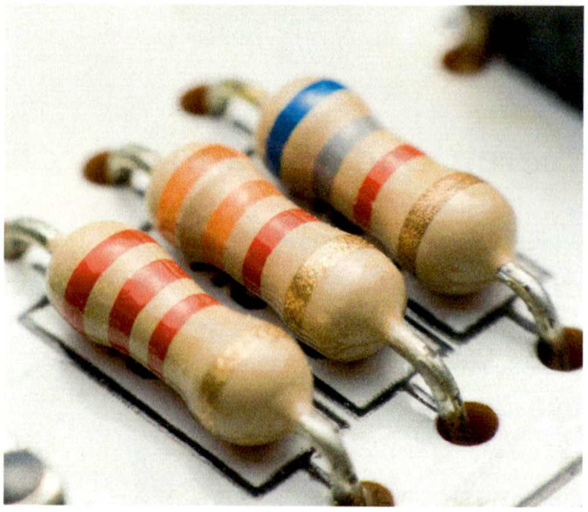

2 Widerstand als Bauteil

Der elektrische Widerstand

Baustelle im Verkehrsstrom

Auf Autobahnen fließt der Verkehr langsamer, wenn eine Spur durch eine Baustelle blockiert ist. Die Geschwindigkeit der Autos wird gebremst.
Auch der elektrische Strom kann in seinem Strom gebremst werden.

Elektrischer Widerstand im Teilchenmodell

In einem metallischen Leiter stoßen die freien Elektronen auf dem Weg durch den Leiter mit den Atomkernen des Metallgitters oder mit anderen Elektronen zusammen. Dadurch werden sie in ihrer Bewegung gebremst.
Diese Eigenschaft wird als **elektrischer Widerstand** bezeichnet.
Die Einheit des elektrischen Widerstandes ist **Ω (griechisch, gesprochen: Ohm).** Sie wurde nach dem deutschen Physiker GEORG SIMON OHM (1789 – 1854) benannt.

Name: elektrischer Widerstand
Formelzeichen: *R*
Einheit: Ω (Ohm)
Weitere Einheiten: 1000 Ω = 1 kΩ
1000 kΩ = 1 MΩ

Elektronenstrom und Widerstand

In einem Stromkreis behindert der Widerstand des Leiters den Elektronenstrom. Die Stromstärke ist somit abhängig von der Größe des Widerstandes. Ein geringer Widerstand ermöglicht einen großen Elektronenstrom und umgekehrt.
Wie groß der Widerstand eines Leiters ist, ist von mehreren Faktoren abhängig. Mit zunehmender Leiterlänge stoßen die Elektronen mit mehr Atomkernen zusammen. Dadurch steigt der Widerstand kontinuierlich an. Auch die Querschnittsfläche des Leiters ist entscheidend: Eine große Querschnittsfläche ermöglicht einen großen Elektronenstrom. Zudem hat die Temperatur eines Leiters Einfluss auf den Widerstand.

Widerstände als Bauteile

Das Wort Widerstand wird im doppelten Sinn verwendet. Wie du schon weißt, bezeichnet es die Eigenschaft eines elektrischen Leiters. Es wird aber auch für die Bezeichnung von Bauteilen verwendet. Diese Bauteile heißen **Festwiderstände.** Sie sind aus unterschiedlichen Materialien hergestellt und haben feste Widerstandswerte (→ Bild 2).

Die Spannung beeinflusst die Stromstärke

Wenn du in einem Stromkreis mit einer Lampe an der Spannungsquelle die Spannung veränderst, ändert sich auch die Stromstärke. Das erkennst du daran, dass sich die Helligkeit der Lampe ändert.
An einem **Konstantandraht** im Stromkreis lässt sich der Zusammenhang zwischen der Stromstärke und der Spannung besonders gut zeigen (→ Bild 3). Die Messung zeigt, dass sich bei einer Verdoppelung der Spannung auch der Wert der Stromstärke verdoppelt. Es fließen dann zweimal so viele Elektronen durch die Fläche des Leiterquerschnitts. Bei halber Spannung halbiert sich auch die Stromstärke. Bei metallischen Leitern aus Eisen, Kupfer oder Aluminium bewirkt eine Erhöhung der Spannung in gleichen Schritten eine immer geringere Zunahme der Stromstärke (→ Bild 4).

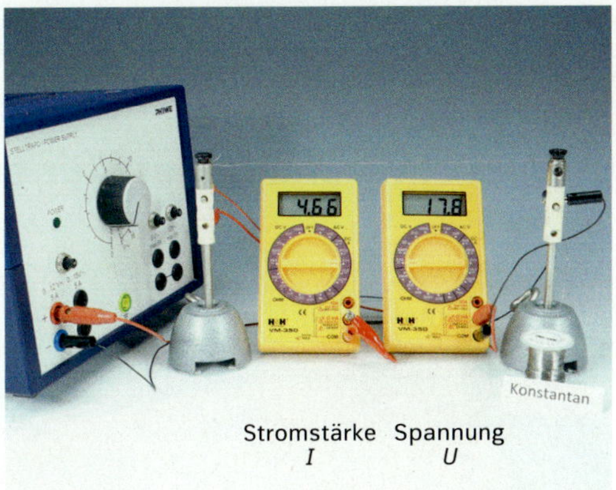

3 Messen von Stromstärke und Spannung

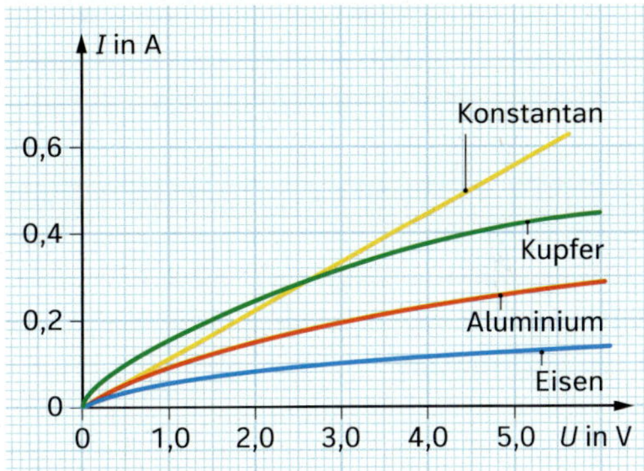

4 Spannung-Stromstärke-Diagramm

Das ohmsche Gesetz

Die Werte der Quotienten aus Stromstärke und Spannung bei einem Konstantandraht haben immer den gleichen Wert. Der Quotient ist konstant. Daraus ergibt sich, dass die Stromstärke proportional zur Spannung ist. Auch bei anderen Längen oder Querschnittsflächen bleibt der Wert des Quotienten konstant. Diese Gesetzmäßigkeit zwischen Stromstärke und Spannung heißt **ohmsches Gesetz.**

Ohmsches Gesetz: $I \sim U$, $\frac{I}{U}$ = konstant

Berechnung von Spannung, Stromstärke oder Widerstand

Mit der Gleichung $R = \frac{U}{I}$ kannst du eine der drei Größen berechnen, wenn die beiden anderen Größen gegeben sind. Dazu musst du die Gleichung nach der gesuchten Größe umstellen.

Elektrischer Widerstand: $R = \frac{U}{I}$
Elektrische Spannung: $U = I \cdot R$
Elektrische Stromstärke: $I = \frac{U}{R}$

1. Erläutere die doppelte Bedeutung des Wortes Widerstand für einen Stromkreis.
2. Beschreibe die Abhängigkeit des Widerstandes eines Leiters von der Länge in einem Je-desto-Satz.
3. Beschreibe das ohmsche Gesetz mit eigenen Worten.
4. Beschreibe den Verlauf des Graphen in einem U-I-Diagramm für einen Konstantandraht.

Starthilfe zu 4:
Benutze bei deiner Beschreibung den Begriff „proportional".

5. Begründe die Gültigkeit des ohmschen Gesetzes für Konstantan im Vergleich mit anderen metallischen Leitern.

»

FORSCHEN UND ENTDECKEN

A Das ohmsche Gesetz für einen Konstantandraht

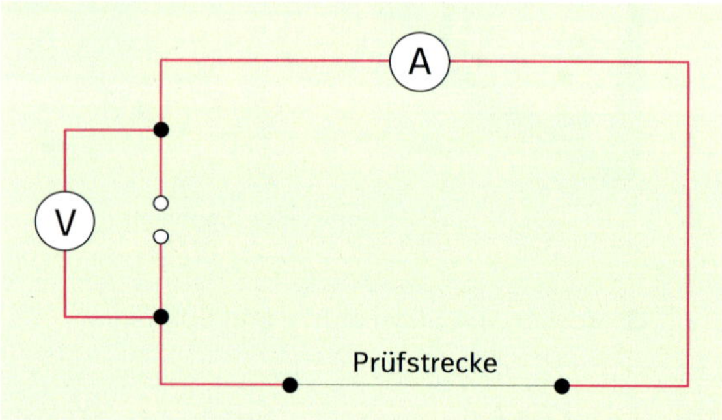

1 Spannung und Stromstärke werden gemessen.

U in V	0	0,5	1,0	1,5	2,0	2,5	3,0
I in A	0						
$\frac{U}{I}$ in $\frac{V}{A}$	–						

2 Messwerttabelle

Material: Spannungsquelle, 2 Vielfachmessgeräte, Stativfüße mit Isolatoren, Kabel, Konstantandraht ($d = 0{,}2$ mm, $\ell = 0{,}5$ m)

Durchführung:

Schritt 1: Baue einen Stromkreis mit einem Konstantandraht als Leiter auf (→ Bild 1).

Schritt 2: Schalte Vielfachmessgeräte zur Messung von Spannung und Stromstärke in den Stromkreis.

Schritt 3: Erhöhe die Spannung schrittweise um 0,5 V bis 5 V. Lies die Höhe der Stromstärke ab und trage die Werte in die Tabelle ein (→ Bild 2).

1 Berechne die Werte der Quotienten von Spannung und Stromstärke und vergleiche sie.

2 Zeichne das U-I-Diagramm und beschreibe den Graphen.

3 II Interpretiere den Graphen und formuliere einen mathematischen Zusammenhang.

B Gilt das ohmsche Gesetz auch für Leiter aus anderen Metallen?

Material: Spannungsquelle, 2 Vielfachmessgeräte, Stativfüße mit Isolatoren, Kabel, Eisendraht, Aluminiumdraht, Kupferdraht (jeweils $d = 0{,}2$ mm, $\ell = 0{,}5$ m)

Durchführung:

Schritt 1: Wiederhole die Schritte 1 bis 3 aus Versuch A mit einem Eisendraht.

Schritt 2: Wiederhole Schritt 1 mit einem Aluminiumdraht.

Schritt 3: Wiederhole Schritt 1 mit einem Kupferdraht.

1 **a)** Berechne für die Drähte jeweils die Werte des Quotienten $\frac{U}{I}$ und vergleiche sie.
b) Trage die drei Messreihen in ein U-I-Diagramm ein.
c) Beschreibe und vergleiche die Graphen.

2 Formuliere die Versuchsergebnisse für die Gültigkeit des ohmschen Gesetzes der untersuchten metallischen Leiter.

3 II Begründe anhand des U-I-Diagramms aus Aufgabe 1b), dass die elektrische Leitfähigkeit von Kupfer besser ist als die von Aluminium und Eisen.

4 III Interpretiere den Verlauf der Graphen im U-I-Diagramm der metallischen Leiter mit dem Teilchenmodell.

ÜBEN UND ANWENDEN

A Überprüfe, ob das ohmsche Gesetz gilt!

In einem Experiment wurden die Messwerte für die Spannung und Stromstärke für verschiedene elektrische Leiter ermittelt (→ Bild 3-5).

1 **a)** Zeichne ein U-I-Diagramm für den Leiter in Bild 3.
b) Überprüfe durch Berechnung, ob für den Leiter in Bild 3 das ohmsche Gesetz gilt. Bilde dazu den Quotienten $\frac{U}{I}$.

2 II **a)** Trage die Messreihen aus Bild 2 und 3 in dasselbe U-I-Diagramm ein.
b) Begründe, ob für diese elektrische Leiter das ohmsche Gesetz gilt.

U in V	0,00	0,64	1,66	4,23	10,80	27,65
I in A	0,00	0,25	0,64	1,64	4,20	10,75

3 Messwerttabelle für Leiter 1

U in V	0,00	0,80	1,60	2,40	3,20	4,00
I in A	0,00	0,30	0,60	0,90	1,20	1,50

4 Messwerttabelle für Leiter 2

U in V	0,00	0,42	0,84	1,26	1,68	2,10
I in A	0,00	0,18	0,38	0,72	1,16	1,40

5 Messwerttabelle für Leiter 3

B Berechne die fehlende Größe!

Ein Bügeleisen wird im Haushaltsnetz an eine elektrische Spannung von 230 V angeschlossen. Während des Betriebs beträgt die elektrische Stromstärke 4,4 A. Die Größe des elektrischen Widerstandes R von dem Bügeleisen kannst du mit einer Rechnung bestimmen (→ Bild 6).

geg.: $U = 230\ \text{V}, I = 4{,}4\ \text{A}$ **ges.:** R

Lösung: $R = \frac{U}{I}$

$R = \frac{230\ \text{V}}{4{,}4\ \text{A}}$

$R = 52{,}27\ \Omega$

Antwort: Der Widerstand des Bügeleisens beträgt 52 Ω.

6 Beispielrechnung für das Bügeleisen

1 **a)** Übertrage die Tabelle aus Bild 7 in dein Heft.
b) Berechne die fehlenden Werte und trage sie in die Tabelle ein.

Starthilfe zu 1:
$R = \frac{U}{I}$
$U = I \cdot R$
$I = \frac{U}{R}$

2 Ein Lötkolben für feine Lötarbeiten hat bei Betrieb einen Widerstand von 29 Ω. Die Stromstärke beträgt 415 mA. Berechne die Größe der Spannung, an die der Lötkolben angeschlossen ist.

3 II Ein Glätteisen wird an eine Spannung von 230 V angeschlossen. Es hat einen elektrischen Widerstand von 294 Ω. Berechne die Größe der Stromstärke.

Spannung U	Stromstärke I	Widerstand R
...	0,55 A	200 Ω
1 kV	...	0,1 kΩ
12 V	10 mA	...
100 V	20 A	...
20V	...	0,2 Ω
...	1,2 A	1 kΩ

7 Messwerttabelle

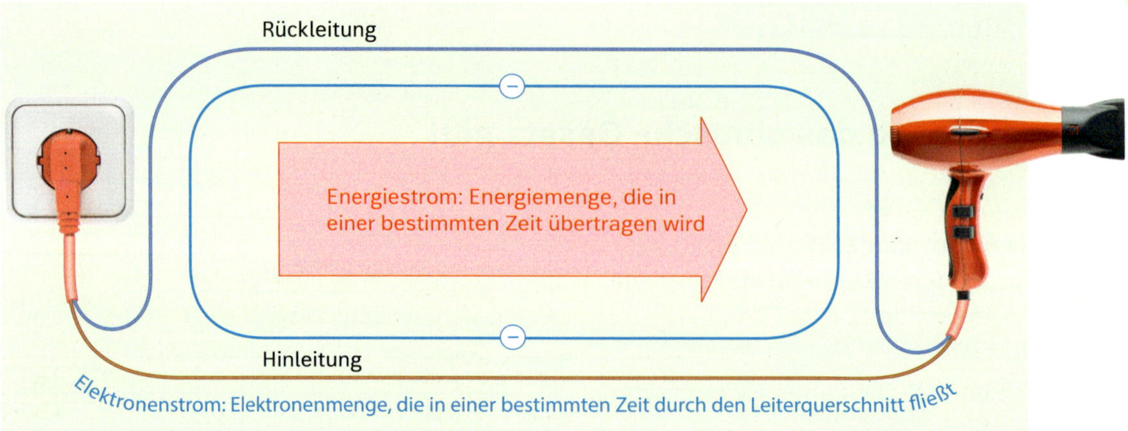

1 Der geschlossene Stromkreis enthält zwei Ströme: den Elektronenstrom und den Energiestrom.

Die elektrische Leistung

Den Energiestrom anpassen

Beim Betrieb des Haartrockners kommt es innerhalb des elektrischen Stromkreises zu einem **Elektronenstrom** (→ Bild 1). Der Haartrockner wandelt dabei die elektrische Energie beispielsweise in Wärme der Heizdrähte um. Der rote Pfeil in Bild 1 zeigt den **Energiestrom,** der von der Steckdose zum Haartrockner übertragen wird.
Über die Schalter am Haartrockner ist die Stärke des Energiestroms einstellbar (→ Bild 3). Sie heißt **Energiestromstärke** oder **elektrische Leistung *P*.** Sie gibt an, wie viel Energie in einer bestimmten Zeit übertragen wird. Sie wird in **W (Watt)** angegeben.

Name: Energiestromstärke (Leistung)
Formelzeichen: P

Die elektrische Leistung

Zwei Lampen sind wie in Bild 2 A in Reihe geschaltet. Sie benötigen die doppelte Spannung, um die doppelte Lichtmenge abzugeben wie nur eine Lampe. Der Energiestrom ist doppelt so groß. Die Energiestromstärke und die Spannung sind proportional zueinander.
Sind zwei Lampen wie in Bild 2 B parallel geschaltet, benötigen sie die doppelte Stromstärke, um die doppelte Lichtmenge abzugeben wie eine Lampe. Der Energiestrom ist doppelt so groß.
Die Energiestromstärke P lässt sich also aus der Spannung U und der Stromstärke I berechnen.

Berechnung: $P = U \cdot I$
Einheit: V · A = W (Watt)

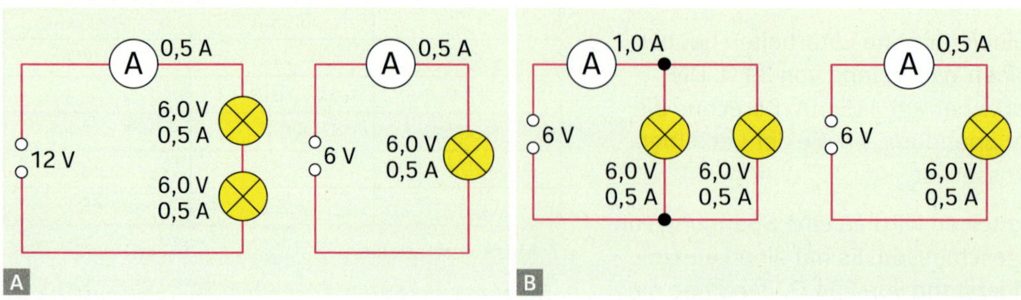

2 Die Stärke des Energiestromes wird beeinflusst durch: **A** Spannung, **B** Stromstärke.

Leistungen im Haushalt

Elektrische Geräte im Haushalt haben unterschiedliche Leistungen. Alle elektrischen Geräte besitzen ein **Typenschild.** Dort kannst du die elektrische Leistung des Gerätes in Watt (W) ablesen (→ Bild 4). Ein Fernseher hat ungefähr 80 W und eine Waschmaschine hat 2 kW. Eine Mikrowelle hat bis zu 1000 W, also 1 kW. Die Leistung der Mikrowelle kann wie beim Haartrocker über Schalter eingestellt werden (→ Bild 5). Je höher die Watt-Zahl, desto höher ist die Leistung eines elektrischen Gerätes.

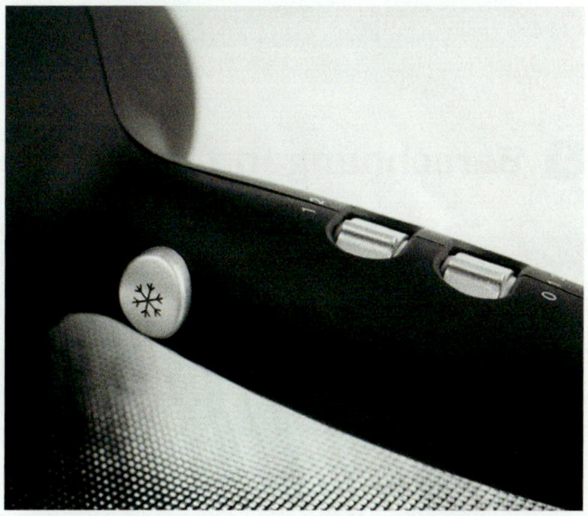

3 Schalter am Haartrockner

Die elektrische Energie

Alle elektrischen Geräte wie der Haartrockner nehmen **elektrischer Energie *E*** auf und geben Energie in anderer Form ab. Wie viel elektrische Energie aufgenommen wird, hängt von der Energiestromstärke (Leistung) ***P*** und der Einschaltdauer ***t*** ab. Die Einheit der elektrischen Energie ist **J (Joule).** Für die elektrische Energie wird häufig die Einheit **kWh** (Killowattstunden) verwendet. Sie besteht aus der Einheit Watt für Energiestromstärke und der Zeit für die Einschaltdauer. Ein Joule entspricht genau einer Wattsekunde.

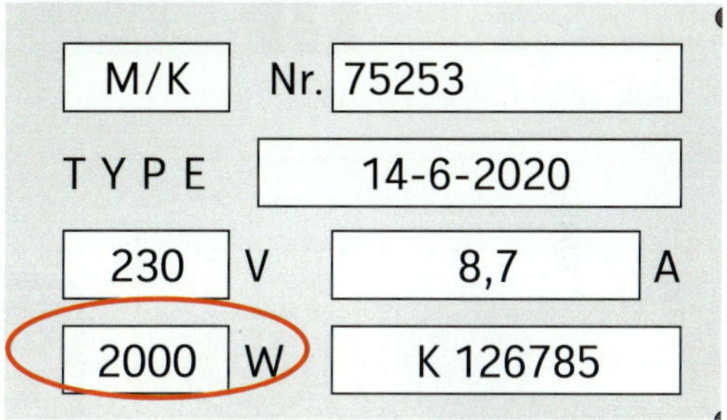

4 Ein Typenschild mit Leistungsangabe

Name: elektrische Energie
Formelzeichen: E

Berechnung:
$E = P \cdot t$ mit $P = U \cdot I \Rightarrow E = U \cdot I \cdot t$
Einheit: V · A · s = Ws = J (Joule)

5 Leistung an der Mikrowelle einstellen

1 Beschreibe bei elektrischen Geräten den Verlauf des Elektronenstroms und des Energiestroms.

Starthilfe zu 1:
Benutze zur Beantwortung das Bild 1.

2 I Im geladenen Akku eines Smartphones sind 12 Wh Energie gespeichert.
a) Im Stand-by-Betrieb ist der Akku nach 86 h leer. Berechne die Leistung.
b) Berechne, wie lange der Akku mit 2,5 W geladen werden muss, wenn er wieder vollständig aufgeladen sein soll.

3 II Begründe, dass die Angabe 2000 W auf dem Typenschild in Bild 2 eigentlich nicht notwendig ist.

4 III Begründe, dass ein Leistungsmessgerät in Bild 4B mehr als zwei Anschlüsse benötigt.

»

ÜBEN UND ANWENDEN

A Berechnungen zur Energiestromstärke (Leistung)

1 Ladestecker an einer Ladestation

	Schuko	Typ 2	CCS
Stecker			
Ladeleistung	3,7 kW	22 kW	160 kW

2 Ladestecker im Vergleich

Ein Elektroauto benötigt elektrische Energie, damit es fahren kann. Die elektrische Energie kann in einer Hochvoltbatterie gespeichert werden. Für die Aufladung der Batterie gibt es verschiedene Steckertypen.
Das Elektroauto kann an einer Schuko-Steckdose aufgeladen werden. Das dauert länger als mit einerm Typ-2-Stecker an einer Ladestation.
Jeder Steckertyp hat eine unterschiedliche Ladeleistung. Die Ladeleistung wird immer in kW (Kilowatt) angegegeben.
Für jeden Steckertyp gibt es den passenden Anschluss. Je nach Ladeleistung benötigt der Stecker eine bestimmte Stromstärke und Spannung. Mit den folgenden Formeln kannst du die drei Größen berechnen:

elektrische Leistung: $P = U \cdot I$
elektrische Spannung: $U = \frac{P}{I}$
elektrische Stromstärke: $I = \frac{P}{U}$

Der Akku für ein E-Bike wird an ein Ladegerät mit einer Spannung von 36 V angeschlossen. Dabei ergibt sich eine Stromstärke von 11,5 A. Berechne die Energiestromstärke *P*.

geg.: $U = 36\ \text{V}$, $I = 11{,}5\ \text{A}$ **ges.:** P

Lösung: $P = U \cdot I$

$P = 36\ \text{V} \cdot 11{,}5\ \text{A}$

$P = 414\ \text{W}$

Antwort: Die Energiestromstärke beim Laden des E-Bikes beträgt 414 W.

3 Berechnung der Energiestromstärke

Eine Herdplatte wird mit einem Energiestrom von 0,75 kW betrieben. Die elektrische Stromstärke beträgt 3,25 A. Berechne die Spannung *U*.

geg.: $P = 0{,}75\ \text{kW}$, $I = 3{,}25\ \text{A}$ **ges.:** U

Lösung: $P = U \cdot I \Leftrightarrow U = \frac{P}{I}$

$U = \frac{750\ \text{W}}{3{,}25\ \text{A}} = 230{,}77\ \text{V}$

Antwort: Die Herdplatte wird mit einer Spannung von 230,77 V betrieben.

4 Berechnung der Spannung

1 Der Akku für ein Elektroauto wird an einem Ladegerät mit einer Spannung von 400 V angeschlossen. Dabei ergibt sich eine Stromstärke von 32 A. Berechne die Energiestromstärke P. Welchen Ladestecker solltest du verwenden?

Starthilfe zu 2:
1 kW = 1000 W

2 Der Akku eines Elektroautos soll zuhause an einer Schuko-Steckdose aufgeladen werden. Ein Stromkreis im Haushalt ist mit 16 A abgesichert. Berechne die Spannung *U*.

METHODE

Präsentieren

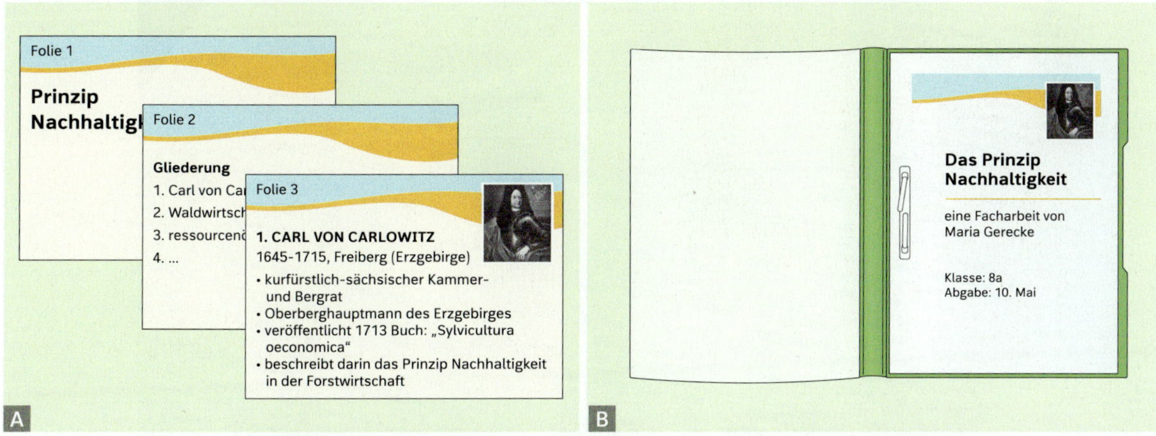

5 Die Informationen werden: **A** auf Folien präsentiert, **B** in einer Facharbeit zusammengefasst.

Die Informationen präsentieren

Es gibt verschiedene Medien, um die Informationen deines Themas zu präsentieren.
Du kannst einen **Vortrag** mithilfe einer digitalen Präsentation und Anschauungsmaterialien halten. Das Erstellen einer digitalen Präsentation als **Lernvideo** erfordert keine zusätzlichen Worte mehr. Erstellst du eine **Facharbeit,** kann sie von mehreren Personen gelesen werden (→ Bild 5).

Eine digitale Präsentation erstellen

① Stelle auf der 1. Folie das Thema und eventuell eine Abbildung dar.
② Zeige auf der 2. Folie die Gliederung.
③ Lege zu jedem Gliederungspunkt eine weitere Folie an. Liste die wesentlichen Inhalte aus deinen Texten stichpunktartig auf und füge Fotos, Abbildungen und Grafiken ein.
④ Notiere alle Quellen in den Fußzeilen der Folien.

Angabe einer Quelle:
Der Begriff der Nachhaltigkeit ... . [1]
[1] http://www.bpb.de/apuz/was-ist-nachhaltigkeit-dimensionen-und-chancen?ß=all

Den Vortrag halten

Benutzt du eine digitale Präsentation für deinen Vortrag, erläuterst du jede Folie mit eigenen Worten. Ohne digitale Präsentation solltest du dir auf nummerierten Kärtchen Stichpunkte für den Vortrag notieren.

Tipps für einen gelungenen Vortrag:
- Übe den Vortrag mehrmals zu Hause.
- Kontrolliere die benötigte Zeit.
- Sprich frei, laut und deutlich.
- Trete selbstbewusst und sicher auf.
- Halte Blickkontakt zu deinen Zuhörern.
- Stelle dich auf Fragen ein.

Eine Facharbeit schreiben

① Gestalte ein **Deckblatt** mit Thema, Namen, Klasse, Datum und eventuell einer themenorientierten Abbildung.
② Schreibe ein Inhaltsverzeichnis mit allen Überschriften und Seitenzahlen.
③ Binde passende **Abbildungen** (Fotos, Grafiken) in deine Texte ein.
④ Notiere alle **Quellen** in den Fußzeilen der Seiten oder am Ende der Arbeit.

1 Präsentiere deine gesammelten Informationen aus der Seite 203 mit einem Medium deiner Wahl.

«

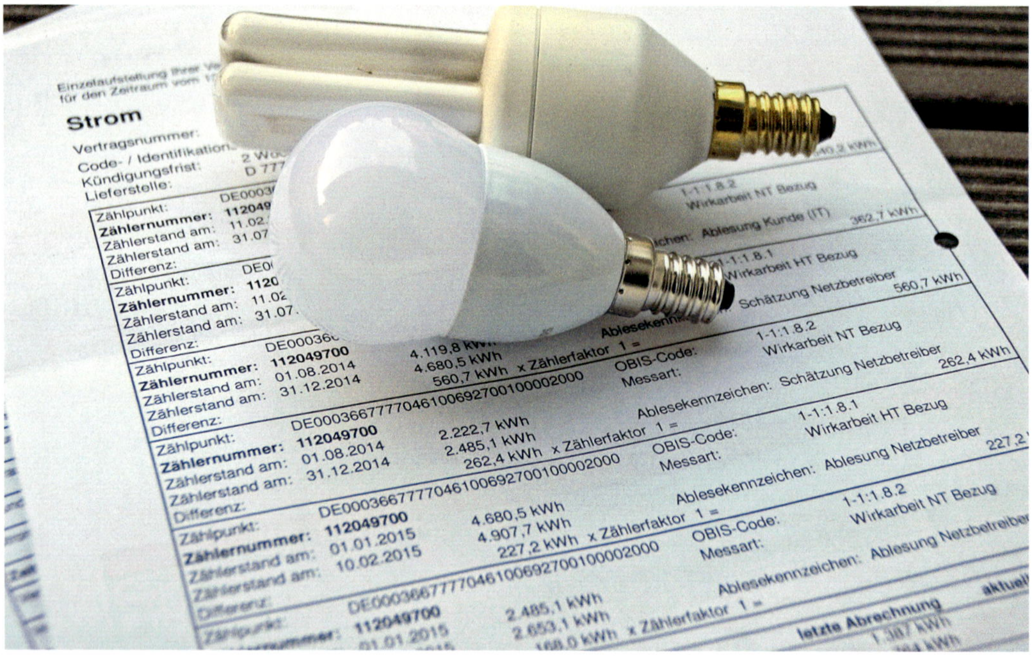

1 Energieabrechnung eines Energieversorgungsunternehmens

Energierechnung und Energiemanagement

Energie ist wertvoll

Energie wird in jedem Haus benötigt. Mit der Nutzung elektrischer Energie ist vieles einfacher. Elektrische Energie wird in Kraftwerken bereitgestellt. Zu Betrieben und Haushalten gelangt sie über ein verzweigtes Leitungsnetz. Die Kosten für den gesamten Aufwand werden in der **Energierechnung** vom Energieversorgungsunternehmen erhoben.

Der Elektrizitätszähler

Mit Elektrizitätszählern wie in Bild 2 werden die Energiestromstärke und die Nutzungsdauer gemessen. Mithilfe dieser beiden Werte wird die genutzte Menge an Energie bestimmt.
Die Zähler müssen so geschaltet sein, dass sie gleichzeitig die Spannung und die Stromstärke messen können. Aus diesen beiden Werten wird dann die Energiestromstärke bestimmt.

Die Energierechnung

Jeder Haushalt hat einen solchen Elektrizitätszähler. Der Zähler wird einmal im Jahr abgelesen. Dann wird vom Energieversorgungsunternehmen eine Rechnung geschrieben. So eine Rechnung kann aussehen wie in Bild 1. Es ist angegeben, wie viel elektrische Energie genutzt worden ist und wie viel für jede Kilowattstunde (kWh) bezahlt werden muss. Dazu kommen Festbeträge und die Umsatzsteuer.

2 Ein Elektrizitätszähler

Elektrische Geräte und elektrische Energie

Auf Stromrechnungen wird die genutzte elektrische Energie in Kilowattstunden angegeben (kWh). Dies ist die elektrische Energie, die in einer bestimmten Zeit umgewandelt wurde.
Eine Kilowattstunde bedeutet, dass eine Kilowatt, also 1000 Watt, in einer Stunde umgewandelt wurden. Um eine Kilowattstunde zu erzeugen, müsste man beispielsweise neun Stunden lang Fahrrad fahren.
Eine Waschmaschine, die eine Stunde lang läuft, wandelt eine Kilowattstunde um. Wenn du fünf Stunden lang den Computer nutzt, wird ebenfalls etwa die Energiemenge von einer Kilowattstunde umgewandelt.

Energie vernünftig einsetzen

Wer vernünftig mit der elektrischen Energie umgeht, schont die Umwelt und die Ressourcen. Der Energiebedarf eines elektrischen Gerätes sollte schon beim Kauf berücksichtigt werden. Die Nutzung eines billigeren und energieintensiveren Gerätes kann im Verlauf mehrerer Jahre viel teurer werden als die Nutzung eines teuren, aber energiesparenden Gerätes. Es gibt auch gesetzliche Beschränkungen. Staubsauger mit einer Leistung von mehr als 900 W dürfen in Europa nicht mehr verkauft werden. LED haben in den letzten Jahren die Glühlampen ersetzt. LED leuchten genauso hell. Sie benötigen dafür aber weit weniger elektrische Energie.

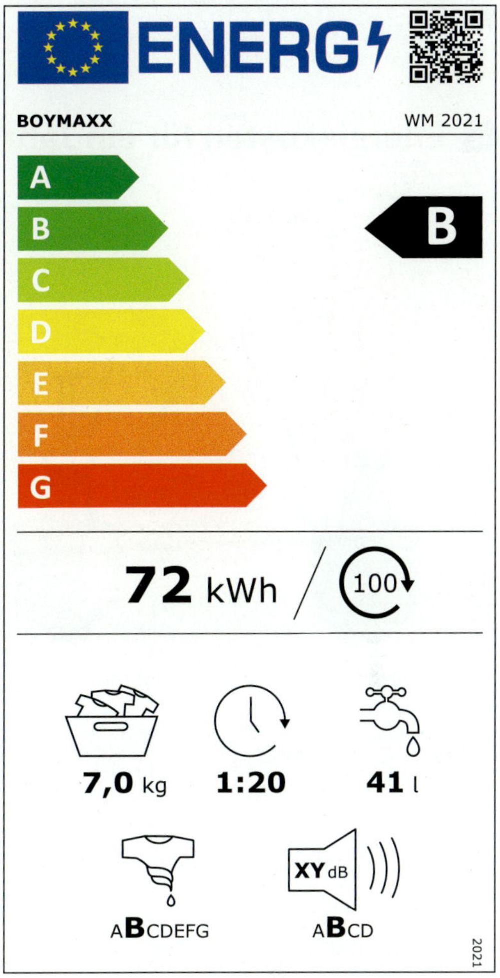

3 Das EU-Label für Waschmaschinen ab 2021

Ein Energiemanagement

Energie sollte so sparsam wie möglich verwendet werden. **Energiemanagement** bedeutet also, bewusst mit Energie umzugehen. Dabei können beim Kauf eines neuen Gerätes **Energieeffizienzlabel** der Europäischen Union (EU) auf den Geräten helfen (→ Bild 3).

1 a) Protokolliere für einen Tag, wofür du elektrische Energie nutzt.
b) Überlege, auf welche elektrischen Geräte du verzichten kannst oder ihre Benutzung einschränken könntest.

Starthilfe zu 1:

Energieprotokoll			
Gerät	Nutzungsdauer	Art der Nutzung	Einsparmöglichkeit

2 Nenne die Angaben, die auf einem Energieeffizienzlabel verzeichnet sind.

ÜBEN UND ANWENDEN

A Energiekosten für ein Jahr: Vergleich Glühlampe – LED-Lampe

1 LED-Lampe

2 Glühlampe

geg.: $t = 1000\ \text{h}$, $P_{\text{Glühlampe}} = 60\ \text{W}$,
$P_{\text{LED}} = 8\ \text{W}$,
$\text{Preis} = 31\ \frac{\text{Cent}}{\text{kWh}} = 0{,}31\ \frac{€}{\text{kWh}}$

ges.: Kostenersparnis für ein Jahr

Lösung:

Energiebedarf der Glühlampe:

$$E_{\text{Glühlampe}} = P \cdot t$$
$$E_{\text{Glühlampe}} = 60\ \text{W} \cdot 1000\ \text{h}$$
$$E_{\text{Glühlampe}} = 60\ \text{kWh}$$

Energiekosten der Glühlampe für ein Jahr:

$$\text{Kosten}_{\text{Glühlampe}} = 60\ \text{kWh} \cdot 0{,}31\ \frac{€}{\text{kWh}}$$
$$\text{Kosten}_{\text{Glühlampe}} = 18{,}60\ €$$

Energiebedarf der LED:

$$E_{\text{LED}} = P \cdot t$$
$$E_{\text{LED}} = 8\ \text{W} \cdot 1000\ \text{h}$$
$$E_{\text{LED}} = 8\ \text{kWh}$$

Energiekosten der LED für ein Jahr

$$\text{Kosten}_{\text{LED}} = 8\ \text{kWh} \cdot 0{,}31\ \frac{€}{\text{kWh}}$$
$$\text{Kosten}_{\text{LED}} = 2{,}48\ €$$

Kostenersparnis für ein Jahr

$$\Delta\text{Kosten} = \text{Kosten}_{\text{Glühlampe}} - \text{Kosten}_{\text{LED}}$$
$$\Delta\text{Kosten} = 18{,}60\ € - 2{,}48\ €$$
$$\Delta\text{Kosten} = 16{,}12\ €$$

3 Beispielrechnung

Um die Energiekosten von Lampen für ein Jahr zu berechnen, müssen die Energiestromstärke (Leistung), die Einschaltdauer und der Preis für jede genutzte kWh berücksichtigt werden.
Mit LED-Lampen kannst du Energiekosten einsparen. Ersetzt du eine 60-W-Glühlampe durch eine gleich helle 8-W-LED-Lampe, kannst du pro Jahr bei 1000 h Einschaltdauer 16,12 € einsparen. Dabei kostet 1 kWh elektrischer Energie 31 Cent. In der Beispielrechnung in Bild 3 siehst du, wie du die Kostenersparnis berechnen kannst.
In der Tabelle in Bild 4 sind die Energiestromstärken (Leistungen) von fünf LED-Lampen und von fünf Glühlampen mit etwa gleicher Lichtstärke gegenübergestellt.

Leuchtmittel	LED-Lampe	Glühlampe
Energiestromstärke (Leistung) P	3 W	25 W
	6 W	40 W
	7,5 W	60 W
	10 W	75 W
	12 W	100 W

4 LED-Lampen und Glühlampen mit vergleichbarer Lichtstärke

1 a) Berechne den jährlichen Energiebedarf für jede der zehn Lampen in Bild 4, wenn die Lampen durchschnittlich fünf Stunden pro Tag eingeschaltet sind. Rechne mit 365 Tagen für ein Jahr.
b) Berechne die jährlichen Energiekosten für jede der Lampen aus a). Rechne mit einem Energiepreis von 0,31 € pro kWh.

2 II a) Die fünf Glühlampen werden durch die vergleichbar hellen LED-Lampen ersetzt. Berechne die jährliche Kostenersparnis für jede der fünf Lampen.
b) Berechne die Ersparnis in Prozent (%), die sich beim Ersatz der fünf Glühlampen durch die LED-Lampen ergibt.

IM ALLTAG

Energiemanagement im Haushalt

Energie ist wertvoll

In Kraftwerken werden unterschiedliche Energien in elektrische Energie umgewandelt. Viele davon stehen nicht unbegrenzt und zu jeder Zeit zur Verfügung. Bei der Nutzung von fossilen Energieträgern wird die Umwelt durch unterschiedliche Schadstoffe belastet. Daher muss jeder mit Energie verantwortungsvoll umgehen. Ein **Energiemessgerät** kann beim sparsamen Umgang mit elektrischer Energie helfen.

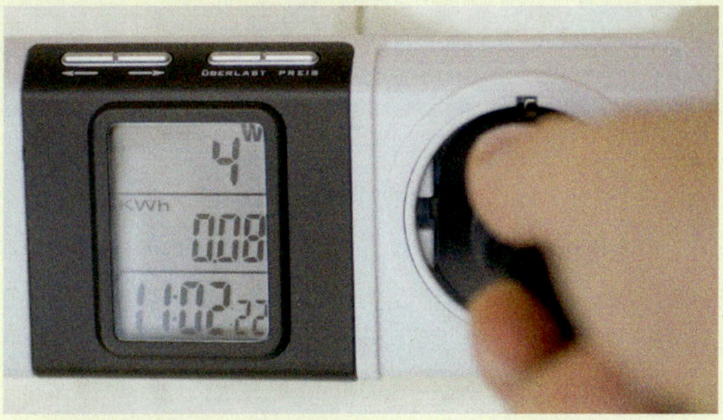

5 Energiemessgerät

Energie einsparen im Haushalt

Waschmaschinen oder Geschirrspülmaschinen sind heutzutage mit **Energiesparprogrammen** ausgestattet. Diese arbeiten bei niedrigerer Temperatur. Der Wasserbedarf und die Waschmittelmenge werden über Sensoren dem Verschmutzungsgrad des Wassers angepasst. So werden Ressourcen gespart.

6 ECO-Programmwahlschalter

Leistung – gesetzlich beschränkt

Seit 2017 begrenzt eine EU-Vorschrift die Leistungsaufnahme von Staubsaugern auf 900 W.
Geräte mit höherer Aufnahme bieten keinen höheren Nutzen und dürfen daher nicht mehr verkauft werden.

7 Ein Staubsauger mit Leistungsbegrenzung

Stand-by-Modus

Viele elektronische Geräte bleiben im **Stand-by-Modus,** wenn sie nicht genutzt werden. Sie benötigen dann elektrische Energie, auch wenn sie nicht eingeschaltet sind. Diese Geräte müssen aktiv vom Netz getrennt werden.

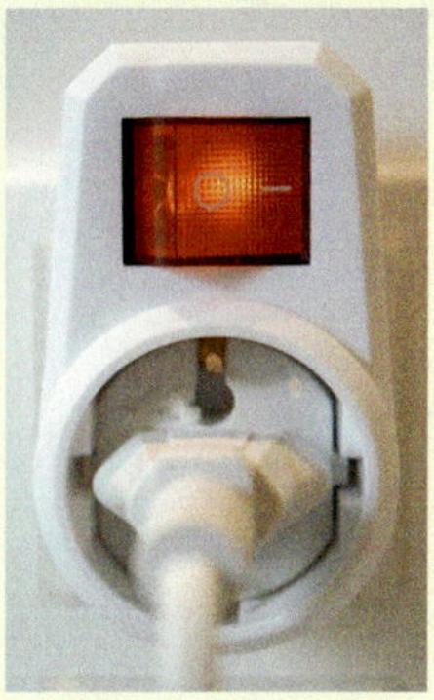

8 Stand-by-Modus aktiv ausschalten!

1. Nenne Geräte in eurem Haushalt, bei denen du durch eine schaltbare Steckdosenleiste den Stand-by-Modus vermeiden kannst.
2. Finde Beispiele für unachtsame Energieverschwendung.
3. Recherchiere die Energiesparziele der EU. Gib an, wie nahe Deutschland diesen Zielen gekommen ist.

«

Auf einen Blick: Elektrische Energie im Alltag

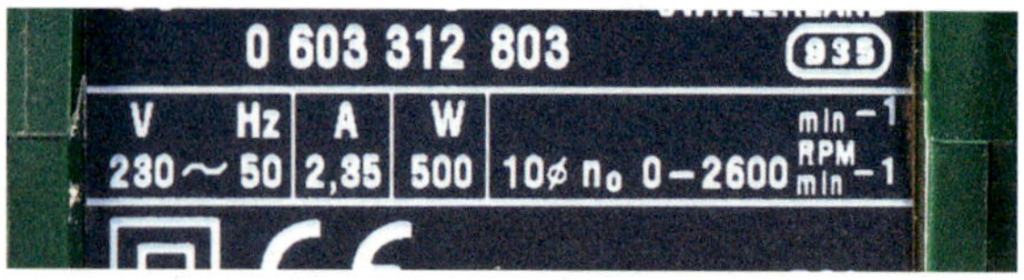

Die elektrische Ladung

Elektrizität entsteht durch die Trennung von elektrisch positiven und negativen Ladungen. Elektronen sind die Träger der negativen Ladung. Sie sind im Leiter frei beweglich und bilden im Stromkreis einen Elektronenstrom.
Ungleichartige Ladungen ziehen sich an. Gleichartige Ladungen stoßen sich ab.
Elektroskop: Der Zeiger bewegt sich aufgrund der Abstoßung gleichartiger Ladungen.
Glimmlampe: Es leuchtet die Elektrode auf, die Elektronen abgibt. Damit kann die Art der Ladung bestimmt werden.

Die elektrische Stromstärke

Die elektrische Stromstärke ist ein Maß für die Anzahl der Elektronen, die in einer bestimmten Zeit durch die Querschnittsfläche eines Leiters fließen. Das Formelzeichen für die Stromstärke ist I. Ihre Einheit ist A (Ampere).

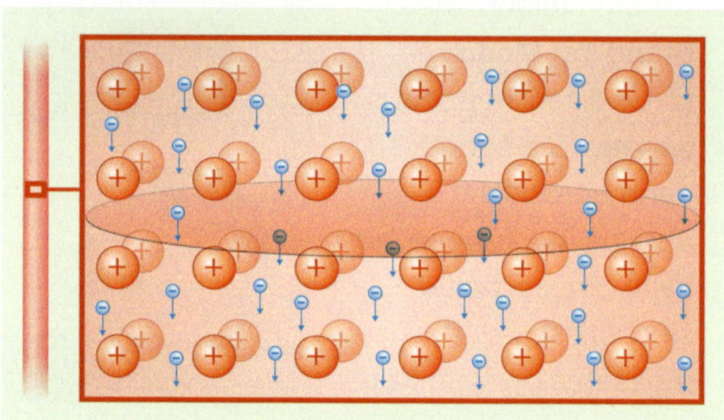

Die elektrische Spannung

Damit die Elektronen im Stromkreis und durch dein Gerät fließen, ist eine Spannungsquelle nötig. Die elektrische Spannung treibt den Elektronenfluss an. Sie wird auch als elektromotorische Kraft bezeichnet. Je größer die Spannung ist, desto stärker fließt der Strom. Das Symbol der Spannung ist U. Die elektrische Spannung gibt die Potenzialdifferenz zwischen dem Pluspol und dem Minuspol einer Spannungsquelle an.

Der elektrische Widerstand

In einem Stromkreis behindert der Widerstand des Leiters den Elektronenstrom. Die Stromstärke ist damit abhängig von der Größe des Widerstandes.
In einem Stromkreis ist die Stromstärke proportional zur Spannung. Dies nennt man auch das Ohmsche Gesetz. Es gilt: $\frac{I}{U}$ = konstant.

WICHTIGE BEGRIFFE

- positive und negative Ladungen
- Ladungstrennung, Ladungsausgleich
- Elektronen, Elektronenstrom
- Elektroskop, Glimmlampe
- elektrische Stromstärke I

WICHTIGE BEGRIFFE

- elektrische Spannung U
- Potenzialdifferenz, Spannungsquelle
- ohmsches Gesetz
- elektrischer Widerstand R
- Widerstandsgesetz

Auf einen Blick: Elektrische Energie im Alltag

Die elektrische Energie und die elektrische Leistung

Elektrische Geräte wandeln die elektrische Energie E in eine andere Form von Energie um. Die Menge der Energie, die dabei in einer bestimmten Zeit durch ein Gerät strömt, heißt elektrische Leistung P oder Energiestromstärke.
Je mehr Energie pro Zeit von einem Bauteil übertragen wird, desto größer ist seine elektrische Leistung. Die elektrische Leistung wird in der Einheit Watt (W) angegeben.

Energiemanagement

Die elektrische Energie wird von den Energieversorgungsunternehmen bereitgestellt. Die Menge der für einen Haushalt gelieferten Energie wird mit einem **E**lektrizitätszähler in der Einheit Kilowattstunde (kWh) gemessen.
Elektrische Energie muss sparsam genutzt werden. Dafür sind elektrische Geräte in Energieeffizienzklassen eingeteilt.

Name	Größe	Einheit	Gesetz
elektrische Spannung	U	V (Volt)	in Reihe: $U_{ges} = U_1 + U_2$, parallel: $U_{ges} = U_1 = U_2$
elektrische Stromstärke	I	A (Ampere)	in Reihe: $I_{ges} = I_1 = I_2$, parallel: $I_{ges} = I_1 + I_2$
elektrische Leistung (Energiestromstärke)	P	W (Watt)	$P_{el} = U \cdot I$, $P_{el} = \frac{E_{el}}{t}$
elektrische Energie	E	J (Joule), Ws (Wattsekunde), kWh (Kilowattstunde)	$E_{el} = P_{el} \cdot t$, $E_{el} = U \cdot I \cdot t$
elektrischer Widerstand	R	Ω (Ohm)	$R = \frac{U}{I}$

WICHTIGE BEGRIFFE
- elektrische Energie E
- Energiestromstärke (elektrische Leistung) P
- Energieumwandlung
- Energiemanagement

WICHTIGE BEGRIFFE
- effiziente Energienutzung
- Energieeffizienzklassen
- Elektrizitätszähler
- Kilowattstunde

Lerncheck: Elektrische Energie im Alltag

Elektrische Ladung

1 **a)** Beschreibe die Veränderung in einem Körper, der elektrisch geladen wird.
b) Nenne die zwei Formen elektrischer Ladung und erkläre, worin sie sich unterscheiden.

2 Beschreibe die zwei genannten Möglichkeiten, mit denen man elektrische Ladungen nachweisen kann.

3 **a)** Nenne die Ladungsträger in Metallen.
b) Begründe, dass Metalle sich besonders als elektrische Leiter eignen.

4 **a)** Zeichne einen elektrischen Stromkreis aus Spannungsquelle, Leitungen und Lampe.
b) Kennzeichne mit Pfeilen die Bewegungsrichtung der Ladungsträger und die Richtung des Energieflusses.

5 Nenne die physikalische Größe mit ihrer Einheit,
a) die den Antrieb der Ladungsträger im elektrischen Stromkreis beschreibt.
b) die den Ladungstransport im elektrischen Stromkreis beschreibt.

Elektrische Grundgrößen

6 Zeichne einen elektrischen Stromkreis aus Spannungsquelle, Leitungen, Lampe und je ein Messgerät zum Messen der Spannung und der Stromstärke.

7 **a)** Nenne unterschiedliche Messgeräte, die sich für die Messung elektrischer Größen eignen.
b) Beschreibe Unterschiede im Aufbau und in der Handhabung der Messgeräte aus a).

8 Zeichne einen elektrischen Stromkreis aus Spannungsquelle, Leitungen, Lampe und je ein Messgerät zum Messen der Spannung und der Stromstärke.

9 **a)** Zeichne je einen Schaltplan für die beiden folgenden Stromkreise. Notiere jeweils darunter den Namen der Schaltung.
b) Notiere jeweils für beide Schaltungen die Formeln, die die Gesamtspannung und die Gesamtstromstärke in der Schaltung beschreiben.

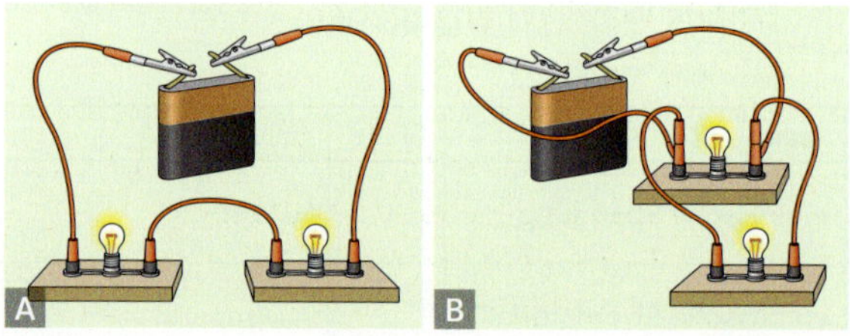

10 Erkläre die Entstehung von Blitzen.

DU KANNST JETZT ...

- ... die Änderungen an Körpern beschreiben, die unterschiedlich elektrisch geladen werden.
- ... den Begriff Ladungstransport erklären
- ... den Grund für die elektrische Leitfähigkeit von Metallen beschreiben.

DU KANNST JETZT ...

- ... die Größen angeben, die den elektrischen Strom in einem Stromkreis kennzeichnen.
- ... unterschiedliche Bauarten von Messgeräten beschreiben und die Messgeräte benutzen.
- ... elektrische Grundschaltungen zeichnen.
- ... die Gesamtspannung und die Gesamtstromstärke der Grundschaltungen bestimmen.

Elektrische Leistung – elektrische Energie

11 Die Stromstärke wurde in Abhängigkeit von der Spannung untersucht. Dabei ergaben sich folgende Messwerte:

U in V	0	1,8	3,6	5,4	7,2	9,0	10,8
I in A	0	0,31	0,55	0,74	0,84	0,93	0,96

a) Stelle die Messwerte grafisch dar.
b) Interpretiere den Verlauf der Kennlinie.
c) Gib ein mögliches Leitermaterial an.

12 Für das Aufladen einer elektrischen Zahnbürste wird eine Leistung von 2,0 W benötigt. Der Ladevorgang dauert 14,0 h. Das Aufladen muss im wöchentlichen Rhythmus wiederholt werden. Berechne den jährlichen Energiebedarf für eine Zahnbürste.

13 Während des Ladens eines Smartphones beträgt die Stromstärke im Ladegerät 25,0 mA. Die Spannung beträgt 3,8 V.

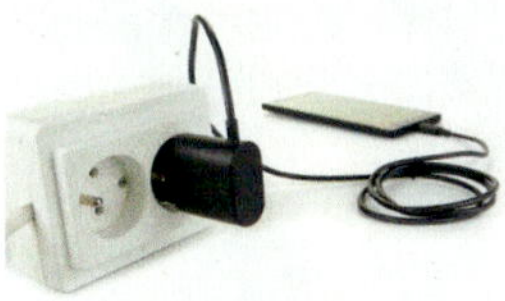

Der tägliche Ladevorgang dauert 2,0 h.
a) Berechne die jährliche Menge an Energie, die für das Laden benötigt wird.
b) Berechne die Energiekosten pro Jahr, wenn 1 kWh elektrische Energie 0,31 € kostet.

Elektrischer Widerstand – Energieeffienzienz

14 Der Widerstand eines Leiters beträgt 50 Ω. Die Stromstärke im Draht wird mit 400 mA bestimmt. Berechne die anliegende Spannung.

15 Gib an, von welchen Größen der elektrische Widerstand eines Leiters abhängig ist.

16 Erläutere die verschiedenen Bedeutungen für den elektrische Widerstand.

17 **a)** Begründe, dass es erforderlich ist, die Nutzung von Energie effizient zu gestalten.
b) Nenne Hilfsmittel und Verhaltensweisen, die dabei helfen.

DU KANNST JETZT ...

- ... die Energiestromstärke (elektrische Leistung) und den Energiebedarf eines elektrischen Gerätes berechnen.
- ... den Zusammenhang zwischen Energiestromstärke und elektrischer Energie angeben.
- ... den Zusammenhang zwischen Spannung und Stromstärke beschreiben.

DU KANNST JETZT ...

- ... die Abhängigkeiten des elektrischen Widerstandes eines Leiters benennen.
- ... den elektrischen Widerstand berechnen.
- ... Energiesparmaßnahmen nennen und die Notwendigkeit dieser Maßnahmen begründen.

Mobilität

Wann sind wir da? Und wenn wir schneller fahren?

Welche Kräfte können hier gefährlich werden?

Wie sind wir schnell und doch nachhaltig mobil?

1 Mobilität: **A** wandernde Karibus, **B** Straßenverkehr

Bewegungen in Natur und Technik

Mobilität

Was bedeutet **Mobilität?** Mobilität heißt Beweglichkeit. Bewegungen sind ein typisches Merkmal aller Lebewesen. Besonders bei Tieren fallen uns die Bewegungen bei der Nahrungssuche, bei der Partnersuche oder auf der Flucht vor Feinden auf. Auch wir Menschen sind mobil. Wir laufen und springen und gehen dorthin, wo wir etwas tun wollen.
Vielfältige **Verkehrsmittel** erweitern unsere **Mobilität.** Mit Rollern, Fahrrädern, Autos, Bussen, Bahnen, Schiffen oder Flugzeugen können wir größere Entfernungen in kürzerer Zeit zurücklegen. So erweitern sich unsere Möglichkeiten für Aktivitäten. Bei einer guten Verkehrsanbindung können wir eine weiter entfernte Schule besuchen. Wir können zu einem Konzert in eine andere Stadt fahren oder Freunde oder Verwandte besuchen. Auch die Möglichkeiten für Tourismus erweitern sich mit den Verkehrsmitteln.
Weltweit werden **Waren** transportiert. Nicht nur Bananen oder Kaffee aus tropischen Ländern kommen so zu uns. Viele Firmen erhalten für ihre Produktion heute Zulieferungen aus aller Welt

Bewegungen bei Tieren

Hummeln fliegen von Blüte zu Blüte, um Nektar zu sammeln. Fische schwimmen einzeln oder im Schwarm. Sie sind auf Nahrungssuche und weichen Fressfeinden aus. Gänse führen bei der Balz eigenartige Tanzbewegungen aus. Ein Falke jagt im Sturzflug nach Beute. Auch lange Wanderbewegungen kennen wir von Tieren. Zugvögel oder Karibus oder sogar manche Schmetterlinge legen Tausende von Kilometern zurück. Es hilft ihnen, an Orten zu sein, wo sie reichlich Nahrung finden oder es einfach warm genug ist.

Bewegung kostet Energie

Tiere und Menschen verwenden einen Teil ihrer Energie für Bewegungen. Diese Energie erhalten sie über die Nahrung. Aber ohne die Bewegungen kommen sie nicht an die Nahrung, setzen sich Gefahren aus oder können andere Ziele nicht verfolgen. Auch im Verkehr wägen wir zwischen verschiedenen Aspekten ab: Wie schnell und wie praktisch kommen wir wohin? Wie teuer ist die Fahrt? Im Preis sind nicht nur, aber auch Kosten für die notwendige Energie enthalten.

Vereinfacht betrachten

Ob ein einzelnes Karibu im nächsten Moment nach links oder nach rechts laufen wird, stehen bleibt oder schneller läuft, lässt sich schwer vorhersagen. Die ganze Herde legt aber an einem Tag zum Beispiel 30 km in Richtung Süden zurück. Wenn die Herde so weiterwandert, lässt sich vorhersagen, dass sie in zwei Tagen etwa 60 km zurückgelegt haben wird. Solche Vereinfachungen helfen, Voraussagen über Bewegungen zu machen.

Die Geschwindigkeit

Ein ICE steht, fährt an, beschleunigt, fährt längere Zeit mit hoher Geschwindigkeit, bremst ab und hält kurz, bevor er wieder anfährt. Der ICE ist in den verschiedenen Momenten unterschiedlich schnell. Diese **Momentangeschwindigkeit** wird im Wagen oft angezeigt. Es lässt sich aber eine durchschnittliche Reisegeschwindigkeit angeben. Wenn der Zug eine Wegstrecke von 340 Kilometern in einer Zeit von 2 Stunden zurücklegt, fährt er mit einer **Durchschnittsgeschwindigkeit** von 170 Kilometern pro Stunde, kurz 170 $\frac{km}{h}$. Es wird so gerechnet, als würde der Zug den gesamten Weg mit gleicher Geschwindigkeit fahren. Zur Berechnung der **Geschwindigkeit *v*** wird der **Weg *s*** durch die **Zeit *t*** geteilt.

3 ICE mit hoher Geschwindigkeit

Geschwindigkeit
Die Geschwindigkeit *v* ist der zurückgelegte Weg *s* geteilt durch die dafür benötigte Zeit *t*.

Weg *s*	Einheiten: **m** oder **km**
Zeit *t*	Einheiten: **s** oder **h**
Geschwindigkeit *v*	Einheiten $\frac{m}{s}$ oder $\frac{km}{h}$

$$Geschwindigkeit = \frac{Weg}{Zeit}$$

$$v = \frac{s}{t}$$

Vorhersagen treffen

Bei einer Durchschnittsgeschwindigkeit von 170 $\frac{km}{h}$ wird der ICE in 3 Stunden voraussichtlich 3-mal so weit kommen wird wie in einer Stunde, also etwa 510 km weit.

1 a) Nenne Beispiele für Bewegungen von Tieren und beschreibe die Vorteile für sie.
b) Beschreibe an Beispielen Vorteile, die sich für uns Menschen durch Mobilität ergeben.

2 Ein Auto kommt auf der Landstraße in einer halben Stunde 45 km weit.
a) Berechne die Geschwindigkeit des Autos in $\frac{km}{h}$.
b) Überlege und berechne, wann das Auto ankommen wird, wenn das Ziel noch 180 km entfernt ist.
c) Das Ergebnis aus b) trifft nur unter vereinfachten Bedingungen zu. Erkläre diese Vereinfachungen.

Starthilfe zu 2:
Der Weg ist *s* = ...
Die Zeit ist *t* = ...
Dann ist die Geschwindigkeit *v*:

3 I Eine Klasse aus Hannover plant eine Klassenfahrt nach Berlin. Vergleiche Vor- und Nachteile von zwei möglichen Verkehrsmitteln.

4 II „Bewegung und Mobilität sind Energieverschwendung." Nimm begründet dazu Stellung. Denke dabei sowohl an Tiere als auch an Menschen, die Verkehrsmittel nutzen.

»

METHODE

Vorhersagen treffen

1 Anzeige eines Navigationsgerätes

Geplante Ankunftszeit

In ein Navigationsgerät geben wir das Ziel ein und bekommen den Weg und die voraussichtliche Ankunftszeit angezeigt. Wie geht das?
Das Navi berechnet über die bekannten Straßenverbindungen die Wegstrecke vom Start bis zum Ziel. Dabei ist es egal, ob die Strecke geradeaus geht oder kurvig ist. Nur wenn sich dies auf die Geschwindigkeit auswirkt, wird es interessant. Denn das Navi setzt für die Teilstrecken als wahrscheinlich geltende Geschwindigkeitswerte an. Dann berechnet das Navi für die Teilstrecken die Zeiten und addiert alles zusammen.
Und trotzdem: Das Ergebnis passt nur, wenn kein unerwarteter Stau kommt oder wir keine Pausen einlegen.

Umrechnung $\frac{km}{h}$ in $\frac{m}{s}$ und umgekehrt:
1 km = 1000 m
1 h = 60 min = 3600 s

Dann ist:
$1\ \frac{km}{h} = \frac{1\ km}{1\ h} = \frac{1000\ m}{3600\ s} = \frac{1}{3{,}6}\ \frac{m}{s}$

Und umgekehrt:
$1\ \frac{m}{s} = 3{,}6\ \frac{km}{h}$

Navi spielen – selber rechnen

Es stellen sich eigentlich immer drei Fragen:
1. Wie schnell ist die Bewegung?
Dies ist die Frage nach der **Durchschnittsgeschwindigkeit *v*.**
2. Wie weit ist es?
Dies ist die Frage nach dem **Weg *s*.**
3. Wie lange dauert es?
Dies ist die Frage nach der **Zeit *t*.**
Eine dieser Fragen kannst du nur beantworten, wenn du die Antworten auf die beiden anderen kennst.

1. Ein Auto, das einen Weg von $s = 200$ km in einer Zeit von $t = 2$ h zurücklegt, fährt mit einer Durchschnittsgeschwindigkeit von $v = 100\ \frac{km}{h}$
Die Durchschnittsgeschwindigkeit berechnest du, indem du den bekannten Weg durch die benötigte Zeit teilst:

$$Geschwindigkeit = \frac{Weg}{Zeit}$$
$$v = \frac{s}{t}$$

2. Bei bekannter Geschwindigkeit $v = 100\ \frac{km}{h}$ legt ein Auto in der Zeit $t = 5$ h einen Weg von $s = 100\ \frac{km}{h} \times 5$ h, also $s = 500$ km zurück.
Den Weg berechnest du also immer, indem du die bekannte Geschwindigkeit mit der Zeit multiplizierst:

$$Weg = Geschwindigkeit \cdot Zeit$$
$$s = v \cdot t$$

3. Die Durchschnittsgeschwindigkeit $v = 100\ \frac{km}{h}$ benötigt das Auto für einen Weg von $s = 400$ km eine Zeit von $t = 4$ h. Die Zeit berechnest du, indem du den Weg durch die bekannte Geschwindigkeit teilst:

$$Zeit = \frac{Weg}{Geschwindigkeit}$$
$$t = \frac{s}{v}$$

1 Führe die obigen Beispielrechnungen mit den gleichen Zeiten, aber mit der Durchschnittsgeschwindigkeit $v = 120\ \frac{km}{h}$ durch.

ÜBEN UND ANWENDEN

A Langsam oder schnell

Um Geschwindigkeiten, Wege oder Zeiten zu berechnen, gehst du vereinfachend davon aus, dass die Durchschnittsgeschwindigkeit gleich bleibt. Außerdem musst du oft Sekunden in Minuten oder Stunden umrechnen und Meter oder Zentimeter in Kilometer. Verwende einen Taschenrechner.

2 USAIN BOLT – Höchstleistungen beim 100-m-Lauf

3 Der Gepard – ein schneller Jäger

4 Die Weinbergschnecke – langsam

5 Die Sonne sendet Licht aus.

1 Der Weltrekordsprinter USAIN BOLT lief die Strecke von 100 m in 9,58 s (→ Bild 2).
a) Berechne seine durchschnittliche Geschwindigkeit.
b) Recherchiere die Geschwindigkeitsweltrekorde für fünf weitere Sportarten und vergleiche sie miteinander.

2 Ein Gepard erreicht eine Geschwindigkeit von 120 $\frac{km}{h}$ (→ Bild 3).
a) Gib die Geschwindigkeit des Gepards in $\frac{m}{s}$ an.
b) Ein Gepard legt 50 m mit der Geschwindigkeit 120 $\frac{km}{h}$ zurück. Berechne die benötigte Zeit.

3 **a)** Schülerinnen und Schüler messen, dass eine Weinbergschnecke (→ Bild 4) in 3 min einen Weg von 36 cm zurücklegt. Berechne die Geschwindigkeit in der Einheit $\frac{m}{min}$.
b) Berechne die Zeit, die eine Weinbergschnecke von ihrem Versteck zum 5 m entfernten Salatbeet benötigt

4 **III** Nichts ist schneller als das Licht. Im luftleeren Raum hat es eine Geschwindigkeit von 299 792 $\frac{km}{h}$.
Von der Sonne bis zur Erde benötigt das Licht 8,3 min.
Berechne die Entfernung zwischen Sonne und Erde.

1 Fahrradfahren: **A** gemütlich, **B** sportlich

Gleichförmige Bewegungen

Langsam oder schnell

In Bild 1A siehst du eine Familie bei einer gemütlichen Radtour. Sie fahren langsam. In einer Minute legen sie 100 Meter zurück. Die Rennfahrer in Bild 1B fahren schneller und schaffen in einer Minute 300 Meter. Die Familie und die Rennfahrer fahren mit unterschiedlichen **Geschwindigkeiten.**

Die gleichförmige Bewegung

Die Familie wird etwa gleich schnell in eine Richtung weiterfahren. Die Geschwindigkeit ist konstant. Eine solche Bewegung heißt **gleichförmige, geradlinige Bewegung.** Hier wird wieder vereinfacht gedacht, denn eigentlich hat der Weg auch Kurven.

Die Zeit und den Weg messen

Mit einem Maßband und einer Stoppuhr kannst du deine Geschwindigkeiten beim Radfahren messen. Dazu wird auf einem geradlinigen Weg eine Startlinie festgelegt und ein Maßband ausgelegt (→ Bild 2). Du fährst mit dem Fahrrad etwas vor der Startlinie los. Rollt das Vorderrad deines Fahrrades über die Startlinie, wird eine Stoppuhr gestartet. Du fährst gleichförmig weiter. Am Maßband wird nach jeweils 5 Sekunden die Stelle markiert, die das Vorderrad überrollt. Die Werte für die benötigte **Zeit *t*** und den dabei zurückgelegten **Weg *s*** sind in Bild 2 in einer **Wertetabelle** dargestellt.

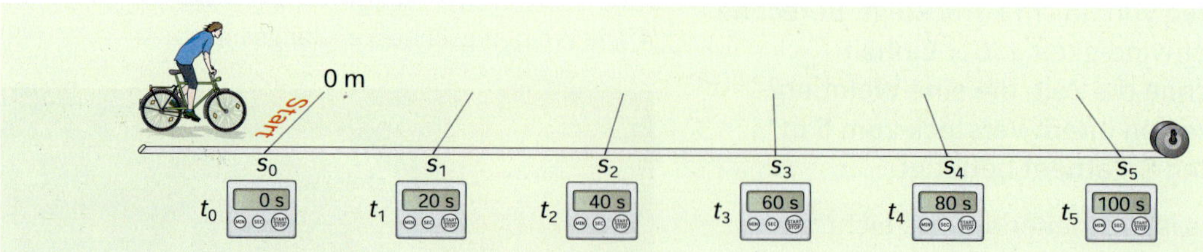

t in s	0	5	10	15	20	25
s in m	0	20	40	60	80	100
$\frac{s}{t}$ in $\frac{m}{s}$	–	4	4	4	4	4

2 Eine gleichförmige Bewegung untersuchen

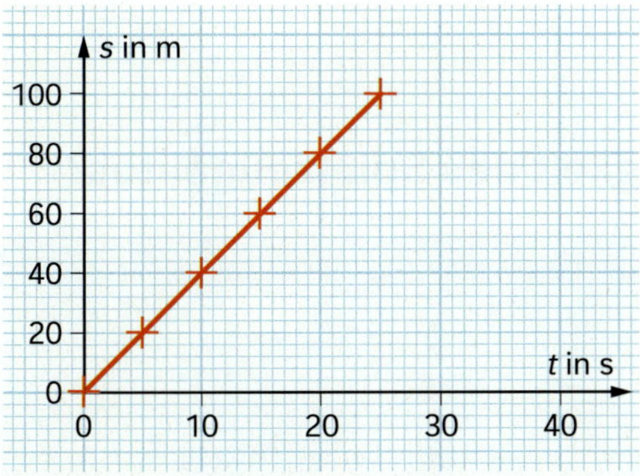

3 Das Zeit-Weg-Diagramm

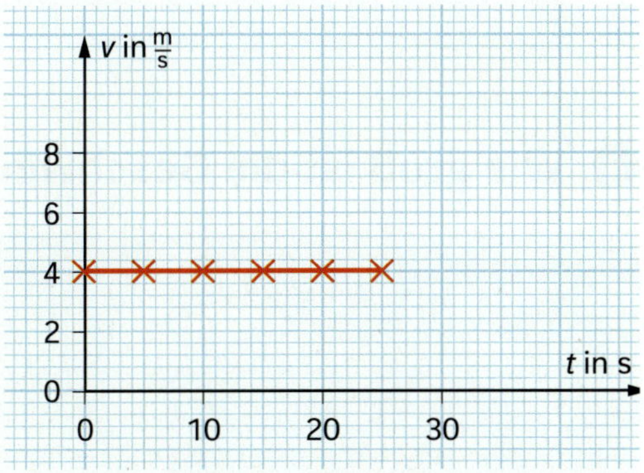

4 Das Zeit-Geschwindigkeits-Diagramm

Die Geschwindigkeit berechnen

Um deine Geschwindigkeit beim Radfahren zu berechnen, musst du jeweils den Wert für den zurückgelegten Weg durch den Wert für die benötigte Zeit teilen. Das ist der **Quotient $\frac{s}{t}$.** Führst du dies für alle Wertepaare aus, stellst du fest, dass die Ergebnisse alle gleich groß sind (→ Bild 2). Sie geben deine **Geschwindigkeit *v*** an.
Ein anderer Jugendlicher fährt schneller als du. Er legt mit dem Fahrrad in der gleichen Zeit jeweils einen längeren Weg zurück. Die Werte der Quotienten $\frac{s}{t}$ sind größer. Die Geschwindigkeit des anderen Jugendlichen ist größer.

Das Zeit-Weg-Diagramm

Überträgst du die Zeit-Weg-Wertepaare aus der Wertetabelle in ein *t*-*s*-Diagramm, entsteht ein **linearer Graph** (→ Bild 3). Er beginnt im Ursprung des Diagramms. Der Verlauf des Graphen zeigt, dass der zurückgelegte Weg und die benötigte Zeit **proportional zueinander** sind.

Das Zeit-Geschwindigkeits-Diagramm

Da sich die Geschwindigkeit bei einer gleichförmigen Bewegung nicht ändert, verläuft der lineare Graph in einem *t*-*v*-Diagramm parallel zur Zeitachse (→ Bild 4).

1 Beschreibe, wie du deine Geschwindigkeit beim Fahrradfahren messen kannst.

2 Erkläre, wie du aus den gewonnenen Werten deine Geschwindigkeit berechnen kannst.

3 I a) Die Familie aus Bild 1 legt in einer Minute 100 Meter zurück. Gib an, wieviel Meter sie in 10 min und wieviel Meter sie in 20 min bei gleich bleibender Geschwindigkeit zurücklegt.
b) Ergänze in deinem Heft den Zusammenhang zwischen Zeit und Weg: „Je länger die Zeit ist, die die Familie fährt, desto...“.

4 II Erkläre, warum das *t*-*v*-Diagramm eine Gerade parallel zur Zeitachse ergibt,

5 III Ein Läufer legt die Strecke von 3000 Metern gleichförmig in einer Zeit von 10 Minuten zurück.
a) Berechne seine Geschwindigkeit in $\frac{m}{s}$.
b) Lege für den gleichförmigen Lauf eine Wertetabelle mit fünf Wertepaaren an.
c) Zeichne das Zeit-Weg-Diagramm für den Lauf.

Starthilfe zu 5a):
Rechne zunächst die Minuten (min) in Sekunde (s) um: 1 min = 60 s.

Starthilfe zu 5c):
Zeichne auf der waagerechten Zeitachse 60 s als 1 cm.
Zeichne auf der senkrechten Wegachse 1000 m als 5 cm (10 Kästchen auf kariertem Papier).

»

FORSCHEN UND ENTDECKEN

A Wie groß ist die Geschwindigkeit des Spielzeugautos?

1 Die Geschwindigkeit ermitteln

Material: ferngesteuertes Spielzeugauto, 50-Meter-Maßband, Stoppuhr, Kreide

Durchführung:

Schritt 1: Rollt ein 50 Meter langes Maßband aus und kennzeichnet mit Kreide bei 0 Metern die Startlinie.

Schritt 2: Stellt euch jeweils alle 5 Meter entlang des Maßbandes mit einem Stück Kreide auf. (→ Bild 1).

Schritt 3: Du steuerst das Spielzeugauto. Starte das Spielzeugauto 1 Meter vor der Startlinie. Achte auf eine konstante Geschwindigkeit des Spielzeugautos.

Schritt 4: Startet die Stoppuhr, wenn das Spielzeugauto über die Startlinie fährt.

Schritt 5: Die Zeitnehmerin oder der Zeitnehmer ruft alle 2 Sekunden: „Jetzt".

Schritt 6: Kennzeichnet mit Kreide am Maßband bei „Jetzt" die Stelle, an der das Spielzeugauto gerade vorbeifährt.

Schritt 7: Lest die zurückgelegten Strecken des Spielzeugautos ab.

Zusatz: Wiederholt den Versuch mit anderen Fahrzeugen. Die Fahrzeuge sollen sich gleichförmig, also mit konstanter Geschwindigkeit bewegen.

Zeit t in s	0	2	...	...	...
Weg s in m	0	...	...	...	...
$\frac{s}{t}$ in $\frac{m}{s}$	–	...	...	...	...

2 Die Messwerttabelle zum Spielzeugauto

1 Trage die zurückgelegten Wege des Spielzeugautos in eine Tabelle ein (→ Bild 2).

2 Berechne die Werte der Quotienten aus dem zurückgelegten Weg und der dazu benötigten Zeit für das Spielzeugauto.

3 **a)** Vergleiche die berechneten Werte der Quotienten aus Aufgabe 2 miteinander.
b) Erläutere die Bedeutung der berechneten Werte der Quotienten aus Aufgabe 2.

4 Zeichne für die Bewegung des Spielzeugautos ein t-s-Diagramm und ein t-v-Diagramm.

5 I **a)** Beschreibe den Verlauf der Graphen in den Diagrammen aus Aufgabe 4.
I **b)** Interpretiere den Verlauf der Graphen in den Diagrammen aus Aufgabe 4.

6 III Begründe die Abweichungen der Werte der Quotienten und der Lage der Punkte in den Diagrammen.

METHODE

Mit Diagrammen arbeiten

Die Messwerte im Diagramm darstellen

Während eines Versuches ermittelst du Messwerte. Du überträgst sie in eine **Messwerttabelle.** In der ersten Zeile der Messwertabelle steht immer die vorgegebene Größe, hier die Zeit *t* in s. Die gemessene Größe steht in der zweiten Zeile, hier der Weg *s* in Metern (→ Bild 3). In einem **Diagramm** stellst du auf der Rechtsachse die vorgebebene Größe und auf der Hochachse die gemessene Größe dar. Nun kannst du alle Wertepaare in das Diagramm einzeichnen. Es entstehen Punkte (→ Bild 4).

t in s	0	1,0	2,0	3,0	4,0	5,0	6,0
s in m	0	0,9	1,4	2,9	3,1	3,9	4,7

3 Die Messwerttabelle

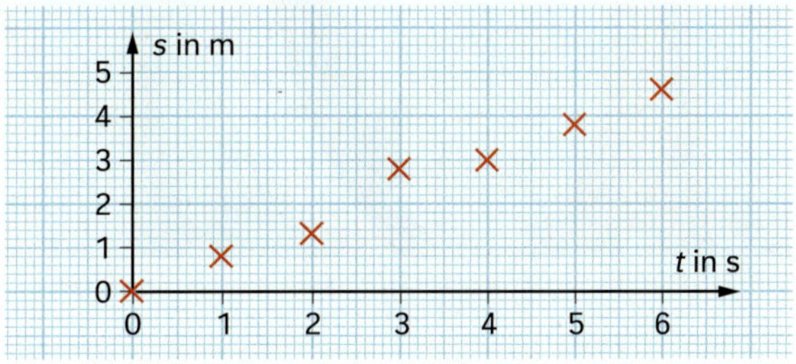

4 Die Wertepaare bilden Punkte im Diagramm.

Die Punkte miteinander verbinden

Verbindest du die Punkte wie in Bild 5 miteinander, entsteht ein **Graph.** Er zeigt sehr anschaulich, dass während der Messung Ungenauigkeiten aufgetreten sind. Liest du in dieser Darstellung Wertepaare zwischen den Messwerten ab, sind diese häufig nicht korrekt. Du darfst sie nicht in deine Versuchsauswertung einbeziehen.

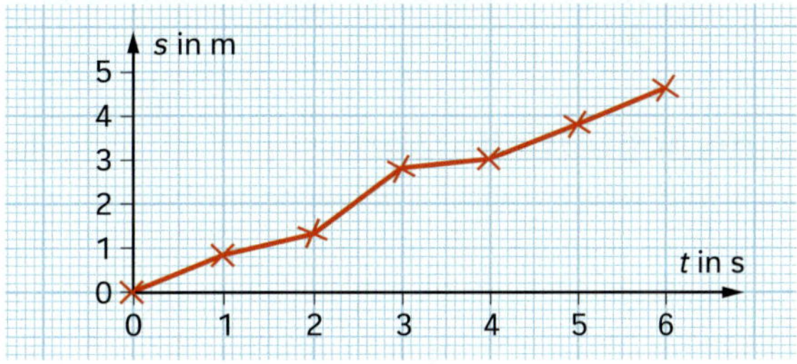

5 Die Punkte werden verbunden.

Eine Ausgleichsgerade zeichnen

In Bild 6 ist eine **Ausgleichsgerade** zwischen den Punkten dargestellt. Sie beginnt im Ursprung des Diagramms und verläuft mittig zwischen den Punkten. Die Summen aller Abstände der oberhalb liegenden Punkte ist dabei genauso groß wie die Summe aller Abstände der unterhalb liegenden Punkte. Alle Punkte auf der Ausgleichsgeraden stellen ideale Messwerte dar. Diese kannst du ablesen, in eine Wertetabelle wie in Bild 7 eintragen und mit deinen realen Messwerten in Bild 3 vergleichen.

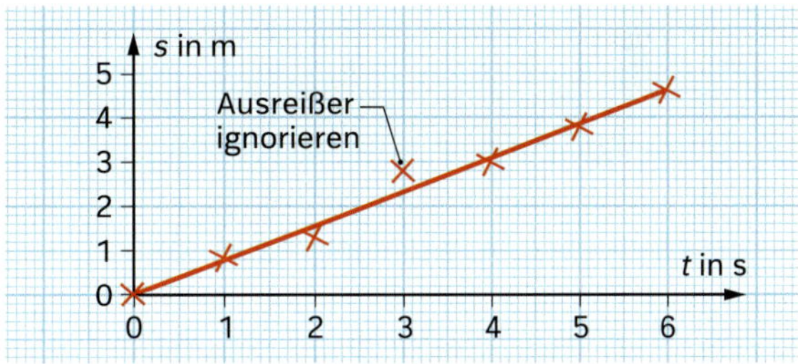

6 Die Punkte werden sinnvoll verbunden.

t in s	0	1,0	2,0	3,0	4,0	5,0	6,0
s in m	0	0,8	1,6	2,4	3,2	4,0	4,8

7 Ideale Messwerte in einer Messwerttabelle

1 Übertrage die Messwerte aus Bild 3 in zwei *t*-*s*-Diagramme.
a) Verbinde im ersten Diagramm die Punkte. Beschreibe den Graphen.
b) Zeichne in das zweite Diagramm eine Ausgleichsgerade zwischen den Messpunkten. Beschreibe dein Vorgehen.
c) Vergleiche die Diagramme aus a) und b) miteinander und formuliere eine Schlussfolgerung.
d) Lies auf der Ausgleichsgeraden aus b) fünf Wertepaare ab. Übertrage sie in eine Wertetabelle und vergleiche sie mit den Messwerten aus Bild 3.

Starthilfe zu 1:
Benutze als Maßstab für deine *t*-*s*-Diagramme:
t-Achse: 1 cm ≙ 1 s
s-Achse: 1 cm ≙ 1 m

1 Die Fahrt einer Achterbahn

Ungleichförmige Bewegungen

Eine Achterbahnfahrt

Eine Achterbahnfahrt ist abwechslungsreich. Der Wagen wird mit konstanter Geschwindigkeit auf den höchsten Punkt der Bahn gezogen (→ Bild 1). Bis dort bewegt er sich **geradlinig** und **gleichförmig.** Im nächsten Moment bewegt sich der Wagen abwärts und wird dabei immer schneller. Er bewegt sich **geradlinig** und **beschleunigt.** Auf dem Weg nach oben wird der Wagen wieder langsamer. Er bewegt sich geradlinig und verzögert. Zwischen diesen Abschnitten sind viele Kurven. Der Wagen ändert ständig seine Richtung und seine Geschwindigkeit. Er bewegt sich ungleichförmig.

2 Beschleunigung macht Spaß.

Die Beschleunigung

Bei **ungleichförmigen Bewegungen** wie bei der Achterbahnfahrt ändert sich Geschwindigkeit. Die Geschwindigkeitsänderung in einem Zeitbereich wird als Beschleunigung bezeichnet. Nicht nur das Schnellerwerden ist eine **Beschleunigung.** Auch das Verzögern oder Ändern der Bewegungsrichtung sind Beschleunigungen.

> Bei einer **Beschleunigung** wird ein Körper schneller oder langsamer oder er ändert seine Richtung.

Spaß an Beschleunigung

In einem Freizeitpark haben wir bei vielen Fahrgeschäften Spaß an ungleichförmigen Bewegungen. Das Gleichgewichtsorgan in unserem Ohr signalisiert dem Gehirn die Beschleunigungen.

Bei der **Schwingung** der Schiffschaukel ändert die Gondel ständig ihre Richtung und ihre Geschwindigkeit (→ Bild 2). Bei der **Kreisbewegung** des Karussells ändert sich vor allem die Richtung.

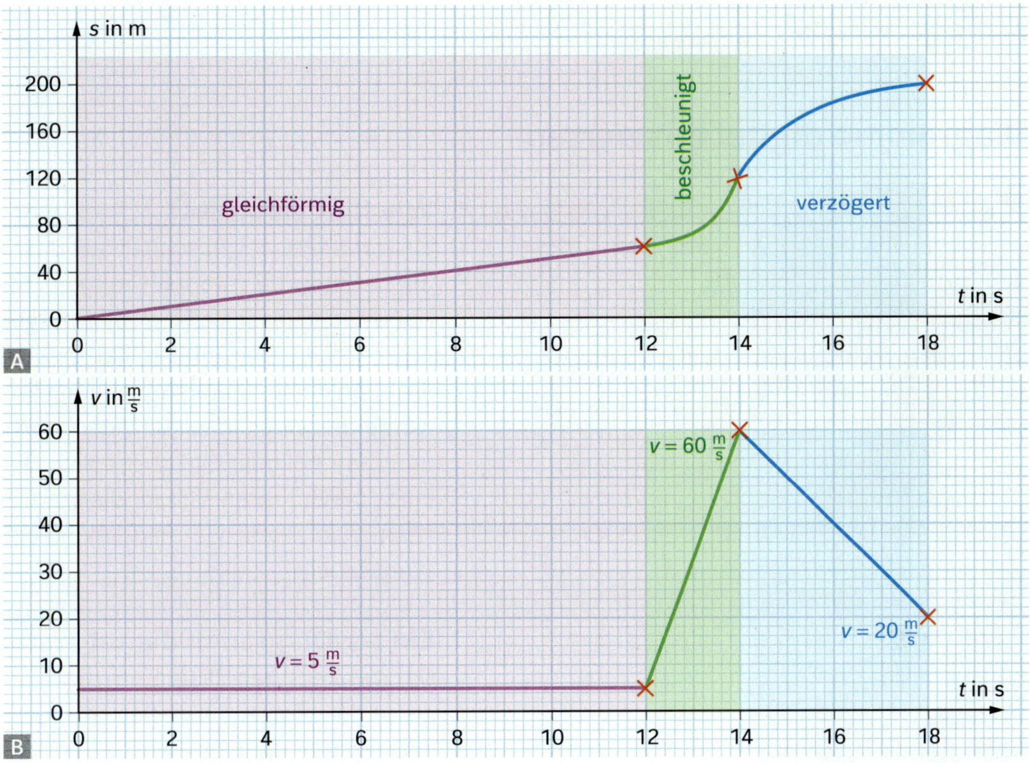

3 Die Fahrt einer Achterbahn: **A** im *t-s*-Diagramm, **B** im *t-v*-Diagramm

Das Zeit-Weg-Diagramm

Im **roten Abschnitt** in Bild 3A beginnt der Graph im Ursprung und verläuft linear. Der Wagen der Achterbahn wird **gleichförmig** in 12 Sekunden auf einer 60 Meter langen Bahn hochgezogen.

Im **grünen Abschnitt** verläuft der Graph nicht linear und wird dabei steiler. Der Wagen **beschleunigt.** Er legt in gleichen Zeiten immer längere Wege zurück.

Im **blauen Abschnitt** verläuft der Graph nicht linear und wird immer flacher. Der Wagen verzögert. In der jeweils gleichen Zeit legt er immer kürzere Wege zurück.

Das Zeit-Geschwindigkeits-Diagramm

In Bild 3B verläuft der **rote Abschnitt** des Graphen linear und parallel zur Zeitachse. Die Geschwindigkeit des Wagens beträgt 5 $\frac{m}{s}$ und bleibt 12 Sekunden konstant.

Der **grüne Abschnitt** verläuft linear und steigend. Die Geschwindigkeit wird von 5 $\frac{m}{s}$ auf 60 $\frac{m}{s}$ gleichmäßig größer. Der Wagen beschleunigt.

Der **blaue Abschnitt** verläuft linear und fallend. Die Geschwindigkeit nimmt von 60 $\frac{m}{s}$ auf 20 $\frac{m}{s}$ gleichmäßig ab. Der Wagen verzögert.

1 Du bist in einem Freizeitpark mit vielen Fahrgeschäften. Nenne zwei Beispiele und beschreibe die Bewegungen, mit denen du dich in diesen Fahrgeschäften bewegst.

Starthilfe zu 1:
Beschreibe die Form der Bahn und die Änderung der Geschwindigkeit.

2 Erkläre, wie du im *t-v*-Diagramm in Bild 3B erkennst, ob die Gondel in einem Zeitabschnitt eine gleichförmige oder eine ungleichförmige Bewegung macht.

3 Beschreibe und erkläre die Unterschiede in den roten und grünen Abschnitten der *t-s*-Diagramme und *t-v*-Diagramme in Bild 3.

METHODE

Diagramme digital auswerten

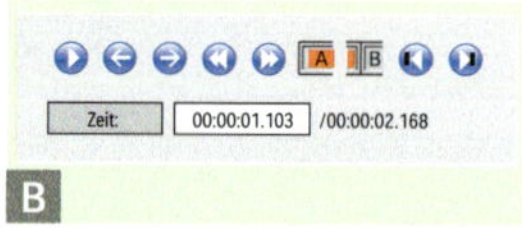

t in s	s in cm
0	0
1	13
2	25
3	55
4	95
5	145
6	200

1 Fallender Apfel: **A** Bild aus einer Videoaufnahme, **B** Zeiten der Einzelbilder, **C** Wertetabelle

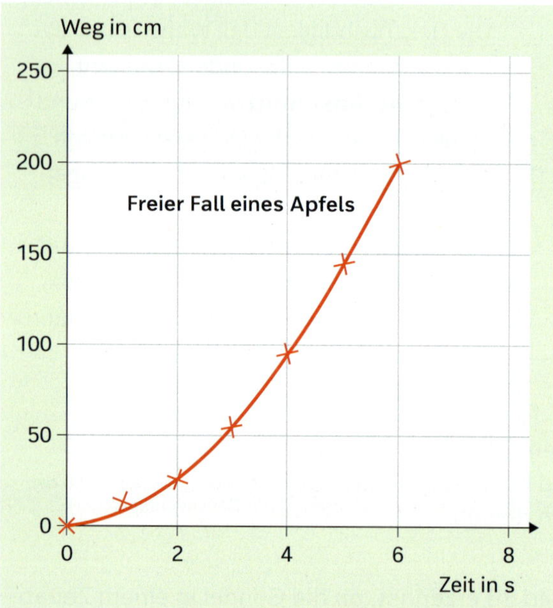

2 Zeit-Weg-Diagramm eines frei fallenden Apfels

Wie fällt ein Apfel?

Ein Apfel fällt viel zu schnell, als dass wir Zeiten mit der Stoppuhr stoppen könnten. Mit einem Handyvideo lässt sich die Fallbewegung näher untersuchen. Der Apfel in Bild 1A wurde gefilmt, als er an einem Meterstab entlang fiel. Hinterher wurde das Video in einem Videobearbeitungsprogramm Bild für Bild abgespielt. Die Zeiten der Einzelbilder lassen sich für die markierten Positionen ablesen (→ Bild 1B). So entsteht eine Wertetabelle (→ Bild 1C).

Ein *t*-*s*-Diagramm digital erstellen

Um das Zeit-Weg-Diagramm digital zu erstellen, gehst du in folgendermaßen vor:

1. Übertrage die Wertetabelle zuerst in ein Tabellenkalkulationsprogramm.
2. Markiere die Tabelle.
3. Rufe über „Einfügen“ und „Diagramme“ die Diagramm-Angebote auf. Hier kannst du zwischen verschiedenen Diagrammtypen wie Säulendiagrammen, Kreisdiagrammen oder Liniendiagrammen wählen.
4. Wähle ein XY-Diagramm. Es stellt Y-Werte in Abhängigkeit von X-Werten dar. Für das *t*-*s*-Diagramm werden dann die Wege (*s*) abhängig von den Zeiten (*t*) aufgezeichnet.
5. Es entsteht ein Diagramm ähnlich wie in Bild 2.
6. Du kannst das Diagramm dann noch vollständig beschriften und grafisch gestalten.

1 Betrachte das *t*-*s*-Diagramm in Bild 2 und entscheide mit Begründung, ob es sich beim freien Fall um eine gleichförmige oder um eine beschleunigte Bewegung handelt.

2 Filme mit dem Handy zum Beispiel die Fallbewegung eines Balls vor einem geeigneten Maßstab. Werte die Bewegung aus und erstelle digital ein *t*-*s*-Diagramm.

Tipp: Mit Slow-Motion lassen sich die Einzelbilder noch genauer auswerten. Allerdings sind die Zeitwerte dann nicht originalgetreu.

ÜBEN UND ANWENDEN

A Mit dem Zug nach Hause fahren

1 Zeichne das *t*-*s*-Diagramm aus Bild 3 ab. Ordne jedem Abschnitt im Diagramm die richtige Aussage zu.
① Kira wartet auf den Zug.
② Kira geht nach Hause.
③ Kira läuft zum Bahnhof.
④ Der Zug fährt bis zum nächsten Bahnhof.

2 Bestimme für jeden Abschnitt die benötigte Zeit und den zurückgelegten Weg. Berechne aus den Werten die durchschnittliche Geschwindigkeit in $\frac{\text{km}}{\text{h}}$.

3 II Zeichne ein *t*-*s*-Diagramm und ein *t*-*v*-Diagramm für eine Fahrt mit dem Auto.
① Maria ist 6 min mit einer Geschwindigkeit von 80 $\frac{\text{km}}{\text{h}}$ unterwegs.
② Maria fährt mit der Geschwindigkeit von 50 $\frac{\text{km}}{\text{h}}$ durch ein 2 km langes Dorf.
③ Maria wartet 3 min an einer Ampel.
④ Maria fährt nun durch ein kurvenreiches Waldstück. Sie benötigt für 5 km 7,5 min.

4 III Maria sagt: „Die Graphen in den Diagrammen stellen nicht den reellen Ablauf der Bewegung dar." Begründe diese Aussage.

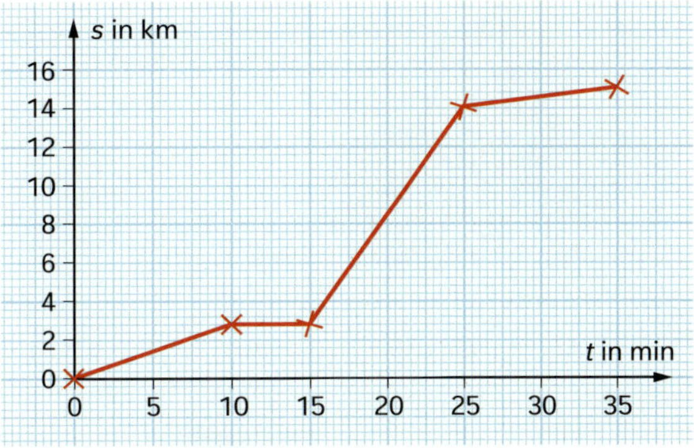

3 Das *t*-*s*-Diagramm von Kira

Starthilfe zu 2:
Wandle die in Minuten (min) gegebenen Zeiten in Stunden (h) um.

Starthilfe zu 3:

Abschnitt	①	②	③	④
Zeit *t* in min	6			
Zeit *t* in h				
Weg *s* in km				
$\frac{s}{t}$ in $\frac{\text{km}}{\text{h}}$	80			

B Die Geschwindigkeiten mit einem Tachometer messen

1 Erkläre die angezeigten Werte im Tachometer in Bild 4.
Tipp: „TRP" steht für Tageskilometer.

2 II Berechne die Zeit, die der Radfahrer für die angezeigte Strecke benötigt hat.

3 Bild 4 zeigt einen elektronischen Fahrradcomputer. Recherchiere alle Größen, die eine moderner Fahrradcomputer messen und anzeigen kann.

4 III „Wird die Reifengröße eines Fahrzeuges geändert, muss der Tachometer neu eingestellt werden." Begründe diese Aussage.

4 Fahrradtachometer

«

Kräfte bewirken Veränderungen

1 Wirkungen: **A** gleichförmige Bewegung, **B** beschleunigte Bewegung, **C** plastische Verformung, **D** elastische Verformung

Die Änderung der Geschwindigkeit

Fährst du mit dem Fahrrad los wie in Bild 1A, musst du eine Kraft aufbringen, damit die Geschwindigkeit größer wird, du also beschleunigst. Wenn du aufhörst zu treten, wird das Fahrrad langsamer. Reibungskraft und Luftwiderstand bremsen das Fahrrad ab. Wenn du mit konstanter Geschwindigkeit fahren möchtest, musst du gleichmäßig treten, um die Bremswirkung der Reibungskräfte auszugleichen.

Die Änderung der Richtung

Möchtest du mit dem Fahrrad abbiegen, musst du ebenfalls eine Kraft aufbringen. Beim Fußballspielen änderst du nur durch das Aufbringen einer Kraft die Richtung des Balles.

Die Änderung der Form

Das Biegen eines Drahtes wie in Bild 1C oder das Kneten eines Teiges ist nur möglich, wenn eine Kraft wirkt. Der Draht und der Knetmasse behalten nach der Wirkung der Kraft die neue Form. Sie werden **plastisch** verformt.
Beim Zusammendrücken einer Spiralfeder wie in Bild 1D oder beim Dehnen eines Gummibandes müssen ebenfalls Kräfte wirken. Die Feder und das Gummiband gehen nach der Wirkung der Kraft wieder in ihre ursprüngliche Form zurück. Sie werden **elastisch** verformt.

Kräfte bewirken Geschwindigkeitsänderungen, Richtungsänderungen oder Verformungen.

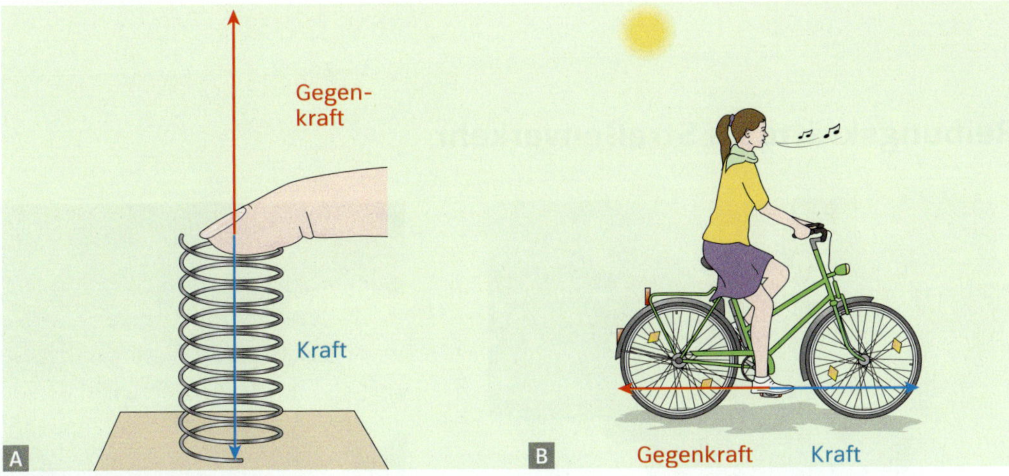

2 Kräftegleichgewicht bei: **A** Verformungen, **B** Bewegungen

Kraft und Gegenkraft

Drückst du eine Spiralfeder zusammen, spürst du eine Kraft, die deiner Kraft entgegenwirkt. Sie heißt **Gegenkraft.**

Bei einer Fahrt mit dem Fahrrad über einer Straße spürst du ebenfalls eine Kraft, die deiner entgegenwirkt. Diese Gegenkraft heißt **Reibungskraft.** Versuchst du mit deinem Fahrrad auf einer vereisten Fahrbahn anzufahren, drehen die Reifen durch. Mit der Muskelkraft deiner Beine versuchst du, das Fahrrad zu beschleunigen. Der Bewegungszustand des Fahrrades ändert sich aber nicht, weil die Reibungskraft zu gering ist. Sie reicht als Gegenkraft nicht aus.

Kräfte im Gleichgewicht

Wenn du eine Spiralfeder langsam zusammendrückst, werden die Stärke der eingesetzten Kraft und der Gegenkraft größer. Beide Kräfte sind immer gleich groß. Sie befinden sich im **Kräftegleichgewicht** (→ Bild 2A).

Wenn du mit konstanter Geschwindigkeit Fahrrad fährst, ist die eingesetzte Kraft genau so groß wie die Reibungskraft. Es herrscht Kräftegleichgewicht wie in Bild 2B. Wenn du beschleunigst, muss die eingesetzte Kraft größer als die Reibungskraft sein. Die eingesetzte Kraft und ihre Gegenkraft befinden sich nicht im Gleichgewicht.

1 Kräfte bewirken Veränderungen.
a) Nenne drei Wirkungen von Kräften.
b) Nenne zu jeder Veränderung ein Beispiel aus dem Alltag.
c) Nenne für jedes Beispiel aus b) die wirkende Kraft und ihre Gegenkraft.

Starthilfe zu 1:
Lege eine Tabelle an.

Veränderung	Beispiel	Kraft	Gegenkraft

2 **I** Erkläre, warum du mit einem platten Reifen beim Fahrradfahren mehr Kraft aufwenden musst und doch nicht schneller fährst.

3 **II** Entscheide und begründe, ob in folgenden Fällen ein Kräftegleichgewicht herrscht:
- ein Fahrradfahrer fährt auf der Straße mit konstanter Geschwindigkeit,
- ein Fahrradfahrer wird auf einem Sandweg langsamer,
- ein Fahrradfahrer tritt stärker und beschleunigt sein Rad.

»

IM ALLTAG

Reibungskräfte im Straßenverkehr

1 Reifen auf glatter Fahrbahn

Reibungskräfte sind erwünscht

Bei einem Fahrzeug wird die Antriebskraft des Motors über die Räder auf die Straße übertragen. Zwischen der Fahrbahn und den Reifen wirken **Reibungskräfte.** Nasse, vereiste oder ölverschmutzte Straßen verringern diese Reibungskräfte (→ Bild 1). Erwünschte Bewegungsänderungen wie Beschleunigen, Bremsen oder Lenken erfolgen unvollständig. Die notwendigen Gegenkräfte sind zu gering.

2 Geringer Luftwiderstand ist wichtig.

Reibungskräfte sind unerwünscht

In Bild 2 ist ein Auto in einem Strömungskanal abgebildet. Hier werden die Reibungskräfte zwischen dem Auto und der Luftströmung gemessen. Je geringer diese Reibungskräfte sind, desto geringer muss die Antriebskraft des Autos sein. Dem Motor muss weniger chemische oder elektrische Energie zugeführt werden, die er in Bewegungsenergie umwandelt.

1 a) Erkläre die hilfreiche Wirkung von Schneeketten auf verschneiter Fahrbahn.
b) Begründe, warum Schneeketten abgenommen werden müssen, sobald das Auto wieder auf Asphalt fährt.

2 An einem Auto wirken an verschiedenen Bauteilen Reibungskräfte. Dazu gehören zum Beispiel: Reifen, Karosserie, Motorkolben des Verbrennungsmotors oder Rotor des Elektromotors, Dachgepäckträger, Radachsen, Bremsscheiben, Getriebe, Lenkradoberfläche, Autolack.
a) Entscheide, ob die Reibungskräfte bei den genannten Bauteilen erwünscht oder unerwünscht sind.
b) Begründe deine Entscheidung aus a).

Starthilfe zu 2:
Lege eine Tabelle an.

Bauteil	Reibungskraft	erwünscht	unerwünscht	Begründung

3 III Recherchiere und beschreibe, warum der Jahreszeit angepasste Reifen benutzt werden müssen.

IM ALLTAG

Verschiedene Kräfte wirken

Kraft zum Bremsen

Wenn du mit dem Fahrrad schnell unterwegs bist, musst du bei Gefahr die Geschwindigkeit sofort verringern können. Mit Kraft betätigst du die Bremse. Über den Seilzug wird die Kraft auf die Bremsklötze übertragen. Sie werden an die Felge gedrückt. Durch die Reibungskraft wird das Rad verlangsamt.

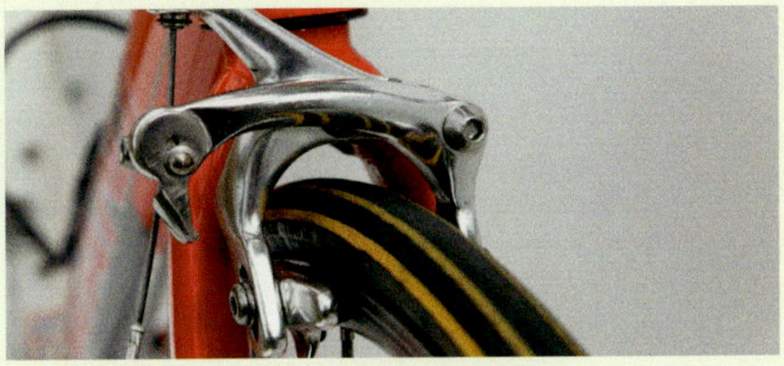

3 Bei der Fahrradbremse wirken Kräfte.

Materialien müssen Kräfte aushalten

Der Bauhelm des Arbeiters in Bild 4 dient der Sicherheit. Das Material des Helmes darf beim Wirken großer Kräfte nicht zerbrechen. Gleiches gilt für das Tragseil eines Kranes oder den Betonpfeiler einer Brücke. Viele Materialien werden deshalb im Labor vor ihrem Einsatz auf **Festigkeit** geprüft.

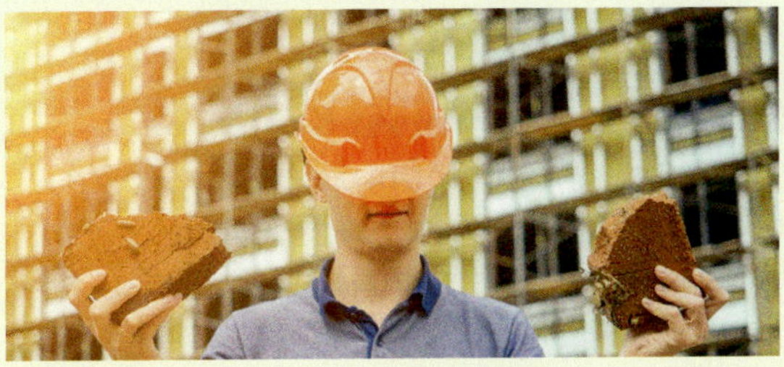

4 Ein Helm schützt vor Verletzungen.

Das Wissen über Kräfte im Beruf

In vielen handwerklichen Berufen werden durch das Wirken von Kräften Materialien verändert. In einer handwerklichen Ausbildung lernst du zum Beispiel, mit welcher Kraft ein Holzbrett wie in Bild 5 bearbeitet, ein Stahlblech gebogen oder ein Stein bearbeitet wird.

5 Die Bearbeitung von Holz

1 **a)** Beschreibe, wie beim Fahrrad die Geschwindigkeit durch Felgenbremsen reduziert wird.
b) Erkläre, warum ein verkehrssicheres Fahrrad mindestens zwei unabhängig voneinander funktionierende Bremsen haben muss – nicht nur zum Bergabfahren.
c) Recherchiere weitere Typen von Fahrradbremsen und erkläre jeweils die Funktionsweise.

2 **a)** Nenne Gegenstände, die aus Sicherheitsgründen große Kräfte aushalten müssen.
b) Recherchiere die Materialien von Gegenständen, die aus Sicherheitsgründen große Kräfte aushalten müssen. Nenne die wesentlichen Eigenschaften dieser Materialien.

3 **a)** Beschreibe einen handwerklichen Beruf, in dem durch das Wirken von Kräften Materialien bearbeitet werden.
b) Recherchiere die Ausbildungsdauer und die Zugangsvoraussetzungen dieses Berufes.

«

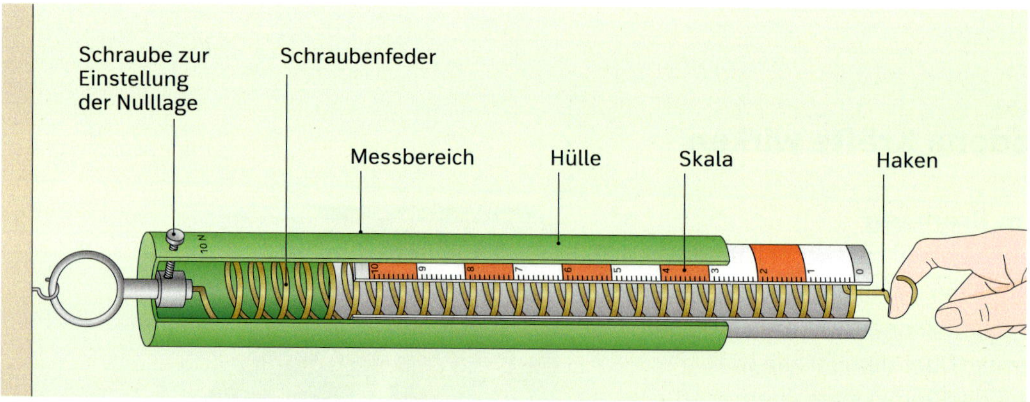

1 Ein Federkraftmesser

Kräfte haben einen Betrag und eine Richtung

Ein Kraftmesser misst Kräfte

Wie stark ist eine Kraft? Um sie zu messen, gibt es Kraftmesser. Sie nutzen eine Wirkung der Kraft, nämlich die elastische Verformung einer Stahlfeder.
In der Hülle eines **Federkraftmessers** wie in Bild 1 befindet sich eine Schraubenfeder. Sie ist von einer Skala umgeben. Ziehst du mit einer Kraft an dem Haken am Ende der Feder, so verlängert sich die Feder. Sie schaut dann mit der Skala aus der Hülle heraus.
Den Betrag der **Kraft** *F* (von englisch force) kannst du dann ablesen. Sie wird in **Newton (N)** angegeben. Die Einheit wurde zu Ehren des englischen Physikers SIR ISAAC NEWTON (1643 – 1727) gewählt.

Name: Kraft
Formelzeichen: *F*
Einheit: Newton, abgekürzt N
Weitere Einheiten: 1 kN = 1000 N

Kraftpfeile zeigen den Betrag und die Richtung

Die Stärke der Kraft wird als **Betrag** bezeichnet. Bei Kräften kommt es aber auch auf die **Richtung** an, in die eine Kraft von einem **Angriffspunkt** aus wirkt.
Dies lässt sich sehr anschaulich durch **Kraftpfeile** darstellen. Die Länge des Pfeils steht für den Betrag der Kraft. Dafür wird jeweils ein passender Maßstab gewählt. Der Pfeil beginnt am Angriffspunkt der Kraft und die Pfeilrichtung zeigt die Kraftrichtung.

2 Zwei Schlitten werden gezogen.

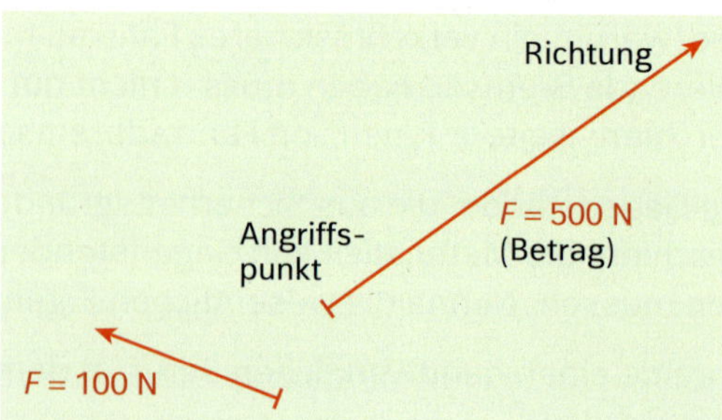

3 Kraftpfeile

Kräfte wirken zusammen

Zwei Schlittenhunde ziehen in dieselbe Richtung. Ihre Kräfte addieren sich zur Gesamtkraft, die den Schlitten zieht. Wirken Kräfte in dieselbe Richtung, addieren sich ihre Beträge zum Betrag der Gesamtkraft.

Kräfte wirken gegeneinander

Durch die Muskelkraft der Hunde beschleunigt der Schlitten. Danach fährt der Schlitten mit konstanter Geschwindigkeit. Die Reibungskraft wirkt der Zugkraft der Hunde entgegen. Im Kräftegleichgewicht hat die beschleunigende Kraft denselben Betrag wie die bremsende Reibungskraft. Die Wirkung der entgegengesetzt gerichteten Kräfte hebt sich auf.

Kräfte zeichnerisch addieren

Zeichnerisch lassen sich Kräfte addieren, indem der Angriffspunkt der zweiten Kraft F_2 an der Pfeilspitze der ersten Kraft F_1 ansetzt. So ergibt sich die resultierende Gesamtkraft F_R (→ Bild 5). Diese Addition durch Aneinanderhängen der Kraftpfeile funktioniert bei Kräften in dieselbe Richtung genauso wie bei Kräften in entgegengesetzte Richtungen.
Auch wenn die Kräfte in verschiedene Richtungen wirken, lassen sie sich so addieren. Dann ergibt sich die resultierende Gesamtkraft F_R als Diagonale in einem Kräfteparallelogramm.

4 Zwei Hunde ziehen in dieselbe Richtung.

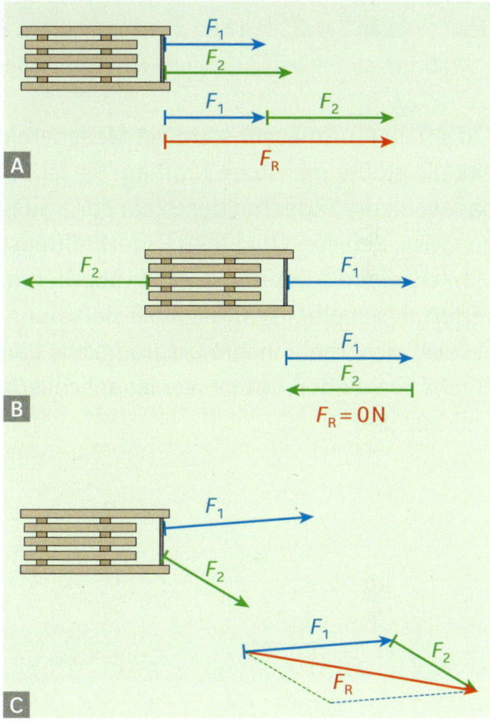

5 Kräfteaddition: **A** Kräfte in gleicher Richtung, **B** Kräfte in entgegengesetzte Richtungen, **C** Kräfte in verschiedene Richtungen

1 Beschreibe, wie ein Federkraftmesser funktioniert.

Starthilfe zu 1:
Benutze die Fachbegriffe für die Bauteile des Kraftmessers aus Bild 1.

2 **a)** Ein Schüler zieht mit 250 N an einem Tisch nach links. Zeichne den Tisch als Rechteck und die Kraft als Kraftpfeil. Verwende 1 cm für 100 N als Maßstab.
b) Ein zweiter Schüler zieht mit 100 N am selben Tisch nach rechts. Ergänze deine Zeichnung um diese Kraft.
c) Wie groß ist die resultierende Gesamtkraft und welche Richtung hat sie. Begründe.

3 I Erkläre, warum bei der Addition von zwei gleich großen Kräften ganz unterschiedliche Ergebnisse als Gesamtkraft herauskommen können.

4 II Manchmal werden vier Schlittenhunde an längeren, schräg verlaufenden Leinen vor einen Hundeschlitten gespannt. Erläutere Vor- und Nachteile dieses Gespanns.

ÜBEN UND ANWENDEN

A Kraftmesser auswählen und richtig ablesen

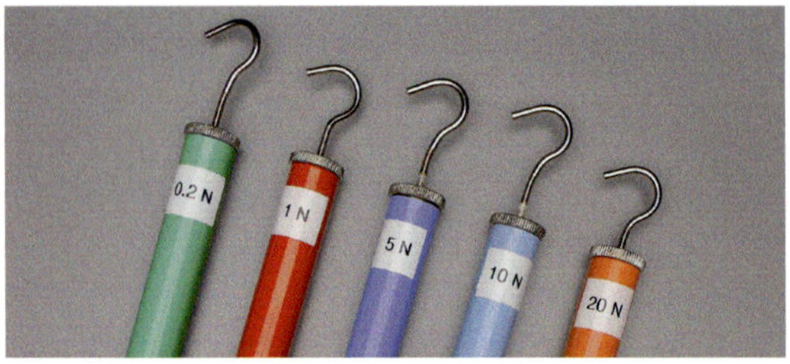

1 Kraftmesser mit verschiedenen Messbereichen

Auf jedem Kraftmesser steht ein Messbereich. Er gibt die größte messbare Kraft an. Sie ist ablesbar, wenn die Feder mit der Skala ganz ausgezogen wird. Belastest du einen Federkraftmesser stärker, wird die Schraubenfeder überdehnt. Sie verformt sich plastisch. Nach der Belastung zieht sie sich nicht mehr in ihre ursprüngliche Länge zurück. Der Federkraftmesser ist anschließend unbrauchbar.

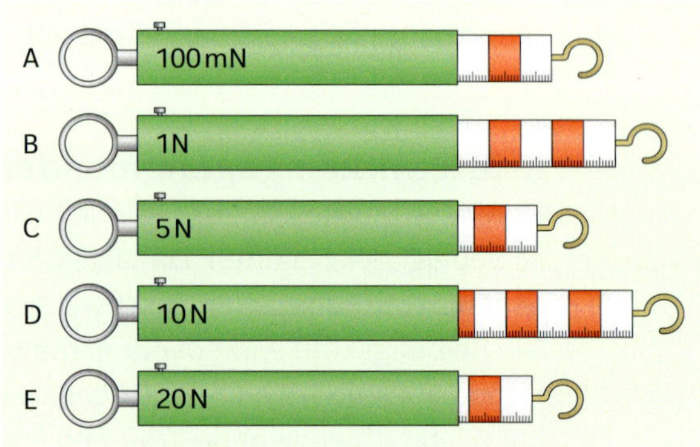

2 Kraftmesser ablesen

1 Wähle aus den Bildern 1 und 2 jeweils alle die Kraftmesser aus, mit denen du **a)** 0,7 N, **b)** 7 N und **c)** 70 N messen kannst.

2 Gib die Beträge der Kräfte an, die von den Kraftmessern in Bild 2 angezeigt werden.

3 Bild 2 zeigt beim 5-N-Kraftmesser eine bestimmte Kraft an. Zeichne einen 10-N-Kraftmesser, der die gleiche Kraft anzeigt.

FORSCHEN UND ENTDECKEN

A Welche Kraft hat ein Magnet?

Material: verschiedene Kraftmesser, großer Eisennagel, Faden, mehrere Magneten

Durchführung:

Schritt 1: Löse die Schraube am oberen Ende des Kraftmessers. Bewege die Hülle nun hoch oder runter, bis der Beginn der Skala (0 N) genau mit dem Rand der Hülle übereinstimmt.

Schritt 3: Befestige den Nagel am Haken eines Kraftmessers. Probiere vorsichtig aus, welcher Kraftmesser zur Messung den passenden Messbereich hat.

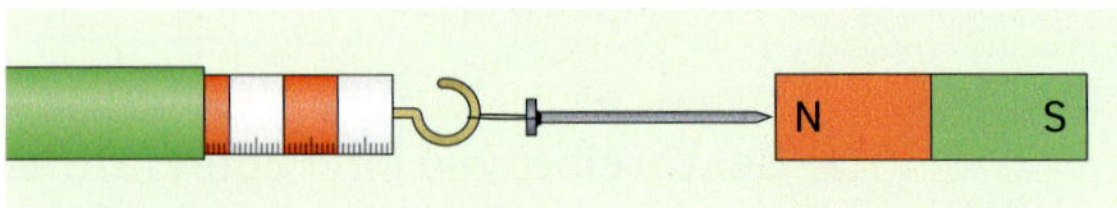

3 Magnetkraft messen

Schritt 4: Ziehe mit dem Magneten an dem Nagel, bis er sich löst. Notiere die größte Kraft.

1 Sortiere die geprüften Magneten nach der Stärke der Magnetkraft auf den Nagel.

FORSCHEN UND ENTDECKEN

B Wie wirken Kräfte zusammen?

In diesen Versuchen messt ihr, wie mehrere Kräfte zusammenwirken und wie dies mit ihren Beträgen und Kraftrichtungen zusammenhängt. Arbeitet dazu möglichst in Dreiergruppen.

Material: je Gruppe drei gleiche Federkraftmesser, kleiner Ring (zum Beipiel Schlüsselring)

Durchführung:

Schritt 1: Ordnet euren Namen Kraftnummern zu, zum Beispiel Jona ist F_1.

Schritt 2: Jeder nimmt einen der drei Kraftmesser und hängt ihn mit dem Haken in den Ring als gemeinsamen Angriffspunkt. Der Ring und alle Kraftmesser liegen auf dem Tisch.

Schritt 3: Der Ring soll ab jetzt an derselben Stelle liegenbleiben. Dafür müsst ihr gut zusammenarbeiten.

Schritt 4: Zuerst sollen nur zwei Kräfte wirken. Richtet die Kraftmesser so aus, dass der Ring an derselben Stelle bleibt. Verändert die Beträge der Kräfte, ohne dass sich der Ring bewegt.

Schritt 5: Zwei Kräfte sollen jetzt dicht nebeneinander in die gleiche Richtung ziehen. Probiert aus, in welche Richtung die dritte Kraft ziehen muss, damit der Ring liegen bleibt.

Schritt 6: Versucht, die Beträge der Kräfte wieder zu verändern, ohne dass sich der Ring bewegt.

Schritt 7: Kraft 1 und Kraft 2 sollen jetzt schräg auseinander ziehen (→ Bild 4). Stellt fest, in welche Richtung und mit welchem Betrag Kraft 3 jetzt gegenhalten muss.

Schritt 8: Vergrößert den Winkel zwischen Kraft 1 und Kraft 2 immer weiter. Nutzt auch den vollen Messbereich der Kraftmessers. Findet „Je..., desto...“-Ergebnisse.

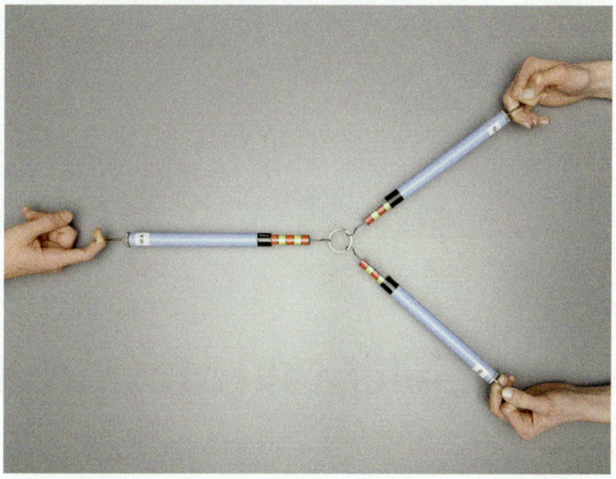

4 Experimente mit Kräften in verschiedene Richtungen

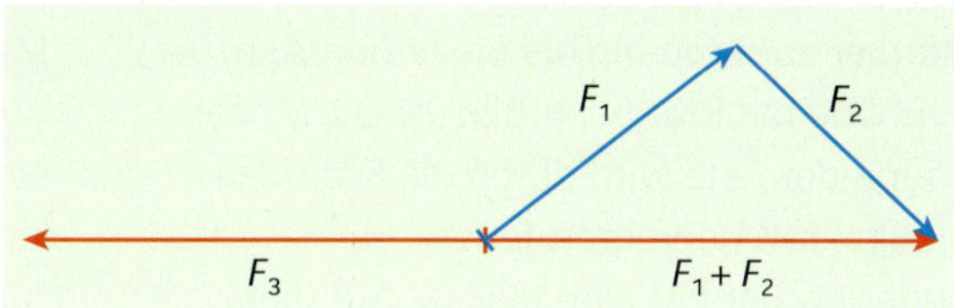

5 Kräfteaddition mit Kraftpfeilen zum Experiment in Bild 4

1 Begründe, warum in allen Versuchen der Ring möglichst unbewegt auf dem Tisch liegen soll. Formuliere eine Aussage über die Summe aller Kräfte, die auf den Ring wirken.

2 **a)** Notiere für die Situationen in den Schritten 4 bis 8 jeweils die Richtungen und die Beträge der Kräfte.
b) Begründe jeweils über die Kräfteaddition, warum sich der Ring nicht bewegt.
c) Zeichne zu jeder Situation die Kräfteaddition in der Pfeildarstellung ähnlich wie in Bild 5. Addiere jeweils die Kräfte F_1 und F_2 und zeichne die gleich große Gegenkraft F_3. Verwende für die Zeichnungen immer den gleichen passenden Maßstab, zum Beispiel 1 N entspricht 1 cm.

«

1 Ein Apfelbaum im Frühling und im Herbst

Die Gewichtskraft und die schwere Masse

Die Gewichtskraft und ihre Richtung

Im Herbst biegen sich Äste mit Äpfeln viel stärker zur Erde hin als dieselben Äste im Frühling mit Blüten (→ Bild 1). Die Verformung der Äste wird durch die Erdanziehungskraft hervorgerufen.

Jeder Körper hat eine Masse. Auf diese Masse wirkt auf der Erde durch die Erdanziehungskraft eine Kraft in Richtung Erdmittelpunkt. Das ist die Gewichtskraft F_G. Eine größere Masse verursacht eine größere Gewichtskraft. Dieser Kraft muss der Ast mit einer Gegenkraft entgegenwirken.

Die Gewichtskraft wirkt immer in Richtung Erdmittelpunkt. Deshalb fällt der Apfel auch an jeder Stelle der Erde auf den Erdboden (→ Bild 2).

Von der Masse zur Gewichtskraft

Die Masse eines Körpers, die eine Gewichtskraft bewirkt, ist die **schwere Masse *m*** des Körpers.

Auf der Erde wirkt auf eine Masse von 1 kg eine Gewichtskraft von 9,81 N ≈ 10 N. Du kannst also auf der Erde mit guter Näherung die Gewichtskraft abschätzen, indem du die Masse in kg angibst und mit dem Faktor 10 multiplizierst (→ Bild 3).

Name: schwere Masse
Formelzeichen: *m*
Einheit: kg
Weitere Einheiten: 1 kg = 1000 g
Kennzeichen: Auf der Erde bewirkt eine Masse von 1 kg eine Gewichtskraft von rund 10 N. Die Gewichtskraft wirkt dabei immer zum Erdmittelpunkt.

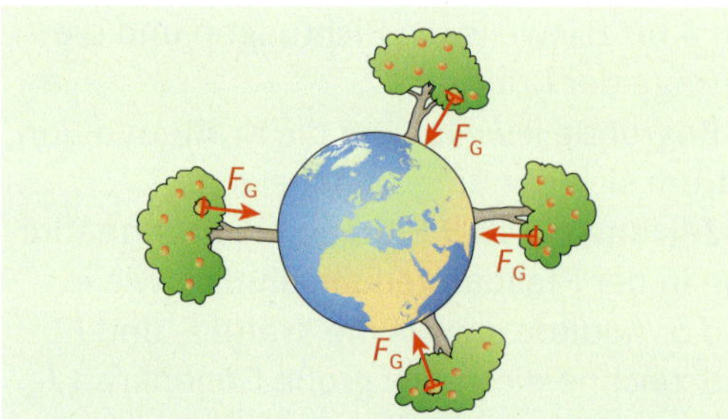

2 Die Gewichtskraft wirkt zum Erdmittelpunkt.

3 Die Masse verursacht die Gewichtskraft.

Massenvergleich mit der Balkenwaage

Die Masse eines Körpers kann mit einer **Balkenwaage** bestimmt werden. Mit bekannten Massestücken auf der einen Waagschale kannst du ermitteln, wie groß die Masse eines Körpers auf der anderen Waagschale ist. Ist die Waage im Gleichgewicht, ist die Summe der Werte der Massestücke die Masse des Körpers. Mit einer Balkenwaage führst du einen **Massenvergleich** durch. Dabei ist es egal, wo du die Messung durchführst, ob auf der Erde oder auf dem Mond. Die Masse eines Körpers ist **ortsunabhängig** (→ Bild 4).

Der Ortsfaktor

Wenn du auf der Erde eine Tafel Schokolade mit einer Masse von 100 g an einen Federkraftmesser hängst, zeigt er eine Gewichtskraft von 1 N an (→ Bild 4A).
Auf dem Mond zeigt der Kraftmesser bei der Masse von 100 g eine Gewichtskraft von nur 0,16 N an (→ Bild 4B). Das liegt an einem anderen **Ortsfaktor *g*.** Der Ortsfaktor auf dem Mond ist kleiner als der Ortsfaktor auf der Erde. Er beträgt $g_{Mond} = 1{,}62\ \frac{N}{kg}$.
Die Gewichtskraft ist also **ortsabhängig.**
Mit dem Ortsfaktor *g* lässt sich die Gewichtskraft F_G ermitteln, die an einem bestimmten Ort auf einen Körper mit einer Masse *m* wirkt.

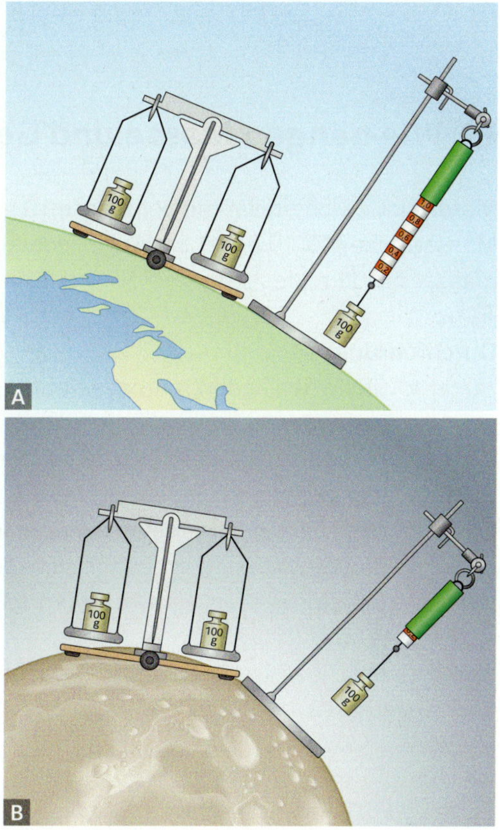

4 Gleiche Massen – unterschiedliche Gewichtskräfte: **A** auf der Erde, **B** auf dem Mond

Name: Ortsfaktor
Formelzeichen: *g*
Einheit: $\frac{N}{kg}$
Konstanten: Erde: $g_{Erde} = 9{,}81\ \frac{N}{kg}$
Mond: $g_{Mond} = 1{,}62\ \frac{N}{kg}$

1 **a)** Beschreibe, in welche Richtung Gegenstände am Nordpol, am Südpol, in Europa und auf anderen Kontinenten fallen.
b) Gib die Ursache für die Richtung der Fallbewegung der Gegenstände in a) an.

2 **a)** Gib die physikalischen Größen an, die mit den Messgeräten in Bild 4 gemessen werden. Vergleiche die Messgeräte und ziehe zwei Schlussfolgerungen.
b) Begründe das Verhalten der Messgeräte in Bild 4.

3 **I** Gib jeweils die Gewichtskraft an, die auf der Erde auf eine Masse von 200 g, 500 g, 750 g, 2 kg, 3,5 kg wirkt.

4 **II** Gib jeweils die Masse an, die auf der Erde eine Gewichtskraft von 4 N, 55 N, 105 N, 10 kN bewirkt.

Starthilfe zu 3 und 4:
F_G (in N) ≈ 10 · m (in kg)
1000 g = 1 kg
1000 N = 1 kN

5 **III** Gib jeweils die Gewichtskraft an, die einmal auf der Erde und ein anderes Mal auf dem Mond auf eine Masse von 1,52 kg wirkt.

FORSCHEN UND ENTDECKEN

A Wie hängen Masse und Gewichtskraft zusammen?

Material: Gewichtsteller mit der Masse 10 g, Massestücke (4 x 10 g und 3 x 50 g), Federkraftmesser mit dem Messbereich 2 N (→ Bild 1)

Durchführung:

Schritt 1: Stelle den Federkraftmesser auf Null ein.

Schritt 2: Hebe den Gewichtsteller ohne Massestücke mit dem Federkraftmesser an.

Schritt 3: Lege nacheinander Massestücke auf den Gewichtsteller, sodass sich die Gesamtmasse schrittweise um 10 g erhöht.

Schritt 4: Miss jeweils die wirkende Gewichtskraft F_G.

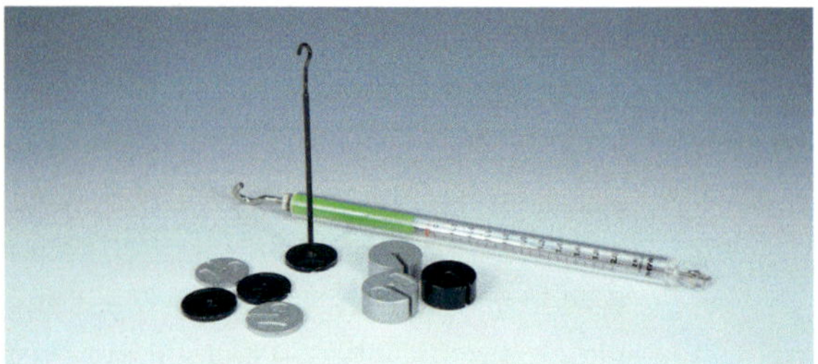

1 Das Versuchsmaterial

1. Trage die jeweils angehängten Massen m und die Beträge der gemessenen Gewichtskräfte F_G in eine Tabelle ein.
2. Zeichne ein m-F_G-Diagramm.
3. Beschreibe den Verlauf des Graphen.

ÜBEN UND ANWENDEN

B Der Ortsfaktor der Planeten unseres Sonnensystems

Der Ortsfaktor g ist eine ortsabhängige Konstante. Sie ergibt sich als Quotient aus der Gewichtskraft und der Masse des Körpers. Die Masse ist dabei ortsunabhängig. Eine bestimmte Masse bewirkt auf jedem Planeten also eine andere Gewichtskraft.

1. Auf dem Mars wird für eine Masse von 0,500 kg eine Gewichtskraft von 1,85 N gemessen. Berechne den Ortsfaktor für den Mars.
2. Berechne die Gewichtskraft, die auf den verschiedenen Planeten auf eine Masse von 500 g wirkt.
3. Erläutere, wie die Schubkraft einer Rakete beim Start vom Merkur im Vergleich zum Start von der Erde sein müsste.

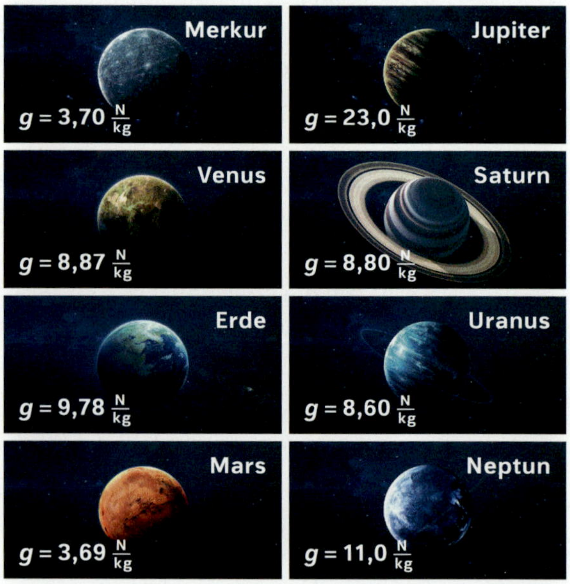

2 Die Ortsfaktoren am Äquator der Planeten

IM ALLTAG

Die Waage ist ein Kraftmesser

3 Eine Küchenwaage

Die Federwaage

Im Inneren einer **Küchenwaage** befindet sich eine Feder. Sie ist mit dem Teller und dem Zeiger verbunden. Wenn du Kartoffeln in die Schale füllst, wirkt die Gewichtskraft der Kartoffeln auf die Feder. Der Zeiger reagiert und zeigt auf der Skala die Masse in kg an. Der Ortsfaktor von etwa 10 $\frac{N}{kg}$ wurde dabei in der Skala zur Anzeige der Masse berücksichtigt. Eine mechanische Kofferwaage funktioniert nach dem gleichen Prinzip.

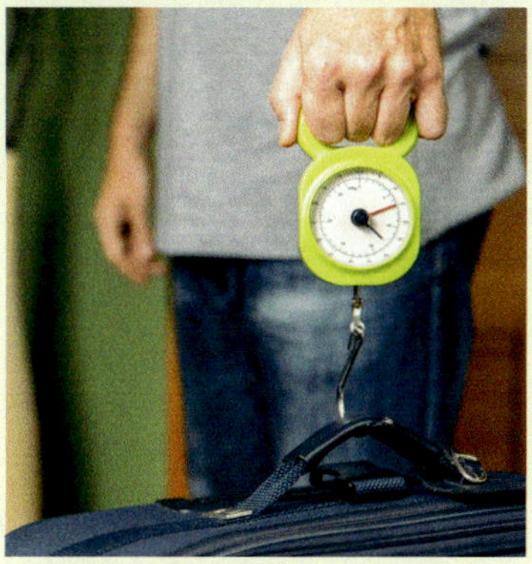

4 Eine Kofferwaage

5 Eine Personenwaage

Die elektronische Waage

Elektronische **Personenwaagen** haben einen Wägesensor, mit dem sie die Kraft messen. Wenn du dich auf die Waage stellst, verformt sich der Sensor. Aus der Verformung berechnet eine Elektronik mit dem Ortsfaktor 9,81 $\frac{N}{kg}$ die Masse. Die Masse wird auf dem Display digital angezeigt. Elektronische Waagen benötigen daher eine Batterie.

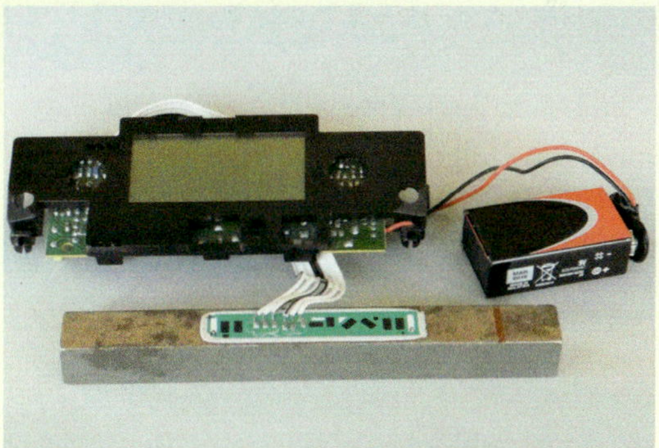

6 Das Innere einer elektronischen Waage

1 **a)** Beschreibe den Aufbau einer Federwaage.
b) Erkläre die Wirkungsweise einer Federwaage.

2 **a)** Nenne die Bestandteile einer elektronischen Waage.
b) Erläutere den jeweiligen Zweck der Hauptbestandteile einer elektronischen Waage.

3 **II** Erkläre mit eigenen Worten die Überschrift dieser Seite.

1 Vollbremsung

Die Trägheit und die träge Masse

Noch einmal gut gegangen!

Der Schulbus ist voll besetzt. Plötzlich rollt ein Ball vor dem Bus auf die Straße. Der Fahrer macht eine Vollbremsung. Alle Passagiere werden nach vorne gerissen. Einige Gepäckstücke fliegen durch den Bus nach vorne (→ Bild 1).

Die Trägheit von Körpern

Du kennst die Wirkungen von Kräften. Kraft ist nötig, um den Bewegungszustand von Körpern zu ändern. Wenn keine Kraft die Passagiere oder Gepäckstücke bremst, bewegen sie sich geradeaus weiter. Jede Masse behält ihren Bewegungszustand, wenn keine Kraft einwirkt. Diese Eigenschaft der Masse heißt **Trägheit**. Je größer die Masse ist, desto größer muss auch die Kraft sein, um die Bewegung zu ändern.

Die Trägheitskraft – eine Frage des Standpunktes

Du bist im bremsenden Bus nach vorne gefallen und hattest das Gefühl, dass dich eine Kraft nach vorne wirft. Die Trägheitskraft lässt dich im bremsenden Bus gegen den Vordersitz prallen.

Ein Beobachter am Straßenrand erklärt das ganz anders. Es ist der Bus, der durch die Kraft der Bremsen seine Geschwindigkeit reduziert. Menschen und Gepäckstücke dagegen bewegen sich geradeaus weiter. Ihnen wird der Sitz nach hinten weggezogen und der Bus bremst die Menschen erst, wenn sie gegen den Vordersitz prallen.

Die Trägheitskraft wird daher auch als Scheinkraft bezeichnet. Sie kann aber zu ganz realen Beulen führen.

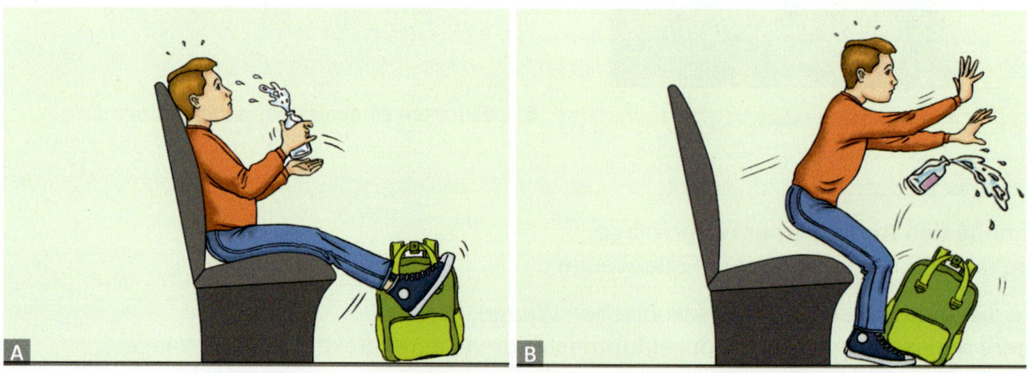

2 Die Trägheit wirkt der Bewegungsänderung entgegen: **A** beim Losfahren, **B** beim Bremsen

3 Start an der Ampel

4 Im Bus bitte anschnallen!

Träge Massen beschleunigen

Die Kraft, die nötig ist, um einen Körper zu beschleunigen, hängt von seiner Masse ab. Um einen schweren Medizinball zu werfen, brauchst du mehr Kraft als für einen leichten Handball.
Ein kleines, leichtes Auto kann durch weniger Kraft an einer Ampel beschleunigen und auch leichter bremsen als ein LKW mit großer Masse. Die zur Bewegungsänderung nötige Kraft wächst mit der Masse. Die Masse zeigt sich hier als **träge Masse.**

Trägheit ist ortsunabhängig

Die Trägheitskraft eines Körpers hängt nur von seiner Masse ab. Die Erdanziehungskraft und der Ortsfaktor haben keinen Einfluss auf die Trägheitskraft. Sie ist **unabhängig von dem Ort,** an dem sich der Körper befindet.

Der Schulbus auf dem Mond

Stell dir vor, der Bus würde auf dem Mond fahren und dort kräftig bremsen. Auch dort würdest du dich dieser Bewegungsänderung widersetzen. Du würdest dich weiter in dieselbe Richtung bewegen. Auch hier würdest du dir eine Beule holen, wenn du dir dabei den Kopf stoßen würdest.

Gut sichern!

Durch **Sicherheitsgurte** im Bus und im Auto wird verhindert, dass die Trägheitskraft deinen Körper nach vorne bewegt (→ Bild 4). Was für Menschen gilt, gilt auch für Gepäckstücke. Auch Gepäckstücke fliegen beim plötzlichen Bremsen des Busses durch die Gegend. Wenn ein schwerer Rucksack beim Bremsen durch den Bus fliegt, kann das sogar zu Verletzungen führen. Deshalb müssen auch Gepäckstücke immer gesichert werden.

1 **a)** Erkläre den Begriff der Trägheit an einem Beispiel.
b) Gib an, wovon die Trägheit eines Körpers abhängt.

2 Erkläre, warum du in einem anfahrenden Bus in den Sitz gedrückt wirst.

Starthilfe zu 2:
Nenne die beschleunigenden Kräfte und die Körper, die beschleunigt werden.

3 Erläutere an drei Beispielen, welche Vorsichtsmaßnahmen getroffen werden, um Verletzungen durch die Trägheitskräfte in Verkehrsmitteln zu verhindern.

4 Erkläre, warum ein voll beladener LKW nicht so schnell bremsen kann wie derselbe LKW, der leer ist.

5 Wenn ein Auto abgeschleppt wird, darf der Fahrer im vorderen Auto nur sehr langsam anfahren. Begründe diese Vorsichtsmaßnahme.

»

FORSCHEN UND ENTDECKEN

A Wie hängen Masse und Trägheit zusammen?

Material: ein Tischtennisball und eine etwa gleich große Holzkugel, eine größere Styroporkugel, Waage

Durchführung:

Schritt 1: Bestimme die Massen der drei Kugeln.

Schritt 2: Schnipse nacheinander jede Kugel mit dem Finger an (→ Bild 1). Versuche dabei, jeweils möglichst gleich stark zu schnipsen.

1 Die Kugeln werden mit dem Finger geschnipst.

1 **a)** Vergleiche, wie sich das Schnipsen bei den verschiedenen Kugeln anfühlt.
b) Vergleiche, wie weit die drei Kugeln nach dem gleichartigen Anschnipsen rollen.

2 Erkläre deine Beobachtungen mithilfe des Zusammenhangs von Masse und Trägheit.

B Spielereien mit der Trägheit

2 Materialien für den Versuch

Wie kannst du Geld abheben oder einen Geldtransporter entladen, ohne dass du die Münzen berührst?

Material: mehrere Münzen, Messer, Spielzeug- oder Experimentierwagen, Bücher

Durchführung:

Schritt 1: Stelle einen Stapel mit mehreren Münzen auf den Tisch.

Schritt 2: Schlage mit dem Messer von der Seite die untere Münze aus dem Stapel heraus, sodass der restliche Stapel auf dem Messer landet.

Schritt 3: Fahre mit dem Wagen, auf dem eine Münze liegt, frontal gegen ein Buch.

1 **a)** Führe deine Spielereien deinen Mitschülerinnen und Mitschülern vor.
b) Erkläre die Beobachtungen.
Benutze dabei die Begriffe: Kraft, Reibung, Masse, Trägheit, beschleunigen, bremsen, Bewegungsänderung

2 Recherchiere im Internet weitere spielerische Experimente zur Trägheit. Probiere sie aus und zeige sie in der Klasse.

IM ALLTAG

Die Rückhaltesysteme und der Crash-Test

Der Sicherheitsgurt

Bei einem plötzlichen Aufprall werden die Insassen eines Autos nach vorne geschleudert. Das liegt an der Trägheit. Ein **Sicherheitsgurt** hält die Insassen in ihren Sitzen zurück. Die Insassen prallen nicht gegen das Lenkrad oder das Armaturenbrett. Der Gurt fängt die auftretenden Kräfte auf. Sind die Sicherheitsgurte durch einen Aufprall einmal gedehnt worden, müssen sie ausgetauscht werden.

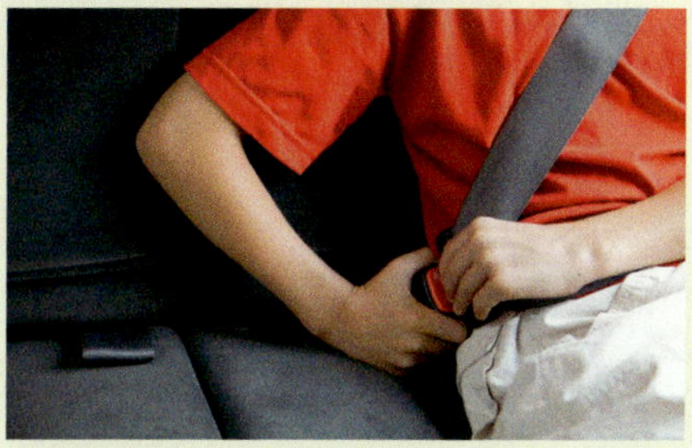

3 Den Sicherheitsgurt angelegen.

Der Airbag

In einem Auto gibt es Beschleunigungssensoren. Sie messen, wie schnell das Fahrzeug abgebremst wird. Bei einem Aufprall stoppt das Fahrzeug schneller, als es mit einer Vollbremsung möglich wäre. Dann löst der **Airbag** aus. Der Airbag ist ein Luftkissen. Es fängt die Kräfte des Insassen auf. So stößt der Kopf nicht auf das Lenkrad. Der Airbag bläht sich sehr schnell auf und fällt augenblicklich wieder in sich zusammen. So werden Verletzungen durch einen straff gespannten Airbag vermieden.

4 Der Airbag nimmt Aufprallkräfte auf.

Der Crashtest

In **Crashtests** wird vorsätzlich ein Aufprall herbeigeführt. Die Auswirkungen werden mithilfe vieler Kameras aufgenommen. So können die Folgen später ausgewertet werden.

In Crashtestes werden **Dummys** eingesetzt. Damit lässt sich die Wirksamkeit von Sicherheitsgurten oder dem Airbag untersuchen. **Knautschzonen** im Auto nehmen einen großen Teil der Energie des Aufpralls auf.

5 Crashtests erhöhen die Sicherheit.

1 Nenne Vorrichtungen, die die Insassen in Autos vor einem Unfall schützen.

2 Begründe, warum Sicherheitsgurte nach einer starken Dehnung ausgetauscht werden müssen.

3 I Recherchiere den Begriff Knautschzone. Gehe dabei auch auf die Konstruktion der ersten Autos ein und analysiere die Sicherheit für die Menschen bei einem Unfall.

4 II Recherchiere weitere Sicherheitsmaßnahmen, die
a) die Insassen von Autos schützen sollen.
b) die Fahrerin oder den Fahrer von Motorrädern schützen sollen.

«

Kraft und Energie

1 Einen Bogen spannen

2 Gewichte heben

3 Kugel stoßen

Spannenergie

Mit Muskelkraft hat die Jugendliche in Bild 1 die Sehne am elastischen Bogen gespannt. Der Bogen hat jetzt **Spannenergie** gespeichert. Schnellt die Sehne zurück, wird die Energie an den Pfeil abgegeben.

Höhenenergie

Mit großer Kraft hat die Sportlerin in Bild 2 die Hantel bis über den Kopf gestemmt. Dabei muss sie mit ihrer Muskelkraft die Erdanziehungskraft überwinden. Jetzt ist in der Hantel **Höhenenergie** gespeichert. Wenn sie die Hantel wieder auf dem Boden absetzt, wird die Höhenenergie wieder abgegeben.

Bewegungsenergie

Die Kugel beim Kugelstoßen soll viel Schwung bekommen (→ Bild 3). Die Kraft und die Weite der Armbewegung bestimmen, wie viel **Bewegungsenergie** die Kugel aufnimmt und wie weit sie damit gestoßen wird. Beim Aufprall auf den Boden gibt die Kugel ihre Bewegungsenergie wieder ab.

Kräfte verändern die Energie

Spannenergie, Höhenenergie und Bewegungsenergie sind Formen **mechanischer Energie**. Die Beispiele zeigen, dass die Energie durch Kraft geändert wird. Dabei muss die Kraft über eine gewisse Strecke auf die Körper einwirken. Der Bogen wird mit Kraft ein Stück weit gespannt. Die Hantel wird mit Kraft ein Stück weit hochgehoben. Die Kugel wird von der Hand des Kugelstoßers ein Stück weit beschleunigt, bevor sie frei durch die Luft fliegt.
Kraft alleine reicht also nicht zur Energieänderung. Hält die Sportlerin die Hantel weiterhin mit viel Kraft über ihrem Kopf, nimmt die Höhenenergie der Hantel nicht weiter zu. Sie könnte die Hantel auch auf einem Regal ablegen, das dann die Gegenkraft zur Gewichtskraft aufbringt.

4 Energieumwandlungen beim Fahrradfahren: **A** Bergauffahren, **B** Bergabfahren, **C** Energieflussdiagramm

Energieumwandlungen

Die verschiedenen Energieformen werden nach dem Energieerhaltungsprinzip ineinander umgewandelt.
Fährt ein Fahrradfahrer einen Berg hoch, gewinnt er mithilfe seiner Muskelkraft Höhenenergie. Dabei wandelt er chemische Energie um, die er über seine Nahrung aufgenommen hatte. Braust er anschließend den Berg hinunter, wird er durch die Erdanziehungskraft beschleunigt. Dann wird Höhenenergie in Bewegungsenergie umgewandelt.

Wo bleibt die viele Energie?

Schon beim Hochfahren wird ein beträchtlicher Teil der chemischen Energie gar nicht in Höhenenergie umgewandelt. Es wird Energie in Form von Wärme an die Umgebung abgegeben. Die Fahrerin schwitzt und die Reibung am Boden kostet auch Energie. Beim Herunterfahren führt ebenfalls die Reibung der Reifen am Boden, aber auch der Luftwiderstand zur Abgabe von Wärme. Den letzten Rest geben die heiß gewordenen Bremsen als Wärme ab. Das war's dann: Alle Energie ist zu Wärme geworden.

1 Beschreibe anhand von Beispielen, wie die Energie eines Körpers durch eine Kraft verändert wird. Benenne jeweils die Energieform.

2 Ein Pfeil wird mithilfe eines Bogens abgeschossen.
a) Nenne die beteiligten Kräfte.
b) Nenne die beteiligten Energieformen.
c) Zeichne das Energieflussdiagramm für diesen Vorgang.

Starthilfe zu 2c):
Orientiere dich an Bild 4.

3 Nenne drei weitere sportliche Aktivitäten, bei denen durch Kraft die Spannenergie, die Höhenenergie oder die Bewegungsenergie erhöht wird.

4 Erkläre anhand eines Beispiels, dass Kraft nicht dasselbe ist wie Energie.

»

ÜBEN UND ANWENDEN

A Formen mechanischer Energie erkennen

1 Situationen mit verschiedenen Formen mechanischer Energie

Körper können verschiedene Formen mechanischer Energie enthalten.
Die Bilder 1A bis 1I zeigen Gegenstände oder Situationen, bei denen zumindest eine der Formen mechanischer Energie erkennbar ist.
Bild 1A zeigt ein gespanntes Gymnastikband. Im Gymnastikband, aber auch im Arm der Sportlerin, ist Spannenergie gespeichert.

1. **a)** Beschreibe die Situation in den Bildern 1A bis 1I kurz.
b) Ordne jeder Situation die Formen mechanischer Energien zu.

2. **II** Gib zu jeder dargestellten Situation in Bild 1 ein weiteres Beispiel an.

IM ALLTAG

Kraft und Energieumwandlungen im Sport

Kraft und Energie

In allen Sportarten gibt es ständig Umwandlungen zwischen Formen mechanischer Energie. Der Erfolg hängt auch davon ab, wie gut diese Umwandlungen koordiniert werden und wie effektiv eine Energieform in eine andere umgewandelt wird. Die Spannenergie der Muskeln wird in Bewegungsenergie oder Höhenenergie umgewandelt. Dabei bewirkt die Kraft die Beschleunigung zum Beispiel des Körpers oder des Balls.

2 Verschiedene mechanische Formen von Energie

3 Verformung beim Aufprall

Energieumwandlungen bei Bällen

Beim Aufschlag eines Tennisballs kannst du beobachten, wie er sich elastisch verformt, bevor er wieder vom Boden abspringt. Seine Bewegungsenergie wurde in Spannenergie umgewandelt und diese dann wieder in Bewegungsenergie. Wenn der Ball dann wieder hochspringt, wird die Bewegungsenergie in Höhenenergie umgewandelt..

Energiezufuhr von Wellen und Wind

Die Kraft der Wellen oder des Windes für rasante Beschleunigungen oder hohe Sprünge zu nutzen, macht einigen Sportlerinnen und Sportlern besonders Spaß. Sie wandeln geschickt die Bewegungsenergie oder auch die Höhenenergie von Wasser oder Wind in die Bewegungsenergie oder Höhenenergie ihrer eigenen Körper um. Wenn sie wieder ins Wasser einsinken, geht die Energie als Wärme in die Umgebung.

4 Surfen

1 **a)** Beschreibe für eine Sportart einen typischen Bewegungsablauf und die Energieumwandlungen, die dabei vorkommen.
b) Zeichne auch das dazugehörige Energieflussdiagramm.

2 Recherchiert für eine weitere Sportart die Bewegungsabläufe, sammelt Bildmaterial für ein Plakat und stellt die Energieumwandlungen anhand der Bilder vor.

«

1 Autonom fahrender Bus

Nachhaltig mobil

Science fiction oder schon morgen oder übermorgen?

Viele Menschen kommen aus dem Bahnhof. Sie sind mit Schnellzügen angereist. Einige setzen sich in Minibusse zu verschiedenen Zielen. Die Minibusse fahren autonom, also ohne Fahrer (→ Bild 1). Die Elektrofahrzeuge gleiten leise auf den fast leeren Straßen. Andere Menschen schließen mit ihren Smartphones Fahrräder frei und radeln los. Die breite Fahrradstraße liegt im Schatten hoher Bäume (→ Bild 2).

2 Breiter, sicherer Radfahrweg

Nachhaltigkeit

Unsere Mobilität soll nachhaltig sein. Sie soll also über lange Zeit, auch über Generationen hinweg, sozial, wirtschaftlich und ökologisch verträglich sein. Jeder kann es sich leisten, schnell und bequem die Ziele in Schule, Beruf oder Freizeit erreichen. Dabei werden aber die Finanzen des Staates nicht überfordert. Die Verkehrsmittel werden umweltschonend betrieben. Unnötig mit Asphalt versiegelte Flächen, unnötiger Lärm, giftige Abgase und andere Umweltbelastungen werden vermieden. Der Klimawandel wird nicht oder kaum durch Kohlenstoffdioxid verstärkt.

Mobilität wozu?

Die Corona-Krise hat gezeigt, dass Geschäftsleute nicht zu jeder Besprechung fahren oder fliegen müssen. Vieles lässt sich über Online-Konferenzen erledigen. Auch bei Urlaubsreisen kann jeder überlegen, ob Aufwand und Nutzen in einem vernünftigen Verhältnis stehen.

Alternative Treibstoffe

Die derzeitigen Autos, Busse und LKWs fahren noch überwiegend mit Benzin oder Diesel. Diese Treibstoffe werden aus Erdöl gewonnen und sind nicht endlos verfügbar. Außerdem entsteht bei der Verbrennung das klimaschädliche Kohlenstoffdioxid. Mit Erdgas betriebene Autos sind nur ein wenig umweltfreundlicher.
Den fossilen Treibstoffen werden heute oft regenerativ hergestellte Treibstoffe beigemischt. Landwirtschaftliche Produkte werden zu Biodiesel, Bioalkohol oder Biogas verarbeitet. Die Mengen reichen aber bei Weitem nicht, um den heutigen Treibstoffbedarf zu decken.
Ähnlich sieht es mit Wasserstoff aus. In manchen Städten fahren die Busse damit. Bei der Verbrennung von Wasserstoff entsteht nur Wasser. Allerdings muss der Wasserstoff unter hohem Energieaufwand möglichst nachhaltig produziert werden.

Elektroautos

Elektroautos produzieren beim Fahren keine Abgase. Kommt der Strom dafür allerdings aus Kohlekraftwerken oder Gaskraftwerken, findet die Kohlenstoffdioxidabgabe dort statt. Nur bei nachhaltiger Stromerzeugung haben Elektroautos einen Vorteil. Ein weiteres Problem der Elektroautos sind ihre Batterien. Zu ihrer Herstellung sind seltene Metalle nötig. Außerdem sind die Batterien schwer. Für jede Beschleunigung der zusätzlichen Masse ist Energie nötig.

3 Bus mit Wasserstoffantrieb

Moderne Technik

Für jede Antriebsform werden Techniken entwickelt, um Energie zu sparen. Reifen, und stromlinienförmige Karosserien vermindern die Reibung und den Luftwiderstand. Die Masse der Fahrzeuge wird gering gehalten, sodass zur Beschleunigung weniger Energie aufgewendet werden muss. Motoren und Getriebe arbeiten energieeffizienter als früher.

Mobilität smart planen

Über das Internet und geeignete Apps können wir uns über schnelle und preisgünstige Verbindungen mit öffentlichen Verkehrsmitteln informieren. Das lässt sich gut mit Wegen zu Fuß oder mit dem Fahrrad verbinden. Bewegung an frischer Luft ist dazu noch gesund. Für größere Einkäufe oder besondere Fahrten gibt es Leihfahrzeuge. Das ist auf die Dauer billiger als ein eigenes Auto.

1 a) Beschreibe drei Probleme, die mit dem heutigen Straßenverkehr verbunden sind.
b) Gib für jedes der Probleme einen Lösungsvorschlag.
c) Zeige für deine Lösungen, dass auch dabei Schwierigkeiten in der Umsetzung bestehen.

Starthilfe zu 1:
Denke an Staus, Straßen, Lärm, Abgase, CO_2 ....

2 a) Nenne Beispiele für fossile und regenerative Treibstoffe.
b) Erkläre, warum der Autoverkehr nicht „einfach“ auf nachhaltig umgestellt wird.

3 I „Elektroautos sind leise und sauber.“ Beurteile diese Aussage und begründe deine Meinung.

4 II a) Nenne Gründe, die Menschen veranlassen könnten, einen schweren SUV zu fahren.
b) Beurteile das Fahren solcher Autos aus der Perspektive der Nachhaltigkeit.

»

ÜBEN UND ANWENDEN

A Energiesparend Auto fahren

Allein durch eine energiesparende Fahrweise lässt sich beim Autofahren etwa 10 % bis zu 30 % Energie einsparen. Entsprechend weniger Treibstoff muss getankt werden. Folgende Tipps vermitteln die Fahrschulen:

1) Reifendruck der Ladung anpassen; nicht zu gering
2) Gepäckträger abmontieren, wenn sie nicht gebraucht werden
3) Kofferraum aufräumen: keinen unnötigen Ballast mitführen
4) nicht zu schnell fahren: für viele Fahrzeuge ist Tempo 110 $\frac{km}{h}$ auf der Autobahn optimal
5) vorausschauend fahren: besonders im Stadtverkehr nicht unnötig bremsen, sondern zur roten Ampel oder zum Stau hin ausrollen lassen
6) im Stand Motor abstellen
7) kein „sportlicher“ Start: allmählich beschleunigen
8) niedertourig fahren: möglichst hohe Gänge nutzen

1 Im Windkanal

1 Ordne die aufgelisteten Tipps den folgenden physikalischen Begründungen zu. Mehrfachbegründungen sind möglich.
A: Masse zu beschleunigen benötigt Energie.
B: Luftwiderstand bremst und wandelt Bewegungsenergie in Wärme um.
C: Reibung bremst und wandelt Bewegungsenergie in Wärme um.

2 Recherchiere und analysiere Bilder zu Fahrzeugen im Windkanal. Stelle die Ergebnisse in der Klasse vor.

B Elektromotoren können rückwärts laufen

Ein Elektromotor wandelt elektrische Energie in Bewegungsenergie um. Derselbe Elektromotor kann aber auch als Generator laufen. Dann wandelt er Bewegungsenergie in elektrische Energie um. Die gewonnene elektrische Energie wird in chemische Energie umgewandelt und in der Batterie gespeichert. Beim Bremsen oder beim Bergabfahren kann so ein Teil der zuvor aufgewendeten Energie zurückgewonnen werden.

2 Ein Elektromotor lädt bergab die Batterie auf.

1 Zeichne ein Energieflussdiagramm für ein Elektroauto, das einen Berg hinauf und wieder herunter fährt. Beginne mit „chemische Energie der Batterie“.

IM ALLTAG

Nachhaltig mobil?

Autonome Passagierdrohne

Die ersten Drohnen wurden bereits als Lufttaxis entwickelt. Vom Taxifahrer gesteuert, ferngesteuert oder autonom fliegend bringen sie die Fahrgäste schnell und bequem an ihr Ziel.
Drohnen fliegen mit Elektromotoren und entsprechenden Batterien. Daher sind die Tragfähigkeit und die Reichweite begrenzt. Sie benötigen sehr viel Energie.

3 Drohne als Lufttaxi

Container für den Frachtverkehr

1956 wurden die ersten Container entwickelt und zunächst belächelt. Heute wird mit standardisierten ISO-Containern zwei Drittel des Überseefrachtverkehrs abgewickelt. Das 2020 in Betrieb gegangene bis dahin größte Containerschiff fasst 24 000 Container. Die Container können in den Häfen mit Kränen auf Züge oder LKWs umgeladen und weitertransportiert werden.

4 ISO-Container im Hafen

Ausgleich für Flugreisen

„Flugscham" macht sich unter ökologisch denkenden Menschen breit. Flugreisen verbrauchen viel Treibstoff und entsprechend viel CO_2 wird in die Atmosphäre freigesetzt und heizt das Klima auf. Viele Fluggesellschaften bieten daher eine CO_2-Kompensationszahlung an. Mit dem Geld werden Projekte gefördert, die dem Klimawandel entgegenwirken: Aufforstung von Wäldern, erneuerbare Energien oder energieeffiziente Produktionen.

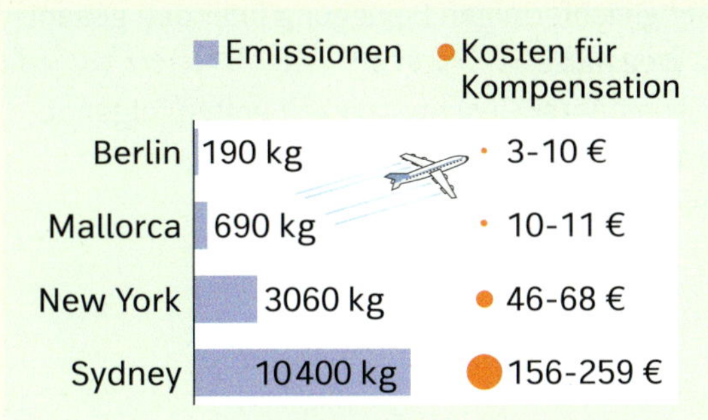

5 Kosten für eine CO_2-Kompensation für Flugreisen von Frankfurt/Main pro Person hin und zurück

1 a) Erläutere Vorzüge und Nachteile der oben vorgestellten Verkehrskonzepte.
b) Beurteile die Beispiele unter dem Aspekt der Nachhaltigkeit.

Auf einen Blick: Mobilität

Gleichförmige Bewegung

Bei einer **gleichförmigen Bewegung** legst du in einer bestimmten Zeit immer die gleichen Wege zurück. Der Weg *s* und die Zeit *t* sind proportional zueinander. Der Quotient $\frac{s}{t}$ beschreibt die **Geschwindigkeit *v*.** Sie ist konstant.

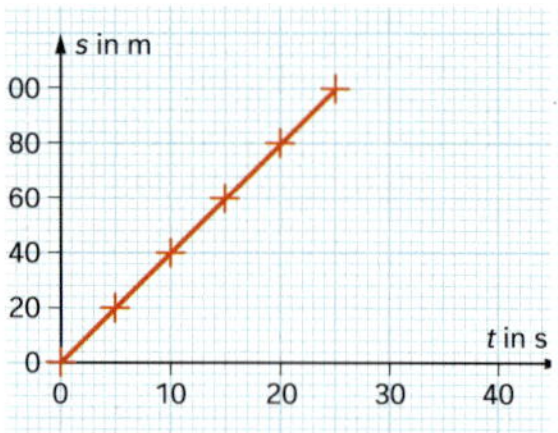

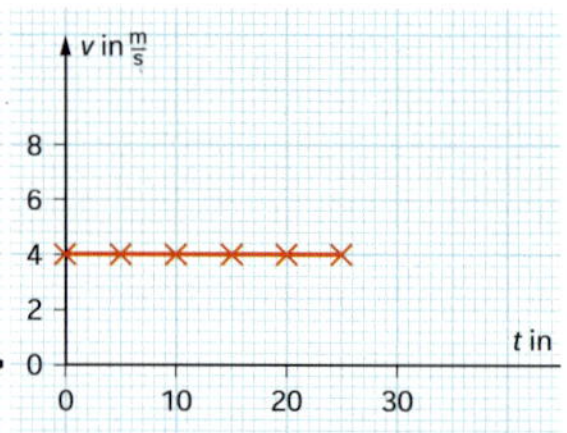

Ungleichförmigen Bewegungen

Bei ungleichförmigen Bewegungen ändert sich die Geschwindigkeit. Geschwindigkeitsänderungen sind Beschleunigungen. Die Geschwindigkeit wird größer, kleiner oder sie ändert die Richtung.

Geschwindigkeit

In einem bestimmten Moment hat ein Körper an einem bestimmten Ort eine Momentangeschwindigkeit. Die Durchschnittsgeschwindigkeit ist die konstante Geschwindigkeit, die ein Körper bei einer gleichförmigen Bewegung über den gesamten Weg hätte.
Bei konstanter Geschwindigkeit gelten folgende Formeln zur Berechnung von Geschwindigkeit, Weg und Zeit:

$$v = \frac{s}{t} \qquad s = v \cdot t \qquad t = \frac{s}{v}$$

WICHTIGE BEGRIFFE

- Weg *s*, Zeit *t*, Geschwindigkeit *v*
- Momentangeschwindigkeit
- Durchschnittsgeschwindigkeit
- geradlinig gleichförmige Bewegung
- beschleunigte Bewegung

Kräfte und ihre Wirkungen

Wirkt eine Kraft, so kannst du dies an den Wirkungen erkennen: Kräfte beschleunigen Körper oder Kräfte verformen Körper. Die Verformung kann elastisch oder plastisch sein. Federkraftmesser nutzen die elastische Verformung. Die Kraft *F* wird in der Einheit Newton (N) angegeben.

Schwere und träge Masse

Auf jede Masse m wirkt die Gewichtskraft F_G. Sie ist abhängig vom Ort. Mit dem Ortsfaktor *g* lässt sich die Gewichtskraft auf eine Masse berechnen:

$$F_G = m \cdot g$$

Auf der Erde beträgt $g = 9{,}81\ \frac{m}{s}$.
Unabhängig vom Ort ist Kraft zur Beschleunigung einer Masse nötig. Diese Eigenschaft der Masse ist ihre Trägheit.

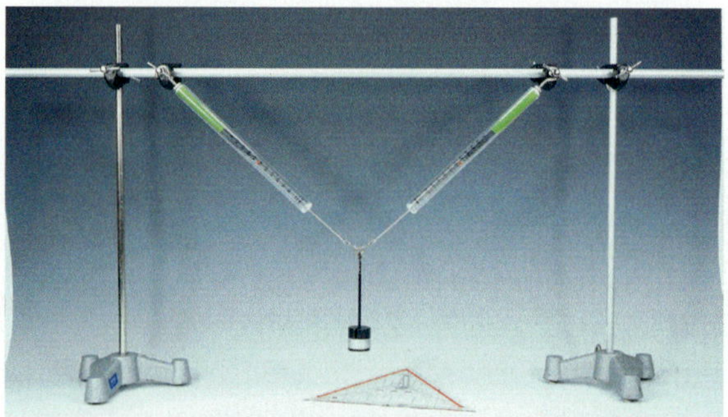

Kräfte addieren

Bei der Addition von Kräften muss ihre Richtung beachtet werden. Im Kräftegleichgewicht heben sich Kraft und Gegenkraft auf.

WICHTIGE BEGRIFFE

- Kraft *F*, Einheit N
- Kraftwirkungen
- Kraft und Gegenkraft
- Kräftegleichgewicht
- Kräfteaddition
- träge und schwere Masse *m*
- Gewichtskraft, Ortsfaktor

Kraft und Energie

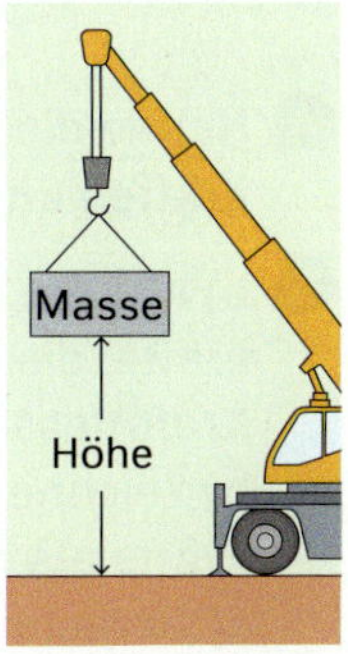

Wirkt eine Kraft *F* über eine Wegstrecke *s* an einem Körper, dann wird dem Körper Energie zugeführt. Die Energie *E* wird in der Einheit Joule (J) angegeben. Die Energie tritt in verschiedenen Formen auf.
Ein Körper erhält Höhenenergie, wenn er gegen seine Gewichtskraft angehoben wird. Wird ein Körper mit einer Kraft beschleunigt, erhält er Bewegungsenergie. Wird er elastisch verformt, erhält er Spannenergie.

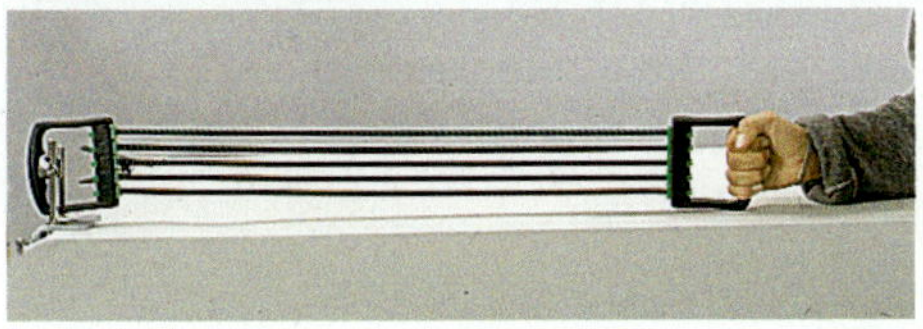

Energieumwandlungen und Energieentwertung

Die Energie aus einer Energieform kann in Energie anderer Energieformen umgewandelt werden. Fällt ein Stein aus der Höhe herab, wird seine Höhenenergie in Bewegungsenergie umgewandelt. Schlägt er unten auf den Boden auf, verformt er ihn plastisch. Dabei wird die Bewegungsenergie in Wärme umgewandelt. Sie verteilt sich und lässt sich nicht weiter umwandeln. Die Gesamtmenge der Energie bleibt zwar erhalten, sie ist aber als Wärme „entwertet“.

Nachhaltig mobil

Mobilität bedeutet Beweglichkeit. Auf den Verkehr bezogen heißt es, dass wir schnell und bequem zur Arbeit, in die Schule und zu Freizeitaktivitäten kommen wollen. Besuche und Reisen gehören auch dazu. Verkehrsmittel wie Autos, Busse, Züge, Schiffe und Flugzeuge verursachen Lärm, brauchen Platz, benötigen Energie und verursachen oft Treibhausgase. Eine nachhaltig gestaltete Mobilität muss auch in der Zukunft für die Menschen möglich sein. Erkenntnisse aus Naturwissenschaft und Technik können dabei helfen. Eine schlaue Kombination von nachhaltig angetriebenen Verkehrsmitteln mit der eigenen Bewegung zu Fuß oder mit dem Rad kann Wege in die Zukunft führen.

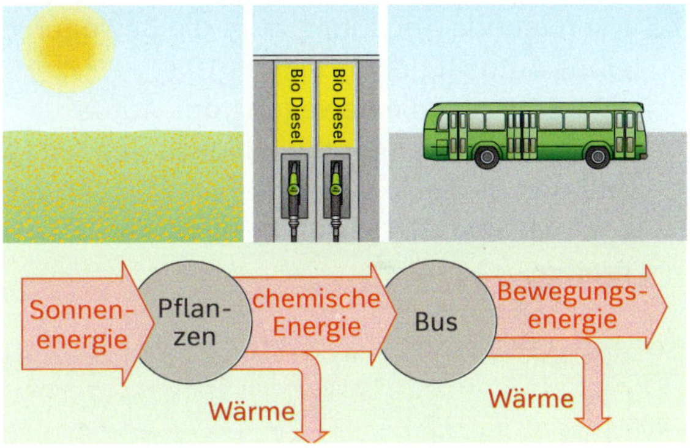

Energieflussdiagramm

Energieumwandlungen und die Energieentwertung lassen sich anschaulich in Energieflussdiagrammen darstellen.

WICHTIGE BEGRIFFE

- Kraft längs eines Weges
- Energie *E* in J
- Höhenenergie, Bewegungsenergie,
- Spannenergie, Wärme
- Energieumwandlungen
- Energieentwertung

WICHTIGE BEGRIFFE

- Mobilität
- Fossile und regenerative Treibstoffe
- Energieflussdiagramm
- Öffentlicher und Individualverkehr
- Transport
- Nachhaltigkeit

Lerncheck: Mobilität

Bewegungen

1 Nenne für die folgenden Bewegungsarten je ein Beispiel:
- geradlinig gleichförmig,
- geradlinig gleichmäßig beschleunigt,
- kreisförmig ungleichförmig,
- schwingend ungleichförmig.

2 Ein Auto fährt auf der Autobahn 5 min mit einer konstanten Geschwindigkeit von 120 $\frac{km}{h}$.
a) Beschreibe die Bewegung.
b) Berechne den zurückgelegten Weg des Autos.
c) Gib die Geschwindigkeit des Autos in $\frac{m}{s}$ an.
d) Zeichne für die Bewegung ein *t*-*s*-Diagramm und ein *t*-*v*-Diagramm.

3 Die folgende Abbildung zeigt die Bewegung eines Autos für eine Zeit von 10 s.
a) Beschreibe die Bewegung des Autos.
b) Gib die Höchstgeschwindigkeit des Autos in $\frac{m}{s}$ und $\frac{km}{h}$ an.
c) Übertrage die Bewegung in ein *t*-*v*-Diagramm.

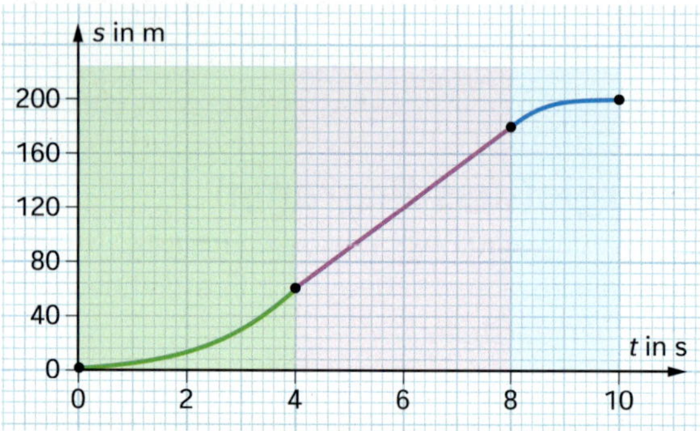

Kraft und Masse

4 Nenne die möglichen Wirkungen von Kräften und gib jeweils ein Beispiel an.

5 **a)** Notiere die Gewichtskräfte, die die beiden Kraftmesser anzeigen.
b) Zeichne die beiden Kräfte als Kraftpfeile.
c) Berechne die Massen m_1 und m_2, die auf der Erde diese Gewichtskräfte hervorrufen (g_{Erde} ca. 10 $\frac{N}{kg}$).
d) Berechne die Gewichtskräfte, die diese Massen auf dem Mond hervorrufen würden (g_{Mond} = 1,62 $\frac{N}{kg}$).

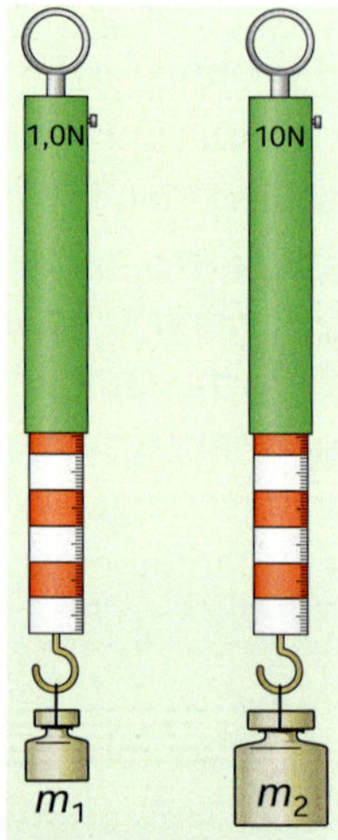

6 **a)** Erläutere, welches der beiden Hundeschlittengespanne einen Kraftvorteil besitzt.
b) Begründe physikalisch, warum ein Schlitten in einer Kurve leichter umkippen kann als bei Geradeausfahrt.

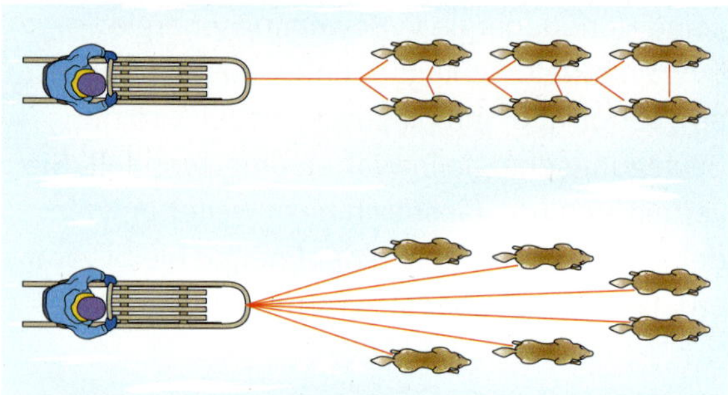

DU KANNST JETZT ...
- ... gleichförmige von ungleichförmigen Bewegungen unterscheiden.
- ... Zeit-Weg-Diagramme und Zeit-Geschwindigkeits-Diagramme lesen, erklären und zeichnen.
- ... Geschwindigkeiten, Wege und Zeiten bei gleichförmigen Bewegungen berechnen.

DU KANNST JETZT ...
- ... die Wirkungen von Kräften beschreiben.
- ... Kräfte mit Federkraftmessern messen und in der Einheit N angeben.
- ... Kräfte mit Kraftpfeilen darstellen.
- ... die Wirkungen von schwerer und träger Masse beschreiben.
- ... Gewichtskräfte berechnen.

Kraft und Energie

A

B

7 Ein Fallschirmspringer lässt sich von einem Propellerflugzeug hochtragen. Er springt dann ab und wird immer schneller, bis er mit konstanter Geschwindigkeit fällt. Später öffnet er den Fallschirm, bremst stark ab und gleitet mit konstanter Geschwindigkeit zu Boden.
a) Beschreibe die Kräfte, die hier die Höhenenergien und die Bewegungsenergien verändern.
b) Beschreibe die Kräftegleichgewichte bei konstanten Geschwindigkeiten.
c) Beschreibe die Energieumwandlungen.
d) Zeichne ein Energieflussdiagramm zu dem obigen Ablauf.

8 Erläutere das Prinzip der Energieerhaltung und der Energieentwertung am Beispiel aus Aufgabe 7 oder an einem anderen Beispiel.

DU KANNST JETZT ...

- ... Formen mechanischer Energie benennen und beschreiben.
- ... Kraft und Energie unterscheiden.
- ... an Beispielen Energieumwandlungen und die Energieerhaltung und Energieentwertung beschreiben.
- ... Energiediagramme zu den Energieumwandlungen zeichnen.

Nachhaltige Mobilität

9 **a)** Nenne Ziele, die Menschen durch Mobilität erreichen wollen.
b) Erläutere je ein soziales, wirtschaftliches und ökologisches Problem, das bis heute mit dem Verkehr verbunden ist.

10 **a)** Nenne zwei fossile und zwei regenerative Treibstoffe.
b) Erläutere am Beispiel von Biodiesel, dass auch regenerative Treibstoffe nicht unbedingt nachhaltig gewonnen werden.

11 Erkläre, wie Elektroautos einen Teil ihrer aufgewendeten Energie wieder zurückgewinnen können.

12 Begründe physikalisch, warum jedes Auto im Stadtverkehr beim Stop-and-Go mehr Energie umsetzt als auf der Landstraße.

13 Erkläre den Nutzen von Kofferraumgittern für die Menschen, die Ladung und auch für mitfahrende Tiere.

14 Deine Eltern leihen für den Einkauf beim Supermarkt ein Auto. Es sind große Vans und Kleinwagen frei. Begründe, wozu du aus ökologischen Gründen raten würdest.

DU KANNST JETZT ...

- ... Ziele der Mobilität benennen.
- ... Probleme der Mobilität in Bezug auf die Nachhaltigkeit beschreiben.
- ... verschiedene Ansätze zur Lösung der Mobilitätsprobleme erläutern.
- ... Mobilitätsprojekte unter dem Aspekt der Nachhaltigkeit beurteilen.
- ... Formen der Mobilität bewerten.

Lerncheck

Nahrungsmittelproduktion und gesunde Ernährung

Was muss alles für ein Brot gemacht werden?

Bewegung macht hungrig. Warum ist das eigentlich so?

Was passiert mit der Nahrung bei der Verdauung?

1 Unsere Lebensmittel stammen aus der Landwirtschaft.

Die Landwirtschaft verändert die Landschaft

Nahrungsmittel stammen aus der Landwirtschaft

Wenn du ein Brötchen isst, hast du das Getreide, aus dem es gebacken wurde, vermutlich nicht selbst geerntet. Das haben Landwirte für dich gemacht. Die Nahrung auf unserem Tisch stammt aus der Landwirtschaft. Für den Anbau von Getreide, Gemüse, Obst und Futterpflanzen werden Anbauflächen benötigt. Die angebauten Pflanzen können wir entweder direkt essen oder sie werden verarbeitet wie beim Backen von Brot. Viele Pflanzen werden als Viehfutter verwendet. Dann nutzen wir sie indirekt zum Beispiel als Fleisch oder Milchprodukte.

Landwirtschaft verändert die Landschaft

Seit vielen tausend Jahren wird unsere Landschaft durch die Landwirtschaft geprägt. Diese **Kulturlandschaft** ist ganz anders als die natürliche Landschaft, die es zuvor in Deutschland gab. Ursprünglich war Deutschland fast überall mit Wald bedeckt. Gerade im Norden gab es auch viele Sümpfe und Moore. Für den Ackerbau wurden die meisten Wälder gerodet. Sümpfe und Moore wurden trockengelegt. So konnten auf den Flächen Nutzpflanzen angebaut werden. Viele Flüsse und Bäche wurden begradigt, damit die Felder leichter bewirtschaftet werden können.

2 Kulturlandschaft

Der Ackerrandstreifen

Auch die Kulturlandschaft bietet vielen Tieren und Pflanzen Lebensraum. An den Rändern der Äcker bilden sich **Ackerrandstreifen** mit vielen verschiedenen Pflanzenarten aus. Echte Kamille, Klatschmohn und Kornblume sind einige typische Pflanzenarten, die auf Ackerrandstreifen wachsen. Die blühenden Pflanzen werden von vielen Insekten genutzt. Vor allem Hummeln brauchen den blühenden Klatschmohn, der in den Ackerrandstreifen blüht, als Nahrungsquelle. Vögel wie zum Beispiel die Feldlerche ernähren sich von den Samen der Pflanzen und von den Insekten.

3 Ackerrandstreifen

Die Hecken

Manchmal bilden Bäume und Sträucher die Grenzen zwischen den Ackerflächen. Viele Tiere benötigen diese Hecken, um in der Kulturlandschaft leben zu können. Insekten, Fledermäuse und Igel finden hier Unterschlupf und Nahrung. Viele Vogelarten können sich von den Früchten der Heckenrose oder der Schlehe bis in den Winter hinein ernähren. Die dichten Zweige der Bäume und Sträucher bieten ihnen Brutmöglichkeiten.

4 Hecke

Bedrohte Vielfalt

Viele Tierarten und Pflanzenarten unserer Kulturlandschaft sind durch intensive Landwirtschaft bedroht. Es gibt kaum Ackerrandstreifen oder Hecken und immer mehr Ackerflächen. Oft werden auf großen Flächen über Jahre dieselben Pflanzen angebaut. Diese **Monokulturen** bieten kaum anderen Lebewesen Lebensraum.

5 Monokultur

1. Beschreibe, wie Landwirtschaft für unsere Nahrung sorgt.

Starthilfe zu 1:
Nutze als Nahrungsmittel Joghurt, Bratwurst und Nudeln.

2. Erkläre den Begriff Kulturlandschaft.
3. Erläutere an einem Beispiel, wie die Landwirtschaft in die Natur eingreift.
4. I a) Beschreibe den Unterschied zwischen Bild 2 und Bild 5.
   I b) Erkläre an diesem Beispiel, warum Monokulturen problematisch sind.
5. II Beurteile, ob es für Landwirte schwierig ist, Umweltschützer zu sein.

»

ÜBEN UND ANWENDEN

A Kulturlandschaft von oben

1 Kulturlandschaft von oben

Die Landschaft in Niedersachsen wird zu einem großen Teil landwirtschaftlich genutzt.
Von oben kannst du auch Unterschiede zwischen den verschiedenen Kulturlandschaften entdecken.

1. Vergleiche die beiden Bilder. Nenne Gemeinsamkeiten und Unterschiede.
2. Beurteile, in welcher der beiden Landschaften vermutlich mehr Tiere leben.
3. Nenne Maßnahmen für beide Gegenden, die die Lebensbedingungen für Tiere verbessern.

2 Eine weitere Kulturlandschaft von oben

ÜBEN UND ANWENDEN

B Der Kiebitz braucht Schutz

Der Kiebitz ist ein Kulturfolger. Er brütet auf landwirtschaftlich genutzten Flächen wie Wiesen und Feldern und baut sein Nest am Boden. Dabei braucht er niedrigen Pflanzenbewuchs und möglichst feuchten Boden.
Lange Zeit war die Art Kiebitz in Deutschland sehr häufig. In den letzten 20 Jahren sind die Bestände aber um 80 % zurückgegangen. Heute ist die Art bedroht. Wenn sich nichts ändert, sind Kiebitze in zehn Jahren ausgestorben. Weil das Leben der Vögel während der Brutzeit genau mit wichtigen Arbeiten in der Landwirtschaft zusammenfällt, sind Kiebitze besonders von der Landwirtschaft bedroht.

4 Kiebitz

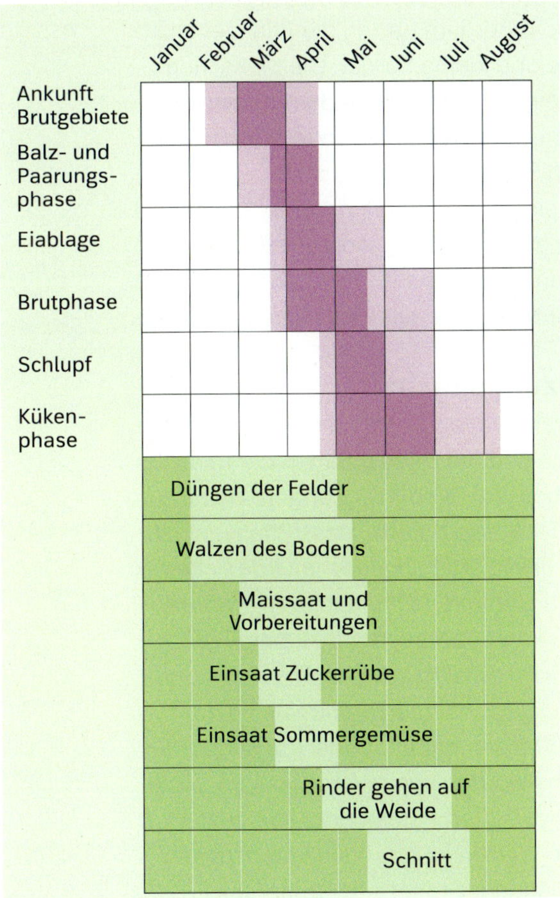

3 Brutzeiten vom Kiebitz und Arbeiten in der Landwirtschaft

5 Kiebitznest auf feuchter Wiese

1. Beschreibe, welche Bedingungen der Kiebitz zum Brüten braucht.
2. Beschreibe mithilfe von Bild 3, wie die Landwirtschaft das Leben des Kiebitz beeinflusst.

   Starthilfe zu 2:
   Beginne so: Im März kommt der Kiebitz in den Brutgebieten an. Zur selben Zeit...

3. Recherchiere und berichte, wie den Kiebitzen geholfen werden könnte.

1 Weizen: **A** Urform Einkorn, **B** heutige Zuchtform

Aus Wildpflanzen werden Kulturpflanzen

Landwirtschaft entwickelt sich

Der Weizen, dessen Mehl in unseren Nudeln und Brötchen steckt, hat eine lange Geschichte.
In der Steinzeit waren die Vorfahren des heutigen Weizens wilde Pflanzen wie Wild-Emmer und Einkorn (→ Bild 1 A). Ihre Samenkörner wurden mühsam von den Menschen gesammelt, gelagert und zubereitet.
Auch in der Steinzeit wurde schon Brot gebacken oder Körnerbrei gegessen. Irgendwann fingen die Steinzeitmenschen dann an, einige Samenkörner zurückzubehalten. Sie säten sie wieder ein und konnten dann im folgenden Sommer ein Vielfaches an Samen ernten und verwenden.

2 Mühsame Ernte in der Steinzeit

Der Weizen wird gezüchtet

Die Samenkörner von Emmer und Einkorn waren schwer zu ernten (→ Bild 2). Die Körner fielen auf den Boden, bevor sie reif waren. Außerdem hatten die Pflanzen nur wenige und kleine Körner. Die Menschen der Steinzeit entdeckten, dass aus größeren Samenkörner auch wieder Pflanzen mit großen Samenkörnern wuchsen. Daher säten sie immer nur die größten Samenkörner aus. Mit dieser **Auslesezüchtung** konnten die Menschen nach und nach auch andere Merkmale des Getreides verändern.

Kreuzungszucht

Eine weitere Möglichkeit, die Erträge zu steigern und die Eigenschaften der Pflanzen zu verbessern, sind **Kreuzungen.** Dabei sorgt der Mensch dafür, dass Pflanzen mit einer vorteilhaften Eigenschaft ihre Pollen auf Pflanzen mit einem anderen gewünschten Merkmal übertragen. So kommt es dann manchmal dazu, dass die Nachkommen die gewünschten Merkmale beider Elternpflanzen haben. In der Zucht des Weizens wurden sogar verschiedene, nahe verwandte Arten miteinander gekreuzt. Der heutige Weizen ist aus vielen Kreuzungen verschiedener Gräser wie Emmer und Einkorn entstanden. Diese Form der Züchtung heißt **Kreuzungszucht.**

Kohlsorte	Kohlrabi	Grünkohl	Brokkoli	Rosenkohl	Weißkohl	Blumenkohl
Pflanzenorgan	Stängel	Blätter	Blüten und Stängel	Seitentriebe	Endknospe	Blüten

3 Verschiedene Kohlsorten aus einer Urpflanze

Eine Urpflanze, viele Kohlsorten

Heute gibt es über 50 verschiedene Kohlsorten: Blumenkohl, Weißkohl, Rosenkohl und Brokkoli sind nur einige davon. Sie alle stammen von derselben Ursorte *Brassica oleracea* ab.

Mit der Auslesezüchtung wurden verschiedene Pflanzenteile gezielt verändert. Beim Blumenkohl sind es zum Beispiel die Blütenknospen, die so verändert wurden, dass die zuvor sehr zarten Knospen zu dem großen, weißen Kohl wurden, den wir heute als Gemüse essen. Beim Rosenkohl haben sich im Verlauf der Züchtung die Seitentriebe so verändert, dass knospenartige Sprosse wachsen. Diese geben dem Rosenkohl auch den Namen Sprossenkohl.

Moderne Pflanzenzüchtung

In der heutigen Pflanzenzüchtung werden Pflanzen mit technischen Mitteln gezüchtet. Damit wird das Erbgut der Pflanzen verändert. Pflanzensamen werden mit Chemikalien und Strahlung behandelt. Das bewirkt zufällige Veränderungen im Erbgut. Diese zufälligen Veränderungen im Erbgut heißen **Mutationen.**

Nach der Aussaat werden die Pflanzen mit vorteilhaften Eigenschaften herausgesucht. Mit ihnen wird dann weiter gezüchtet.

Inzwischen gibt es in der Pflanzenzüchtung auch direkte Eingriffe in das Erbgut.

Mit solchen Methoden der **Gentechnik** können ganz gezielt bestimmte Teile des Erbgutes verändert werden.

1. Beschreibe, wie sich die Landwirtschaft entwickelt hat.
2. Erkläre den Begriff Auslesezüchtung am Beispiel des Weizens.
3. Erkläre den Unterschied zwischen Auslesezüchtung und Kreuzungszucht.
4. Erläutere an drei Beispielen, wie aus der Ursorte des Kohls verschiedene Kohlsorten gezüchtet wurden.

Starthilfe zu 4:
Beginne so: Bei der Ursorte ist der Stängel schmal. Beim Kohlrabi...

5. Beschreibe heutige Methoden der Pflanzenzüchtung.
6. Beschreibe, wie sich die Nutzung der Pflanzen im Laufe der Zeit verändert hat.

»

ÜBEN UND ANWENDEN

A Rapsanbau im Jahresverlauf

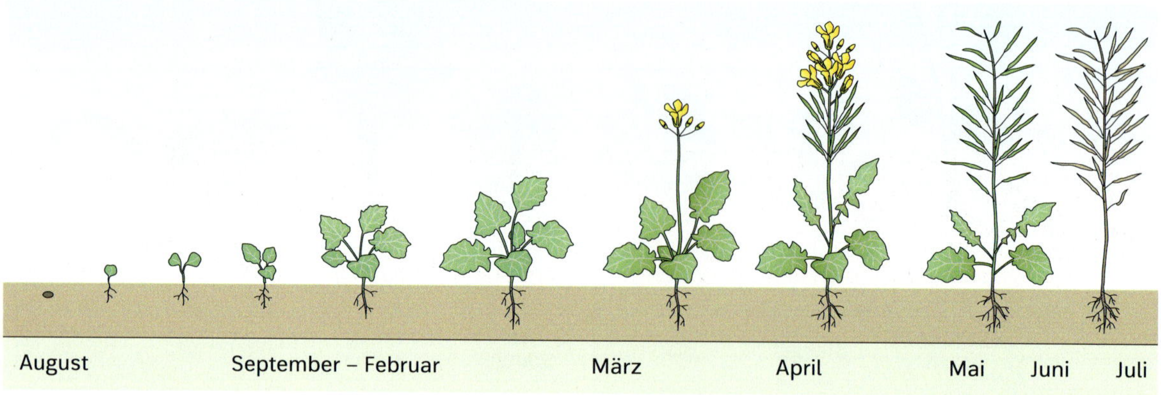

1 Der Raps im Jahresverlauf

Raps ist eine der wichtigsten Kulturpflanzen in Deutschland. Landwirte, die Raps anbauen, müssen in vielen Arbeitsschritten im Laufe des Jahres dafür sorgen, dass die Rapspflanzen sich gut entwickeln.

Düngung

Raps benötigt sehr viel Stickstoff. Daher wird der Boden mehrfach gedüngt. Die Düngung erfolgt kurz nach der Saat und einmal vor dem Blühen.

Chemikalien

Raps wird mit verschiedenen Chemikalien behandelt. Sie wirken gegen Unkräuter und Schädlinge. Direkt mit der Einsaat werden schon Unkrautvernichter gegen Kamille, Kornblume oder Mohn aufgebracht. Manchmal muss sogar noch gegen Schädlinge behandelt werden, wenn der Raps schon blüht.

2 Einsaat

3 Schädlingsbekämpfung

4 Ernte

1. Beschreibe anhand der Bilder und des Textes, welche Arbeitsschritte im Jahresverlauf im Rapsanbau zu tun sind.
2. Erkläre, warum Raps mehrfach gedüngt werden muss.
3. Recherchiere, ob es einen Zusammenhang zwischen Rapsfeldern und dem Bienensterben gibt.

ÜBEN UND ANWENDEN

B Plastik auf den Feldern?

5 Spargelfeld

Im Frühling siehst du auf vielen Feldern schwarze oder weiße Plastikplanen, die Spargelfelder abdecken. Beim Spargel werden nur die Stängel geerntet, die im Boden wachsen. Spargel ist ein sehr beliebtes Gemüse.

6 Spargel wird gestochen.

Spargelernte ist nur bis zum 24. Juni erlaubt!

Durch die Folien kann der Spargel früh geerntet werden und die Menschen kaufen heimischen Spargel.

Wenn Plastikreste auf den Feldern bleiben und untergepflügt werden, verrotten sie nicht.

Felder unter Plastikfolie sind für Vögel nicht als Brutgebiet oder zur Nahrungssuche nutzbar.

Unter einer Folie ist es wärmer. Der Spargel wächst schneller.

Es ist sehr viel Plastik, das da auf den Feldern liegt. Das ist umweltschädlich. Es kann Mikroplastik entstehen.

Es gibt kein Unkraut unter der Folie. Das spart Unkrautvernichtungsmittel.

Die Folien werden 8 – 10 Jahre lang wiederverwendet.

1. Erläutere die Vorteile, die die Folie auf den Feldern für den Landwirt hat. Nutze dazu die Informationen in den Kästchen.
2. Umweltschützer sind den Folien gegenüber oft negativ eingestellt. Diskutiere die Vorteile und Nachteile der Folien aus ihrer Sicht.
3. Stelle deine eigene Meinung dar.

1 Zeichnung von Auerochsen in der Höhle von Lascaux

Nutztiere züchten

Steinzeitmenschen jagten Auerochsen

Zu den ersten Tieren, die Menschen gemalt haben, gehört der Auerochse. Vor über 17.000 Jahren, als die Bilder in der Höhle von Lascaux im heutigen Frankreich entstanden, waren die Auerochsen noch wilde Tiere.

Auerochsen lebten in Herden von ungefähr 30 Tieren und ernährten sich von Gras, Blättern und Eicheln. Die Menschen jagten sie, aßen ihr Fleisch, nutzen ihr Fell und die Hörner.

2 Nachzucht des Auerochsen

Auerochsen wurden domestiziert

Wilde Auerochsen gab es in ganz Europa und in Asien. Die Jagd auf Auerochsen war lebensgefährlich. Nicht immer brachten die Jäger auch Beute mit. Daher begannen die Menschen vor ungefähr 10000 Jahren, junge Auerochsen auszuwählen und bei sich aufzuziehen. Das ging am besten mit ruhigen Tieren.

Die Menschen lernten, dass sie die ruhigen Tiere auswählen und miteinander paaren mussten. Dann wurden auch die Nachkommen oft ruhig und konnten gezähmt werden. Mit dieser Auslesezüchtung wurde über Jahrhunderte der Auerochse **domestiziert.**

Fleischrinder und Milchrinder

Die domestizierten Rinder wurden weiter gezüchtet. Dabei entstanden viele verschiedene Rinderrassen. Einige der Rinder hatten sehr viele Muskeln. Diese **Fleischrinder** erbrachten nach der Schlachtung viel Nahrung. Andere gaben besonders viel Milch. Diese **Milchrinder** versorgten die Menschen mit Milch, Käse oder Butter. Durch Kreuzungszucht konnten diese Merkmale in einer Rinderrasse vereinigt werden.

Moderne Züchtungsmethoden

Heute gibt es viele Hundert Rassen von Hausrindern. In der modernen Zucht begegnen sich der Bulle und die Kuh gar nicht mehr. Kühe werden künstlich mit Spermien von Bullen besamt. Der entsprechende Bulle wird vom Züchter aus Katalogen oder im Internet ausgesucht. Von ihm wird das Sperma entnommen, eingefroren und an die Besamungsstelle verschickt, wo die Kuh dann besamt wird.

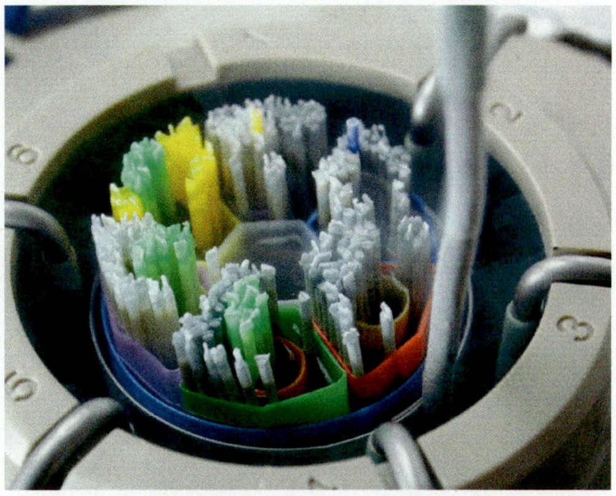

3 Sperma eines Zuchtbullen wird eingefroren.

Hochleistungskühe werden nicht alt

Durch die modernen Züchtungsmethoden sind auch unsere heutigen Hochleistungskühe entstanden. Sie geben sehr viel mehr Milch, als ihr Körper verkraften kann. Nach nur wenigen Jahren bekommen viele von ihnen Krankheiten. Die viel zu großen Euter belasten die Muskulatur und das Skelett. Eine Milchkuh, die eigentlich 15 bis 20 Jahre alt werden könnte, wird deshalb heute nur 5 bis 6 Jahre alt. Dann wird sie geschlachtet.

4 Milchkühe beim Melken

Rinder artgerecht halten

Rinder sind Herdentiere. In ihren Herden haben sie viel Kontakt untereinander. Dabei gehen sie auch enge Freundschaften ein. Rinder sind Grasfresser. Nach dem Fressen müssen sie liegen und ruhen. Eine artgerechte Haltung muss diese natürlichen Verhaltensweisen ermöglichen. Die natürlichste Haltung für Rinder ist daher die Weidehaltung. Viele Rinder werden aber ausschließlich im Stall gehalten. Manche sind dort angebunden und haben nur wenig Platz.

5 Weidehaltung von Rindern

1 Beschreibe, wie der Auerochse domestiziert wurde.

2 Vergleiche die Auslesezüchtung vor 10 000 Jahren und heute.

3 Erkläre, welche Probleme Hochleistungskühe haben.

4 Beurteile die angebundene Haltung von Rindern im Stall.

5 I Beschreibe den Unterschied zwischen dem Fleischrind und dem Milchrind.

6 II Erkläre, wie mit der Auslesezüchtung Fleischrinder gezüchtet werden können.

Starthilfe zu 2:
Vergleiche die Merkmale, die gezüchtet werden, und die Vorgehensweise.

Starthilfe zu 4:
Nutze auch die Begriffe artgerecht, Herde, Kontakt

ÜBEN UND ANWENDEN

A Das Leben einer Milchkuh

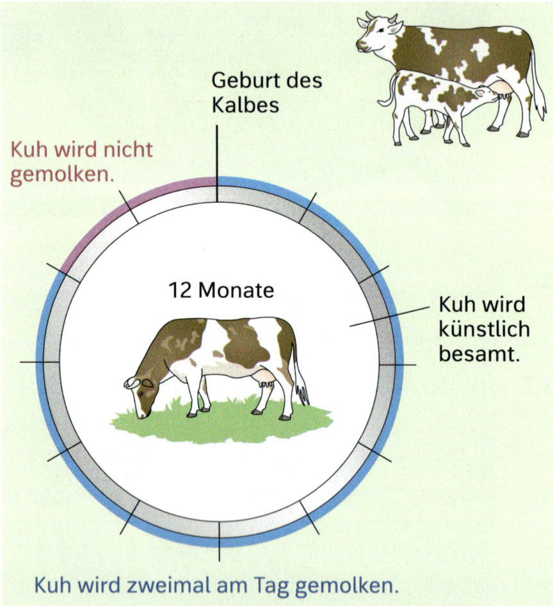

1 Das Leben einer Milchkuh im Jahresverlauf

Eine Kuh gibt Milch, um ihr Kalb zu ernähren. Nur wenn eine Kuh ein Kalb geboren hat, kann sie Milch geben. Den meisten Kühen wird das Kalb kurz nach der Geburt weggenommen. So bleibt mehr Milch für den Verkauf.

1. Beschreibe den Jahresverlauf einer Milchkuh (→ Bild 1).

Starthilfe zu 1:
Beginne mit der Geburt eines Kalbes. Jede Markierung im Kreis steht für einen Monat.

2. Lies aus der Grafik ab, wie lange die Tragzeit einer Kuh dauert.
3. Bewerte die Vorgehensweise, dass den Kühen ihre Kälber nach der Geburt weggenommen werden.

B Milchkühe sind Hochleistungskühe

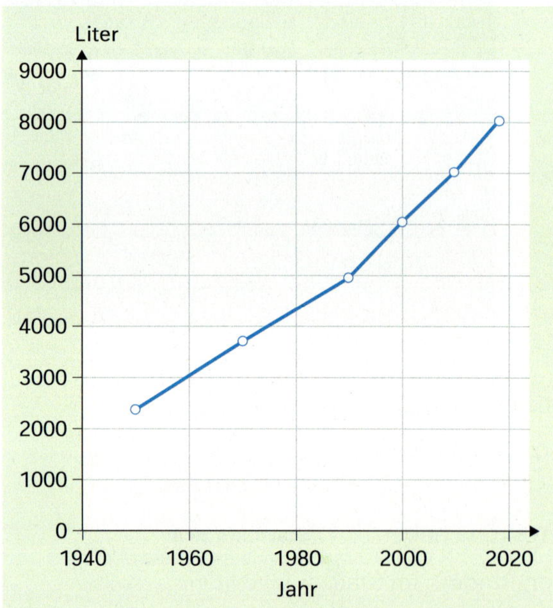

2 Durchschnittliche Milchleistung einer Milchkuh in Deutschland pro Jahr

Ein Kalb, das bei seiner Mutter Milch trinkt, benötigt 6 bis 8 Liter Milch pro Tag. Eine Kuh hat eine natürliche Lebenserwartung von 20 Jahren. Eine Milchkuh stirbt nach 5 bis 6 Jahren.

1. Beschreibe die Grafik in Bild 1:
   a) Erkläre, was die Grafik darstellt.
   b) Nenne für 1950, 1970, 1990, 2000 und 2020 die Milchleistung einer Kuh.
   c) Gib an, nach wie vielen Jahren sich die Milchleistung jeweils verdoppelt.
2. Berechne die Milchleistung einer Kuh pro Tag für die Jahre 1950, 1970, 1990 und 2020.
3. Bewerte anhand deiner Berechnungen und anhand des Textes die Zucht von Hochleistungskühen.

ÜBEN UND ANWENDEN

A Unsere Schweine stammen vom Wildschwein ab

3 Wildschwein

4 Hausschwein

Schweine werden schon seit Jahrtausenden von Menschen gezüchtet. Durch die Zucht hat sich das Äußere der Schweine verändert.

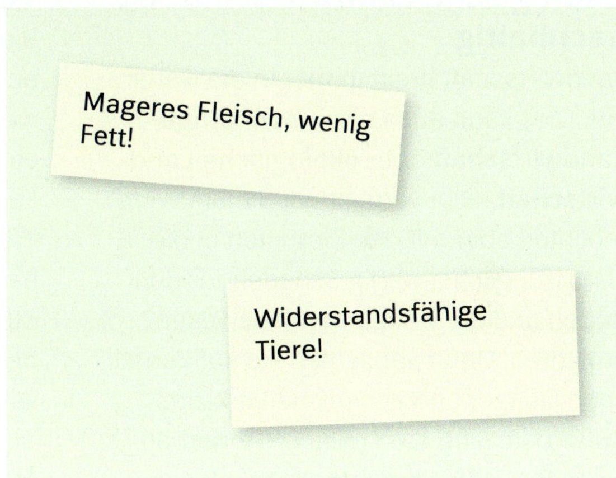

5 Wichtige Ziele in der Schweinezucht

1. Vergleiche Wildschwein und Hausschwein.

   Starthilfe zu 1:
   Achte auf den Bauchumfang, die Länge der Beine, die Haut, das Fell.

2. Erläutere, wie es zu den Unterschieden von Wildschwein und Hausschwein kam.

   Starthilfe zu 2:
   Nutze die Begriffe Auslesezucht und Kreuzungszucht.

B Artgerechte Schweinehaltung

Schweine sind
- gesellig
- verspielt
- intelligent
- neugierig
- bewegungsfreudig

1. Stelle Bedingungen für eine artgerechte Schweinehaltung zusammen.
2. Recherchiere unterschiedliche Formen von Schweinehaltungen in der Landwirtschaft und bewerte sie.

6 Hausschwein mit Ferkeln auf der Weide

1 Nachhaltige Landwirtschaft schont den Boden.

Nachhaltige Landwirtschaft

Ökologische Landwirtschaft ist nachhaltig

Landwirtschaft greift immer in die Natur ein. Dies kann auch eine **nachhaltige Landwirtschaft** oder **ökologische Landwirtschaft** nicht vermeiden. Biolandwirte möchten aber mit den Eingriffen in die Natur möglichst wenig Schaden für den Boden und die Vielfalt der Lebewesen anrichten. Dafür verzichten sie auf künstlichen Dünger und künstliche Pestizide. Außerdem sind die Kreisläufe innerhalb eines Bio-Hofes möglichst geschlossen. Das bedeutet, dass zum Beispiel das Tierfutter selbst angebaut wird und die Ausscheidungen der Tiere wieder als Dünger für die Pflanzen verwendet werden.

2 Biologische Blattlaus-Bekämpfung mit Marienkäfern

Vorbeugung statt Gift

Biolandwirtschaft verzichtet fast vollständig auf künstliche Mittel. Das ist nur möglich, wenn eine bestimmte **Fruchtfolge** auf den Feldern eingehalten wird. Dabei baut der Landwirt im Wechsel unterschiedliche Pflanzenarten an. Dieser Fruchtwechsel hält Schädlinge in Grenzen. Weil sie nicht durchgehend ihre notwendige Nahrung bekommen, verschwinden sie von den Feldern.

Natürlicher Pflanzenschutz

Auch die Schädlinge haben natürliche Feinde. Daher werden für diese natürlichen Feinden möglichst gute Bedingungen geschaffen: Hecken, totes Holz und Grünstreifen mit Wildkräutern sind Lebensräume für Insekten und andere Tiere, die Schädlinge fressen. Auch Krankheitserreger können die Schädlinge angreifen. Sie werden auf die Pflanzen aufgebracht. Den Menschen schaden diese Krankheitserreger nicht.

Notfalls mit Kupfer

Manchmal lassen sich Schädlinge nur mit kupferhaltigen Pestiziden bekämpfen. Dies sind die einzigen künstlichen Mittel, die für Biolandwirte erlaubt sind. Das kann Probleme bringen, wenn das Kupfer in den Boden gelangt und sich dort anreichert.

Klee düngt den Boden

In der Fruchtfolge der ökologischen Landwirtschaft werden regelmäßig Klee, Erbsen oder Bohnen angebaut. Diese Schmetterlingsblütengewächse heißen auch **Leguminosen.** Durch den regelmäßigen Anbau kann auf nitrathaltige Düngemittel verzichtet werden.
Leguminosen haben an den Wurzeln **Wurzelknöllchen.** Diese enthalten Bakterien, die den Stickstoff aus der Luft für die Pflanzen verfügbar machen. Die geernteten Leguminosen werden als Tierfutter oder Gemüse verwendet. Ihre Wurzen und das Nitrat bleiben im Boden und dienen den nächsten Pflanzen als Dünger.

Fruchtfolge

Im Jahr nach dem Anbau von Leguminosen kann dann zum Beispiel Weizen angebaut werden. Der Landwirt muss den Boden und die Bedürfnisse der einzelnen Pflanzen genau kennen. Dann kann er eine Fruchtfolge festlegen, die den Boden nicht auslaugt und nicht überdüngt.

Bio-Produkte sind teurer

Für die Produktion von Biogemüse müssen Landwirte einen höheren Aufwand betreiben. Oft sind die Erträge auf den Feldern geringer als bei anderen Landwirten. Daher sind die Produkte deutlich teurer.

3 Leguminosen: **A** Rotklee, **B** Wurzelknöllchen

4 Bioprodukte im Supermarkt

1. Erkläre den Begriff „nachhaltige Landwirtschaft“.
2. Beschreibe, wie Biolandwirte Schädlingen vorbeugen.
3. Beurteile, ob ökologische Landwirtschaft oder konventionelle Landwirtschaft den Boden schont.
4. Erläutere die Bedeutung der Fruchtfolge für die Landwirtschaft.

Starthilfe zu 4:
Nutze die Begriffe Dünger, nitrathaltig, Leguminose, Wurzelknöllchen, Stickstoff, Boden, Bakterien

5. **I** Erkläre an Beispielen, wie Biolandwirte auf künstlichen Dünger und künstliche Pestizide verzichten können.
6. **II** Erläutere die Bedeutung der Wurzelknöllchen für den Bodenschutz.

»

ÜBEN UND ANWENDEN

A Ökologische Landwirtschaft oder nicht?

Chemikalien töten Bienen!

Bei artgerechter Haltung müssen Schweine, Hühner und Rinder Auslauf haben.

Landwirte können sich immer neue Umweltauflagen nicht leisten. Immer mehr Höfe sterben.

Keine Chemie auf die Felder! Die Unkrautvernichter vernichten unsere Artenvielfalt.

Bioprodukte sind zu teuer, das kann ich mir nicht leisten!

Die Supermärkte verkaufen Milch viel zu billig. Da muss die Produktion auch billig sein, sonst verdient der Landwirt gar nichts.

Kleinere Felder, weniger Dünger und weniger Chemikalien bewirken, dass die Erträge sinken.

Ich will auf jeden Fall jeden Tag Fleisch essen und das muss günstig sein.

1 Demonstration für eine nachhaltige Landwirtschaft

1 **a)** Nicht alle Argumente auf den Schildern über dem Bild sind Argumente für eine ökologische Landwirtschaft. Ordne die Argumente in pro und contra.
b) Bewerte die Argumente. Welches hältst du für das wichtigste? Welches findest du unwichtig?

2 **a)** Recherchiere die Aktion der „grünen Kreuze" in der Landwirtschaft.
b) Formuliere die Anliegen der Aktion.
c) Recherchiere Argumente der Befürworter und Gegner.

3 Formuliere deine eigene Meinung zur Biolandwirtschaft und begründe sie.

IM ALLTAG

Gütesiegel für Lebensmittel

Gütesiegel sollen die Qualität von Lebensmitteln garantieren. Sie müssen für den Erhalt eines bestimmten Siegels unterschiedliche Bedingungen erfüllen.

Die Tierhaltungsform-Kennzeichnung zeigt Verbrauchern, wie viel Tierwohl sich hinter einem Tierwohlsiegel wie zum Beispiel dem Bio-Siegel verbirgt. Die verschiedenen Farben geben die Stufen der Haltungsbedingungen an. Es geht bei der Tierhaltungsform-Kennzeichnung ausschließlich darum, Verbrauchern gegenüber die Transparenz zu erhöhen und ihnen eine schnelle Kaufentscheidung anhand von Tierwohl-Aspekten zu ermöglichen.

1 Tierhaltungsform-Kennzeichnung

„DLG-prämiert" wird von der Deutschen Landwirtschafts-Gesellschaft (DLG) vergeben. Die ausgezeichneten Produkte müssen umfangreiche Tests bestehen: Dazu gehören Tests zum Aussehen, Geruch und Geschmack, Labortests sowie Verpackungs- und Kennzeichnungsprüfungen. Auf die Anbaubedingungen wird nicht geachtet.

2 Das DLG-Gütesiegel

Das Demeter-Siegel wird vom Demeter e. V. vergeben und ist das strengste und älteste Biosiegel. Es wird nur vergeben, wenn Biolandwirte sich sehr strengen Kontrollen unterziehen und viele Vorschriften für die Tierhaltung und den Ackerbau einhalten. Kritiker halten einige der Kriterien für nicht wissenschaftlich begründet.

3 Das Demeter-Biosiegel

Das EU-Biosiegel wird von der Europäischen Union vergeben, wenn die Lebensmittel aus Bioanbau stammen. Dabei werden die Betriebe auch kontrolliert. Kritiker dieses Siegels bemängeln, dass die Kriterien für dieses Siegel nicht streng genug sind. Das liegt wohl daran, dass sich so viele Länder einig sein müssen.

4 Das europäische Biosiegel

1. Ordne die Siegel nach der Strenge ihrer Vorschriften.
2. Erkläre, warum die Vorschriften unterschiedlich streng sind.
3. Recherchiere zu einem Siegel und berichte genauer darüber.

1 Frische Brote in einer Bäckerei

Brot vom Bäcker oder aus der Fabrik?

Brot braucht nur wenige Zutaten

Für ein Brot braucht ein Bäcker eigentlich nur Hefe oder Sauerteig, dazu Mehl, Wasser und Salz. Je nach Mehlsorte kann er daraus alle Brotsorten backen.
Mit Sauerteig werden vor allem Roggenbrote gebacken. Sauerteig wird aus Roggenmehl und Wasser über mehrere Tage hergestellt. Nützliche Bakterien und Hefen, die im Mehl enthalten sind, vermehren sich darin. Der fertige Sauerteig wird dann mit frischem Mehl und Wasser zu einem Brot gebacken. Hefe besteht aus einzelligen Pilzen, die den Zucker im Mehl für ihre Energiegewinnung abbauen. Dabei geben sie Kohlenstoffdioxid ab. Das lässt den Brotteig aufgehen und Teig wird so lockerer und hat mehr Volumen.

Weißbrot oder Vollkornbrot

Für ein Vollkornbrot kann jede Getreidesorte verwendet werden. Dabei werden ganze Körner gemahlen und danach zu Brot gebacken. So enthält ein Vollkornbrot viele Ballaststoffe, Vitamine, Mineralstoffe, sowie Kohlenhydrate, Fette und Proteine.
Weißbrot wird aus Weizenmehl hergestellt. Dafür werden nur die **Mehlkörper** der Weizenkörner verwendet. Die **Schalen** und die **Keimlinge** (→ Bild 2) werden zuvor entfernt. Das Mehl, das daraus gemahlen wird, heißt auch **Weißmehl.** Bei der Herstellung gehen viele Vitamine, Ballaststoffe und Mineralstoffe verloren. Weißbrot besteht zu einem hohen Anteil aus Kohlenhydraten, vor allem aus Stärke. Es enthält weniger Fette und Proteine als Vollkornbrot.

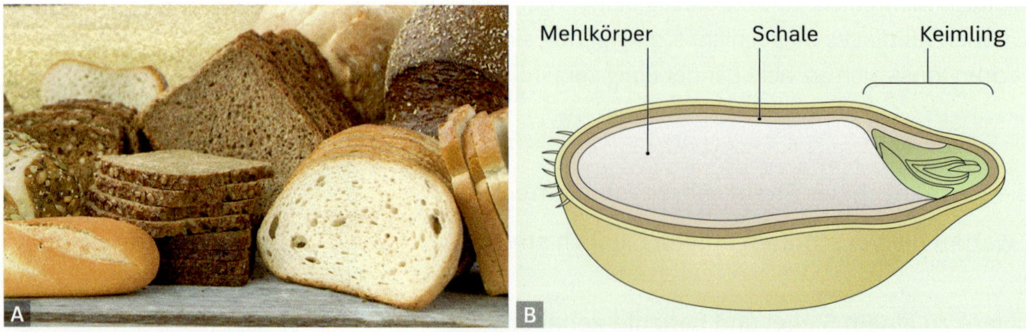

2 Weizenbrot aus Weizenkörnern: **A** Vollkornbrot und Weißbrot, **B** Bau des Weizenkorns

3 Brote in einer Backfabrik

Brot gibt es auch aus der Fabrik

Die meisten Brote in Deutschland werden in Großbäckereien gebacken. Das sind Fabriken für Brot und andere Backwaren.
Hier werden Maschinen eingesetzt, um viele Brote backen zu können (→ Bild 3). In einer großen Fabrik können am Tag 500 000 Brote gebacken werden.

Zusatzstoffe verändern den Teig

Brot enthält oft zusätzlich zu Mehl, Hefe, Salz und Wasser noch andere Stoffe. Solche **Zusatzstoffe** verändern den Teig so, dass er immer gleichbleibende Eigenschaften hat und schneller zu verarbeiten ist. Ein Brotteig ohne Zusatzstoffe muss mehrere Stunden ruhen. Mit Zusatzstoffen lässt er sich viel schneller verarbeiten. So können in kürzerer Zeit mehr Brote gebacken werden.

Handwerksbäcker backen selbst

Im Bäckerhandwerk lernt ein Auszubildender oder eine Auszubildende selbständig den Teig herzustellen und mit wenigen Zutaten Brot zu backen. Trotzdem arbeiten nur ganz wenige Handwerksbäcker, die sich darauf spezialisiert haben, ganz ohne Zusatzstoffe. Auch in Handwerksbäckereien werden fertige Backmischungen verwendet.

4 Auszubildende in einer Bäckerei

1 Nenne die Zutaten, die du für ein Brot brauchst.

2 Erkläre Unterschiede zwischen Vollkornbrot und Weißbrot.

3 Vergleiche Handwerksbäckereien und Großbäckereien.

Starthilfe zu 2:

Vollkornbrot	Weißbrot
jede Getreidesorte	nur Weizen
...	

4 Beschreibe, was Auszubildende tun müssen, um ein Brot zu backen.

5 Erkläre, warum Bäckereien Zusatzstoffe verwenden.

FORSCHEN UND ENTDECKEN

A Ein Vollkornbrot backen

1 Zutaten für ein Vollkornbrot

2 Brotteig beim Kneten in der Rührschüssel

3 Verschiedene Zutaten für Brotvarianten

Zutaten:
500 g Vollkornweizenmehl
350 ml handwarmes Wasser
1 Teelöffel Salz
½ Würfel frische Hefe oder 1 Tüte Trockenhefe
Etwas Öl für die Backform

Weiteres Material:
Rührschüssel, Handmixer mit Knethaken oder die eigenen Hände, Backform, Backofen, Küchenpapier

Schritt 1: Gib die Hefe in das handwarme Wasser und rühre die Hefe so lange, bis sie sich gut im Wasser verteilt hat.

Schritt 2: Gib das Mehl nach und nach hinzu. Rühre dabei mit dem Mixer immer wieder um, sodass keine Klumpen entstehen. Knete so lange, bis ein etwas klebriger Teig entsteht.

Schritt 3: Fette mit einem Stück Küchenpapier die Backform ein. Fülle den Teig in die Backform und stelle ihn an einen warmen Ort (zum Beispiel in den nur ganz kurz geheizten Backofen bei 30 °C). Lass den Teig hier 20 – 30 Minuten gehen.

Schritt 4: Schalte den Backofen auf 180 °C Ober- und Unterhitze ein und lass das Brot 55 – 60 Minuten backen.

1. Backt das Vollkornbrot nach dem Rezept.
2. Probiert eine Variante des Brotrezeptes aus: Ersetzt dazu 50 ml Wasser durch 2 Esslöffel Öl und vergleicht die Teigeigenschaften.
3. Probiert weitere Zusatzstoffe aus. Recherchiert dazu im Internet nach Rezepten und vergleicht eure Erfahrungen.
4. Erkläre, warum auch in Bäckereien Zusatzstoffe genutzt werden.

IM ALLTAG

Berufe im Bereich Ernährung

Fachkraft für Lebensmitteltechnik

Als Fachkraft für Lebensmitteltechnik kümmerst du dich um die Herstellung von Lebensmitteln wie Fertigpizza, Fischstäbchen oder Torten aus der Tiefkühltruhe. Es geht also um Nahrungsmittel, die in Fabriken hergestellt werden. Eine Fachkraft für Lebensmitteltechnik überwacht beispielsweise die Maschinen und kontrolliert die Qualität. Die Ausbildung im Betrieb und in der Schule dauert drei Jahre.

4 Fachkräfte für Lebensmitteltechnik

Köchin/Koch

Wenn du gerne kochst, einen guten Geschmackssinn hast, aber auch Stress aushalten kannst, kannst du Köchin oder Koch werden. Köchinnen und Köche arbeiten in Kantinen, Großküchen und auch Restaurants. Wenn du diesen Beruf ergreifen möchtest, solltest du kein Problem damit haben, abends oder am Wochenende zu arbeiten. Außerdem gehört eine gute körperliche Fitness dazu. Die Ausbildung dauert drei Jahre und findet in der Schule und im Betrieb statt.

5 Köchinnen und Köche

Milchwirtschaftliche Laborantin/ Milchwirtschaftlicher Laborant

Als Milchwirtschaftliche Laborantin oder Milchwirtschaftlicher Laborant arbeitest du im Labor einer Molkerei. Dort wird die Qualität der Milch und der Milchprodukte überprüft. Dies geschieht mit Labortechnik und Computern. Dazu müssen Proben entnommen, chemische und biologische Untersuchungstechniken angewendet und die Ergebnisse ausgewertet werden. Die Ausbildung dauert drei Jahre und findet in einer Molkerei und einer Schule statt.

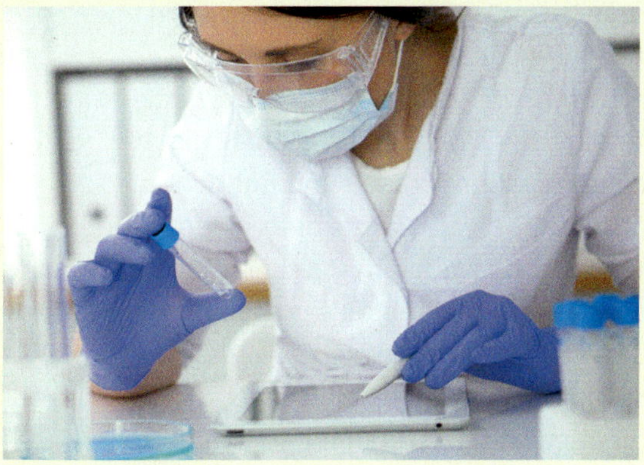

6 Milchwirtschaftliche Laborantin

1. Erkläre, was dir an den dargestellten Berufen gefällt und was dir nicht gefällt.

2. Recherchiere, welche Betriebe in deiner Nähe Ausbildungen in den Berufen anbieten.

1 Das Frühstück ist wichtig.

Nahrungsmittel liefern nicht nur Nährstoffe

Wozu wir essen

Dein Körper benötigt zum Leben eine Menge Baustoffe und Energie. Baustoffe und Energie stecken in den **Nährstoffen.** Als Nährstoffklassen werden **Kohlenhydrate, Fette** und Eiweißstoffe, die **Proteine** zusammengefasst. Du musst sie mit der Nahrung aufnehmen. Weil der Körper noch wächst, sind bei Jugendlichen besonders viele **Baustoffe** für Muskeln, Haut, Organe und den gesamten Aufbau notwendig. Diese Baustoffe gewinnt der Körper im **Baustoffwechsel** vor allem aus den Proteinen.

Proteine sind vor allem in Fleisch, Fisch, Milchprodukten, Erbsen und Bohnen enthalten. Kohlenhydrate liefern zum Beispiel Brot, Nudeln, Kartoffeln oder Müsli. Fetthaltige Lebensmittel sind beispielsweise Öl, Butter und Fleisch.

Auch die Energie, die dein Körper für alle Vorgänge benötigt, stammt aus den Nährstoffen. Besonders viel **Energie** gewinnt der Körper im **Energiestoffwechsel** aus Kohlenhydraten und Fetten. Ein Gramm Fett liefert dabei ungefähr doppelt so viel Energie wie ein Gramm Kohlenhydrate.

Energiegehalt in Kilojoule

Die Energie, die in den Nährstoffen der Nahrungsmittel steckt, wird in Kilojoule angegeben. Kilojoule wird mit kJ abgekürzt. Je mehr kJ ein Nahrungsmittel enthält, desto mehr Energie kann der Körper daraus gewinnen.

Ein erwachsener Mann braucht am Tag ungefähr 10 000 kJ, eine erwachsene Frau benötigt ungefähr 8 000 kJ. Auf Lebensmittelverpackungen ist unter Nährwertangaben angegeben, wie viel kJ 100 g davon enthalten.

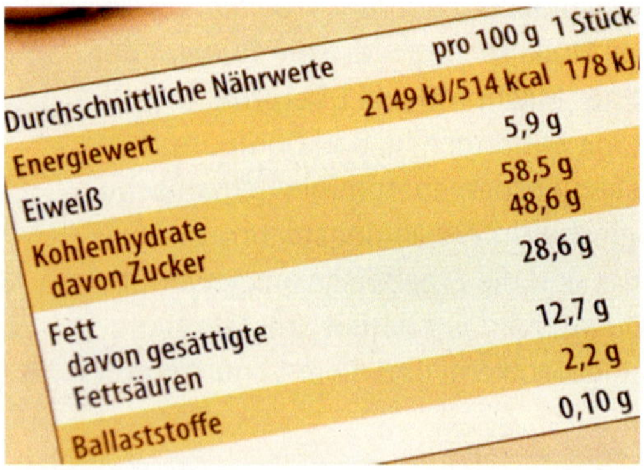

2 Angaben über Inhaltsstoffe und Nährwerte auf einer Tafel Schokolade

3 Bei einer vielseitigen Ernährung wird der Körper mit Allem versorgt.

Enzyme zerlegen Nährstoffe

Alle Nährstoffe aus der Nahrung müssen zu allen Zellen des Körpers gelangen. Dafür werden sie über den Darm ins Blut aufgenommen. Die Nährstoffteilchen aus der Nahrung sind aber zu groß, um die Zellen der Darmwand zu durchqueren. Deshalb werden sie bei der Verdauung durch **Enzyme** in kleinere Bestandteile zerlegt.

Nahrungsmittel liefern Ballaststoffe

Vor allem pflanzliche Nahrung enthält Ballaststoffe. Diese liefern nur wenig Energie und können nicht als Baustoffe verwendet werden. Trotzdem benötigt der Körper sie. Die Ballaststoffe quellen im Darm auf. Dadurch kann der Darm besser arbeiten. Außerdem fühlst du dich nach einer Mahlzeit mit vielen Ballaststoffen länger satt. Ballaststoffe sind vor allem in Obst, Gemüse und Vollkornprodukten enthalten.

Nahrungsmittel liefern Vitamine

Vitamine sind Stoffe, die der Körper benötigt, aber nicht selbst herstellen kann. Sie werden für das Immunsystem, den Bau der Knochen, die Blutbildung oder die Zellteilung benötigt. Außerdem werden Vitamine oft als Bestandteile von Enzymen eingebaut.

Nahrungsmittel liefern Mineralstoffe

Eine Gurkenscheibe enthält nicht viele Nährstoffe. Sie enthält aber wichtige **Mineralstoffe.** Mineralstoffe sind zum Beispiel Calcium, Natrium, Kalium oder Eisen.
Der Körper benötigt Calcium für den Knochenbau. Natrium und Kalium werden für die Funktion von Nervenzellen gebraucht. Eisen ist wichtig für den Sauerstofftransport im Blut. In Gurkenscheiben findet sich Eisen und Kalium.

1. Nenne die drei Nährstoffklassen und ordne ihnen einige Lebensmittel zu.
2. Erkläre die Begriffe Baustoffwechsel und Energiestoffwechsel.
3. Beschreibe die Funktionen von Mineralstoffen, Vitaminen und Ballaststoffen.
4. Wenn ein erwachsener Mann eine Tafel Schokolade isst, hat er schon ein Viertel seines täglichen Energiebedarfs gedeckt. Stimmt das? Berechne mithilfe von Bild 3.
5. I Erläutere, warum Kinder und Jugendliche nicht lange fasten sollten.
6. II Erläutere, warum eine vielseitige Ernährung für die Versorgung des Körpers notwendig ist.

Starthilfe zu 6:
Nutze dafür die Begriffe Baustoffwechsel, Energiestoffwechsel, Vitamine, Mineralstoffe, Ballaststoffe, Nährstoffe

»

ÜBEN UND ANWENDEN

A Nährstoffe lassen sich ordnen

Nahrungsmittel enthalten Nährstoffe. Verschiedene Nahrungsmittel enthalten meist verschiedene Nährstoffe.

1 Übertrage das Schema aus Bild 1 in dein Heft und ordne die Begriffe dort ein.

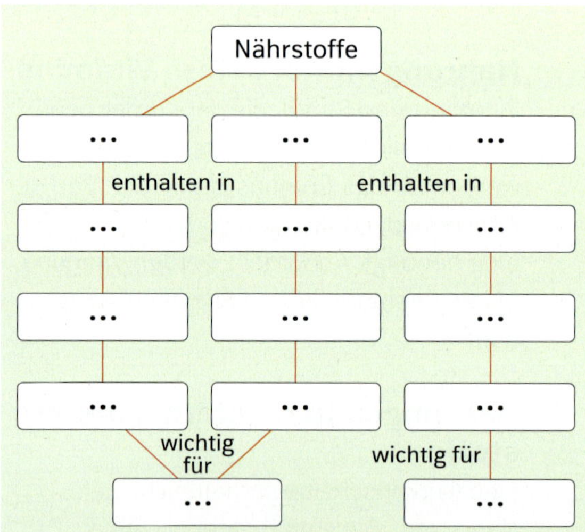

1 Schema für das Sortieren der Kärtchen

Brot	Nudeln
Fleisch	Fisch
Öl	Butter
Kartoffeln	Fleisch
Baustoffwechsel	Energiestoffwechsel
Kohlenhydrate	Bohnen
Fette	Proteine

B Ballaststoffe helfen bei der Verdauung

Ballaststoffe sind vor allem in Obst, Gemüse und Vollkornprodukten enthalten. Sie enthalten nur wenig Nährstoffe. Aber für die Verdauung sind sie sehr wichtig.

1 Nenne Lebensmittel, die Ballaststoffe enthalten.

2 Erkläre, anhand von Bild 2, warum Ballaststoffe wichtig sind.

3 Erläutere, warum es für die Verdauung besser ist, Vollkornbrot statt Weißbrot zu essen.

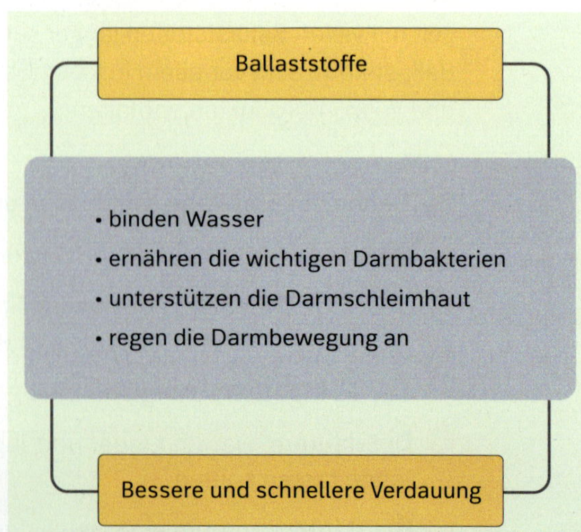

2 Wirkung von Ballaststoffen

ÜBEN UND ANWENDEN

C Vitamine durch vielfältige Ernährung

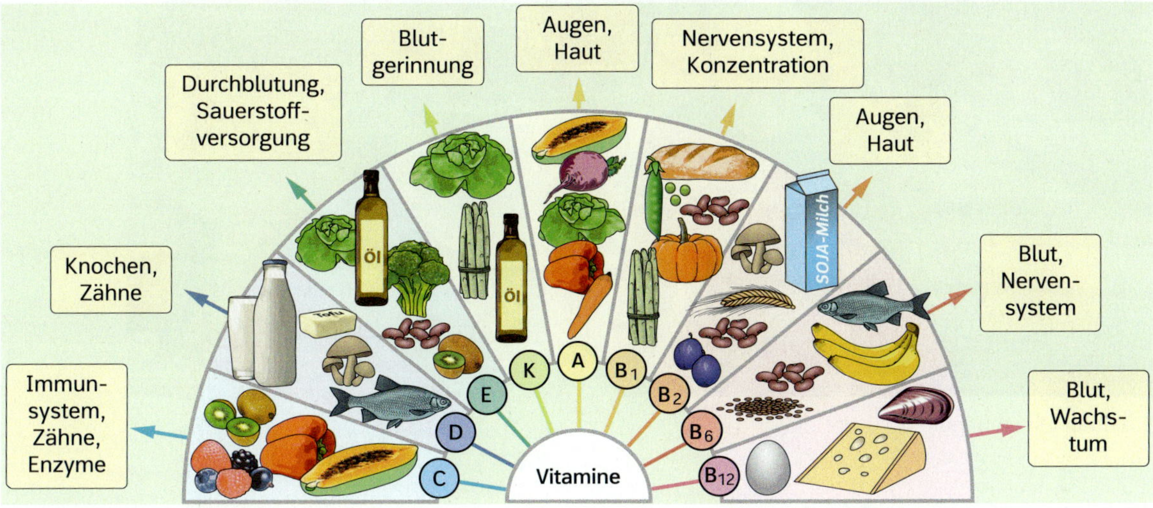

3 Vitamine in Nahrungsmitteln

Unser Körper braucht viele verschiedene Vitamine. Eine vielseitige Ernährung deckt den Bedarf.

1 Nenne Nahrungsmittel, die Vitamin K enthalten.

2 Begründe, warum du viel Obst und Gemüse essen solltest.

3 Stelle Mahlzeiten für einen Tag zusammen, die alle Vitamine enthalten.

D Lebensmittel enthalten verschiedene Mineralstoffe

Mineralstoff	Aufgaben	Nahrungsmittel
Calcium	Knochen, Nervensystem, Blutbildung	Milch, Käse, Brokkoli, Nüsse, Vollkornbrot
Magnesium	Muskeln, Knochen, Zähne, Nerven	Weißkohl, Milch, Käse, Fisch
Eisen	Blutbildung	in vielen Lebensmitteln, außer in Milchprodukten
Fluor	Knochen, Zähne	Meeresfische
Iod	Schilddrüse	Meeresfische Salz mit Iod

4 Einige wichtige Mineralstoffe

5 Käse enthält viele Mineralstoffe.

Der Bau der Knochen, die Bewegung von Muskeln und Herz oder die Funktion des Gehirns hängen auch von Mineralstoffen ab.

1 Nenne die Mineralstoffe, die in Käse enthalten sind.

2 Stelle Lebensmittel für eine Mahlzeit zusammen. Sie soll alle dargestellten Mineralstoffe enthalten.

1 Läufer essen Bananen.

Die Nährstoffklassen

Kohlenhydrate liefern schnelle Energie

Bei einem Marathonlauf gibt es unterwegs Versorgungsstände mit Bananen. Die Läuferinnen und Läufer müssen ihren Körper auf der langen Strecke mit Energie versorgen. **Kohlenhydrate** liefern Energie, die der Körper schnell nutzen kann. Das liegt daran, dass alle Zellen nur aus dem Kohlenhydrat Glucose Energie gewinnen können.

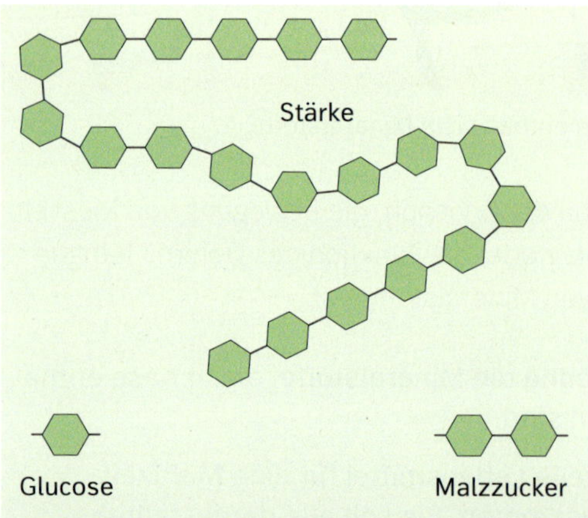

2 Verschiedene Kohlenhydrate

Bananen enthalten Kohlenhydrate

Die Kohlenhydrate in Bananen sind verschiedene Zucker und Stärke. Außer Bananen enthalten auch Brot, Müsli, Nudeln und Reis besonders viel Stärke. Süßigkeiten und gesüßte Getränke enthalten verschiedene Zucker und damit auch viele Kohlenhydrate.

Stärke ist ein Kohlenhydrat aus vielen Glucose-Bausteinen. Stärke ist ein **Mehrfachzucker.** Glucose ist ein **Einfachzucker.** Malzzucker ist ein **Zweifachzucker** und besteht aus zwei Bausteinen Glucose.

3 Lebensmittel mit vielen Kohlenhydraten

Fette liefern sehr viel Energie

Nach einer fettreichen Mahlzeit mit Pommes und Burgern bist du lange satt. Das liegt daran, dass unser Körper viel länger als bei Kohlenhydraten braucht, um fetthaltige Nahrungsmittel zu verdauen. Sie müssen erst zu Glucose umgebaut werden. **Fette** liefern im Energiestoffwechsel doppelt so viel Energie wie Kohlenhydrate. Außerdem werden Fette zum Beispiel für die Aufnahme von bestimmten, fettlöslichen Vitaminen oder für den Bau von Zellmembranen gebraucht. Fette sind daher auch Baustoffe.

> Fette bestehen aus einem Glyceringerüst. Daran sind drei **Fettsäuren** gebunden.

Proteine bauen den Körper auf

Proteine brauchst du, um Muskeln und den gesamten Körper aufzubauen. Weil Muskeln aus Proteinen bestehen, ist auch das Muskelfleisch von Tieren ein guter Proteinlieferant. Aber auch Pflanzen enthalten viele Proteine, zum Beispiel in ihren Samen. Die Proteine aus der Nahrung können wir nicht direkt in unsere Muskeln einbauen. Sie müssen erst in ihre Bestandteile zerlegt werden.
Proteine spielen außerdem eine wichtige Rolle beim Aufbau von Enzymen und Hormonen.

> Proteine bestehen aus **Aminosäuren.** Es gibt 20 verschiedene Aminosäuren. In Proteinen bilden sie lange Ketten.

4 Fettreiche Lebensmittel

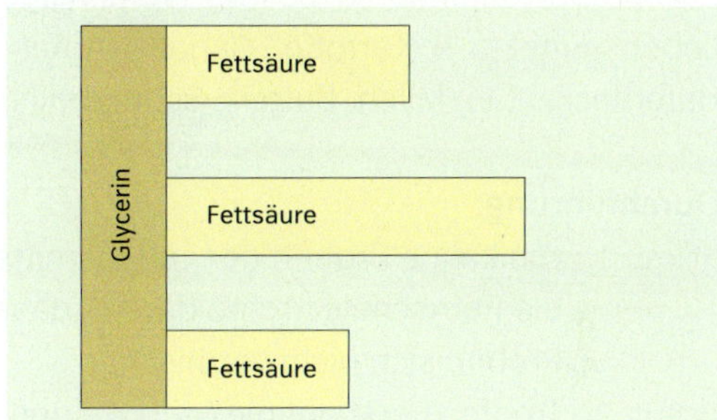

5 Bau eines Fettes

6 Proteinreiche Lebensmittel

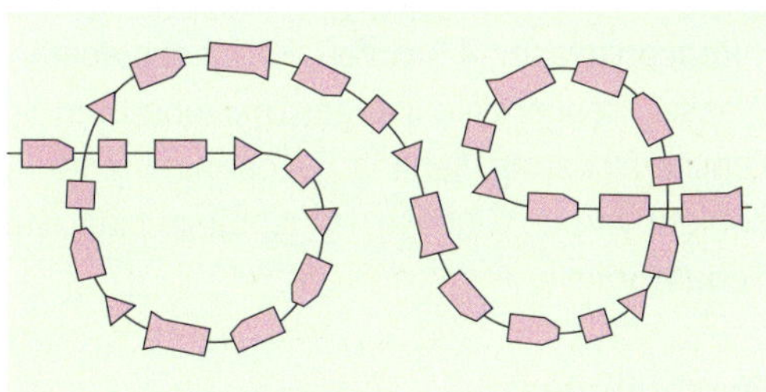

7 Proteine bestehen aus Aminosäuren

1. Nenne die drei Nährstoffklassen und ordne ihnen einige Lebensmittel zu.
2. Erkläre Unterschiede zwischen den verschiedenen Kohlenhydraten in Bild 2.
3. Ordne zu, welche Nährstoffe eher für den Energiestoffwechsel oder für den Baustoffwechsel wichtig sind.
4. Stelle ein Mittagsgericht zusammen, das alle Nährstoffe enthält.

Starthilfe zu 1:

Nährstoffklasse	Lebensmittel
…	

FORSCHEN UND ENTDECKEN

A Stärkenachweis mit Iod-Kaliumiodid

Mit Iod-Kaliumiodid kannst du nachweisen, ob Lebensmittel Stärke enthalten.

Material: Petrischalen, Pipette, Messer, Stärkepulver, Iod-Kaliumiodid-Lösung, verschiedene Lebensmittel (z. B. Kartoffel, Banane, Apfel, Haferflocken, Ei, Milch, Butter), Schutzbrille

Durchführung:

Schritt 1: Gib kleine Proben der Lebensmittel in die Petrischale. Achte darauf, dass die Proben sich nicht vermischen.

Schritt 2: Tropfe zuerst auf die Stärke einen Tropfen Iodkaliumiodid-Lösung.

Schritt 3: Tropfe auf die anderen Lebensmittel ebenfalls ein bis zwei Tropfen Iod-Kaliumiodid-Lösung.

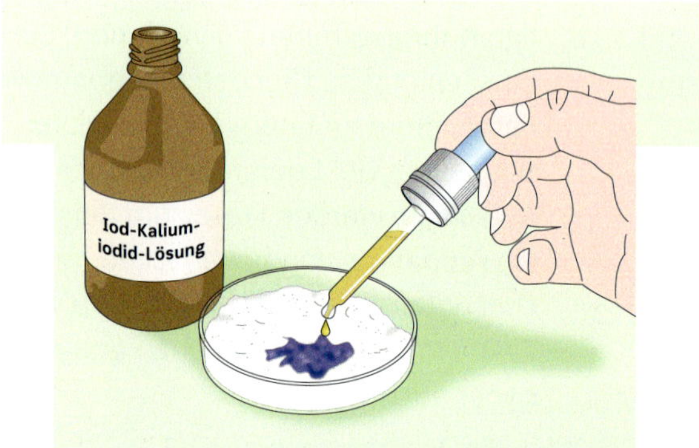

1 Stärkenachweis mit Iod-Kaliumiodid-Lösung

1. Führe Schritt 1 undf 2 durch und beschreibe das Ergebnis.
2. Führe Schritt 3 durch.
3. Erstelle ein Versuchsprotokoll.

B Glucosenachweis mit der Fehling-Probe

Glucose in Lebensmitteln lässt sich mit der Fehling-Probe nachweisen.

Material: Wasserkocher, großes Becherglas, 4 Reagenzgläser, 4 Stopfen, Reagenzglasständer, Wasser, Reagenzglaszange, Thermometer, Spatel, Fehling I-Lösung, Fehling II-Lösung, Pipetten, Kohlenhydrate: Glucose, Haushaltszucker, Stärke, Schutzbrille

Durchführung:

Schritt 1: Gib in drei der Reagenzgläser je eine Spatelspitze eines der Kohlenhydrate.

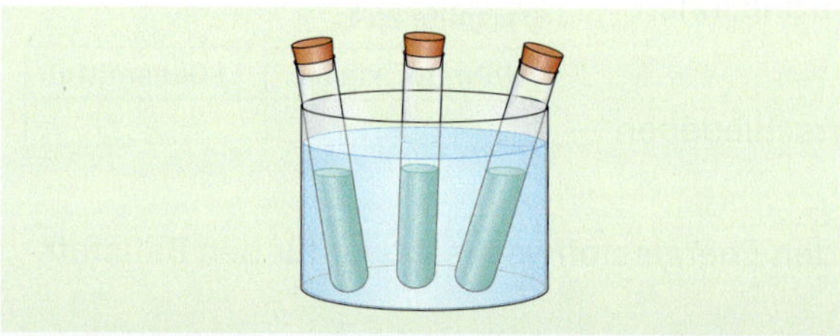

2 Erhitzen der Proben im Wasserbad

Schritt 2: Gib in das 4. Reagenzglas 2,5 ml Fehling-I-Lösung und 2,5 ml Fehling-II-Lösung. Verschließe das Reagenzglas mit einem Stopfen. Vermische die Lösungen, indem du das Reagenzglas schüttelst.

Schritt 3: Gib 1 ml von diesem Gemisch aus Fehling I und Fehling II in das Reagenzglas mit der Glucose-Probe. Verschließe das Reagenzglas mit einem Stopfen und schüttle vorsichtig. Verfahre genauso mit allen anderen Proben.

Schritt 4: Bringe das Wasser im Wasserkocher zum Sieden. Fülle das heiße Wasser in das große Becherglas und erhitze die Proben im Wasserbad (→ Bild 2).

1. Führe den Versuch durch.
2. Notiere und erkläre deine Beobachtungen.

FORSCHEN UND ENTDECKEN

C Nachweis von Proteinen mit der Biuret-Reaktion

Proteine in Lebensmitteln kannst du mit der Biuret-Reaktion nachweisen.

Material: 4 Reagenzgläser, Reagenzglasständer, Pipetten, 3 %ige Natronlauge, Fehling-I-Lösung, Eiklar von einem Ei, Milch, Wasser, geriebener Apfel, Schutzbrille

Durchführung:

Schritt 1: Befülle die Reagenzgläser nach dem Schema in der Tabelle.

1 Erkläre anhand der Tabelle die unterschiedliche Befüllung der Reagenzgläser in dem Versuch.

2 Führe den Versuch durch und beobachte genau die Verfärbung in den Reagenzgläsern.

3 Erstelle ein Versuchsprotokoll.

	RG 1	RG 2	RG 3	RG 4
Eiklar	0,5 ml	–	–	–
Milch	–	2 ml	–	–
Apfelsaft	–	–	2 ml	–
Wasser	1,5 ml	–	–	2 ml
Natronlauge	2 ml	2 ml	2 ml	2 ml
Fehling I	7–8 Tropfen	7–8 Tropfen	7–8 Tropfen	7–8 Tropfen

3 Befüllen der Reagenzgläser

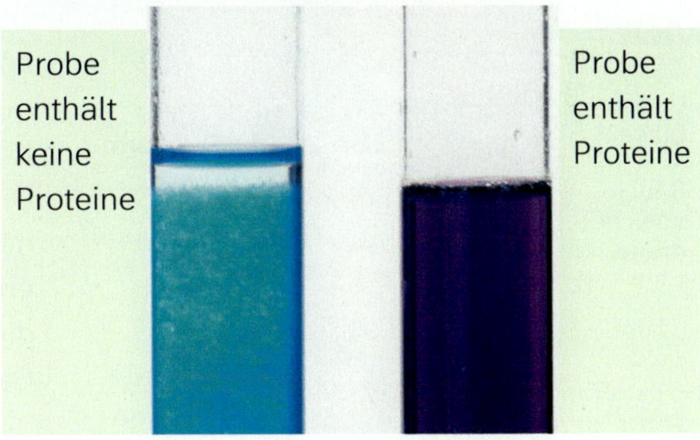

4 Kontrollversuch der Biuret-Reaktion

D Nachweis von Fett mit der Fettfleck-Probe

Fette in Nahrungsmitteln kannst du mit der Fettfleckprobe nachweisen. Fett hinterlässt auf Filterpapier einen bleibenden, durchscheinenden Fleck.

Material: Filterpapier, Pipetten, Bechergläser, Öl, Milch, Eiklar, Apfelsaft, verschiedene zerkleinerte Nüsse, andere Lebensmittel nach Wahl

1 Plane mit den gegebenen Materialien einen Versuch.

2 Führe den Versuch durch und erstelle ein Versuchsprotokoll.

Starthilfe zu 1:
Denke dabei auch an den Kontrollversuch.

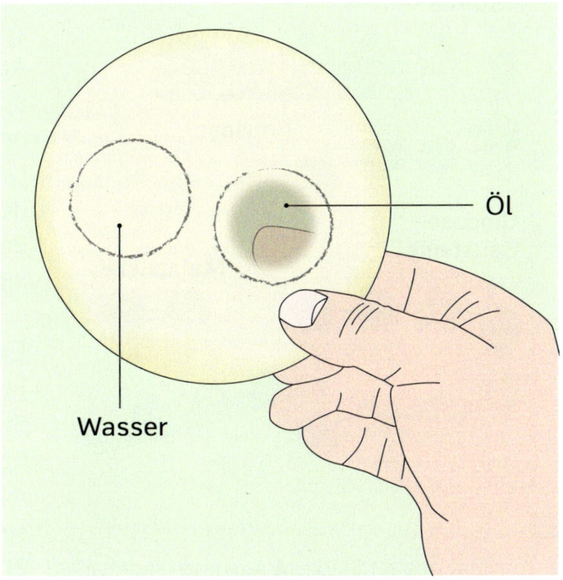

5 Fettfleckprobe auf einem Filterpapier

Nährstoffe werden verdaut

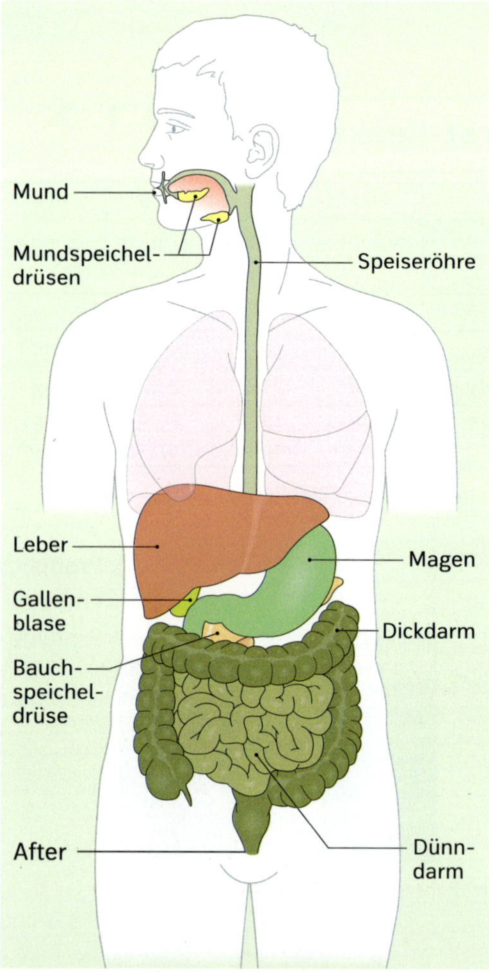

1 Verdauungsorgane

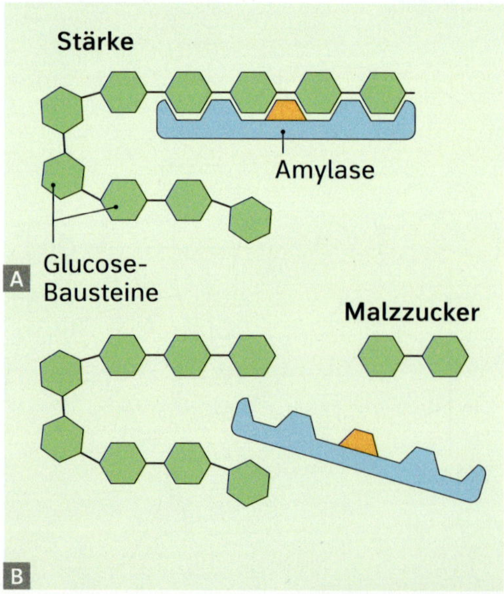

2 Amylase spaltet Stärke: **A** Amylase bindet an die Stärke, **B** abgespaltener Malzzucker

Verdauungsorgane wirken zusammen

Bei der Verdauung werden die Nährstoffe in ihre Bestandteile zerlegt. Dafür durchqueren sie nacheinander die Verdauungsorgane **Mund, Speiseröhre, Magen, Dünndarm und Dickdarm.** Auch die Mundspeicheldrüsen, die **Bauchspeicheldrüse** und die **Leber** gehören zu den Verdauungsorganen. Die Mundspeicheldrüsen und die Bauchspeicheldrüse sind für die Bildung der meisten Enzyme verantwortlich, die die Nährstoffe in ihre Bestandteile zerlegen. Die Leber speichert Nährstoffe und bildet den Gallensaft, der das Enzym **Lipase** enthält und für die Fettverdauung notwendig ist. In der **Gallenblase** wird dann dieser Gallensaft gespeichert.

Dünndarm und Dickdarm

Wenn die Nährstoffe in ihre Bausteine zerlegt sind, gelangen sie über die Dünndarmwand ins Blut. Dafür hat der Dünndarm eine sehr große Oberfläche. So können viele Nährstoffteilchen in kurzer Zeit ins Blut aufgenommen werden.
Auch Vitamine und Mineralstoffe werden über den Dünndarm ins Blut aufgenommen. Ballaststoffe werden weiter in den Dickdarm transportiert. Im Dickdarm wird den Resten noch Wasser entzogen. Was dann noch übrig ist, wird über den **After** ausgeschieden.

Enzyme spalten Nährstoffe

Im Mund spaltet das Enzym Amylase Stärke zu Malzzucker. Amylase kann nur Stärke spalten. Das ist deshalb so, weil nur Amylase und Stärke so genau wie Schlüssel und Schloss zusammenpassen (→ Bild 2). So entsteht schon beim Kauen von Brot Malzzucker aus Stärke.

Die Bauchspeicheldrüse bildet viele Enzyme

Der Malzzucker aus der Stärke muss noch in zwei Bausteine Glucose gespalten werden. Die **Maltase** ist das Enzym, das Malzzucker spaltet. Maltase wird in der Bauchspeicheldrüse gebildet und dann in den Dünndarm abgegeben.
Auch für die Verdauung von Fetten stellt die Bauchspeicheldrüse Enzyme her. Die Lipase spaltet im Dünndarm Fette in Fettsäuren und Glycerin.

Die Verdauung von Proteinen beginnt im Magen

Im Magen werden durch die Magensäure Krankheitserreger abgetötet. Die Säure wirkt aber auch auf die Proteine in der Nahrung. Sie gerinnen und können so von dem Enzym Pepsin im Magen in kürzere Ketten gespalten werden. Die weitere Verdauung der Proteine erfolgt im Dünndarm. Die Bauchspeicheldrüse bildet Trypsin, das in den Dünndarm abgegeben wird. Das Trypsin zerlegt die kurzen Proteinketten in Aminosäuren.

Aufnahme der Nährstoffe ins Blut

Die Spaltprodukte aller Nährstoffe, die Glucose aus der Stärke, die Fettsäuren und das Glycerin aus den Fetten sowie die Aminosäuren aus den Proteinen werden im Dünndarm ins Blut aufgenommen. Von dort gelangen sie in den Blutkreislauf und zu allen Zellen des Körpers.

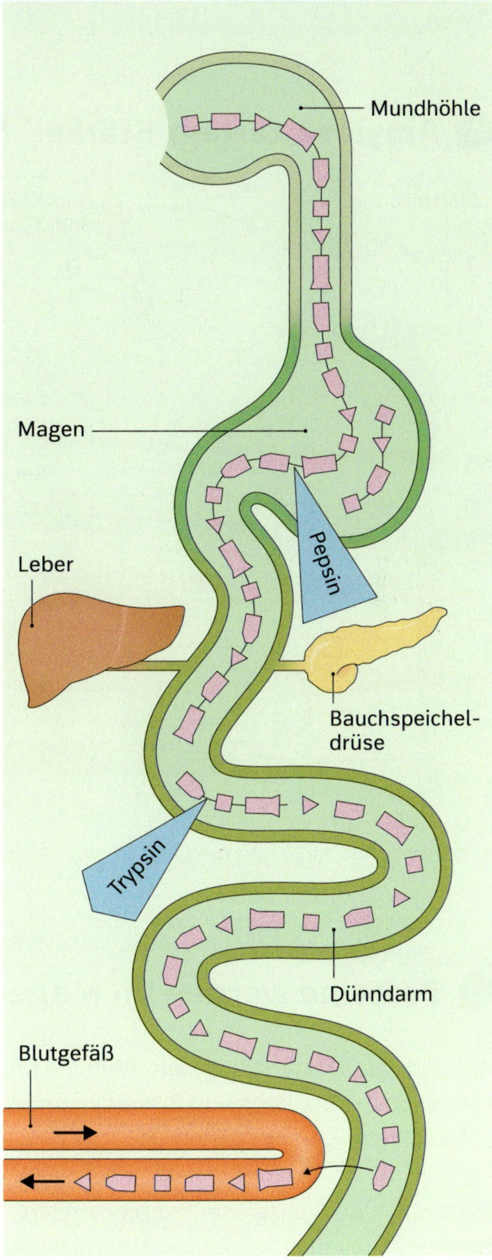

3 Verdauung von Proteinen

1. Nenne die Verdauungsorgane und ihre jeweiligen Funktionen.
2. Erkläre am Beispiel der Amylase, wie ein Enzym arbeitet.
3. Zeichne aus Bild 3 nur die Umrisse ab. Zeichne die Verdauung von Fetten statt der Proteine ein.
4. Erkläre die Bedeutung der Bauchspeicheldrüse für die Verdauung.

Starthilfe zu 1:

Verdauungsorgane	Funktionen
...	

»

FORSCHEN UND ENTDECKEN

A Amylase zerlegt Stärke

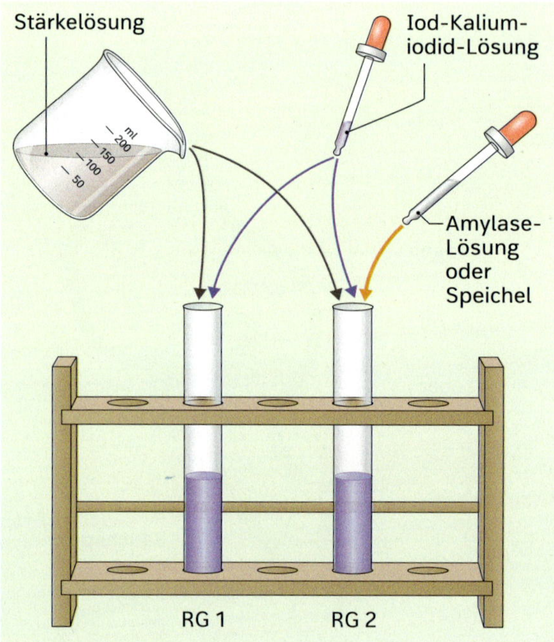

1 Versuch mit Stärke und Amylase

Material: Iod-Kaliumiodid-Lösung, Amylase-Lösung, Speisestärke, 2 Reagenzgläser, 1 Reagenzglas-Ständer, 1 Becherglas, Wasser, Pipette, Schutzbrille

Tipp: Du kannst statt Amylase-Lösung auch Speichel nehmen. Speichel wird nicht verdünnt.

Durchführung:

Schritt 1: Gib eine Messerspitze Stärke in 100 ml Wasser in einem Becherglas. Fülle zwei Reagenzgläser je zu einem Drittel damit.

Schritt 2: Gib vorsichtig einige Tropfen Iod-Kaliumiodid-Lösung in jedes Reagenzglas. Die Lösung in den Reagenzgläsern sollte noch durchscheinend sein.

Schritt 3: Gib in eines der Reagenzgläser etwas Amylase-Lösung oder Speichel.

1 **Führe den Versuch durch und erstelle ein Versuchsprotokoll.**

B Proteine werden im Magen gespalten

Anhand eines Eiklars, das viele Proteine enthält, kannst du die Spaltung von Proteinen im Magen untersuchen.

Material: 4 Reagenzgläser mit passenden Stopfen, Reagenzglasständer, 100 ml Becherglas, Messzylinder, Schutzbrille, Pipetten, 1 Ei, Wasser, 5 %ige Salzsäure, Pepsin, Schutzbrille

	Reagenzglas 1	Reagenzglas 2	Reagenzglas 3	Reagenzglas 4
Eiklar	5 ml	5 ml	5 ml	5 ml
Pepsinlösung	–	–	1 ml	1 ml
Salzsäure	–	6 ml	–	5 ml
Wasser	6 ml	–	5 ml	–

2 So befüllst du die Reagenzgläser.

Durchführung:

Schritt 1: Trenne das Eigelb vom Eiklar. Nutze nur das Eiklar für den Versuch.

Schritt 2: Die Pepsinlösung könnt ihr einmal für alle Gruppen herstellen. Löst dafür 1 g Pepsin in 100 ml Wasser in einem Becherglas.

Schritt 3: Gib je 5 ml Eiklar in jedes Reagenzglas.

Schritt 4: Befülle die Reagenzgläser mit Pipetten nach dem Schema in Bild 2.

Schritt 5: Verschließe die Reagenzgläser mit den Stopfen und schüttle vorsichtig.

1 **Führe den Versuch durch und erstelle ein Protokoll.**

2 **Beschreibe deine Beobachtungen.**

3 **Erkläre die Bedeutung der Ergebnisse für die Verdauung im Magen.**

ÜBEN UND ANWENDEN

A Ablauf einer enzymatischen Reaktion

Verdauungsenzyme spalten die Nährstoffe. Jedes Enzym kann nur einen bestimmten Nährstoff zerlegen. Dazu bindet ein Enzym an den Stoff, den es zerlegen soll. Die Bindung erfolgt nach dem Schlüssel-Schloss-Prinzip. Der Stoff und Enzym passen genau zusammen.
Nach der Bindung zerlegt das Enzym den Stoff in kleinere Bestandteile. Die Bestandteile lösen sich vom Enzym und das Enyzm kann sich an den nächsten Stoff binden. Der passende Stoff, den ein Enzym verarbeitet, heißt Substrat.

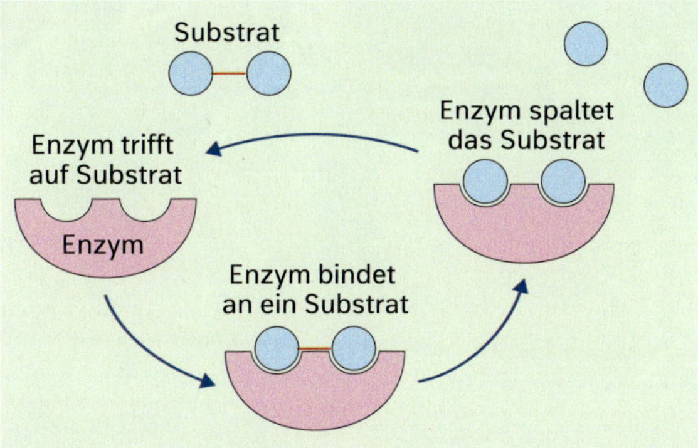

3 Ablauf einer Enzymreaktion

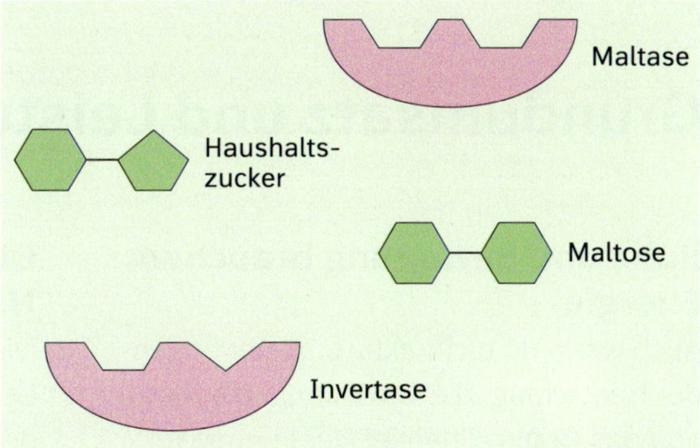

4 Zwei Enzyme und zwei Stoffe

1. Beschreibe den Ablauf einer Enyzmreaktion anhand von Bild 3.
2. Ordne die Enyzme in Bild 4 den entsprechenden Stoffen zu.
3. Zeichne für eines der beiden Enyzme die Abfolge wie in Bild 4.

B Gallenflüssigkeit hilft bei der Fettverdauung

In einem Reagenzglas werden Öl und Wasser vermischt, in einem anderen Reagenzglas werden Wasser, Öl und Gallenflüssigkeit miteinander vermischt. Anschließend werden beide Reagenzgläser leicht geschüttelt. Beide Reagenzgläser werden einige Zeit stehen gelassen.

5 Fett: **A** mit Wasser, **B** mit Wasser und Gallenflüssigkeit

1. **a)** Beschreibe den Unterschied zwischen Reagenzglas A und B in Bild 5.
   b) Übertrage die Beschreibung auf die Verhältnisse im Darm.
2. Erkläre, warum die Gallenflüssigkeit bei der Fettverdauung hilfreich ist.

1 Jugendliche beim Lauftraining

Grundumsatz und Leistungsumsatz

Ruhe und Bewegung brauchen Energie

Auch wenn du nicht aktiv bist, benötigen der Herzschlag, die Verdauung, die Atmung und das Gehirn Energie. Der Energieaufwand, der für deinen Körper in Ruhe nötig ist, heißt **Grundumsatz.** Wenn du wach bist, spazieren gehst oder Sport machst, braucht dein Körper mehr Energie als beim Grundumsatz. Dieser Energieaufwand heißt **Leistungsumsatz.** Grundumsatz und Leistungsumsatz zusammen ergeben den **Gesamtumsatz.**

Die Energie stammt aus den Nährstoffen

Die Energie für den Grundumsatz und den Leistungsumsatz gewinnt der Körper aus den verdauten Nährstoffen, vor allem aus Glucose. In der Glucose ist die Energie als chemische Energie gespeichert.
Die Glucose wird mit dem Blut zu allen Zellen transportiert.
In den Zellen sorgen kleine Kraftwerke, die **Mitochondrien,** dafür, dass die Energie für den Körper nutzbar gemacht werden kann.

2 Grundumsatz und Leistungsumsatz

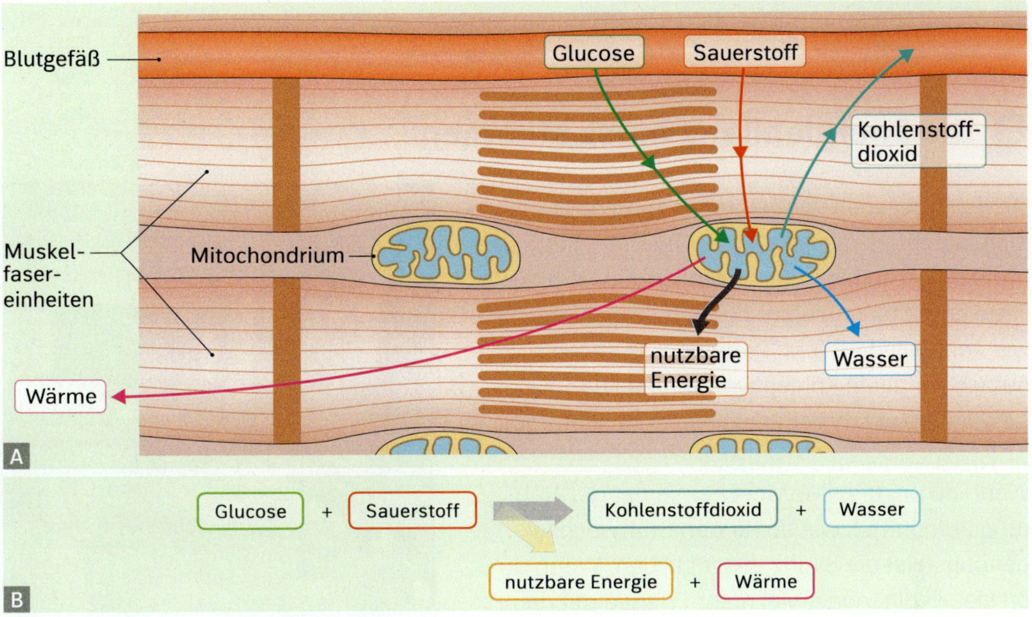

3 Zellatmung: **A** Ablauf in der Muskelfaser, **B** Wortgleichung

Zellatmung in den Mitochondrien

Mitochondrien machen Energie aus der Glucose für die Zelle nutzbar. Für diese **Zellatmung** brauchen sie Sauerstoff. Der Sauerstoff gelangt mit dem Blut zu den Zellen und dort zu den Mitochondrien. Daher müssen Muskeln und andere Organe immer sehr gut mit Blutgefäßen versorgt sein. Bei der Reaktion von Glucose und Sauerstoff wird Energie frei.

Aus Glucose und Sauerstoff entstehen bei der Zellatmung Wasser und Kohlenstoffdioxid. Dabei wird Energie frei. Diese Energie kann zum Beispiel für die Bewegung eines Muskels genutzt werden.

Kohlenstoffdioxid ist giftig

Bei der Reaktion von Glucose und Sauerstoff entsteht Kohlenstoffdioxid. Es ist giftig für die Zelle und muss schnell mit dem Blut abtransportiert werden. Beim Ausatmen gelangt das Kohlenstoffdioxid aus dem Körper in die Außenluft.

Überschüssige Nährstoffe

Nährstoffe, deren Energie nicht für den Grundumsatz oder den Leistungsumsatz genutzt wird, speichert der Körper vor allem als Fett.
Aus diesem Fett kann dann später wieder nutzbare Energie gewonnen werden.

1. Erkläre die Begriffe Grundumsatz, Leistungsumsatz und Gesamtumsatz.
2. Erläutere, warum es in Muskelzellen viele Mitochondrien gibt.
3. Erkläre die Vorgänge, die in Bild 3 dargestellt sind.
4. Erkläre, warum eine gute Durchblutung der Organe notwendig ist.
5. Erläutere, warum du regelmäßig essen solltest.
6. Erläutere, warum du nach einem schnellen Lauf schneller atmest. Nutze für die Antwort auch die Begriffe Glucose, Sauerstoff und Zellatmung.

Starthilfe zu 3:
Beginne so: Sauerstoff und Glucose werden mit dem Blut zu den Mitochondrien gebracht.

»

ÜBEN UND ANWENDEN

A Die Energiebilanz muss stimmen

Der Energiegehalt von Nahrungsmitteln wird in Kilojoule (kJ) gemessen. Kohlenhydrate, Fette und Proteine enthalten unterschiedlich viel Energie. Fette enthalten ungefähr doppelt so viel Energie wie Kohlenhydrate und Proteine. Die Zellen nutzen vor allem Kohlenhydrate und Fette zur Gewinnung nutzbarer Energie in der Zellatmung.

Wenn du ungefähr so viel Energie mit der Nahrung aufnimmst, wie du für den Stoffwechsel benötigst, ist die Bilanz ausgeglichen. Wenn du oft viel weniger oder viel mehr Energie mit der Nahrung aufnimmst, als der Körper für seine Aktivitäten benötigt, ist die Bilanz nicht ausgeglichen. Dann nimmst du ab oder der Körper speichert die Energie als Fett und du nimmst zu.

1 Jugendlicher beim Computerspiel

Aktivität	Energiebedarf pro Stunde
Liegen	142 kJ
Radfahren	1298 kJ
Gehen	729 kJ
Lernen	343 kJ
PC-Spielen	343 kJ
Fußballspielen	1767 kJ
Reiten	1432 kJ
Shoppen	745 kJ
Skateboarden	1055 kJ
Schwimmen	1893 kJ
Fernsehen	167 kJ

2 Aktivitäten benötigen unterschiedlich viel Energie.

Nahrungsmittel	Gewicht einer Portion	Energiegehalt in 100 g
Banane	100 g	368 kJ
Apfel	100 g	218 kJ
Pizza Salami	350 g	1025 kJ
Pommes	150 g	1220 kJ
Nudeln	150 g	600 kJ
Croissant	100 g	1644 kJ
Brötchen	50 g	1054 kJ
Salami	25 g	2121 kJ
Bratwurst	300 g	1569 kJ
Wasser	250 g	0 kJ
Cola	250 g	172 kJ

3 Nahrungsmittel enthalten unterschiedlich viel Energie.

1 Tina hat gerade zwei Stunden Fußballtraining gehabt. Lotta hat in der Zeit Computerspiele gespielt. Jetzt sind die beiden zu einer Bratwurst mit Pommes und Cola verabredet.
a) Berechne für beide, wie viel Kilojoule sie bei ihren Aktivitäten verbraucht haben.
b) Berechne für beide, wie viel Kilojoule sie mit der Nahrung wieder zu sich nehmen.
c) Erläutere die Energiebilanz der beiden.

Starthilfe zu 1a):
Für die Rechnung musst du den Energiebedarf für die Aktivität mit zwei multiplizieren, weil sie ja zwei Stunden aktiv waren.

2 Stellt selbstständig Aufgaben wie Aufgabe 1 zusammen. Nutzt dafür die beiden Tabellen auf dieser Seite. Tauscht die Aufgaben untereinander aus.

ÜBEN UND ANWENDEN

B Zucker wird zu Fett

Immer mehr Kinder und Jugendliche in Deutschland sind zu dick. Sie bewegen sich zu wenig und essen zu viel ungesunde Lebensmittel. Ein zu hoher Zuckergehalt führt zu mehr Fett im Körper. In der Leber werden überflüssige Zuckerbausteine in Fett umgebaut. Auch viele Lebensmittel mit hohem Fettgehalt tragen zu mehr Körperfett bei.

1 Erkläre, warum Gummibärchen, Cola und andere Süßigkeiten zu Fettleibigkeit führen können.

2 Beschreibe andere Essgewohnheiten und Verhaltensweisen, die zu Fettleibigkeit bei Kindern und Jugendlichen führen können.

3 Gib drei Tipps für eine gesunde Lebensweise.

4 a) Erstelle aus den Werten in der Tabelle in Bild 4 ein Säulendiagramm.
b) Beschreibe die Entwicklung, die aus der Grafik erkennbar ist.
c) Stelle eine Vermutung auf, wie diese Entwicklung zu erklären ist.

4 Süß und fettig essen

Alter	Übergewichtige Kinder in Prozent
3 – 6 Jahre	9,0
7 – 10 Jahre	15,5
11 – 13 Jahre	20,6
14 – 17 Jahre	17,4

5 Übergewicht bei Kindern und Jugendlichen

C Fett in Lebensmitteln

Viele Lebensmittel enthalten Fett. Ein Jugendlicher sollte am Tag nicht mehr als 80 g – 95 g Fett zu sich nehmen.

Nahrungsmittel	Fett in 100 g	Gewicht einer Portion
Pizza	13 g	400 g
Schokoriegel	28 g	60 g
Pommes	10 g	150 g
Chips	39 g	175 g
Hamburger	14 g	110 g
Croissant	21 g	80 g
Würstchen	27 g	100 g
Tafel Schokolade	30 g	100 g
Apfel	0,1 g	150 g
Tomate	0,2 g	100 g

6 Fettgehalt verschiedener Lebensmittel

1 a) Berechne für die Lebensmittel in der Tabelle den Fettgehalt einer Portion.

Starthilfe zu 1a):
Für die Rechnung musst du den Fettgehalt in 100 g mit dem Gewicht der Portion multiplizieren. Das Ergebnis teilst du dann durch 100 g. Für die Pizza ergibt sich dann: 13 g · 400 g : 100 g = 52 g

b) Vergleiche die Ergebnisse aus Aufgabe 1a mit der empfohlenen Fettmenge für Jugendliche.

2 a) Berechne, wie viele Tomaten du essen müsstest, um auf die empfohlene Menge an Fett zu kommen.

Starthilfe zu 2a):
Teile dafür die empfohlene Menge an Fett durch den Fettanteil einer Tomate.

b) Erkläre, warum Jugendliche aber auch nicht nur von Obst und Gemüse leben sollten.

1 Im Supermarkt

Qualität von Nahrungsmitteln

Werbung verspricht Qualität

Bei einem Einkauf im Supermarkt begegnet dir jede Menge Werbung. Überall wird mit der hervorragenden Qualität der vielen Produkte geworben.
Die Nahrungsmittelkontrollen in Deutschland garantieren eine sehr gute Qualität. Aber was bedeutet Qualität eigentlich?

Qualität ist nicht nur Geschmack

Für die Qualität von Nahrungsmitteln ist nicht nur der Geschmack entscheidend. Nahrungsmittel sollten zur gesunden Ernährung beitragen. Weiterhin sollten Nahrungsmittel keine Rückstände von Chemikalien oder Medikamenten enthalten. Wichtig ist aber auch, ob bei der Herstellung, dem Transport und der Lagerung der Nahrungsmittel menschenwürdige Arbeitsbedingungen herrschen. Zudem sollte die Produktion der Nahrungsmittel umweltschonend sein und Tiere sollten artgerecht gehalten werden.

Zucker in Getränken und Fertigprodukten?

Cola und andere süße Getränke wie Eistee haben eine wichtige Gemeinsamkeit: Sie enthalten sehr viel Zucker.
Auch viele andere Fertigprodukte enthalten Zucker. Sogar in Fertigpizza ist oft Zucker enthalten. So kann die die Lust auf immer mehr Zucker gesteigert werfen. Das kann auf Dauer zu Diabetes und anderen Krankheiten führen.

Nährwertangaben je:

	100ml	250ml (%*)
Brennwert:	180 kJ / 42 kcal	450 kJ / 105 kcal (5%)
Fett:	0g	0g (0%)
davon gesättigte Fettsäuren:	0g	0g (0%)
Kohlenhydrate:	10,6g	27g (10%)
davon Zucker:	10,6g	27g (29%)
Eiweiß:	0g	0g (0%)
Salz:	0g	0g (0%)

2 Cola enthält sehr viel Zucker.

3 Schweine in Intensivtierhaltung

4 Lange Transportwege für Obst

Intensivtierhaltung für preiswertes Fleisch

Jedes Stück Fleisch stammt von einem Tier, das einmal gelebt hat. Diese Tiere müssen aufgezogen, zum Schlachthof transportiert, geschlachtet und zu Fleisch verarbeitet werden. Dabei gibt es sehr viele Unterschiede in der Tierhaltung.
Das meiste Schweinefleisch, das in Deutschland gegessen wird, stammt aus **Intensivtierhaltung.** Durch diese Tierhaltung ist es preiswerter, als Fleisch aus einer artgerechteren Haltung. Tiere in Intensivtierhaltung haben wenig Platz. Sie können sich oft nur wenig bewegen und geraten schneller unter Stress. Weil sie auf engem Raum leben, ist die Gefahr für die Ausbreitung von Krankheiten groß. Deshalb werden Schweine in Intensivtierhaltung schon vorsorglich mit Medikamenten behandelt. Diese Medikamente sind dann oft noch im Fleisch der Tiere enthalten. Das kann auf Dauer auch für Menschen gesundheitsschädlich sein.

Äpfel aus Neuseeland?

Ein Apfel kann aus der näheren Umgebung stammen oder zum Beispiel aus Neuseeland über einen langen Seeweg zu uns gebracht werden. Das kannst du im Supermarkt auf den Schildern nachlesen. Ein kurzer Transportweg ist für die Umwelt immer besser als ein langer Weg. Allerdings wird in Deutschland die Apfelernte im Oktober beendet. Eine lange Lagerung braucht viel Energie und schadet den Vitaminen der Äpfel. In Neuseeland gibt es fast das ganze Jahr frische Äpfel. Der Transport benötigt nicht viel mehr Energie als die lange Lagerung in Deutschland.
Viele Äpfel, die nicht aus ökologischem Anbau stammen, sind mit Chemikalien behandelt. Sie schützen die Äpfel vor Krankheiten und Insektenfraß. Am besten für die Umwelt und die Gesundheit ist es, einen Apfel direkt vom Baum zu essen. Sie müssen nicht lange transportiert werden und sind nicht mit zusätzlichen Chemikalien behandelt.

1. Nenne drei Kriterien, die für die Qualität von Nahrungsmitteln wichtig sind
2. Beurteile, ob es besser ist, im Herbst Äpfel aus Neuseeland oder aus Deutschland zu kaufen.
3. I Beschreibe die Haltungsbedingungen von Schweinen in Intensivtierhaltung.
4. II Stelle Kriterien für gute Qualität von Fleisch zusammen.
5. II Erkläre, warum sich die Qualität von Fleisch verbessern könnte, wenn alle Menschen weniger Fleisch essen würden.

Starthilfe zu 4:
Gehe dabei auch auf die Haltungsbedingungen ein.

»

ÜBEN UND ANWENDEN

B Zu viel Zucker ist ungesund

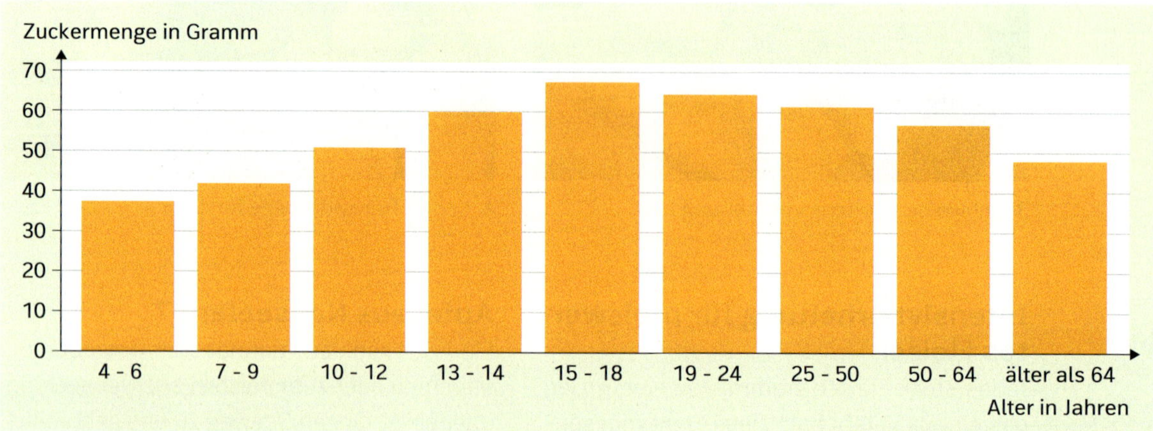

1 Mehr Zucker solltest du nicht essen.

2 Viele Nahrungsmittel enthalten Zucker.

Ein Stück Zucker wiegt drei Gramm.

1 **a)** Beschreibe die Aussage des Diagramms in Bild 1.
b) Formuliere eine begründete Vermutung, warum die erlaubte Zuckermenge nicht in jedem Alter gleich groß ist.

2 Berechne für die Nahrungsmittel in Bild 2, wie viele Würfel Zucker jeweils in den Portionen enthalten sind.

3 **a)** Vergleiche die Angaben in Bild 1 für dein Alter mit den Angaben in Bild 2.
b) Liste auf, welche Mengen von den einzelnen Nahrungsmitteln aus Bild 2 du am Tag höchstens essen solltest.

ÜBEN UND ANWENDEN

B Muskeln aufbauen mit Proteindrinks und Proteinriegeln?

Eine Professorin für Ernährungswissenschaft beantwortet als Expertin Fragen von Sportlern. Die Sportler möchten wissen, ob Proteindrinks und Proteinriegel für ihre Ernährung gut sind.

Sportler: Empfehlen Sie, Proteindrinks zu kaufen, wenn man viel Sport macht und Muskeln aufbauen möchte?
Expertin: Nein. Die Pulver für die Drinks und die Proteinriegel enthalten oft zu viel Zucker. Sie sind unnötig.
Sportler: Wie sollten sehr sportliche Jugendliche denn ihren Eiweißbedarf decken?
Expertin: Jeder Jugendliche kann seinen Proteinbedarf mit Milch, Käse, Tofu, Fleisch und Fisch sehr gut mit natürlichen Lebensmitteln decken. Das ist auch viel gesünder.
Sportler: Also lieber Fleisch und Süßigkeiten als Proteinriegel?
Expertin: Fleisch sollten Jugendliche essen, aber nicht jeden Tag. Fleisch hat oft auch viel Fett. Süßigkeiten sind keine gute Idee. Sie enthalten kaum Proteine.
Sportler: Wie viel Proteine sollte ein Jugendlicher denn pro Tag mit der Nahrung zu sich nehmen?
Antwort Expertin: Etwa 0,9 g pro kg Körpergewicht. Wenn du also 75 Kg wiegt, sollte es 75 x 0,9 = 67,5 g Proteine mit der Nahrung aufnehmen.

3 Proteindrinks für Sportler?

Nahrungsmittel	Proteingehalt in 100 g
Brokkoli	3 g
Kartoffeln	2 g
Haferflocken	13 g
Putenbrust	24 g
Rinderfilet	21 g
Lachsfilet	20 g
Milch	3 g
Jogurt	3 g
Hühnerei	13 g
Kidney-Bohnen	22 g
Erbsen	7 g
Linsen	24 g
Tofu	16 g
Haselnüsse	12 g
Walnüsse	14 g

4 Proteingehalte in verschiedenen Nahrungsmitteln

1 **a)** Erkläre, warum manche Sportler Proteindrinks und Proteinriegel kaufen.
b) Begründe, warum die Professorin die Produkte nicht empfiehlt.

2 **a)** Berechne deinen Tagesbedarf an Proteinen.
b) Gib Beispiele mit und ohne Fleisch und Fisch an, wie du den Tagesbedarf an Proteinen decken kannst. Nutze dafür die Tabelle in Bild 4.

1 Die Ernährungspyramide

Ausgewogene Ernährung

Gesund essen heißt Vielfalt

Unser Körper muss jeden Tag eine Menge leisten. Wir bewegen uns, lernen, treiben Sport oder gehen unseren Hobbys nach. Damit das alles gelingt und die Organe zusammenarbeiten, brauchen wir viele verschiedene Stoffe, die wir mit den Lebensmitteln aufnehmen. Deshalb ist auch eine sehr vielfältige Ernährung wichtig für unsere Gesundheit. Die Empfehlungen dazu sind in der **Ernährungspyramide** dargestellt (→ Bild 1).

2 Gemeinsam kochen macht Spaß.

Die Ernährungspyramide

Die Ernährungspyramide zeigt an, welche Nahrungsmittel du in welcher Menge zu dir nehmen solltest. Dabei ist die Pyramide so aufgebaut, dass die Lebensmittel, von denen du viel zu dir nehmen solltest, auch mehr Platz in der Pyramide bekommen. Je weiter unten ein Nahrungsmittel also steht, desto mehr solltest du davon essen oder trinken.

Ganz unten in der Pyramide stehen die Getränke. Dabei reichen Leitungswasser, Mineralwasser oder ungesüßte Tees für die Versorgung des Körpers vollkommen aus.

Beim Essen ist frisches Obst und Gemüse am wichtigsten und sollte den Hauptteil der Nahrungsmittel ausmachen. Danach kommen Produkte aus Getreide wie Nudeln, Brot und Müsli.

Bei den nun folgenden Milchprodukten wie Joghurt solltest du darauf achten, dass sie nicht zu viel Zucker enthalten. Ein Naturjoghurt mit frischem Obst ist gesünder als ein Fruchtjoghurt mit Zucker und Aromastoffen. Fleisch und Fisch sind zwar wichtig, wir brauchen davon aber nicht so viel. Am wenigsten benötigst du Fette und Zucker. Davon solltest du nur recht wenig essen.

3 Der Nutriscore

Wenig Fett und Süßes

In Deutschland gibt es auf einigen Lebensmitteln den **Nutriscore** (→ Bild 3), der eine Orientierung dafür bietet, wie viel Zucker, Salz oder Fett Lebensmittel enthalten. Die grüne Kennzeichnung bedeutet dabei, dass sehr wenig Fett, Salz oder Zucker enthalten sind. Davon kannst du so viel essen wie du möchtest. Die rote Farbe kennzeichnet Lebensmittel, in denen viel Zucker, Salz oder Fett enthalten ist. Das sind meistens Fertigprodukten wie Tiefkühlpizza, Kartoffelchips, Süßigkeiten oder Fastfood. Diese Lebensmittel solltest du nur ab und zu essen. Wenn du zu viel davon isst, wird das schnell ungesund.

Besonderes genießen

Eis und Süßigkeiten solltest du genießen. Zu einer gesunden Ernährung gehört auch der Genuss. Genießen kannst du aber nur, wenn es etwas Besonderes bleibt.

4 Jugendliche genießen Eis.

1. Erkläre, warum eine vielfältige Ernährung die Gesundheit fördert.
2. Fasse zusammen, welche Informationen in der Ernährungspyramide dargestellt sind.
3. Stelle eine Vermutung auf, wie Mineralwasser und Cola beim Nutriscore eingeordnet werden.

Starthilfe zu 3:
Vergleiche dazu den Zuckergehalt.

4. Erkläre, warum Naturjoghurt mit Obst gesünder ist als ein Fruchtjoghurt aus dem Kühlregal.
5. Beurteile, ob du selbst vorwiegend gesund isst.

»

IM ALLTAG

Ein Ernährungstagebuch führen

Im Laufe eines Tages verlierst du oft den Überblick darüber, was du alles gegessen und getrunken hast. Wenn du dich bewusster ernähren möchtest, solltest du einmal für einige Tage ein Ernährungstagebuch führen. Hier schreibst du alles auf, was du am Tag isst und trinkst und kannst deine Ernährung am Ende eines Tages beurteilen.

1 Ein Schüler schreibt in ein Ernährungstagebuch.

Mein Ernährungstagebuch

Tag: 5. Mai

Zeit	Ungesüßte Getränke	Obst und Gemüse	Getreideprodukte (Nudeln, Brot, Müsli)	Milchprodukte, Fleisch und Fisch	Fett, Nüsse	Süßigkeiten, Snacks, gesüßte Getränke
Frühstück 7:00	Tee		1 Brötchen		Butter	Marmelade
Zwischendurch 9:00	Wasser			1 Joghurt		
Zwischendurch 10:00	Wasser	1 Apfel				
Mittagessen 12:30		Salat	Nudeln	Bolognese-Soße		Cola
Zwischendurch 15:00	Wasser					Schokoriegel
Abendessen	Tee		2 Scheiben Brot	Wurst Käse	Butter	Kartoffelchips

Beurteile: Habe ich gesund gegessen? ☺ 😐 ☹

Zu wenig von: ______________________

Zu viel von: ______________________

2 Ein Ernährungstagebuch

1. Beurteile die Eintragungen in Bild 2. Schreibe die fehlende Beurteilung für den Tag in dein Heft.

2. Erstelle für dich ein Ernährungstagebuch für eine Woche. Dazu brauchst du für jeden Tag eine Vorlage der Tabelle.

3. Beschreibe deine Erfahrungen mit dem Tagebuch.

ÜBEN UND ANWENDEN

A Magersucht ist gefährlich

Magersucht ist eine schwere, lebensbedrohliche Krankheit. Jungen und Mädchen, die diese Sucht entwickeln, haben ein gestörtes Bild des eigenen Körpers. Sie halten sich für zu dick, obwohl sie eigentlich normalgewichtig oder sogar untergewichtig sind. Sie versuchen immer weniger zu essen, um Gewicht zu verlieren. Manche machen zusätzlich sehr viel Sport und wollen so weiter abnehmen.

Wenn du erlebst, dass jemand
- stark Gewicht verliert
- immer Angst hat zuzunehmen
- sich immer zu dick fühlt, obwohl die Person eigentlich normal aussieht
- nach dem Essen lange ins Bad geht.

Sprich mit einem Erwachsenen über deine Sorgen!

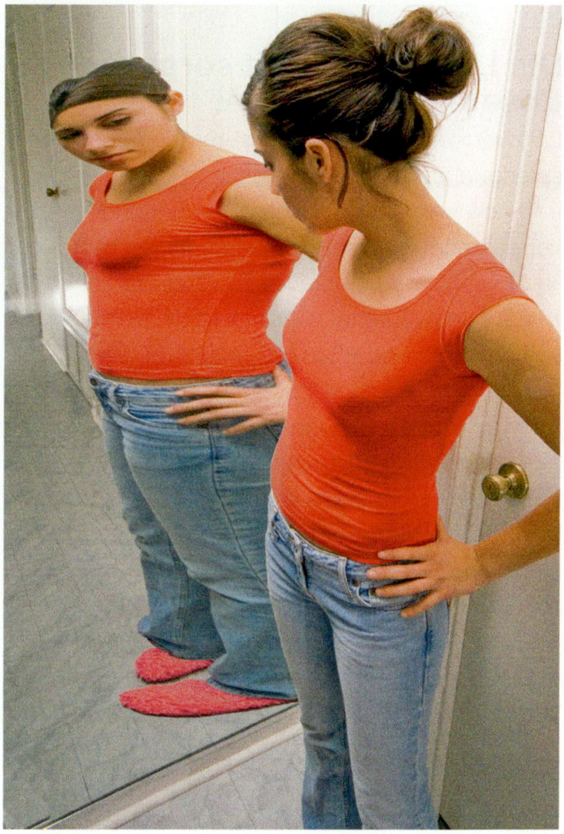

3 Magersüchtige vor dem Spiegel

Was ist los mit Peter?

„Magersucht haben nur Mädchen."
Das hatten alle gedacht und deshalb das, was Peter passiert ist, nicht so schnell wahrgenommen. Dabei hat sich Peter in den letzten Monaten verändert. Er ist nicht mehr so gut gelaunt wie früher und hat abgenommen. Weil er oft große Pullis trägt, fällt das nicht sofort auf. Als wir schwimmen gehen wollten, ist er nicht mitgekommen, er hat behauptet, er müsse mit seiner Mutter einkaufen.
Er isst selten mit uns und sagt, dass er schon vorher gegessen hat. Wenn er aber doch gemeinsam mit uns einen Film ansieht, Chips und Süßigkeiten isst, verschwindet er für längere Zeit auf der Toilette.
Dann hat er angefangen, Ausdauersport zu machen. Er läuft viele Kilometer in der Woche und trinkt dann viel Wasser. Ich mache mir irgendwie Sorgen, er ist doch mein Freund.

1 **a)** Beschreibe Bild 3.
b) Formuliere die Aussage des Bildes.

2 **a)** Lies den Text „Was ist los mit Peter?"
b) Nenne Anzeichen, die auf eine Magersucht hindeuten können.
c) Gib Tipps, was Peters Freund machen könnte, um Peter zu helfen.

3 **a)** Recherchiere im Internet auf der Homepage der Bundeszentrale für gesundheitliche Aufklärung (BZgA) zu Essstörungen.
b) Berichte über Kennzeichen, mögliche Ursachen und Behandlungsmöglichkeiten einer Essstörung.

«

Auf einen Blick: Nahrungsmittelproduktion und gesunde Ernährung

Die Landwirtschaft sorgt für unsere Lebensmittel

Landwirte erzeugen Nahrungsmittel. Auch in der so entstehenden Kulturlandschaft bieten Hecken und Ackerrandstreifen vielen Tieren und Pflanzen Lebensraum. Trotzdem sind Landwirtschaft und Naturschutz oft nicht leicht zu vereinbaren.
In der Landwirtschaft werden schon seit Jahrtausenden Tiere und Pflanzen gezüchtet. Dabei werden durch Auslesezüchtung die Tiere und Pflanzen mit den gewünschten Eigenschaften ausgewählt und zur weiteren Zucht verwendet. In der Kreuzungszucht können auch mehrere gewünschte Merkmale miteinander kombiniert werden.
In der modernen Tierzucht werden sehr gezielt Spermien ausgewählt und auf weibliche Tiere übertragen. Vor allem in der Pflanzenzucht wird immer häufiger Gentechnik eingesetzt.

WICHTIGE BEGRIFFE

- Naturlandschaft, Kulturlandschaft
- Landwirtschaft, Biolandwirtschaft
- Naturschutz
- Lebensmittel
- Auslesezucht, Kreuzungszucht
- Gentechnik

Lebensmittel versorgen unseren Körper

Mit den Lebensmitteln nehmen wir die für uns notwendigen Nährstoffe auf. Sie liefern Energie und Baustoffe. Die Nährstoffe sind Kohlenhydrate, Fette und Proteine. Kohlenhydrate und Fette werden im Energiestoffwechsel genutzt. Proteine sorgen vorwiegend für Baustoffe im Baustoffwechsel. Unser Körper benötigt ständig Energie. Auch wenn wir schlafen oder ausruhen, schlägt das Herz, arbeiten der Darm und die anderen Organe. Die Energie, die wir in Ruhe benötigen, heißt Grundumsatz. Beim Lernen oder beim Sport benötigen wir viel mehr Energie. Dieser Leistungsumsatz zusammen mit dem Grundumsatz ergibt den Gesamtumsatz. Mit einer ausgewogenen Ernährung nehmen wir außer den Nährstoffen auch die notwendigen Ballaststoffe, Vitamine und Mineralstoffe auf.

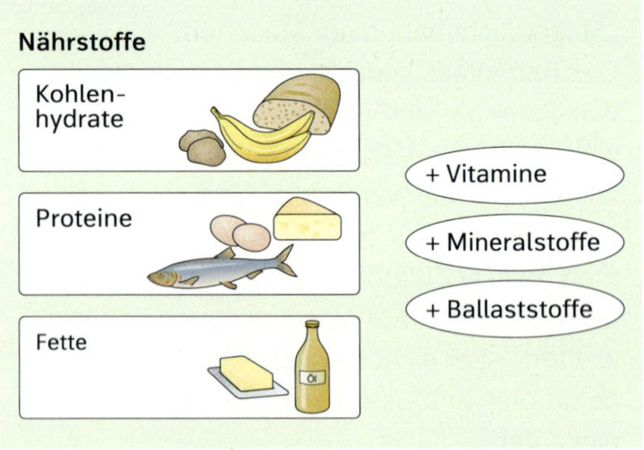

WICHTIGE BEGRIFFE

- Energiestoffwechsel, Baustoffwechsel
- Nährstoffe: Kohlenhydrate, Fette, Proteine
- Grundumsatz, Leistungsumsatz, Gesamtumsatz
- Mineralstoffe, Vitamine, Ballaststoffe

Nährstoffe werden verdaut

Für die Verdauung werden die Nährstoffteilchen von Enzymen in ihre Bausteine zerlegt. Im Mund beginnt die Verdauung der Kohlenhydrate. Im Magen werden die Proteine gespalten.
Im Dünndarm wird die Hauptarbeit der Verdauung geleistet. Die Bauchspeicheldrüse bildet die dafür notwendigen Enzyme. Sie zerlegen die Fette in Glycerin und Fettsäuren, die Kohlenhydrate in Einfachzucker wie zum Beispiel Glucose und die Proteine in Aminosäuren. Diese Bausteine werden über die Dünndarmwand ins Blut aufgenommen. Der Blutkreislauf transportiert sie zu allen Zellen.
Die Zellen nutzen vor allem Glucose zur Energiegewinnung. Dabei reagiert Glucose mit Sauerstoff. Ein Hauptteil dieser Zellatmung geschieht in den Mitochondrien. Bei der Zellatmung entsteht Kohlenstoffdioxid, das ausgeatmet wird.

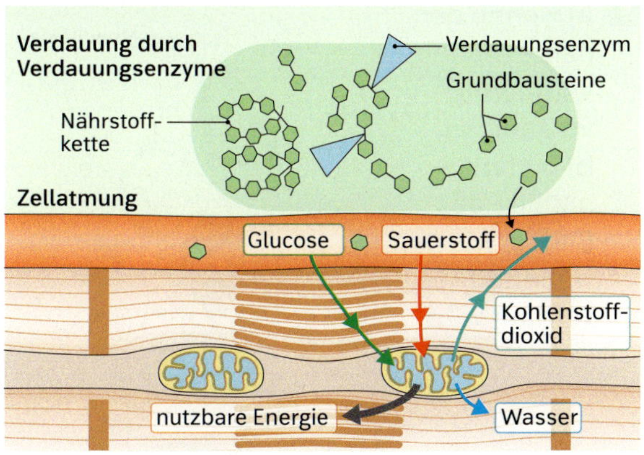

WICHTIGE BEGRIFFE

- Verdauung, Verdauungsenzym
- Mund, Speiseröhre, Magen, Dünndarm, Dickdarm, Leber, Gallenblase, Bauchspeicheldrüse
- Kohlenhydrate, Stärke, Glucose
- Fette, Fettsäuren, Glycerin
- Proteine, Aminosäuren
- Zellatmung, Sauerstoff, Kohlenstoffdioxid

Die richtige Ernährung

Unser Körper braucht eine ausgewogene Ernährung. Dabei gibt es eigentlich keine grundsätzlichen Verbote. Allerdings könen zu viel Zucker und Fett auf Dauer ungesund sein. Zucker und Fett sind die Hauptlieferanten für den Energiestoffwechsel. Der Energiegehalt eines Lebensmittels wird ebenso wie der Grundumsatz in Kilojoule angegeben. Wenn wir auf Dauer mehr Energie aufnehmen, als wir brauchen, speichert unser Körper die überschüssige Energie in Fettpolstern. Außerdem können zu viel Zucker und Fett auf Dauer zu Krankheiten wie Diabetes führen. Einen Hinweis auf eine ausgewogene Ernährung gibt die Ernährungspyramide. Sie sagt aus, dass wir besonders viel Wasser, Obst und Gemüse zu uns nehmen sollten. Damit bekommen wir auch ausreichend Vitamine, Mineralstoffe und Ballaststoffe.

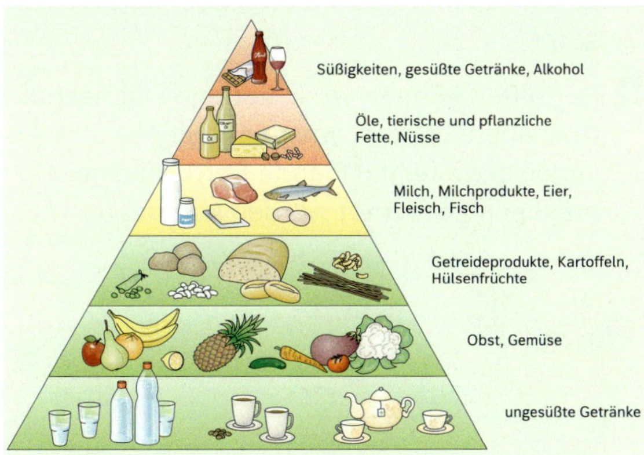

WICHTIGE BEGRIFFE

- Energiegehalt, Kilojoule
- Ernährungspyramide
- Diabetes, Übergewicht
- Magersucht

Lerncheck: Nahrungsmittelproduktion und gesunde Ernährung

Landwirtschaft sorgt für Nahrungsmittel

1 Erkläre den Begriff Kulturlandschaft.

2 Beurteile die Unterschiede zwischen der landwirtschaftlichen Nutzung von A und B. Nimm dabei die Perspektive des Landwirtes und die des Schutzes bedrohter Tiere und Pflanzen ein.

3 Beschreibe am Beispiel des Brotes, wie die Landwirtschaft für unsere Lebensmittel sorgt.

4 Kartoffeln können verschiedene Eigenschaften haben. Erkläre, wie mit Auslesezucht die vorwiegend festkochende Sorte zu einer mehligen gezüchtet werden könnte.

fest kochend | vorwiegend fest kochend | mehlig kochend

DU KANNST JETZT ...

- ... Kulturlandschaft von Naturlandschaft unterscheiden.
- ... verschiedene Züchtungsmethoden erklären.
- ... die Bedeutung der Landwirtschaft erklären.

Nährstoffe werden verdaut

5 **a)** Nenne die drei Nährstoffe.
b) Nenne für jeden Nährstoff die Bestandteile, aus denen er besteht.

6 Nenne für fünf Lebensmittel den Nährstoff, der hauptsächlich darin enthalten ist.

7 Nenne Beispiele für Vitamine und Mineralstoffe.

8 Nenne die Funktionen von Ballaststoffen.

9 **a)** Nenne den dargestellten Verdauungsvorgang.
b) Erkläre mithilfe des Bildes, wie der Nährstoff verdaut wird.

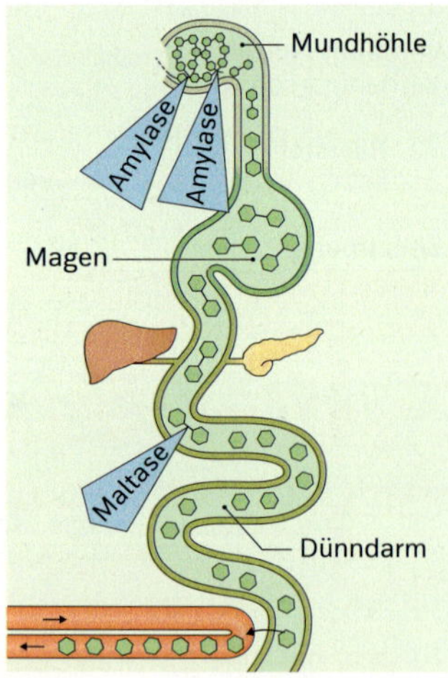

DU KANNST JETZT ...

- ... die Nährstoffe nennen.
- ... Beispiele für die Funktionen von Vitaminen, Mineralstoffen und Ballaststoffen nennen.
- ... den Ablauf der Verdauung der Nährstoffe erläutern.

Energieumsatz und Zellatmung

10 Erkläre die Begriffe Baustoffwechsel und Betriebsstoffwechsel.

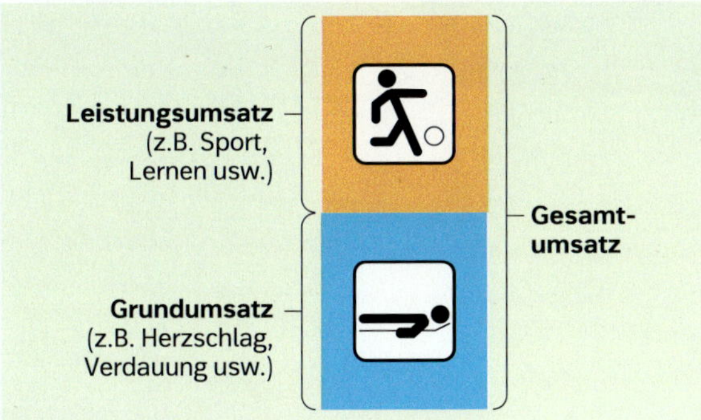

11 Erkläre die obige Abbildung.

12 Nenne Stoffe, die für die Zellatmung notwendig sind und die dabei entstehen.

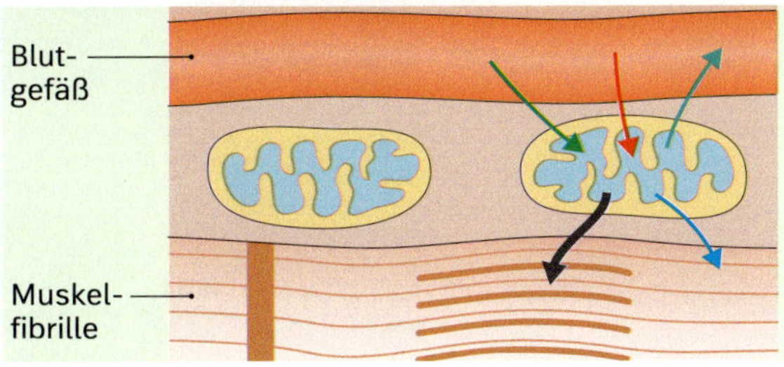

13 **a)** Zeichne die Abbildung ab und ergänze die fehlenden Begriffe.
b) Erkläre die Abbildung.

14 Erkläre, warum Kohlenstoffdioxid ausgeatmet werden muss.

DU KANNST JETZT ...

- ... den Unterschied zwischen Baustoffwechsel und Betriebsstoffwechsel erklären.
- ... die Begriffe Grundumsatz, Leistungsumsatz und Gesamtumsatz erklären.
- ... die Bedeutung der Zellatmung erläutern.

Gesunde Ernährung

15 **a)** Zeichne eine Nahrungspyramide mit den empfohlenen Stufen in dein Heft. Beschrifte die verschiedenen Stufen.
b) Vergleiche die empfohlene Nahrungspyramide mit deiner eigenen Ernährungsweise.

16 Beurteile, ob du zu viel Zucker zu dir nimmst.

17 Erkläre, wie du anhand dieser Angaben den Energiegehalt herausfinden kannst.

DU KANNST JETZT ...

- ... die Ernährungspyramide erläutern.
- ... Folgen von dauerhaft falscher Ernährung nennen.
- ... den Energiegehalt von Lebensmitteln angeben.

Stoffe gewinnen und nutzen

Was enthalten Reinigungsmittel und wie wirken sie?

Wie kann man aus solchen Steinen glänzendes Besteck herstellen?

Warum ist Recycling von Metallen sinnvoll?

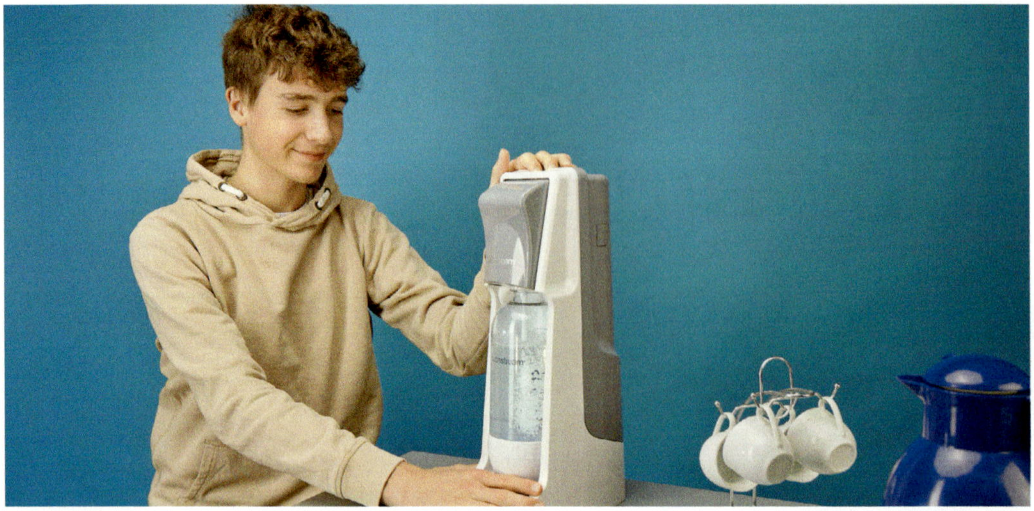

1 Jugendlicher sprudelt Wasser.

Erst verbrannt, dann sauer

Entstehung von Kohlensäure

Besonders nach dem Sport, aber auch während des ganzen Tages trinken wir gern Sprudelwasser, da es erfrischend ist und gut den Durst löscht. Das Sprudelwasser enthält das Gas Kohlenstoffdioxid und auch Kohlensäure, die dem Wasser einen leicht sauren Geschmack verleiht.

Viele stellen sich Sprudelwasser mithilfe eines Gerätes selbst her. Dabei wird Kohlenstoffdioxid aus einer Gaskartusche mit Druck in Wasser eingeleitet. Das Kohlenstoffdioxid reagiert dann zum Teil mit dem Wasser. Dabei entsteht Kohlensäure. Die Reaktion lässt sich kurz in einem **Reaktionsschema** darstellen.

Kohlenstoffdioxid + Wasser → Kohlensäure

Natürliches Mineralwasser kann ebenfalls Kohlensäure enthalten. Kohlenstoffdioxid aus der Luft verbindet sich mit Regenwasser zu Kohlensäure. Der Regen ist daher leicht sauer.

Entstehung von Oxiden

Kohlenstoffdioxid entsteht bei vielen Verbrennungen. In Brennstoffen wie Kohle, Holz oder Erdöl, aber auch in Nährstoffen ist Kohlenstoff enthalten. Der Kohlenstoff im Brennstoff reagiert mit dem Sauerstoff der Luft. Eine solche Reaktion mit Sauerstoff heißt **Oxidation.** Das Produkt ist ein Oxid. Wenn Kohlenstoff verbrennt, entsteht Kohlenstoffdioxid. Dieses Gas können wir für die Herstellung von Kohlensäure nutzen.

Kohlenstoff + Sauerstoff → Kohlenstoffdioxid

Säuren entstehen aus Oxiden

Nicht nur Kohlenstoffdioxid, sondern auch andere Oxide reagieren mit Wasser zu Säuren. Bei der Verbrennung von Schwefel entsteht beispielsweise Schwefeldioxid. Dieses verbindet sich mit Wasser zu schwefliger Säure.

Viele Oxide reagieren mit Wasser zu Säuren.

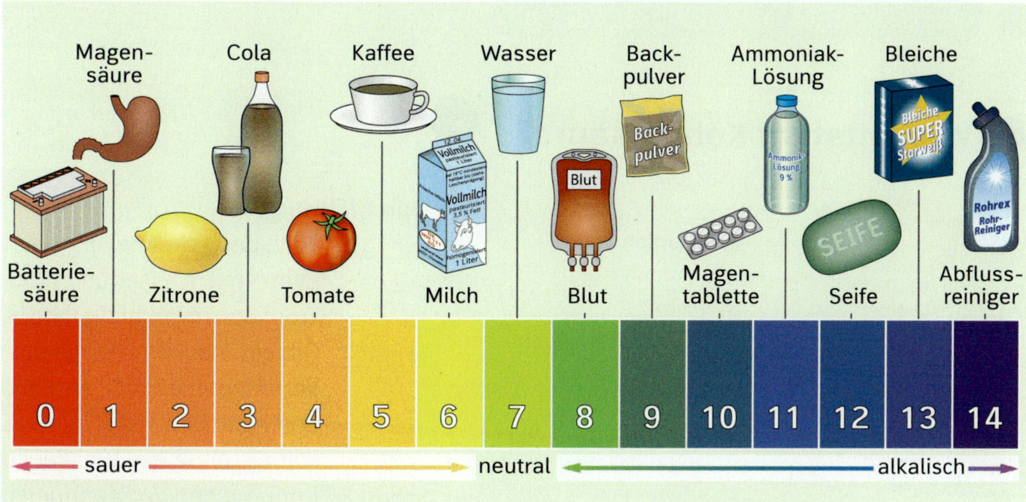

2 Die Farbskala des Universalindikators

Säuren erkennen

Säuren wie Kohlensäure, Essigsäure oder Zitronensäure erkennen wir am sauren Geschmack. Da viele Säuren jedoch giftig und ätzend sind, dürfen wir unbekannte Flüssigkeiten nicht probieren.
Um Säuren zu erkennen, werden daher Farbstoffe verwendet, die bei Zugabe von Säuren ihre Farbe ändern. Diese Anzeigerfarbstoffe heißen **Indikatoren.** Der häufig verwendete **Universalindikator** wird in sauren Lösungen rötlich. Der sogenannte **pH-Wert** gibt an, wie stark eine Säure ist. Auch dies zeigt der Universalindikator durch seine Farbe an (→ Bild 2).
Von pH 0 bis pH 7 ist eine Flüssigkeit sauer. Je geringer der pH-Wert einer Flüssigkeit, desto saurer ist sie. Ein pH-Wert von 5 wird als schwach sauer bezeichnet, ein pH-Wert von 2 als stark sauer.

Alkalische Lösungen erkennen

Mithilfe des Universalindikators lassen sich nicht nur saure, sondern auch **alkalische Lösungen** erkennen. Alkalische Lösungen kennst du als **Laugen** wie Seifenlauge oder Natronlauge. Sie färben den Universalindikator blau und haben einen pH-Wert über pH 7 bis pH 14. Je höher der pH-Wert einer alkalischen Lösung ist, desto stärker ist sie. Eine Flüssigkeit mit pH 7 ist weder sauer noch alkalisch, sondern neutral.

pH-Wert messen

Der flüssige Universalindikator wird tropfenweise in eine Flüssigkeit gegeben. Dann zeigt die Farbe der Lösung den pH-Wert an. Alternativ kann man ein Stück Universalindikatorpapier in eine Flüssigkeit tauchen. Außerdem kann der pH-Wert mithilfe eines digitalen Messgerätes bestimmt werden.

1 **a)** Erkläre den Zusammenhang zwischen Kohlenstoffdioxid und Kohlensäure.
b) Gib die Entstehung von Schwefliger Säure als Reaktionsschema an.

2 Gib die pH-Werte von einigen Stoffen an und ordne ihnen folgende Begriffe zu: stark sauer, mäßig sauer, schwach sauer, stark alkalisch, mäßig alkalisch, schwach alkalisch, neutral.

Starthilfe zu 2:
Nutze dazu Bild 2.

3 **I** Beschreibe, wie du Säuren gefahrlos erkennen kannst.

4 **II** Bei der Verbrennung schwefelhaltiger Kraftstoffe entsteht als Abgas Schwefeldioxid. Erkläre, warum dies für die Umwelt ein Problem sein kann.

FORSCHEN UND ENTDECKEN

A Wie entsteht Kohlensäure?

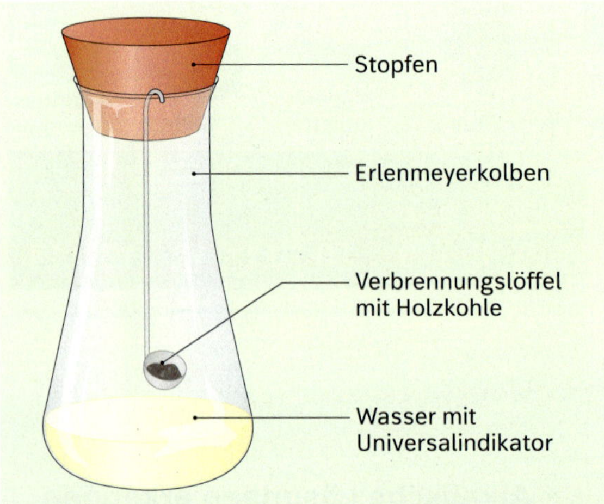

1 Versuchsaufbau: zur Herstellung von Kohlensäure

Material: Verbrennungslöffel, Erlenmeyerkolben, Stopfen, Wasser mit Universalindikator, ein Stückchen Kohle, Schutzbrille

Durchführung:

Schritt 1: Fülle den Erlenmeyerkolben zu einem Drittel mit Wasser und gib einige Tropfen Universalindikator dazu.

Schritt 2: Gib ein Stück Holzkohle auf einen Verbrennungslöffel, entzünde die Kohle und halte den Löffel in den Erlenmeyerkolben, ohne das Wasser zu berühren.

Schritt 3: Entferne den Verbrennungslöffel und verschließe den Kolben mit einem Stopfen. Schwenke den Kolben vorsichtig.

1 Notiere deine Beobachtungen.

2 Erkläre deine Beobachtungen.

3 Gib für die zwei Reaktionen jeweils ein Reaktionsschema in Worten an.

B Was geschieht beim Erhitzen von Sprudelwasser?

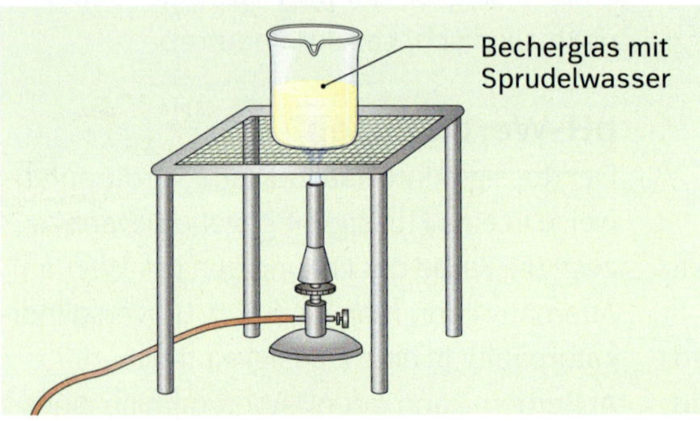

2 Erhitzen von Sprudelwasser

Material: Becherglas, Sprudelwasser, Universalindikator, Brenner, Vierfuß, Schutzbrille

Durchführung:

Schritt 1: Gib 50 ml Sprudelwasser in ein Becherglas.

Schritt 2: Gib einige Tropfen Universalindikator-Lösung hinzu.

Schritt 3: Erhitze das Wasser, bis es siedet.

1 **a)** Beschreibe, wie sich die Farbe des Indikators verändert.
b) Erkläre, was die Farbe vor und nach dem Erhitzen des Wassers anzeigt.
c) Kohlensäure zerfällt unter Wärmeeinwirkung sehr schnell. Es wird Kohlenstoffdioxid frei. Gib für den Zerfall von Kohlensäure das Reaktionsschema in Worten an.

2 Eine warme Mineralwasserflasche zischt beim Öffnen lauter als eine Flasche, die im Kühlschrank stand. Erkläre dies.

3 Erkläre, warum erhitztes kohlensäurehaltiges Wasser einen fast neutralen pH-Wert hat.

FORSCHEN UND ENTDECKEN

C Wir stellen einen Indikator aus Rotkohl her

Material: Rotkohlblätter, zwei Bechergläser (250 ml), Messer, Schneidebrett, Brenner, Vierfuß, Trichter, Filterpapier, Reagenzgläser, Reagenzglasständer, Wasser, Schutzbrille

Durchführung:

Schritt 1: Zerschneide die Rotkohlblätter in kleine Stücke.

Schritt 2: Gib den zerschnittenen Rotkohl in ein Becherglas und bedecke ihn mit Wasser.

Schritt 3: Erhitze das Wasser, bis es siedet.

Schritt 4: Gieße die Mischung durch ein Filterpapier in ein zweites Becherglas.

Schritt 5: Fülle drei Reagenzgläser zu einem Drittel mit Rotkohlsaft. Gib dann in ein Reagenzglas etwas Zitronensaft, in ein zweites Essig und in ein drittes etwas Seifenwasser.

3 Herstellung von Rotkohlsaft

1. Notiere die jeweiligen Farbveränderungen.
2. Teste weitere Flüssigkeiten mit dem Rotkohlsaft und deute die Farbveränderungen.

D Sauer oder alkalisch? Untersuchungen mit Universalindikatorpapier

Material: Universalindikatorpapier, Pipetten, Glasschale, Reagenzgläser, Stopfen, Spatel, destilliertes Wasser, Zitronensaft, Zitronenlimonade, Milch, Essig, Waschmittel, Zucker, Natron und weitere Lösungen, Schutzbrille

Durchführung:

Schritt 1: Gib einige Tropfen einer Flüssigkeit mithilfe einer Pipette auf Universalindikatorpapier.

Schritt 2: Um Feststoffe zu testen, musst du diese zunächst in Wasser lösen. Gib dazu eine Spatelspitze eines Stoffes in ein Reagenzglas und füge etwas destilliertes Wasser hinzu. Schüttle die Mischung.

Schritt 3: Gib mit einer Pipette wenige Tropfen auf ein Stück Universalindikatorpapier.

4 Universalindikatorpapier

1. Notiere die pH-Werte der verschiedenen Lösungen tabellarisch.
2. Gib an, welche Lösungen sauer, neutral oder alkalisch sind.
3. I Nenne zwei im Alltag häufig verwendete Säuren und nenne ihren pH-Wert.
4. II Stelle eine begründete Vermutung auf, wie hoch der pH-Wert des Regens sein könnte.

1 Chemikeriien und Chemiker tauschen sich aus.

Chemische Reaktionen mit Symbolen aufschreiben

Reaktionen darstellen

Um Reaktionen und ihre Folgen verstehen zu können, müssen wir uns über gewonnene Erkenntnisse austauschen. Viele Reaktionen können mithilfe von Fotos festgehalten werden. Am Beispiel der Verbrennung des Kohlenstoffes wird jedoch deutlich, dass ein Produkt wie Kohlenstoffdioxid als Gas nicht zu sehen ist. Fotos solcher Reaktionen sind daher nicht sehr aussagekräftig. Wir können eine chemische Reaktion auch kurz in einem sogenannten **Reaktionsschema** mit Worten beschreiben. So lautet beispielsweise das Reaktionsschema für die Verbrennung von Kohlenstoff:

Kohlenstoff + Sauerstoff → Kohlenstoffdioxid

Wissenschaftlerinnen und Wissenschaftler auf der ganzen Welt tauschen sich über chemische Reaktionen aus. Daher müssen Reaktionen exakt und international verständlich beschrieben werden. Das gelingt mit einem Reaktionsschema in Worten nicht.

Elementsymbole

Chemikerinnen und Chemiker einigten sich auf Zeichen für Elemente, die weltweit verwendet und verstanden werden. Die heutigen Elementsymbole leiten sich von den lateinischen oder griechischen Namen der Elemente ab.

Das Elementsymbol ist sowohl die Abkürzung für den Namen eines Elementes als auch ein Symbol für ein Atom des Elementes.

Element	Elementsymbol
Kohlenstoff (Carboneum)	C
Sauerstoff (Oxygenium)	O
Eisen (Ferrum)	Fe
Kupfer (Cuprum)	Cu
Silber (Argentum)	Ag
Zink (Zincum)	Zn
Schwefel (Sulfur)	S
Wasserstoff (Hydrogenium)	H

2 Wichtige Elemente und ihre Symbole

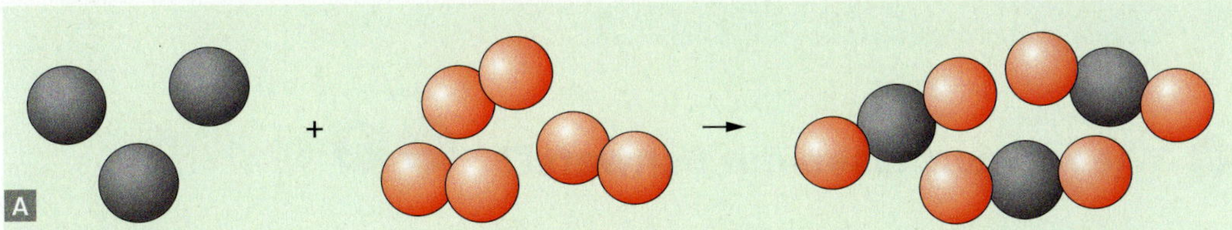

Kohlenstoff + Sauerstoff → Kohlenstoffdioxid

$$C + O_2 \rightarrow CO_2$$

B

3 Verbrennung von Kohlenstoff, **A** im Dalton-Modell, **B** als Reaktionsschema

Aus Symbolen werden Formeln

Die Elemente Kohlenstoff und Sauerstoff werden mithilfe der Elementsymbole C und O dargestellt. In der Luft kommt Sauerstoff als Molekül vor, bei dem zwei Sauerstoffatome miteinander verbunden sind. Das Symbol dafür ist O_2. Die kleine Zahl hinter dem Symbol gibt die Anzahl der entsprechenden Atome im Molekül an.
Produkte aus chemischen Reaktionen wie Kohlenstoffdioxid bestehen aus verschiedenen Elementen. Die Molekülformel wird aus den Elementsymbolen gebildet und gibt die Anzahl der verschiedenen Atome im Molekül an. Für Kohlenstoffdioxid ergibt sich die Formel CO_2, da sich ein Kohlenstoffatom mit zwei Sauerstoffatomen verbunden hat. Mit der Formel kann ein Reaktionsschema aufgestellt werden, das international verständlich ist (→ Bild 3).

Moleküle sind Teilchen, die aus zwei oder mehr miteinander verbundenen Atomen bestehen. Beispiele: O_2, CO_2

Darstellung im Teilchenmodell

Eine chemische Reaktion kann auch mit Atommodellen, wie hier mithilfe des Dalton-Modells, dargestellt werden. Dabei kannst du sehr gut erkennen, wie sich die Atome durch die Reaktion lediglich anders anordnen. Das Kohlenstoffatom und das Sauerstoffmolekül verbinden sich zu einem Kohlenstoffdioxidmolekül.

Verhältnisformeln

Bei chemischen Reaktionen reagieren nicht nur einzelne Atome oder Moleküle, sondern sehr viele Teilchen miteinander.
Bei einer Reaktion von Zink und Schwefel beispielsweise reagieren viele Zinkatome mit gleich vielen Schwefelatomen. Dabei entsteht Zinksulfid. Die Formel für Zinksulfid ist ZnS und gibt das Verhältnis der Zinkatome zu den Schwefelatomen an (hier: 1 : 1). Daraus ergibt sich folgendes Reaktionsschema:

$$Zn + S \rightarrow ZnS$$

1. Nenne Möglichkeiten, wie man chemische Reaktionen darstellen kann.
2. Beschreibe, wie folgende Moleküle zusammengesetzt sind: Zinkoxid (ZnO), Wasser (H_2O), Eisenoxid (Fe_2O_3).
3. Erläutere Vorteile, die die Verwendung chemischer Symbole hat.
4. Erkläre mit eigenen Worten, was das Reaktionsschema über die Bildung von Zinksulfid aussagt.

Starthilfe zu 2:
Das Molekül Zinkoxid enthält … Zinkatome und …

FORSCHEN UND ENTDECKEN

A Wie reagiert Eisen mit Schwefel?

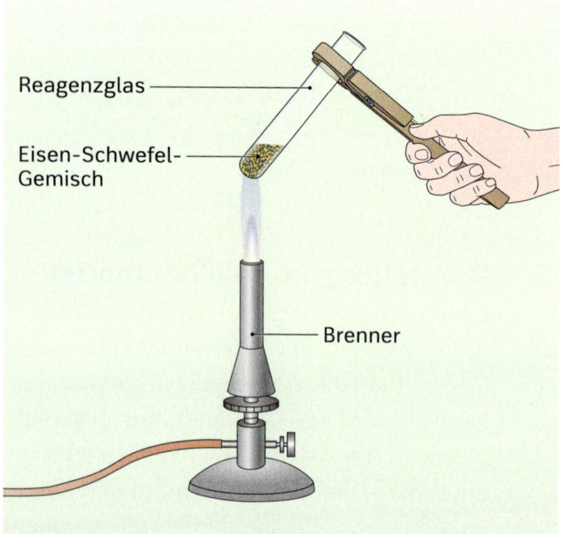

1 Versuchsaufbau: Erhitzung von Eisen und Schwefel

Material: Eisenpulver, Schwefelpulver, schwer schmelzbares Reagenzglas (Duran), Brenner, Waage, Porzellanschale, Spatel, Schutzbrille

Durchführung:

Schritt 1: Wiege 7 g Eisenpulver und 4 g Schwefelpulver ab.

Schritt 2: Mische die beiden Pulver in einer Porzellanschale und fülle die Mischung in ein Reagenzglas.

Schritt 3: Erhitze das Gemisch mit der rauschenden Brennerflamme. Nimm das Reagenzglas aus der Flamme, wenn das Gemisch an einer Stelle glüht.

Gefahrenhinweis
Bei der Reaktion kann als Nebenprodukt giftiges Schwefeldioxid entstehen. Unter dem Abzug arbeiten!

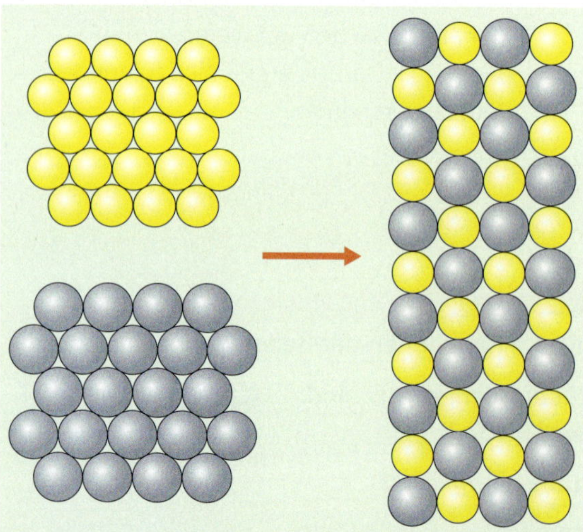

2 Die Reaktion von Eisen und Schwefel im Dalton-Modell

1. **a)** Erstellt eine Fotoserie der Reaktion.
   b) Beschreibt den Reaktionsablauf und nennt die Beobachtungen, indem ihr die Fotos mit Untertiteln verseht.
   c) Erklärt eure Beobachtungen.
   d) Stellt ein Reaktionsschema in Worten auf.
   e) Gebt das Reaktionsschema mit Formeln an.

2. Vergleiche die verschiedenen Darstellungsformen chemischer Reaktionen (Fotos, Videos, Beschreibungen, Reaktionsschema in Worten und mit Formeln) und nenne jeweils Vorteile und Nachteile.

3. **III** In Bild 2 ist die Reaktion von Eisen und Schwefel dargestellt.
   a) Beschreibe die Darstellung mit eigenen Worten.
   b) Vergleiche die Anordnung der Atome des Produktes Eisensulfid mit dem Produkt Kohlenstoffdioxid (→ Bild 3, vorheriggehenden Seite).

Hinweis: Erkläre dabei auch den Unterschied zwischen einer Molekülformel und einer Verhältnisformel.

ÜBEN UND ANWENDEN

A Welche Formel gehört zu welchem Modell?

Moleküle können mithilfe von Formeln oder im Teilchenmodell dargestellt werden.

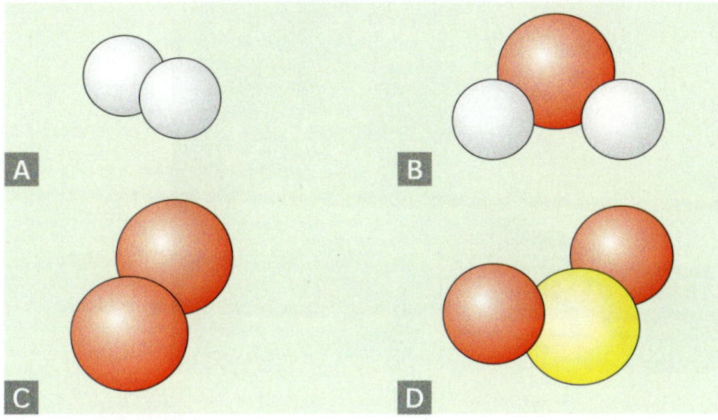

3 Modelle verschiedener Elemente und Verbindungen

1 Benenne die Atome oder Moleküle, die mit folgenden Symbolen abgekürzt werden: Fe, O_2, H_2, S

2 **a)** Erkläre die folgenden Fachbegriffe: Element, Verbindung, Molekül, chemische Formel.
b) Ordne die Molekülmodelle in Bild 3 folgenden Elementen und Verbindungen zu. Begründe deine Zuordnung: Wasser (H_2O), Sauerstoff (O_2), Schwefeldioxid (SO_2), Wasserstoff (H_2)

B Verschiedene Oxide – verschiedene Formeln

Jede Verbindung hat einen Namen und eine für sie charakteristische Formel. Dabei sind die Art und Anzahl der Atome, aus denen die Verbindung besteht, entscheidend für die Eigenschaften des Stoffes.
Moleküle können mithilfe von Formeln oder im Teilchenmodell dargestellt werden.

4 Verschiedene Kupferoxide und ihre Verhältnisformeln

1 **a)** Beschreibe das Aussehen der zwei Kupferoxide.
b) Vergleiche die Zusammensetzung der beiden Kupferoxide.

2 Zeichne die beiden Kupferoxide im Dalton-Modell.

3 **a)** Ist wenig Sauerstoff vorhanden, bildet sich bei der Verbrennung von Kohlenstoff auch giftiges Kohlenstoffmonooxid. Diese Verbindung besteht aus einem Kohlenstoff und einem Sauerstoffatom. Zeichne ein geeignetes Modell und gib die chemische Formel an.
b) Beschreibe den Unterschied zum Kohlenstoffdioxidmolekül.

4 Ozon ist ein Gas, das bei uns Menschen zu starken Reizungen der Atemwege und Augen führen kann. Es besteht aus Sauerstoffatomen.
Erkläre mithilfe des Modells den Unterschied zum Sauerstoffmolekül. Gib dabei auch die Formel für Ozon an.

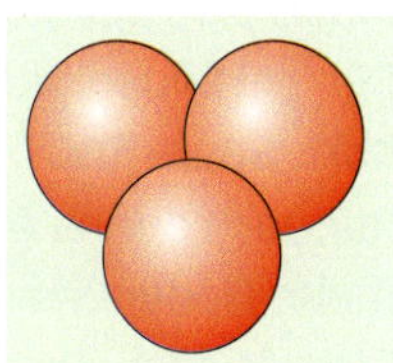
5 Modell des Ozonmoleküls

1 Korallenriffe: **A** gesund, **B** durch Versauerung geschädigt

Säuren beeinflussen die Umwelt

Ozeane werden „saurer"

Meerwasser ist schwach alkalisch. Der pH-Wert hat sich aber in den vergangenen 200 Jahren verändert. Er ist von einem durchschnittlichen pH-Wert von 8,2 auf pH 8,1 gesunken.
Und weil wir immer mehr Kohlenstoffdioxid produzieren, wird der pH-Wert der Ozeane vermutlich noch weiter sinken. Denn Kohlenstoffdioxid reagiert mit Wasser und wird zu Kohlensäure. Das lässt den pH-Wert des Wassers sinken, die Meere werden saurer.

Folgen der Versauerung

Ein Absinken des pH-Wertes um pH 0,1 hört sich wenig dramatisch an, dennoch ist diese Veränderung für viele Meeresbewohner lebensgefährlich.
Muscheln, Seesterne, Korallen, Krebse und Seeigel bilden Skelette oder Schalen aus Kalk. Säure löst Kalk. Die Tiere haben dann nur noch dünne oder gar keine Schalen mehr. Dadurch sind sie nicht mehr vor Fressfeinden geschützt.

Korallenriffe brauchen Schutz

Korallenriffe sind Lebensraum von mehr als einer Million Tierarten und einem Viertel der weltweit lebenden Fische. Die Veränderung des pH-Wertes belastet diesen Lebensraum erheblich.
Durch die **Versauerung** nimmt die Anzahl der Tiere mit Kalkschalen oder Kalkskeletten ab. Das hat Folgen für das Nahrungsnetz des Meeres. Wenn Schnecken, Seesterne und andere Tiere sterben, fehlt größeren Meeresbewohnern eine wichtige Nahrungsquelle.
Aber nicht nur die Folgen für das Nahrungsnetz sind weitreichend. Korallenriffe schützen auch Küsten vor Erosion durch Stürme. Sie stellen zudem eine Barriere für den Anstieg des Meeresspiegels dar. Werden Korallenriffe zerstört, fehlt dieser Schutz.
Allerdings verändert nicht nur die Versauerung die Weltmeere. Auch die Erwärmung und die Verschmutzung beispielsweise durch Müll beeinflussen viele Vorgänge in den Ozeanen.

2 Nadelwald: **A** gesund, **B** durch sauren Regen geschädigt

Saurer Regen

Bei der Verbrennung fossiler Brennstoffe entstehen verschiedene Oxide, vor allem Kohlenstoffdioxid, zudem auch Schwefeldioxid und Stickstoffoxide. Diese reagieren mit Wasser zu Säuren. Als **saurer Regen** gelangen sie in den Boden. Während normales Regenwasser einen pH-Wert um die pH 5,5 hat, hat saurer Regen einen noch niedrigeren pH-Wert. Dieser Niederschlag schädigt dann vor allem Böden, Gewässer und Wälder.

Auswirkungen auf den Boden

Sowohl viele Pflanzen als auch viele tierische Bodenorganismen benötigen einen neutralen oder leicht sauren Boden. Wird der Boden zu sauer, sterben viele Lebewesen. Die Bodenorganismen sind jedoch für die Humusbildung wichtig. Der saure Regen trägt so dazu bei, dass weniger Humus gebildet wird. Mineralstoffe und Schadstoffe werden zudem in saurem Boden leichter ausgewaschen, gelangen ins Grundwasser und weiter in Seen oder Flüsse.

Waldsterben

Saurer Regen bewirkt, dass den Pflanzen weniger Mineralstoffe zur Verfügung stehen. Bäume bekommen aufgrund dieses Mangels gelbe Blätter, lichte Kronen und dünne Baumspitzen. Zudem werden giftige Stoffe wie Aluminiumsalze frei, die die Wurzeln schädigen. So trägt der saure Regen zum **Waldsterben** bei.

Auswirkungen auf Gebäude

Saurer Regen greift Gebäude oder Skulpturen aus Sandstein und Kalkstein stark an. Sie verwittern schneller und bröckeln.
In den 1960er bis 1990er Jahren war die Luftverschmutzung sehr groß und es entstand viel saurer Regen.
Entschwefelungsanlagen von Kraftwerken und die Einführung von Katalysatoren für Kraftfahrzeuge verbesserten seither die Luftqualität.
Trotzdem können wir heute noch Auswirkungen des sauren Regens sowohl an Gebäuden als auch im Boden und in den Wäldern feststellen.

1 Erläutere, was man unter der Versauerung der Meere versteht.

2 Stelle die Folgen des sauren Regens in einem verzweigten Flussdiagramm dar.

Starthilfe zu 2:

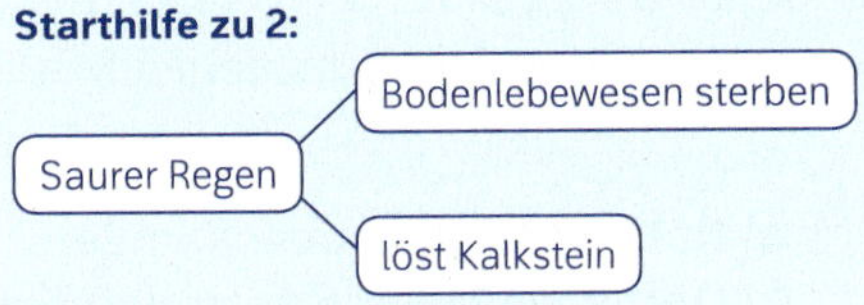

3 I Nenne die wichtigsten Ursachen für sauren Regen.

4 II Begründe, warum die Belastung durch sauren Regen heute nicht mehr so groß ist wie vor ca. 30 Jahren.

FORSCHEN UND ENTDECKEN

A Wie reagieren Säuren mit Kalk?

Material: 2 Reagenzgläser, Reagenzglasständer, ein U-Rohr, durchbohrter Stopfen, verdünnte Salzsäure, Calciumcarbonat-Pulver (Kalk), Kalkwasser, Schutzbrille

Durchführung:

Schritt 1: Fülle ein Reagenzglas zu einem Drittel mit verdünnter Salzsäure.

Schritt 2: Fülle ein zweites Reagenzglas zu einem Drittel mit Kalkwasser.

Schritt 3: Gib in das erste Reagenzglas eine Spatelspitze Calciumcarbonatpulver. Setze schnell den durchbohrten Stopfen mit einem U-Rohr auf das Reagenzglas. Tauche das Ende des Glasrohres in das Kalkwasser ein.

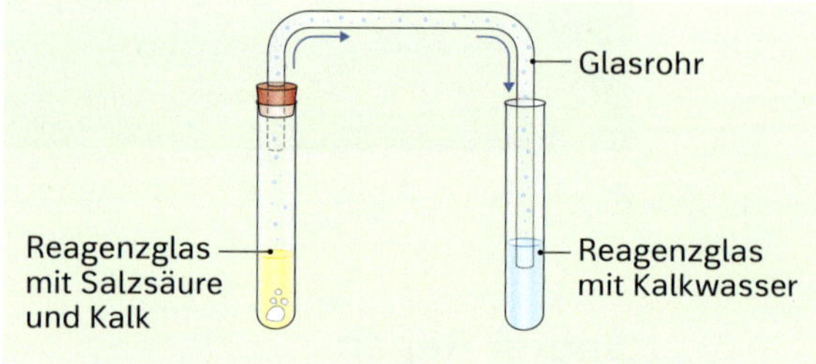

1 Salzsäure reagiert mit Kalk

1. Notiere deine Beobachtungen.
2. Erläutere, welcher Stoff bei der Reaktion entsteht.
3. Auf manchen Putzmitteln steht der Hinweis: „Nicht auf Flächen aus Marmor verwenden!". Erkläre diesen Warnhinweis.

B Wie reagieren Säuren mit unedlen Metallen?

Material: Reagenzgläser, Reagenzglasklammer, Spatel, verdünnte Salzsäure, Essigsäure (25 %), verschiedene Metallspäne (Eisen, Kupfer, Magnesium, Zink), Schutzbrille

Durchführung:

Schritt 1: Fülle 4 Reagenzgläser zu einem Drittel mit verdünnter Salzsäure. Stelle sie in einen Reagenzglasständer.

Schritt 2: Gib einen Spatel der verschiedenen Metallspäne jeweils in ein Reagenzglas.

Schritt 3: Wiederhole den Versuch mit Essigsäure und den verschiedenen Metallen.

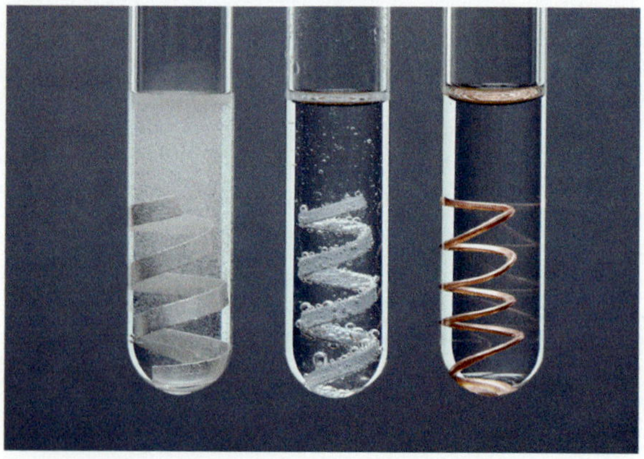

2 Reaktion von Salzsäure mit verschiedenen Metallen: Magnesium, Zink und Kupfer

1. **a)** Notiere deine Beobachtungen.
   b) Ordne die Metalle nach Heftigkeit der Reaktion.
   c) Für Zahnfüllungen verwendet man Gold, aber kein Eisen. Stelle eine begründete Vermutung auf, warum das so ist.
2. I Wenn man einen Eisennagel in Essig legt, passiert etwas. Erläutere, warum es sich um eine chemische Reaktion handelt.
3. II Erkläre, warum saure Lebensmittel wie Zitronenscheiben nicht in Aluminiumfolie eingewickelt werden sollen.

FORSCHEN UND ENTDECKEN

C Die Knallgasprobe – Nachweis von Wasserstoff

Material: Teelicht, 2 Reagenzgläser, ein Stopfen, Wasserstoff aus der Druckgasflasche, Schutzbrille

Durchführung:

Schritt 1: Zünde ein Teelicht an.

Schritt 2: Hole dir von der Lehrkraft ein mit Wasserstoff befülltes Reagenzglas und verschließe es mit einem Stopfen. Halte es dabei mit der Öffnung nach unten.

Schritt 3: Öffne vorsichtig das Reagenzglas, indem du den Stopfen entfernst und halte die Öffnung über das Teelicht.

Schritt 4: Führe den Versuch auch mit einem mit Luft gefüllten Reagenzglas durch.

1 Beschreibe deine Beobachtungen.

2 Erkläre deine Beobachtungen.

Die **Knallgasprobe** ist ein Nachweis für Wasserstoff. Wenn es bei der Verbrennung eines Gases an der Luft pfeift oder knallt, handelt es sich um Wasserstoff. Wasserstoff und Sauerstoff aus der Luft reagieren explosionsartig. Dabei entsteht Wasser.

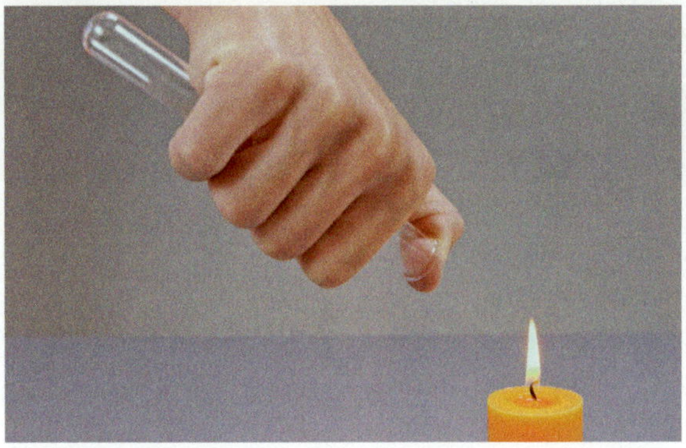

3 Die Knallgasprobe

D Welches Gas entsteht bei der Reaktion von Magnesium mit Salzsäure?

Material: 2 Reagenzgläser, durchbohrter Stopfen, gebogenes Glasrohr, Reagenzglasständer, Brenner, Magnesiumband, verdünnte Salzsäure, Schutzbrille

Durchführung:

Schritt 1: Fülle ein Reagenzglas zu einem Drittel mit verdünnter Salzsäure.

Schritt 2: Gib ein Stück Magnesiumband in das Reagenzglas.

Schritt 3: Setze schnell den durchbohrten Stopfen mit einem Glasrohr auf das Reagenzglas.

Schritt 4: Fang das entstehende Gas in einem zweiten Reagenzglas auf.

Schritt 5: Führe die Knallgasprobe durch.

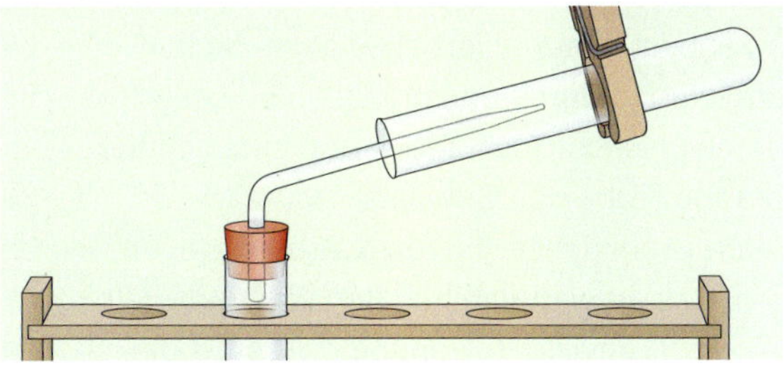

4 Versuchsaufbau

1 Beschreibe, was man unter der Knallgasprobe versteht.

2 Gib das Reaktionsschema der Knallgasprobe in Worten an.

3 I Nenne zwei Reaktionen, bei denen Wasserstoff entsteht.

4 II Erläutere das mögliche Ergebnis einer Knallgasprobe, wenn man einen Silberring in Salzsäure gibt.

1 Laugengebäck wird vor dem Backen in Natronlauge getaucht.

Alkalische Lösungen nutzen und herstellen

Verwendung von Natronlauge für Lebensmittel

Wenn du beim Bäcker Laugengebäck kaufst, ist dieses vor dem Backen in verdünnte **Natronlauge** getaucht worden. Natronlauge ist eine alkalische Lösung, die ätzend ist. Sie reagiert aber beim Backen und wird dadurch unschädlich. Sie sorgt für den typischen Geschmack und eine schöne braune Farbe des Gebäcks.
Auch Großküchen nutzen Natronlauge, um sich das aufwändige Schälen von Kartoffeln zu ersparen. Die Natronlauge zerstört die äußere Zellschicht der Kartoffeln. Die Schalen können anschließend leicht mit Wasser entfernt werden.

Natronlauge zur Desinfektion

Natronlauge tötet Krankheitserreger ab, wirkt also desinfizierend, und löst Fette oder Öle. Daher wird Natronlauge für die Reinigung von Mehrwegflaschen eingesetzt. Molkereien und Käsereien nutzen alkalische Lösungen für die Reinigung und Desinfektion ihrer Anlagen und Rohre.

Alkalische Lösungen in der Industrie

In großen Mengen wird Natronlauge zur Herstellung von Seifen und Waschmitteln benötigt. Auch für die Gewinnung von Zellstoff, der für die Herstellung beispielsweise von Papiertaschentüchern oder Schutzmasken notwendig ist, wird Natronlauge verwendet.
Beim Hausbau ist Zement als Bindemittel beispielsweise für Beton notwendig. Beim Mischen des Zementpulvers mit Wasser entsteht eine stark alkalische Lösung. Diese ist ätzend und greift die Haut an.

Kalk für zu saure Böden

Im Garten oder in der Landwirtschaft können saure Böden mit Kalk behandelt werden, um bessere Bedingungen für Bodenorganismen und Pflanzen zu schaffen.
Kalk bildet mit Wasser eine alkalische Lösung. Wenn es auf Böden ausgestreut wird, sorgt er dafür, dass der pH-Wert des Bodens erhöht wird.

Vom Metall zur alkalischen Lösung

Die alkalischen Lösungen, die wir für viele Bereiche im Alltag benötigen, können aus verschiedenen Ausgangsstoffen hergestellt werden. Dabei reagieren bestimmte Ausgangsstoffe mit Wasser zu alkalischen Lösungen, die ätzend sind und einen pH-Wert über pH 7 haben.

Manche Metalle wie Natrium zeigen mit Wasser eine heftige Reaktion (→ Bild 2B). Dabei entstehen alkalische Lösungen, in diesem Fall Natronlauge, und gasförmiger Wasserstoff. Diese Reaktion findet in ähnlicher Weise auch mit anderen unedlen Metallen wie Kalium oder Calcium statt.

Natrium + Wasser → Natronlauge + Wasserstoff
$2\ Na + 2\ H_2O \rightarrow 2\ NaOH + H_2$

Allgemein:
Metall + Wasser → Lauge + Wasserstoff

Eine zweite Möglichkeit, alkalische Lösungen herzustellen, besteht darin, Metalloxide mit Wasser reagieren zu lassen. Metalloxide entstehen bei der Verbrennung von Metallen wie Natrium, Calcium oder Magnesium. Die Metalloxide reagieren mit Wasser und bilden eine alkalische Lösung.

Calciumoxid + Wasser → Calciumlauge
$CaO + H_2O \rightarrow Ca(OH)_2$

Allgemein:
Metalloxid + Wasser → Lauge

2 Herstellung von alkalischen Lösungen: **A** Natrium, **B** Natrium in Wasser, **C** Calciumoxid, **D** Calciumoxid in Wasser

1 Nennen Verwendungszwecke von alkalischen Lösungen und gib die dabei genutzten Eigenschaften an.

Starthilfe zu 1:
Erstelle eine Tabelle

Verwendung	genutzte Eigenschaft

2 Natronlauge ist ätzend und würde unsere Speiseröhre angreifen. Trotzdem verwendet man sie zur Herstellung von Laugengebäck. Erkläre.

3 Beschreibe zwei Möglichkeiten, alkalische Lösungen herzustellen.

4 Erkläre, warum auf Zementsäcken die folgenden Warnhinweise stehen.

FORSCHEN UND ENTDECKEN

A Wie verhält sich Calcium in Wasser?

Material: Reagenzglas, Reagenzglasständer, Spatel, Calciumspäne, destilliertes Wasser, Tropfflasche mit flüssigem Universalindikator, Schutzbrille

Durchführung:

Schritt 1: Gib in das Reagenzglas einen Spatel Calciumspäne.

Schritt 2: Fülle das Reagenzglas zu einem Drittel mit destilliertem Wasser und gib wenige Tropfen Universalindikator hinzu.

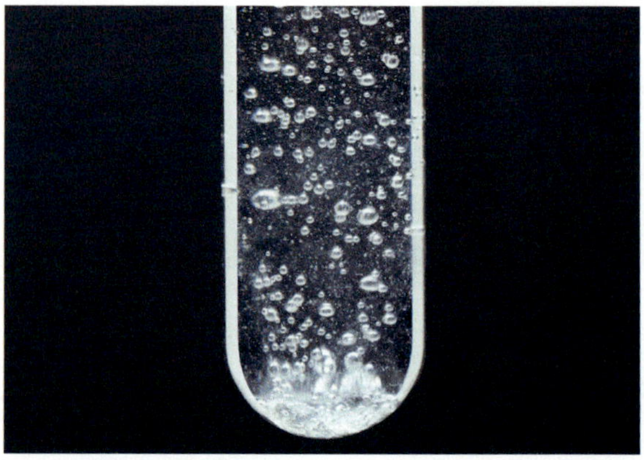

1 Calciumspäne in Wasser

1. Notiere deine Beobachtungen.
2. Bestimme den pH-Wert und ordne ihn ein.
3. Stelle das Reaktionsschema auf.
4. II Plane einen Versuch, mit dem man das gasförmige Reaktionsprodukt nachweisen könnte.

B Wie verhalten sich Metalloxide in Wasser?

Material: 2 Reagenzgläser, Reagenzglasständer, Spatel, Calciumoxid, Magnesiumoxid, destilliertes Wasser, flüssiger Universalindikator, Schutzbrille

Durchführung:

Schritt 1: Gib in ein Reagenzglas einen Spatel Calciumoxid und in das zweite Reagenzglas einen Spatel Magnesiumoxid.

Schritt 2: Fülle beide Reagenzgläser zu einem Drittel mit destilliertem Wasser.

Schritt 3: Gib einige Tropfen des Universalindikators in die hergestellten Mischungen.

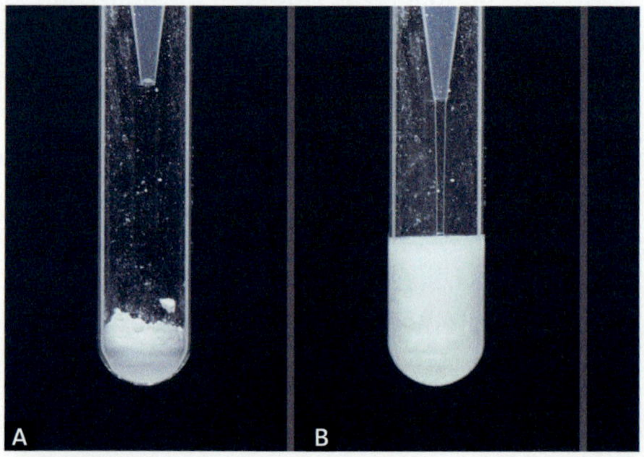

2 Calciumoxid: **A** im Reagenzglas, **B** im Reagenzglas mit Wasser

1. **a)** Notiere deine Beobachtungen.
   b) Erkläre die Färbung des Universalindikators, die nach bei der Reaktion der Oxide zu beobachten ist.
   c) Formuliere für eine Reaktion ein Reaktionsschema in Worten.
2. I Erläutere die Reaktion von Metalloxiden mit Wasser.
3. II Calciumoxid wird zusammen mit Wasser auch zur Mörtelherstellung verwendet. Begründe sinnvolle Schutzmaßnahmen für einen Maurer, der Mörtel verarbeitet.

IM ALLTAG

Verwendung von Laugen

3 Flaschenreinigung bei Mehrwegflaschen

Reinigung von Mehrwegflaschen

Mehrwegflaschen werden beispielsweise mit Mineralwasser, Obstsaft, Limonade oder Bier gefüllt. Reste verbleiben in der Flasche. Schimmel kann sich bilden. Daher müssen diese Flaschen sehr gründlich gereinigt werden. Dafür werden häufig heiße Waschlaugen verwendet. Im letzten Reinigungsabschnitt werden die Flaschen mit Frischwasser ausgespült. Anschließend werden die gereinigten Flaschen kontrolliert.
Mehrwegflaschen aus Glas können so bis zu 50-mal, Flaschen aus Kunststoff bis zu 20-mal wiederbefüllt werden. Das spart die Herstellung neuer Flaschen.

4 Trinkwasseranalyse

Entsäuerung von Trinkwasser

Trinkwasser ist unser wichtigstes Lebensmittel und wird daher strengstens kontrolliert. Nach einer chemischen Analyse wird das Wasser entsprechend der Trinkwasserverordnung aufbereitet. Manchmal ist viel Kohlensäure im Wasser gelöst, sodass das Wasser sauer ist. Die Trinkwasserverordnung legt für Trinkwasser einen Richtwert zwischen pH 6,5 und 9,5 fest. Ist das Wasser sauer, können Rohrleitungen beispielsweise aus Kupfer angegriffen werden. Daher ist es manchmal notwendig, das Wasser mit Natronlauge zu entsäuern.

1. Erkläre, warum sich gerade heiße Waschlauge besonders gut für die Säuberung von Mehrwegflaschen eignet.
2. Stelle eine begründete Vermutung auf, warum in Glasflaschen abgefülltes Mineralwasser nahezu unbegrenzt haltbar ist.
3. Erläutere Probleme, die durch saures Trinkwasser entstehen können.
4. Beschreibe die Funktion von Natronlauge bei der Trinkwasseraufbereitung.
5. I Nenne und beurteile den maximal erlaubten pH-Wert von Trinkwasser.
6. II Nenne einige Vor- und Nachteile von Glas-Mehrwegflaschen.

1 Putzmittel für den Haushalt

Säuren und Laugen im Haushalt

Putzmittel ist nicht gleich Putzmittel

Reinigungsmittel gibt es viele verschiedene. Für empfindliche Oberflächen verwenden viele Menschen **Neutralreiniger,** aber die meisten Reiniger enthalten Säuren oder Laugen. Je nachdem, welchen pH-Wert sie haben, zeigen sie unterschiedliche Wirkungen und werden daher auch zu verschiedenen Zwecken eingesetzt.

Säuren lösen Kalk

Ob im Wasserkocher, in der Kaffeemaschine, in der Waschmaschine oder auf Wasserhähnen, überall, wo mit Wasser gearbeitet wird, zeigen sich nach einer gewissen Zeit Kalkränder. Entfernt man diese nicht, funktionieren viele Geräte irgendwann nicht mehr.
Säuren wie Essig oder Zitronensäure reagieren mit Kalk und werden daher oft in der Küche oder als Bad- und WC-Reiniger verwendet. Das dabei entstehende Kohlenstoffdioxid sorgt für eine Lockerung der Kalkablagerungen.

Säuren sind desinfizierend

Säuren werden auch zur Reinigung von Toiletten oder Kühlschränken eingesetzt, da sie Verschmutzungen lösen und desinfizierend wirken. Bakterien und Schimmelpilze können nicht überleben.

Säuren sind ätzend

Säuren dürfen allerdings nicht für Flächen aus Marmor oder zur Säuberung von Natursteinböden eingesetzt werden. Diese werden durch Säuren stumpf und porös. Ebenso greifen Säuren auch Oberflächen aus unedlen Metallen wie Aluminium, Eisen oder Zink an. Gefahrenzeichen und Warnhinweise weisen auf die ätzende Wirkung von Säuren hin.

2 Warnhinweise auf einem Toilettenreiniger

Alkalische Reinigungsmittel

Wäsche enthält häufig Fettflecken, die man nur mit Wasser nicht so einfach entfernen kann. Waschmittel bilden alkalische Lösungen, die Fett lösen, wodurch die Wäsche sauber wird (→ Bild 3 A). Auch Soda bildet, mit Wasser gemischt, eine alkalische Lösung. Verschmutzungen wie Fett und Eiweiß löst Soda gut. So bekommst du stark verschmutzte, weiße Kleidungsstücke gereinigt. Auch eingebrannte, verkrustete Töpfe und Pfannen werden so wieder sauber.

Starke Wirkung

Alkalische Rohrreiniger werden bei verstopften Rohren eingesetzt. Hier lösen sie Verschmutzungen, indem sie Haare und Fette zersetzen.
Natronlauge wird zudem als Abbeizmittel verwendet. Mit ihr lässt sich alte, eingetrocknete Farbe von Möbeln entfernen (→ Bild 3 B).

Körperpflegeprodukte

Seifen haben einen alkalischen pH-Wert und sorgen dafür, dass sich Fett von unserer Haut löst. Sie greifen unsere Haut jedoch auch an, da die Haut nicht alkalisch, sondern mit einem pH-Wert von ungefähr pH 5,5 leicht sauer ist. Daher verwenden wir häufig „pH-hautneutrale" Waschlotionen. Dieser Hinweis gibt an, dass der pH-Wert ähnlich dem der Haut ist.

3 Verwendung von Laugen: **A** Waschmittel, **B** Abbeizmittel, **C** Seife

1 Beschreibe, wo du in deinem Alltag Säuren oder alkalische Lösungen verwendest.

2 Nenne Eigenschaften von Säuren und Laugen, die bei der Verwendung als Putzmittel genutzt werden.

Starthilfe zu 2:
Berücksichtige dabei: pH-Werte, Reinigungswirkung, Fehlanwendungen, desinfizierende Wirkung, Gefahren.

3 Beschreibe Vorteile und Nachteile von alkalischen Lösungen, die im Haushalt verwendet werden.

4 Rohrreiniger erzeugen bei der Anwendung einen pH-Wert um pH 14. Erläutere, warum Schutzhandschuhe getragen werden sollen.

»

FORSCHEN UND ENTDECKEN

A Wir untersuchen die Wirkung von WC-Reinigern

Material: Kalk in Form von Eierschalen oder Marmorstückchen, Erlenmeyerkolben, Universalindikatorpapier, Wasser, flüssiger WC-Reiniger, Schutzbrille

Durchführung:

Schritt 1: Fülle ein Reagenzglas mit Wasser und gib etwas flüssigen WC-Reiniger hinzu.
Schritt 2: Miss den pH-Wert des WC-Reinigers.
Schritt 3: Gib ein Stück einer Eierschale oder ein Marmorstückchen in einen Erlenmeyerkolben und bedecke das Stück mit flüssigem WC-Reiniger.

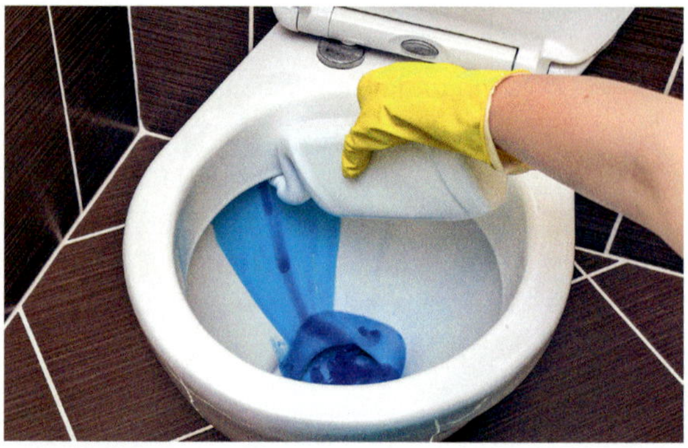

1 Toilettenreinigung mit einem WC-Reiniger

1. Notiere deine Beobachtungen.
2. Werte den Versuch aus.
3. Erkläre die Funktion eines WC-Reinigers.
4. II Bei dem Versuch entsteht auch ein Gas. Stelle eine begründete Vermutung auf, um welches Gas es sich handeln könnte.

B Wir untersuchen die pH-Werte verschiedener Körperpflegemittel

Auf vielen Körperpflegeprodukten steht der Hinweis „pH-hautneutral". Die Haut hat einen sogenannten Säureschutzmantel. Der pH-Wert der Haut liegt bei ungefähr pH 5,5. Sie bietet so einen Schutz vor Bakterien und Pilzen. Häufige Verwendung von Laugen zur Körperpflege kann den Säureschutzmantel angreifen und zu Hautreizungen führen.

Material: Shampoo, Duschgel und Gesichtsreiniger, Kernseifenlösung, Tropfpipette, Universalindikatorpapier, Schutzbrille

Durchführung:

Schritt 1: Teste die pH-Werte der verschiedenen Körperpflegemittel, indem du jeweils wenige Tropfen der Flüssigkeit auf ein Stück Universalindikatorpapier gibst.

2 Hautneutrales Duschgel

1. **a)** Deute die gemessenen pH-Werte.
   b) Nenne die Pflegemittel, die ungefähr hautneutral sind.
2. **a)** Erkläre die Bedeutung des Säureschutzmantels der Haut.
   b) Erkläre, warum Laugen nicht als ständige Körperpflegemittel empfohlen werden, obwohl sie sehr gut den Schmutz lösen.

FORSCHEN UND ENTDECKEN

C Wie wirken Rohrreiniger?

Material: 4 Reagenzgläser, Reagenzglasständer, Spatel, Messzylinder, Thermometer, Rohrreiniger, flüssiger Universalindikator, ein Büschel Haare, ein kleines Stück Fleisch, ein Stück Butter, Schutzbrille

Durchführung:

Schritt 1: Fülle ein Reagenzglas mit 5 ml Wasser und gib einen Spatel des Rohrreinigers hinzu.

Schritt 2: Bestimme den pH-Wert, indem du einige Tropfen Universalindikator in das Reagenzglas gibst.

Schritt 3: Gib in ein zweites Reagenzglas Haare, in das nächste ein Stück Fleisch und in das vierte etwas Butter. Gib dann je Reagenzglas 5 g Rohrreiniger und 5 ml Wasser hinzu. Miss die Temperatur des Gemisches und beobachte.

3 Rohrreiniger gegen einen verstopften Abfluss

1. Notiere deine Beobachtungen.
2. Erkläre die Beobachtungen unter Berücksichtigung des pH-Wertes der Lösung des Rohrreinigers.
3. Erläutere die Wirkungsweise eines Rohrreinigers.
4. **a)** Erläutere die Funktion des entstehenden Gases bei der Reaktion.
   b) Erkläre, warum Rohrreiniger einen Sicherheitsverschluss haben.

D Was bewirkt Spülmaschinenpulver?

Material: Spülmaschinenpulver, Speiseöl, Universalindikator, 2 Bechergläser, Tropfpipette, Spatel, Schutzbrille

Durchführung:

Schritt 1: Gib zwei Spatel des Spülmaschinenpulvers in 100 ml Wasser und rühre gut um.

Schritt 2: Miss den pH-Wert, indem du wenige Tropfen der Lösung auf ein Stück Universalindikatorpapier tropfst.

Schritt 3: Gib in diese Lösung 5 Tropfen Speiseöl und rühre gut um.

Schritt 4: Gib zum Vergleich ebenfalls 100 ml Wasser in ein Becherglas, füge 5 Tropfen Speiseöl hinzu und rühre um.

4 Spülmaschinenpulver

1. **a)** Vergleiche die Beobachtungen.
   b) Erkläre die Vorgänge in beiden Bechergläsern.
2. Erläutere die Funktion von Spülmaschinenpulver.
3. Stelle die Vorteile von alkalischen und sauren Putzmitteln gegenüber.

1 Verschiedene Metalle werden unterschiedlich genutzt: **A** Pfanne aus Eisen, **B** Folie aus Aluminium

Metalle und Nichtmetalle

Metalle in unserem Leben

Töpfe aus Eisen, Dosen und Folien aus Aluminium, Elektrokabel mit Kupferdraht, Werkzeuge und Münzen aus Mischungen verschiedener **Metalle** begegnen uns täglich im Alltag.
Metalle und ihre Gewinnung und Verarbeitung sind für die Entwicklung der Menschheit von großer Bedeutung. Ganze Zeitalter wie die Bronzezeit und die Eisenzeit wurden nach den damals wichtigsten Metallen benannt.

Eigenschaften der Metalle

Eisen glänzt metallisch-silbern, ebenso Aluminiumfolie und die Oberflächen anderer Metalle. Viele Töpfe und Pfannen werden aus Metallmischungen hergestellt. Diese Metallmischungen werden **Legierungen** genannt. Sie leiten die Hitze von der Herdplatte in den Topf und garen so die Lebensmittel. Alle Metalle sind gute Wärmeleiter. Auch elektrischer Strom wird von Metallen gut geleitet, besonders von Kupfer.

Metalle sind verformbar

Aluminiumfolie oder eine Blechdose kannst du verbiegen. Anders als zum Beispiel Glas gehen sie dabei nicht kaputt. Auch eine Büroklammer oder ein Eisennagel lassen sich verbiegen. Rohre und Bleche aus Metallen können bearbeitet und in Form gebracht werden. Sie sind verformbar.

Metalle sind Elemente mit besonderen Eigenschaften.
Sie sind:
- metallisch glänzend
- gute Wärmeleiter
- gute elektrische Leiter
- gut verformbar

Magnetisierbarkeit

Eisen, Nickel und Cobalt werden vom Magnet angezogen. Sie sind magnetisierbar. Stahl besteht überwiegend aus Eisen und ist daher ebenfalls magnetisierbar. Die Mehrzahl der Metalle ist allerdings nicht magnetisierbar. Dies ist also keine typische Eigenschaft der Metalle.

Edelmetalle

Gold, Silber und Platin glänzen besonders schön. Deshalb werden sie oft zu Schmuck verarbeitet. Diese **Edelmetalle** sind als Elemente in reiner Form beständig. Sie reagieren nicht mit dem Sauerstoff der Luft. Die meisten anderen Metalle kommen in Verbindungen mit weiteren Elementen in der Natur vor.

2 Goldnugget

Nichtmetalle haben andere Eigenschaften

Einige der Eigenschaften von Metallen treffen auch auf andere Elemente zu. Sie erfüllen aber nicht alle Eigenschaften der Metalle. Diese Elemente werden als **Nichtmetalle** zusammengefasst.

3 Kohle

Kohlenstoff und Schwefel

Kohlenstoff ist ein Nichtmetall. Er kommt zum Beispiel in Form von Kohle oder Graphit vor. Graphit glänzt und leitet den elektrischen Strom, ist aber ein schlechter Wärmeleiter und nicht verformbar.
Das Element Schwefel lässt sich als gelbliche Ablagerungen in vulkanischen Gesteinen und an Schwefelquellen finden. Schwefel ist eher brüchig, lässt sich nicht verformen und leitet den elektrischen Strom nicht.
Manche Nichtmetalle kommen außerdem als Gase wie Wasserstoff, Sauerstoff und Stickstoff vor.

4 Schwefelfeld in Äthiopien

1 Nenne drei Beispiele für Metalle.

2 Erstelle eine Tabelle mit typischen Eigenschaften der Metalle und Beispielen für die Nutzung dieser Eigenschaften im Alltag.

Starthilfe zu 2:
Erstelle eine Tabelle:

Metallteigenschaft	Nutzung
Verformbarkeit	...
...	Kochtopf

3 Nenne die Eigenschaft, die Edelmetalle von anderen Metallen unterscheiden.

4 Nenne zwei Nichtmetalle, die in fester Form vorkommen können, und zwei, die als Gase vorkommen.

5 Goldsucher finden mit etwas Glück Goldkörnchen im Gestein oder in einem Fluss. Erkläre, warum das möglich ist, sich aber kein Aluminium als glänzendes Metall im Gestein findet.

»

FORSCHEN UND ENTDECKEN

A Leiten alle Metalle Wärme gleich gut?

Material: 5 kleine Bechergläser, 5 gleich große Metallplatten: Silber, Eisen, Kupfer, Blei, Zink, Kerze, Wasserkocher, Feuerzeug, Schutzbrille

Durchführung:

Schritt 1: Entzünde die Kerze. Warte, bis sich etwas flüssiges Wachs bildet.

Schritt 2: Tropfe jeweils einen Tropfen Wachs oben auf die Metallplatten.

Schritt 3: Erhitze Wasser im Wasserkocher.

Schritt 4: Befülle die Bechergläser mit jeweils 30 ml Wasser.

Schritt 5: Gib in jedes Becherglas eine Metallplatte. Am besten teilt ihr euch auf, so dass die Metallplatten gleichzeitig in die Bechergläser kommen.

Schritt 6: Beobachte die Wachstropfen.

1 Versuchsaufbau zur Wärmeleitfähigkeit von Metallen

1 **a)** Beschreibe, auf welchem Metallstreifen das Wachs am schnellsten herunterläuft.
b) Erstelle eine Rangliste zu den Metallen.

2 Erkläre, warum die Griffe an einem Kochtopf oft aus einem anderen Material bestehen als der Topf selbst.

B Leiten Eisen und Kupfer den Strom gleich gut?

Material: Je 2 m Eisendraht und Kupferdraht mit einem Durchmesser von 0,2 mm, 4,5-V-Flachbatterie, 3 Messstrippen mit Krokodilklemmen, Multimeter mit Messkabeln

Durchführung:

Schritt 1: Baue eine Reihenschaltung wie in Bild 2 auf.

Schritt 2: Setze den Eisendraht in die Schaltung ein.

Schritt 3: Stelle das Multimeter auf Gleichstrom ein.

Schritt 4: Lies den Wert der Stromstärke am Multimeter ab.

Schritt 5: Wiederhole den Versuch mit dem Kupferdraht.

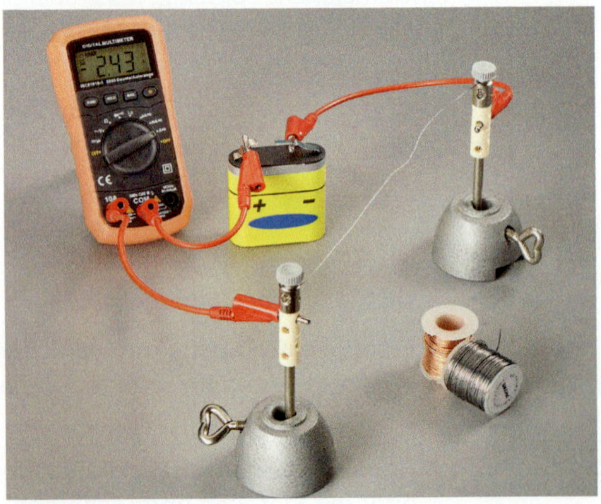

2 Versuchsaufbau

1 Fertige ein Versuchsprotokoll an.

2 Erkläre, warum Stromkabel meistens aus Kupfer bestehen.

IM ALLTAG

Berufe im Bereich Metalle

Verfahrenstechnologin/Verfahrenstechnologe

Verfahrenstechnologinnen und Verfahrenstechnologen arbeiten in Hütten-, Hochofen- und Stahlwerken und in Gießereien. Dort sind sie für das Beschicken der Hochöfen, die Steuerung der Schmelzprozesse oder auch für die Regelung der Temperatur und Luftzufuhr verantwortlich. Für diesen Beruf ist es wichtig, präzise und schnell zu arbeiten. Es müssen Legierungen und Brennstoffe berechnet werden. Maschinen und Werkzeuge müssen gewartet werden.

3 Verfahrenstechnologin

Metallbauerin/Metallbauer

Als Metallbauerin/Metallbauer arbeitet man mit verschiedenen Metallen. Sie fertigen Überdachungen, Fassadenelemente, Tore, Fensterrahmen oder Schutzgitter aus Metallen. Häufig werden auch Einzelstücke speziell nach Kundenwunsch hergestellt. Die Produkte werden teilweise auch vor Ort montiert und instandgehalten. In diesem Beruf wird eine gute Auge-Hand-Koordination und räumliches Vorstellungsvermögen vorausgesetzt.

4 Metallbauerin

Goldschmiedin/Goldschmied

Goldschmiedinnen und Goldschmiede arbeiten in Gold- und Silberschmiedewerkstätten oder bei Juwelieren. Dort fertigen sie Schmuckstücke wie Ketten an und führen Reparaturen durch. Sie arbeiten sehr kreativ und fertigen Schmuck nach Kundenwünschen und eigenen Ideen an. Dafür bearbeiten sie Gold und andere Edelmetalle. Für diesen Beruf braucht man gute zeichnerische Fähigkeiten für Entwürfe und eine gute Beobachtungsgenauigkeit, um Unebenheiten zu erkennen.

5 Goldschmied

1. Welcher von den drei Berufen gefällt dir? Begründe.
2. Recherchiere weitere Informationen über den Beruf, der dir am besten gefällt.
3. Recherchiere nach weiteren Berufen aus der Metallbranche. Stelle einen Beruf vor.

1 Kupfermine in Spanien

Vom Kupfererz zum Kupfer

Kupfer als Werkstoff

Das Metall Kupfer ist aufgrund seiner Eigenschaften ein beliebter Werkstoff für den Menschen. Weil es gut Wärme und elektrischen Strom leitet, wird es für Kochgeschirr und Stromkabel genutzt. Es lässt sich zudem leicht verformen.

Vorkommen von Kupfer

Nur selten wird Kupfer als Element in Form von Nuggets oder Metalladern im Gestein gefunden. In der Natur kommt Kupfer häufiger als Verbindung mit Sauerstoff oder mit Schwefel vor. Gesteine, in denen Metalle oder Metallverbindungen vorkommen, werden **Erze** genannt. Erze werden in Bergwerken, so genannten Minen, abgebaut. Erze, die nahe an der Oberfläche lagern, werden durch Abgrabung in offenen Gruben gewonnen. Dies nennt man Tagebau (→ Bild 1). Aus den Erzen kann in der industriellen Verarbeitung das reine Metall gewonnen werden.

Kupferverbindungen

Kupfer und viele andere Metalle reagieren leicht mit Sauerstoff und Schwefel. Reagiert Kupfer mit Sauerstoff, entsteht Kupferoxid.

Kupfer + Sauerstoff → Kupferoxid

Das Reaktionsprodukt von Kupfer und Schwefel wird Kupfersulfid genannt.

Kupfer + Schwefel → Kupfersulfid

Um das Metall Kupfer zu gewinnen, muss aus den Verbindungen Sauerstoff oder Schwefel abgespalten werden.

2 Kupferoxid im Gestein

Aus Kupferoxid Kupfer gewinnen

Durch einfaches Erhitzen gelingt es nicht, Kupferoxid aufzuspalten. Erhitzt man Kupferoxid hingegen zusammen mit Kohle, entsteht das rotbraune Kupfer.
Das Kupferoxid reagiert zu Kupfer, indem es seinen Sauerstoff an den Kohlenstoff der Kohle überträgt. Kohlenstoff reagiert dabei mit Sauerstoff zu Kohlenstoffdioxid. Das Element Kupfer bleibt als Metall zurück. Eine solche Reaktion wird als **Sauerstoffübertragungsreaktion** bezeichnet:

> Kupferoxid + Kohlenstoff → Kupfer + Kohlenstoffdioxid

Kupfergewinnung ist aufwändig

Kupfer ist aufgrund seiner vielfältigen Einsatzmöglichkeiten und seiner metallischen Eigenschaften sehr begehrt. Kupfererz wird momentan vor allem in Chile, Russland sowie in der USA abgebaut.
Aber die Gewinnung ist aufwändig. Die Erze müssen abgebaut, transportiert und chemisch weiterverarbeitet werden. Es ist viel Energie erforderlich, um das reine Element zu gewinnen.
Kupfer wird unter anderem in der Elektroindustrie und beim Hausbau verwendet. So sind die meisten Stromkabel und Rohre im Haus aus Kupfer.

3 Geschmolzenes Kupfer wird in Formen gegossen.

4 reines Kupfer

5 Kupferrohre

1 Zähle Gegenstände aus Kupfer auf, die dir im Alltag begegnen.

2 Formuliere die Sauerstoffübertragungsreaktion in Worten, die vom Kupferoxid zum reinen Metall führt.

3 I Benenne die Stoffe, mit denen Kupfer verbunden ist, wenn es als Oxid oder Sulfid vorliegt.

4 II Beschreibe den Weg, wie aus Kupferoxid ein Gegenstand aus Kupfer zum Beispiel eine Kupferdachrinne hergestellt wird.

> **Starthilfe zu 4:**
> Beginne so:
> Kupfererze werden in Bergwerken abgebaut. Anschließend …

5 II "Kupferrecycling ist sinnvoll." Erläutere diese Aussage, indem du wichtige Argumente dafür nennst.

FORSCHEN UND ENTDECKEN

A Wie lässt sich Kupfer aus Kupferoxid gewinnen?

1 Kupfergewinnung im Schmelzofen

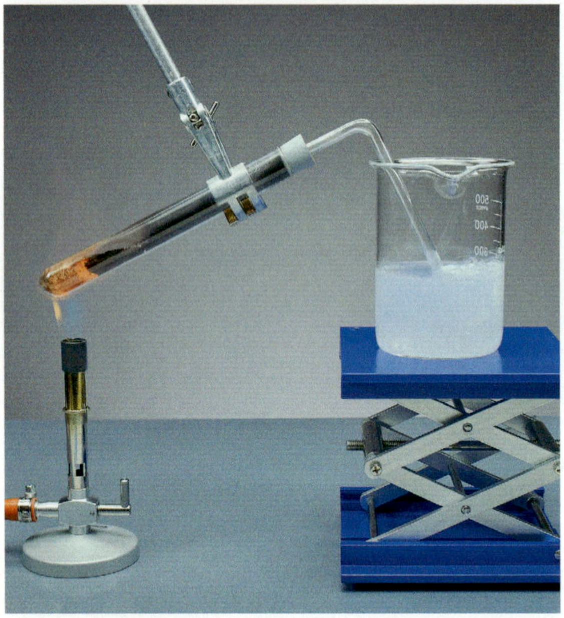

2 Versuchsaufbau

3 historischer Brennofen

Die Sauerstoffübertragungsreaktion zur Kupfergewinnung findet in Brennöfen statt. Die dafür notwendigen Prozesse können in einem Laborversuch sichtbar gemacht werden.

Material: Gasbrenner, Stativmaterial, dickwandiges Reagenzglas aus Duran®, Reagenzglasstopfen mit Loch, Winkelrohr, Becherglas, Waage, Spatel, Hebebühne, Holzkohlepulver, schwarzes Kupferoxidpulver, Kalkwasser, Schutzbrille

Durchführung:

Schritt 1: Mische 0,5 g Holzkohlepulver mit 3 g schwarzem Kupferoxidpulver.

Schritt 2: Fülle das Gemisch in das Reagenzglas.

Schritt 3: Stecke den Stopfen mit dem Winkelrohr auf das Reagenzglas.

Schritt 4: Befestige das Reagenzglas schräg am Stativ (→ Bild 2).

Schritt 5: Befülle das Becherglas mit Kalkwasser.

Schritt 6: Setze das Becherglas unter das gewinkelte Rohr, sodass die Öffnung des Rohres im Kalkwasser ist.

Schritt 7: Erhitze das Gemisch, bis du eine Reaktion im Reagenzglas beobachten kannst.

Schritt 8: Entferne danach zuerst das Becherglas und anschließend den Gasbrenner.

1 Beschreibe, was du im Reagenzglas und Becherglas beobachten kannst.

2 Erkläre deine Beobachtungen mit den Reaktionen, die stattgefunden haben.

3 Stelle das Reaktionsschema für die Reaktion des Kupferoxids in Symbolschreibweise aus.

4 Vergleiche die Prozesse in der Zeichnung eines historischen Brennofen mit dem Laborversuch.

IM ALLTAG

Metalle und Metallzeitalter

Die Kupferzeit

Kupfer war eines der ersten Metalle, das die Menschen nutzten. Das Kupfererz wurde vermutlich durch Zufall im Feuer erhitzt. Dabei wurde festgestellt, dass das Metall Kupfer entsteht, das die Menschen bearbeiten konnten. Um mehr Kupfer gewinnen zu können, mussten bessere Schmelzöfen mit höherer Temperatur entwickelt werden. Kupfer war selten und kostbar. Der bedeutendste Fund aus dieser Zeit ist die Eismumie Ötzi. In seinem Gepäck wurde ein Kupferbeil gefunden, das Rückschlüsse auf seine hohe soziale Stellung zuließ. Die Kupferzeit begann etwa 7000 v. Chr.

4 Kupferaxt

Die Bronzezeit

Auf die Kupferzeit folgte die Bronzezeit von ca. 2200 bis 800 v. Chr. Durch die Erfahrung in der Kupferverarbeitung entdeckten die Menschen, dass sich durch die Mischung von Kupfer und Zinn Bronze herstellen lässt. Dieser neue Werkstoff ist härter und lässt sich wegen seiner niedrigeren Schmelztemperatur leichter weiterverarbeiten. Dadurch konnten mit weniger Aufwand bessere Werkzeuge und Waffen hergestellt werden.

5 Waffen aus Bronze

Die Eisenzeit

Kupfer und Bronze waren selten und kostbar, da Kupfererz ein seltener Rohstoff ist. Die Rohstoffe zur Eisengewinnung dagegen waren leichter zu finden, doch das Herstellungsverfahren war sehr aufwändig. Für die Herstellung von Eisen müssen höhere Temperaturen erzeugt werden. Durch die Weiterentwicklung der Schmelzöfen konnten die zur Verarbeitung von Eisenerz nötigen Temperaturen erreicht werden. Eisen ist härter als Kupfer und Bronze und lässt sich besser bearbeiten und verarbeiten. Die Eisenzeit begann um 800 v. Chr.

6 Töpfe aus Eisen

1. Zeichne einen Zeitstrahl von der Steinzeit bis zur Eisenzeit. Trage die oben genannten Zeitalter ein.
2. Nenne Vorteile von Bronze gegenüber Kupfer.
3. Erläutere, warum die Menschen früher ihre Kupferwerkzeuge durch Werkzeuge aus Bronze ersetzt haben.

1 Hochofenanlage bei Dortmund

Vom Eisenerz zum Roheisen

Der Hochofen

Ein **Hochofen** ist ein 30 bis 50 Meter hoher Schachtofen zur Roheisengewinnung. Er hat einen Durchmesser von mehr als zehn Metern. Seine Wände bestehen aus feuerfesten Steinen und einem Stahlgerüst (→ Bild 1). Die Wände werden ständig mit Wasser gekühlt. Über eine Rampe wird der Hochofen von oben befüllt. Der obere Teil des Hochofens ist die **Gicht.** Darunter sorgt ein Rohr dafür, dass Gase entweichen können. Im unteren Bereich des Hochofens befindet sich eine Ringleitung, durch die heiße Luft unter Druck in den Ofen geleitet wird. Im Hochofen herrschen Temperaturen von bis zu 2000 °C.

Ganz unten fließen die Endprodukte des Prozesses aus dem Hochofen: **Roheisen** und **Schlacke.**

Funktionsweise des Hochofens

Im Hochofen findet bei großer Hitze eine Reaktion statt, bei der aus Eisenoxid und Kohlenstoff Eisen und Kohlenstoffdioxid entstehen. Dies ist eine **Sauerstoffübertragungsreaktion.**

In den oberen Teil der Hochofenanlage, der Gicht, wird über das Beschickungsrohr abwechselnd **Koks** und **Möller** eingefüllt. Koks ist eine reine Form von Kohle und dient unter anderem als Brennstoff. Möller besteht aus Eisenerz, Kalkstein, Silikat und anderen Stoffen. Die chemischen Prozesse finden in verschiedenen Zonen des Hochofens statt. Für die Gewinnung von **Roheisen** aus Eisenerzen werden hohe Temperaturen benötigt.

Ist ein Hochofen einmal in Betrieb, muss er regelmäßig befüllt werden.

Vorwärmzone

In der **Vorwärmzone** wird das Gemisch durch die aufsteigenden **Gichtgase** bis auf ca. 400 °C erwärmt und getrocknet.

Reduktionszone

Bei der Verbrennung von Koks entsteht zunächst Kohlenstoffdioxid. Dabei wird viel Wärme frei. Bei den hohen Temperaturen reagieren dann Kohlenstoff mit Kohlenstoffdioxid zu Kohlenstoffmonooxid. Dieses Gas ist sehr reaktionsfreudig und entzieht dem Eisenoxid den Sauerstoff.
So entstehen Eisen und Kohlenstoffdioxid. Hier findet eine Sauerstoffübertragungsreaktion statt. In der Reduktionszone liegt die Temperatur über 1000 °C.

Schmelzzone

In der Schmelzzone herrschen Temperaturen bis 2000 °C. Hier sammelt sich das heiße, flüssige Roheisen. Auf dem Roheisen schwimmt die Schlacke, die sich aus Bestandteilen des Eisenerzes, Kalk und den Zusatzstoffen aus dem Möller bildet. Sie verhindert eine erneute Verbindung des Roheisens mit Sauerstoff.

Produkte

In regelmäßigen Abständen wird der Hochofen unten geöffnet. Bei einem solchen **Abstich** läuft das glühend-heiße Roheisen aus dem Hochofen. 10 000 Tonnen täglich produziert ein moderner Hochofen. Die Schlacke wird abgetrennt und im Straßenbau eingesetzt.

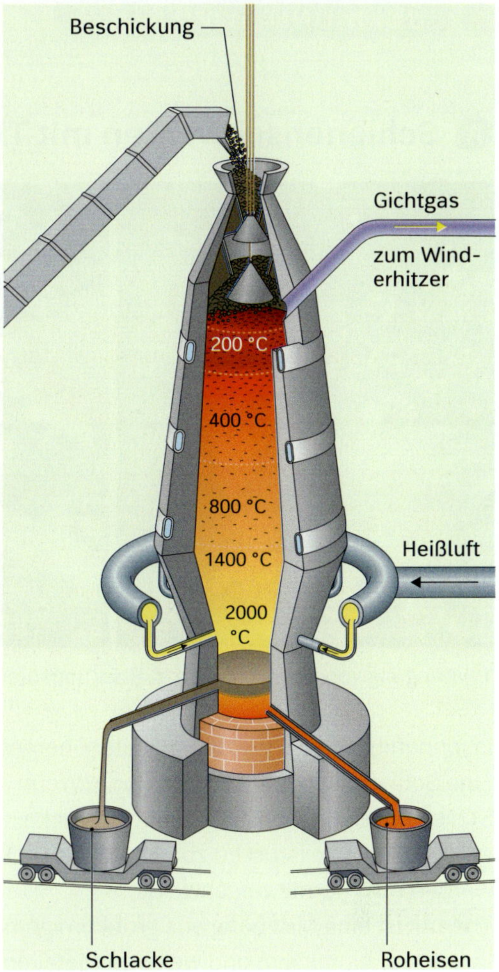

2 schematische Zeichnung eines Hochofens

3 Abstich von glühend heißem Roheisen

1 Beschreibe den Aufbau eines Hochofens.

2 Benenne die Funktion von Koks im Hochofen.

3 Benenne die Produkte, die im Hochofen entstehen und wozu sie genutzt werden.

4 I Ordne den verschiedenen Bereichen des Hochofens die dort ablaufenden Vorgänge zu.

5 II Erkläre die chemischen Prozesse, die im Hochofen stattfinden.

Starthilfe zu 4:
Erstelle eine Tabelle:

Bereich	Vorgänge
Vorwärmzone	Gemisch wird erwärmt
…	…

»

ÜBEN UND ANWENDEN

A Schienenschweißen mit Thermit

1 Verlegung von Bahnschienen: **A** Reaktionsofen wird gezündet, **B** Reaktionsofen, **C** geschweißte Bahnschienen

Eisenbahnschienen werden aus Stahl hergestellt. Eine Schiene ist dabei 25 Meter lang. Wenn Schienen verlegt werden, bleibt eine Lücke zwischen den Teilstücken zurück. Diese Lücken werden mit Thermit verschweißt.
Thermit ist eine Mischung aus grobkörnigem Eisenoxid, Aluminium und weiteren Metallen. Der Chemiker Hans Goldschmidt fand im 19. Jahrhundert heraus, dass Aluminium mit Metalloxiden reagiert. Bei der Reaktion entsteht sehr viel Wärme. Deshalb nannte er das Gemisch Thermit. Beim Thermitschweißen findet eine Sauerstoffübertragungsreaktion vom Eisen auf Aluminium statt.

Um die Schienen zu verbinden, wird an den Spalten eine Gießform mit einem feuerfesten Reaktionsofen angebracht. Er wird mit Thermit befüllt.
Die Mischung wird mit einer Art Wunderkerze entzündet. Es findet eine starke exotherme Reaktion statt. Dabei entstehen Temperaturen von über 2000 °C (→ Bild 1A). Aus dem Ofen fließt die bei der Reaktion entstehende Eisenschmelze in die Gießform und füllt die Lücke zwischen den Schienen (→ Bild 1B).
Sobald das Metall abgekühlt ist, wird die Gießform abgeschlagen und die Schienen werden geschliffen (→ Bild 1C).

1. **a)** Nenne die Bestandteile des Thermit.
   b) Beschreibe das Ziel des Thermitschweißens.
   c) Beschreibe das Vorgehen beim Thermitschweißen.
2. Begründe, wie es zu den hohen Temperaturen im Reaktionsofen beim Thermitschweißen kommt.
3. Schreibe die Sauerstoffübertragungsreaktion im Thermit auf, bei der aus dem Eisenoxid Eisen entsteht.
4. Nutze die Seite über edle und unedle Metalle und vergleiche Eisen und Aluminium in Bezug darauf, wie leicht sie mit Sauerstoff reagieren. Erkläre damit die Funktionsweise des Thermitverfahrens.

IM ALLTAG

Metalle verändern sich

Viele Metalle verändern sich mit der Zeit. Sie verlieren ihren Glanz, werden matt oder rosten. Nicht alle Metalle zeigen diese Veränderungen.

Wenn sich Metalle verändern, sind sie meistens Umwelteinflüssen ausgesetzt. Sie haben Kontakt zur Luft oder zu Wasser. Es finden chemische Reaktionen statt.

Edelmetalle

Metalle, die sich an der Luft nicht oder kaum verändern, gehören zu den Edelmetallen. Sie behalten ihre glänzende Oberfläche und rosten nicht, weil sie sich nicht mit dem Sauerstoff der Luft verbinden. Zu den Edelmetallen zählen unter anderem Gold, Silber und Platin.

2 Schmuck aus Gold und Silber

Unedle Metalle

Metalle, die mit anderen Stoffen reagieren, werden als unedel bezeichnet. Durch den Sauerstoff der Luft verändert sich die Oberfläche. Sie bilden eine Oxidschicht. Diese Oxidschicht kann das darunter liegende Metall vor einer weiteren Veränderung schützen.

Unedle Metalle reagieren mit Säuren. Aluminium, Zink und Eisen sind zum Beispiel unedle Metalle.

3 Kessel aus Aluminium

Von ganz unedel bis ganz edel

Je edler ein Metall ist, desto weniger leicht geht es eine Verbindung mit Sauerstoff ein. Je unedler ein Metall ist, desto heftiger reagiert es mit Sauerstoff.

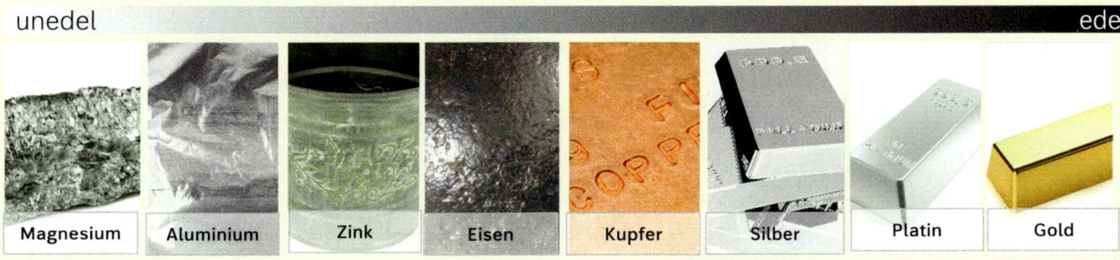

4 Reihenfolge der Metalle

1. Nenne jeweils zwei edle und zwei unedle Metalle.
2. Nenne die Unterschiede zwischen edlen und unedlen Metallen.
3. Nenne die Verbindungen, die bei der Reaktion von Aluminium mit Sauerstoff und Zink mit Sauerstoff entstehen.

1 Eine Konstruktion aus Stahl: die Golden Gate Bridge in San Fransisco

Aus Roheisen wird Stahl

Stahl ist vielseitig

Stahl wird aufgrund seiner Vielseitigkeit in vielen Lebensbereichen eingesetzt. Er wird als Baumaterial in Häusern, Fahrzeugen und Brücken genutzt. Auch Werkzeuge, Haushaltsgegenstände und Schmuck werden aus Stahl hergestellt.

2 Ein Sägeblatt ist elastisch.

Eigenschaften von Roheisen und Stahl

Roheisen wird im Hochofen hergestellt. Es ist spröde, brüchig und anfällig für Umwelteinflüsse. Es lässt sich schlecht schmieden und walzen, da es einen hohen Kohlenstoffanteil hat.

Stahl ist hingegen zugfest, elastisch und hat eine hohe Beständigkeit gegenüber Umwelteinflüssen (→ Bild 2). Es lässt sich gut schmieden und walzen, da der Kohlenstoffanteil geringer ist.

Vom Roheisen zum Stahl

Stahl kommt in der Natur nicht vor. Es muss aus Roheisen hergestellt werden. Das Roheisen, das aus dem Hochofen gewonnen wurde, wird zu einem Stahlwerk transportiert. Dort wird daraus in einem weiteren Prozess Stahl hergestellt.

Stahlgewinnung

Das flüssige Roheisen wird in einen **Konverter** gefüllt (→ Bild 3). Ein Konverter ist ein großer Behälter, der bis zu 500 Tonnen fassen kann. Zusätzlich wird noch Kalk und Stahlschrott hinzugefügt. Durch ein wassergekühltes Rohr wird Sauerstoff unter Druck auf das Eisen geblasen. Es entsteht eine heftige Reaktion, bei der Temperaturen bis zu 1700 °C entstehen, wenn der Kohlenstoff im Eisen mit dem Sauerstoff reagiert. Durch den beigefügten Stahlschrott wird die Temperatur geregelt. Dieses Verfahren heißt **Sauerstoff-Aufblasverfahren**. Durch die Reaktion von Kohlenstoff mit dem Sauerstoff zu Kohlenstoffdioxid wird dem Eisen Kohlenstoff entzogen. So entsteht Stahl. Der flüssige Stahl wird aus dem Konverter in eine Gießpfanne gegossen.
Als Nebenprodukt entsteht Kalkschlacke. Der Kalk verbindet sich mit den anderen Oxiden, die bei der Stahlproduktion entstehen.
Wenn der Stahl aus dem Konverter kommt, wird er weiter bearbeitet. Durch Walzen entstehen beispielsweise Stahlplatten oder Draht (→ Bild 4).

Stahlsorten

Durch die Zugabe weiterer Metalle oder durch eine Veränderung des Kohlenstoffanteils können die Eigenschaften des Stahls beeinflusst werden. Der Stahl kann dadurch härter, chemikalienfester oder weniger anfällig für Umwelteinflüsse sein.

3 Ein Konverter

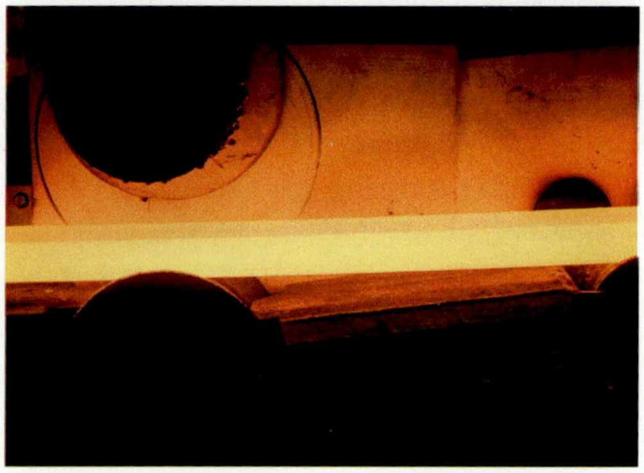

4 Stahl wird gewalzt.

5 Gegenstände aus Stahl

1. Vergleiche Roheisen und Stahl in den Eigenschaften und in der Zusammensetzung miteinander. Benenne Unterschiede.
2. Beschreibe den Weg vom Roheisen zum Stahl.
3. Roheisen ist für wenig Verwendungszwecke geeignet, deshalb wird es zu Stahl umgewandelt. Erkläre, warum Roheisen ungeeignet ist.
4. I Erkläre das Sauerstoffaufblasverfahren.
5. II Begründe, warum sich Eisen und Stahlschrott gut recyceln lassen.

Starthilfe zu 2:
Zuerst wird das Roheisen ...
Im Stahlwerk ...

IM ALLTAG

Eisen rostet

Metalle, die Umwelteinflüssen ausgesetzt sind, reagieren mit anderen Stoffen. Wenn das Metall dabei beginnt, sich zu zersetzen, heißt dieser Vorgang Korrosion. Je unedler ein Metall ist, desto eher korridiert es.

Rosten

Die bekannteste Form der Korrosion ist das Rosten von Eisen.
Diese Reaktion findet statt, wenn Eisen mit Sauerstoff und Wasser reagiert. Dabei entsteht eine rotbraune Schicht, die wir als Rost bezeichnen. Die Oberfläche des Eisens wird zunehmend porös und beginnt, zu zerfallen.
Wenn der Rost nicht entfernt wird, zerfällt das Eisenstück, weil das Eisen weiter mit anderen Stoffen reagiert. Löcher können entstehen, der so genannte Lochfraß.

1 Korrosion am Auto führt zu Löchern.

Eisen und Stahl schützen

Um Korrosion von Eisen zu verhindern oder zu verlangsamen, muss es vor Reaktionen mit Wasser oder Sauerstoff geschützt werden. Dazu können Eisen und Stahl mit verschiedenen Schichten überzogen werden, etwa mit Kunststoff, Lacken oder Fetten. So wird eine Barriere zwischen dem Metall und dem Wasser und der Luft gebildet, sodass keine Reaktion mit dem Sauerstoff stattfinden kann.

2 Schlösser mit einer Lackschicht rosten nicht.

1 **a)** Beschreibe Eigenschaften von Rost.
b) Nenne die Bedingungen für das Rosten von Eisen.

2 **a)** Erkläre den Begriff Korrosion.
b) Vergleiche die Korrosion bei Eisen mit der Bildung von Kupferoxid.

3 Erkläre an Beispielen aus dem Alltag, wie das Rosten von Eisen verhindert werden kann.

ÜBEN UND ANWENDEN

A Legierungen von Metallen

Wenn Metalle durch Erhitzen verflüssigt und mit anderen Metallen vermischt werden, entstehen **Legierungen**. So können die Eigenschaften des Ausgangsmetalls verändert werden. Sie werden dehnbarer, hitzebeständiger, härter und fester, oder erhalten eine größere Beständigkeit gegen Umwelteinflüsse. Oft werden die Metalle Kupfer, Zinn, Zink, Nickel oder Chrom für Legierungen verwendet. Die Schiffsglocke in Bild A ist aus Messing, da diese Legierung aus Kupfer und Zink sehr korrosionsbeständig ist. Auch unser Münzgeld besteht aus verschiedenen Legierungen. Ein Ein-Euro-Geldstück besteht beispielsweise aus Legierungen aus Kupfer, Zink und Nickel.

1 Erkläre, warum Metalle mit anderen Metallen vermischt werden.

2 Benenne Vorteile der vorgestellten Metalllegierungen.

A

B

3 Gegenstände aus Metalllegierungen**:** **A** eine Schiffsglocke aus Messing, **B** Münzgeld

B Spezialstähle

Wenn Stahl mit anderen Metallen legiert wird, verändern sich seine Eigenschaften. Es gibt sehr viele verschiedene Sorten Stahl, die alle unterschiedliche Verwendungszwecke haben. Sie können weicher oder fester, elastisch oder starr, oder besonders unempfindlich gegen Umwelteinflüsse sein.

1 Nenne jeweils zwei Eigenschaften von V2A- und HSS-Stahl.

2 Nenne je einen Verwendungszweck, bei dem Stahl besonders hart, elastisch, hitzebeständig und rostfrei sein muss.

3 Ein Hersteller von Essbesteck bestellt neues Rohmaterial. Begründe, welche Sorte Stahl er nehmen sollte.

	V2A-Stahl	HSS-Stahl
Legierung	Chrom, Nickel, Mangan	Wolfram, Molybdän, Vanadium
Eigenschaften	zäh, korrosionsbeständig, beständig gegen Säuren und Laugen	hart, zäh
Verwendung	Haushaltsgegenstände	Werkzeuge

4 wichtige Stahllegierungen

1 Metallabfälle werden gesammelt.

Recycling von Metallen

Metalle als Verpackungen

Metalle werden oft als Verpackung genutzt. In Konservendosen aus Metall werden Lebensmittel abgepackt. Aus Aluminium werden unter anderem Folien, Grillschalen und Kapseln hergestellt. Nachdem die Lebensmittel verbraucht sind, bleibt die Verpackung übrig.

2 Metallabfälle werden gesammelt.

Recycling schont die Umwelt

Metalle werden viel in der Industrie benötigt, zum Beispiel bei der Autoherstellung oder bei der Herstellung von Elektrogeräten. Die Nachfrage nach Metallen steigt immer weiter an. Die Metallvorkommen auf der Erde sind allerdings begrenzt. Deshalb werden sie gesammelt und müssen dann sortiert werden. Anschließend werden Metalle wiederverwertet. Sie werden **recycelt.**

Je nach Metall sind die Verfahren zur Aufbereitung unterschiedlich aufwändig. Das Recycling von Metallen sorgt für einen geringeren Verbrauch von Erzen, da Schrott wiederverwertet wird. So werden Energie und Rohstoffe gespart. Durch den geringen Energiebedarf beim Recyceln wird auch der Ausstoß von Kohlenstoffdioxid erheblich reduziert. Zudem ist es kostengünstiger, Metalle zu recyceln, als sie aus Erz neu zu gewinnen.

Aluminium recyceln

Aluminium wird aus Aluminiumerz, dem **Bauxit,** gewonnen. Dabei muss viel Energie verwendet werden.
Beim Recyclingverfahren von Aluminium kann das Altmetall beliebig oft eingeschmolzen werden. Die Qualität des recycelten Metalls ist dabei immer gleich. Durch das Einschmelzen können bis zu 96 % der Energie gespart werden. Aluminium kann über die Wertstofftonne dem Recycling zugeführt werden. Bei dem überwiegenden Anteil des Schrotts handelt es sich um Aluminiumabfälle aus der Industrie. Beim Recycling von Aluminium wird das Altmetall zunächst zerkleinert und gereinigt. Anschließend wird es eingeschmolzen und dann zu neuen Produkten verarbeitet.

Recycling von Eisenschrott

Eisenschrott kann in der Stahlherstellung genutzt werden. Der Hochofen wird damit zusätzlich zum Eisenerz beschickt. So wird nicht nur Eisenerz gespart, sondern auch die Temperatur des Hochofens besser gesteuert.

Weitere Metalle

Ein Smartphone enthält neben Metallen wie Kupfer, Eisen und Aluminium verarbeitet, aber auch sehr seltene Metalle wie Lanthan. Diese Metalle nennt man auch Seltenen Erden. Für alle diese Metalle lohnt sich das Recycling, um Ressourcen zu schonen und Energie zu sparen.

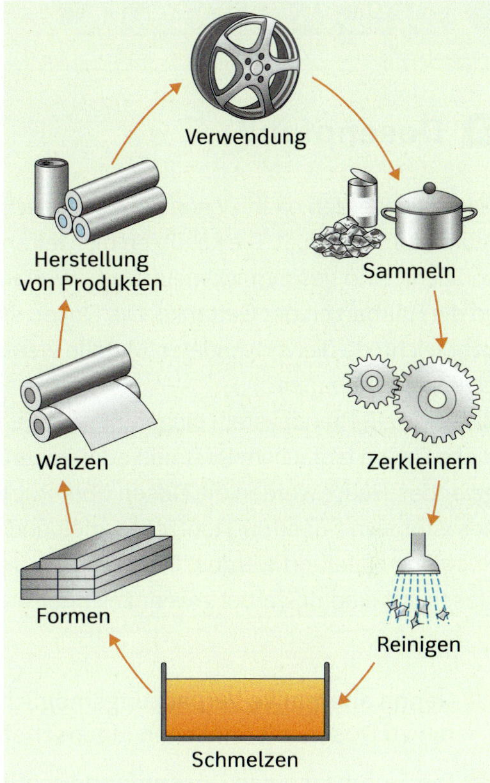

3 Recyclingverfahren von Aluminium

4 Ein Bagger auf einem Metallschrottberg

1. Erkläre, warum es sinnvoll ist, Metalle zu recyceln.
2. **a)** Erstelle ein Fließschema zum Recyceln von Metallen. Verwende folgende Begriffe: Erdkruste, Erze, Metallgewinnung, Produktion, Entsorgung, Recycling.
   b) Nenne Argumente für das Recyclen von Metallen.
3. **I** Beschreibe das Verfahren zum Recyceln von Aluminiumabfällen.

   Starthilfe zu 3: Verwende Bild 3.
4. **II** **a)** Begründe, warum Eisenschrott ordnungsgemäß entsorgt werden soll.

»

ÜBEN UND ANWENDEN

A Dosenpfand

Getränke werden oft in Dosen aus Weißblech oder Aluminium abgefüllt. Sie schützen die Getränke vor Licht, sind geschmacksneutral und verlängern so die Haltbarkeit der Getränke. Die Dosen sind sehr leicht, da die verwendeten Metalle wenig Eigengewicht haben.
Bis 2003 ein Pfandsystem eingeführt wurde, sind diese Dosen einfach im Restmüll oder in der Natur gelandet. Heute werden die Dosen über Rückgabesysteme in Supermärkten gesammelt und dem Recycling zugeführt werden. Dazu werden die Dosen mit einem Symbol gekennzeichnet.

1. Nenne alternative Verpackungsmöglichkeiten zu Dosen mit ähnlichen Eigenschaften.
2. Die Einführung des Dosenpfands schützt die Umwelt. Erläutere diese Aussage.

1 Recycling von Getränkedosen: **A** Getränkedose leeren, **B** Symbol für Dosenpfand, **C** gepresste Getränkedosen

B Seltene Metalle

Seltene Metalle werden auch als Seltene Erden bezeichnet. Sie kommen in der Erdkruste vor und werden zum Beispiel in elektrischen Geräten wie Smartphones und Notebooks verbaut. Zu Ihnen gehören Neodym, Lanthan und Yttrium. Zur Produktion eines elektrischen Geräts werden nur geringe Mengen benötigt. Jedoch ist das Verfahren zur Gewinnung der Seltenen Erden aus Erzen sehr aufwändig und teuer. Die meisten Seltenen Erden werden in China abgebaut.

1. Recherchiere, wozu Seltene Erden genutzt werden.
2. Nenne die Regionen der größten Vorkommen der Seltenen Erden.
3. China produziert den weltweit die meisten Computerchips. Nenne Gründe dafür.

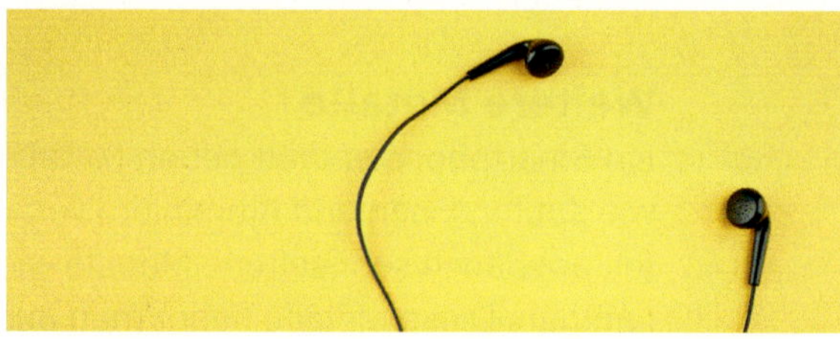

2 Das Metall Neodym in Kopfhörern

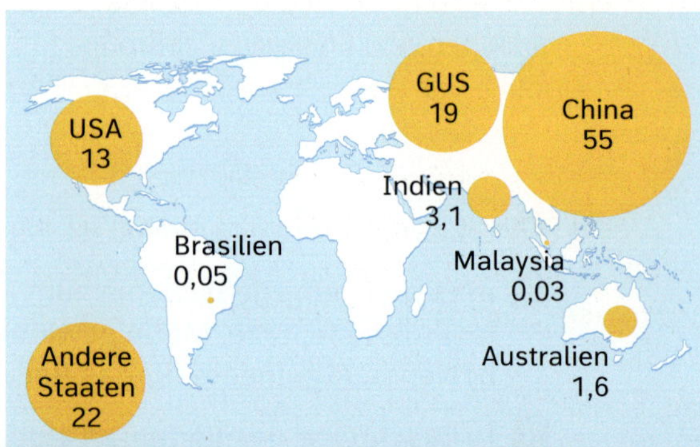

3 Geschätztes Vorkommen Seltener Erden in Millionen Tonnen

ÜBEN UND ANWENDEN

C Die inneren Werte deines Smartphones

Fast jeder Mensch in Deutschland besitzt ein Smartphone. Die Nachfrage nach diesen Geräten steigt stetig. Neben Kunststoffen und Glas sind verschiedene Metalle verbaut wie Eisen und Kupfer. Auch Edelmetalle und Seltene Erden sind in geringen Mengen nötig, um Smartphones herzustellen.
Die Nutzungsdauer der Geräte ist normalerweise nicht besonders lang. Wenn die Geräte korrekt entsorgt werden, können die enthaltenen Metalle zu einem großen Teil wiederverwertet werden.

1 Das Recyceln von Smartphones spart Ressourcen. Erstelle einen Flyer und argumentiere, warum diese Geräte recycelt werden sollen.

2 Erläutere, warum es sich lohnt, auch die geringen Mengen an edlen und seltenen Metallen aus alten Smartphones zurückzugewinnen.

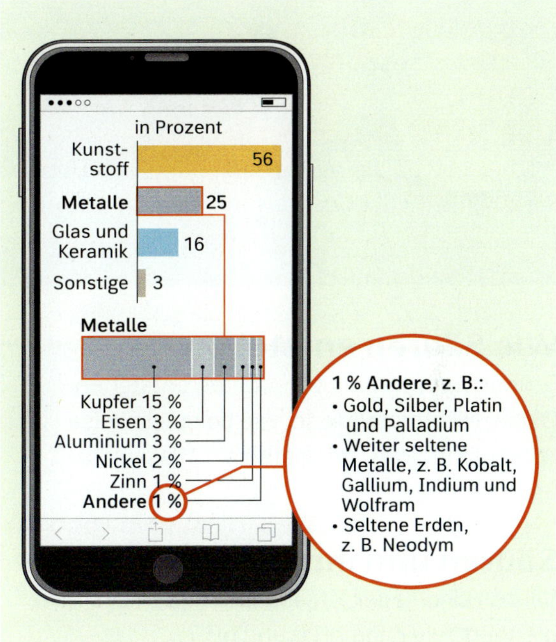

4 Bestandteile eines Smartphones

D Wohin mit meinem Smartphone?

In deutschen Haushalten liegen rund 200 Millionen alte Mobiltelefone ungenutzt herum. 2010 waren es nur rund 72 Millionen.
Die Nachfrage nach Smartphones ist immer noch sehr hoch. Viele Menschen wollen immer das aktuellste Smartphone besitzen, zum Beispiel wegen einer längeren Akkulaufzeit, mehr Speicherkapazität, einer besseren Kamera oder schnellerem Laden.
Smartphones gehören nicht in den Hausmüll. Es gibt verschiedene Möglichkeiten, ein altes Smartphone zu entsorgen. Man kann das Gerät weiterverkaufen, zu einer Sammelstelle für Elektronikmüll oder zum Händler bringen. Damit leistet man einen Beitrag zum Umweltschutz.

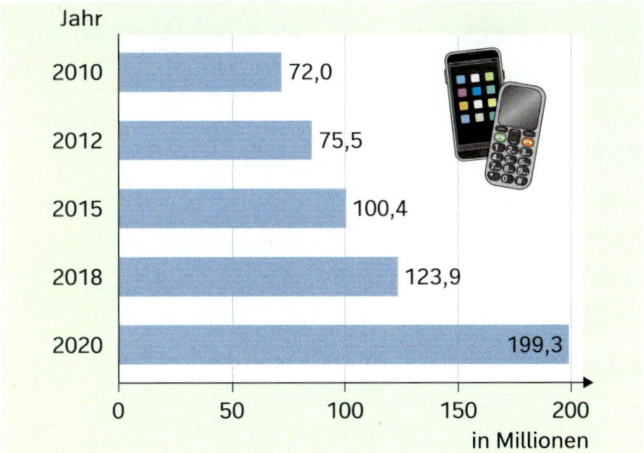

5 Anzahlen ungenutzter, alter Smartphones in deutschen Haushalten

1 Nenne Gründe, warum Smartphones nicht in den Hausmüll gehören.

2 Recherchiere Möglichkeiten in deiner Stadt, ein altes Smartphone zu entsorgen.

Auf einen Blick: Stoffe gewinnen und nutzen

Wie Säuren entstehen

Bei der Verbrennung von Stoffen entstehen Oxide. Nichtmetalloxide, wie beispielsweise Kohlenstoffdioxid, reagieren mit Wasser zu Säuren.

Säuren und ihre Wirkungen

Säuren sind sauer, ätzend und haben einen pH-Wert zwischen pH 0 und pH 7.
Säuren reagieren mit Kalk unter Bildung von Kohlenstoffdioxid. Bei der Reaktion von Säuren mit unedlen Metallen entsteht Wasserstoff.
In unserer Luft sind durch viele Verbrennungsvorgänge Kohlenstoffdioxid, Schwefeldioxid oder Stickstoffoxide enthalten. Mit Wasser entstehen daraus Säuren, die vielfältige Auswirkungen auf unsere Umwelt haben.

Alkalische Lösungen

Metalle wie Natrium oder Metalloxide wie Calciumoxid reagieren mit Wasser zu Laugen. Diese sind alkalisch. Sie haben einen pH-Wert zwischen pH 7 und pH 14. Sie sind ebenfalls ätzend und lösen Fette.

Nützliche Säuren und Laugen

Säuren und Laugen verwenden wir häufig in Form von Putzmitteln. Dabei hängt es von der Art der Verschmutzung ab, welches Putzmittel geeignet ist. Kalkablagerungen können am besten mit einem säurehaltigen Putzmittel entfernt werden. Säuren lösen Kalk. Fettige Gegenstände können mithilfe von alkalischen Putzmitteln gesäubert werden. Laugen lösen Fett.
Laugen nutzen wir außerdem zur Herstellung von Laugengebäck, zur Neutralisation oder zur Desinfektion.

Das Reaktionsschema

Mithilfe eines Reaktionsschemas kann eine Reaktion in sehr kurzer Form und international verständlich beschrieben werden. Dabei werden Ausgangsstoffe (Edukte) und Produkte in Symbolschreibweise dargestellt.
Beispiel: $C + O_2 \rightarrow CO_2$

WICHTIGE BEGRIFFE

- Nichtmetalloxide, Metalloxide
- Säuren
- pH-Wert
- ätzend

WICHTIGE BEGRIFFE

- alkalische Lösungen, Laugen
- Reaktionsschema
- Edukte, Produkte

Metalle und Nichtmetalle

Aufgrund ihrer sehr unterschiedlichen Eigenschaften werden Elemente in Metalle und Nichtmetalle unterteilt. Metalle wie Kupfer oder Eisen zeichnen sich durch einen metallischen Glanz, elektrische Leitfähigkeit, eine gute Wärmeleitfähigkeit und eine gute Verformbarkeit aus. Nichtmetallen fehlen diese Eigenschaften. Beispiele für Nichtmetalle sind Sauerstoff, Schwefel oder Kohlenstoff.

Kupfergewinnung aus Erzen

Kupfer findet sich hauptsächlich in Form von Kupfererzen. Diese müssen zunächst aufwändig abgebaut werden. Kupfererze enthalten Kupferoxide. In einer chemischen Reaktion wird der Sauerstoff aus dem Kupferoxid auf den Kohlenstoff übertragen. Das so gewonnene Kupfer ist ein vielseitig verwendbarer Werkstoff.

Eisengewinnung aus Erzen

Eisen wird aus Eisenerzen gewonnen. Sie enthalten Eisenoxid. In Hochöfen findet bei großer Hitze eine Sauerstoffübertragungsreaktion vom Eisenoxid zum Kohlenstoff statt. Dabei entstehen Roheisen, Kohlenstoffdioxid und Schlacke.

WICHTIGE BEGRIFFE

- Metalle, Nichtmetalle
- Erze
- Kupferoxid, Eisenoxid
- Hochofen
- Sauerstoffübertragungsreaktion

Stahlherstellung

Stahl wird aus Roheisen gewonnen. Mit dem Sauerstoff-Aufblasverfahren wird dem Roheisen Kohlenstoff entzogen. Dadurch lässt sich der Stahl anschließend gut schmieden und walzen. Er wird zugfest, elastisch und beständiger gegenüber Umwelteinflüssen. Durch Zugabe anderer Metalle entstehen Legierungen mit besonderen Eigenschaften.

Metallschrott und Recycling

Durch die vielseitige Verwendung von Metallen vor allem in Elektrogeräten und für Verpackungen fällt sehr viel Metallschrott an. Ein Teil dieser Metalle lässt sich recyceln, wenn die Abfälle in geeigneter Weise entsorgt werden. Dabei werden entweder die Metalle zurückgewonnen und wiederverwertet oder die enthaltene Energie wird genutzt. Recycling schont die Umwelt, da der Energiebedarf beim Recyceln meist deutlich geringer ist als bei der Gewinnung der Metalle aus ihren Erzen.

WICHTIGE BEGRIFFE

- Roheisen
- Stahl
- Sauerstoff-Aufblasverfahren
- Legierung
- Recycling

Lerncheck: Stoffe gewinnen und nutzen

Säuren herstellen und nutzen

1 **a)** Beschreibe den pH-Wert des im Foto dargestellten Wassers.
b) Beschreibe Veränderungen, die die Einleitung von Kohlenstoffdioxid hervorrufen würde.
c) Erkläre den Zusammenhang zwischen Kohlenstoffdioxid und Kohlensäure.

2 Beschreibe, wie du aus dem Nichtmetall Schwefel eine Säure herstellen könntest.

3 Begründe den Hinweis „pH-hautneutral“, den du häufig auf der Verpackung von Duschgels findest.

4 **a)** Beschreibe Einflüsse von Säuren auf die Umwelt.
b) Stelle zwei Reaktionsschemata auf, die deutlich machen, wie Saurer Regen entsteht.

DU KANNST JETZT ...

- ... erklären, wie Säuren aus Oxiden entstehen.
- ... erklären, was der pH-Wert aussagt.
- ... einige Eigenschaften von Säuren beschreiben und ihren Einfluss auf die Umwelt erläutern.
- ... einige chemische Reaktionen mit Symbolen aufschreiben.
- ... die Nutzung von Säuren im Haushalt erläutern.

Laugen herstellen und nutzen

5 **a)** Erläutere die auf dem Foto abgebildete Möglichkeit, einen verstopften Abfluss freizubekommen.
b) Begründe, warum bei der Reinigung Handschuhe getragen werden sollten.

6 Beschreibe, wie du Laugen von Säuren gefahrlos unterscheiden kannst.

7 Calciumlauge kann auf zwei unterschiedliche Art und Weisen hergestellt werden. Stelle für diese Reaktionen jeweils ein Reaktionsschema auf.

8 Beschreibe eine Reaktion, bei dem die Knallgasprobe positiv verlaufen würde.

9 Erläutere weitere Verwendungsmöglichkeiten von Laugen.

DU KANNST JETZT ...

- ... die Nutzung von Laugen im Haushalt erläutern.
- ... erklären, wie man Laugen erkennen kann und mögliche pH-Werte nennen.
- ... anhand von Beispielen erklären, wie Laugen entstehen.
- ... einige Eigenschaften von Laugen beschreiben.

Metalle und Nichtmetalle

10 **a)** Benenne die besonderen Eigenschaften aller Metalle.
b) Erläutere einige Beispiele von Metallen, die im Alltag verwendet werden.
c) Erkläre, warum für Schmuckstücke wie Ketten oder Ringe meist teure Metalle wie Gold und Silber verwendet werden.
d) Begründe, warum eine magnetische Pinnwand nicht aus Kupfer bestehen kann.

11 Erkläre, warum die seltenen Metalle Gold und Silber von den Menschen schon viel früher benutzt wurden als Kupfer oder Eisen.

12 Nenne drei Beispiele für Nichtmetalle und begründe, warum sie nicht zu den Metallen gehören.

DU KANNST JETZT ...

- ... die besonderen Eigenschaften aller Metalle nennen.
- ... Beispiele für unedle und edle Metalle nennen und Unterschiede beschreiben.
- ... erläutern, wie wir Metalle in unserem Leben nutzen.

Eisen gewinnen und Metalle recyceln

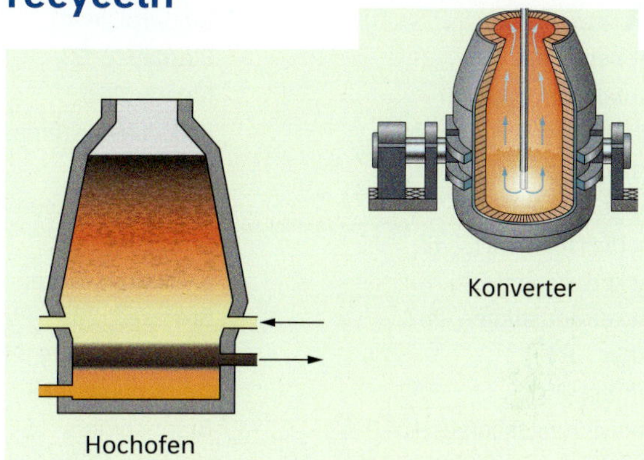

13 **a)** Nenne die Stoffe, die für den Prozess im Hochofen benötigt werden und gib die Produkte an. Zeichne dazu die linke Skizze vom Hochofen ab und ergänze mithilfe von Pfeilen ein, wo die Ausgangsstoffe zugefügt und die Produkte entnommen werden.
b) Beschreibe die drei Zonen des Hochofens und die darin stattfindenden Vorgänge.
c) Beschreibe Eigenschaften des Roheisens und damit verbundene Nachteile.

14 Erläutere Möglichkeiten der Weiterverarbeitung von Eisen zu Stahl auch mithilfe des oben abgebildeten Konverters.

15 **a)** Beschreibe eine Möglichkeit, Metalle zu recyceln und nenne Vorteile des Recyclings.
b) Erläutere, wie du zur nachhaltigen Nutzung von Metallen beitragen kannst.

DU KANNST JETZT ...

- ... erklären, wie wir Eisen gewinnen können.
- ... erklären, wie aus Roheisen Stahl wird.
- ... begründen, warum Recycling von Metallen oft sinnvoll ist.
- ... Probleme beim Recycling beschreiben.

Lerncheck

Stichwortverzeichnis

f. = die folgende Seite
ff. = die folgenden Seiten

F

G

H

I

J

K

T

U

V

W

Z

Gefahrenhinweise (H-Sätze)

Physikalische Gefahren

H220 Extrem entzündbares Gas.

H 225 Flüssigkeit und Dampf leicht entzündbar.

H 228 Entzündbarer Feststoff.

H250 Entzündet sich in Berührung mit Luft von selbst.

H260 In Berührung mit Wasser entstehen entzündbare Gase, die sich spontan entzünden können.

H261 In Berührung mit Wasser entstehen entzündbare Gase.

H 270 Kann Brand verursachen oder verstärken; Oxidationsmittel.

H272 Kann Brand verstärken; Oxidationsmittel

H 280 Enthält Gas unter Druck; kann bei Erwärmung explodieren.

H290 Kann gegenüber Metallen korrosiv sein.

Gesundheitsgefahren

H 302 Gesundheitsschädlich bei Verschlucken.

H 304 Kann bei Verschlucken und Eindringen in die Atemwege tödlich sein.

H 314 Verursacht schwere Verätzungen der Haut und schwere Augenschäden

H 315 Verursacht Hautreizungen.

H 318 Verursacht schwere Augenschäden.

H 319 Verursacht schwere Augenreizungen.

H 330 Lebensgefahr beim Einatmen.

H 331 Giftig beim Einatmen.

H 335 Kann die Atemwege reizen.

H 336 Kann Schläfrigkeit und Benommenheit verursachen.

H 373 Kann die Organe schädigen bei längerer oder wiederholter Exposition.

Umweltgefahren

H 400 Sehr giftig für Wasserorganismen.

H 410 Sehr giftig für Wasserorganismen mit langfristiger Wirkung.

H 411 Giftig für Wasserorganismen, mit langfristiger Wirkung.

Piktogramm	Beschreibung	Signalwort	Gefahrenklasse
	Explodierende Bombe	Gefahr	Instabile explosive Stoffe, Gemische und Erzeugnisse mit Explosivstoff(en), selbstzersetzliche Stoffe und Gemische, Organische Peroxide
	Flamme	Gefahr/Achtung	Entzündbar, selbsterhitzungsfähig, selbstzersetzlich, pyrophor, wasserreaktiv, Organische Peroxide
	Flamme über einem Kreis	Gefahr	Entzündend (oxidierend) wirkend
	Gasflasche	Achtung	Gase unter Druck, verdichtete, verflüssigte, tiefgekühlt verfl., gelöste Gase
	Ätzwirkung	Gefahr/Achtung	Auf Metalle korrosiv wirkend, hautätzend, schwere Augenschädigung
	Totenkopf mit gekreuztem Knochen	Gefahr	Akute Toxizität
	dickes Ausrufezeichensymbol		
	Gesundheitsgefahr	Gefahr/Achtung	diverse Gesundheitsgefahren
	Umwelt	Gefahr/Achtung	Gewässergefährdend

Sicherheitshinweise (P-Sätze)

Prävention

P201 Vor Gebrauch besondere Anweisungen einholen.

P210 Von Hitze / Funken / offener Flamme / heißen Oberflächen fernhalten. Nicht rauchen.

P222 Kontakt mit Luft nicht zulassen.

P223 Kontakt mit Wasser wegen heftiger Reaktion und möglichem Aufflammen unbedingt verhindern.

P232 Vor Feuchtigkeit schützen.

P240 Behälter und zu befüllende Anlage erden.

P241 Explosionsgeschützte elektrische Betriebsmittel/ Lüftungsanlagen/Beleuchtung/... verwenden.

P260 Staub / Rauch / Gas / Nebel / Dampf / Aerosol nicht einatmen.

P261 Einatmen von Staub / Rauch / Gas / Nebel / Dampf / Aerosol vermeiden.

P273 Freisetzung in die Umwelt vermeiden.

P280 Schutzhandschuhe / Schutzkleidung / Augenschutz / Gesichtsschutz tragen.

P281 Vorgeschriebene persönliche Schutzausrüstung verwenden.

P231 + P232 Unter inertem Gas handhaben. Vor Feuchtigkeit schützen.

Reaktion

P310 Sofort Giftinformationszentrum oder Arzt anrufen.

P312 Bei Unwohlsein Giftinformationszentrum oder Arzt anrufen.

P313 Ärztlichen Rat einholen/ärztliche Hilfe hinzuziehen.

P314 Bei Unwohlsein ärztlichen Rat einholen/ärztliche Hilfe hinzuziehen.

P331 Kein Erbrechen herbeiführen.

P377 Brand von ausströmendem Gas: Nicht löschen, bis Undichtigkeit gefahrlos beseitigt werden kann.

P381 Alle Zündquellen entfernen, wenn gefahrlos möglich.

P390 Verschüttete Mengen aufnehmen, um Materialschäden zu vermeiden.

P391 Verschüttete Mengen aufnehmen.

P301 + P310 Bei Verschlucken: Sofort Giftinformationszentrum oder Arzt anrufen.

P301 + P330 + P331 Bei Verschlucken: Mund ausspülen. Kein Erbrechen herbeiführen.

P302 + P352 Bei Kontakt mit der Haut: Mit viel Wasser und Seife waschen.

P303 + P361 + P353 Bei Kontakt mit der Haut (oder dem Haar): Alle beschmutzten, getränkten Kleidungsstücke sofort ausziehen. Haut mit Wasser abwaschen/duschen.

P304 + P340 Bei Einatmen: An die frische Luft bringen und in einer Position ruhigstellen, die das Atmen erleichtert.

P305 + P351 + P338 Bei Kontakt mit den Augen: Einige Minuten lang behutsam mit Wasser spülen. Vorhandene Kontaktlinsen nach Möglichkeit entfernen. Weiter spülen.

P308 + P313 Bei Exposition oder falls betroffen: Ärztlichen Rat einholen/ärztliche Hilfe hinzuziehen.

P309 + P311 Bei Exposition oder Unwohlsein: Giftinformationszentrum oder Arzt anrufen.

P370 + P378 Bei Brand: ... zum Löschen verwenden.

Aufbewahrung

P406 In korrosionsbeständigem/... Behälter mit korrosionsbeständiger Auskleidung aufbewahren.

P422 Inhalt in/unter ... aufbewahren

P402 + P404 In einem geschlossenen Behälter an einem trockenen Ort aufbewahren.

P403 + P233 Behälter dicht verschlossen an einem gut belüfteten Ort aufbewahren.

P410 + P403 Vor Sonnenbestrahlung geschützt an einem gut belüfteten Ort aufbewahren.

Entsorgung

P501 Inhalt/Behälter ... zuführen.

Gefahrstoffe

Gefahrstoffe sind Stoffe, die zu physikalischen Gefahren, Gesundheitsgefahren oder Umweltgefahren führen können. Einfache Piktogramme geben Hinweise auf Gefahren, die von Gefahrstoffen und dem Umgang mit ihnen ausgehen. Die Kennzeichnung erfolgt weltweit einheitlich nach GHS (Globally Harmonised System).
Je nach **Gefahrenpotenzial** müssen Gefahrstoffe mit den entsprechenden GHS-Piktogrammen gekennzeichnet werden.

Zusätzlich gibt es Signalwörter, die den Grad der Gefährdung anzeigen:

- **Gefahr** für schwerwiegende Gefahrenkategorien
- **Achtung** für weniger schwerwiegende Gefahrenkategorien

In der unten stehenden Tabelle werden die im vorliegenden Buch genutzten Gefahrstoffe aufgelistet und durch Hinweise zum Umgang mit ihnen ergänzt.

Stoff	GHS-Piktogramm, Signalwort	Gefahrenhinweise	Hinweise zur Entsorgung
Benzin (Waschbenzin, Leichtbenzin)	Gefahr	H225, H304, H315, H336, H411	In Sammelbehälter für halogenfreie organische Stoffe geben.
Brennspiritus (Ethanol, vergällt)	Gefahr	H225, H319	In den Sammelbehälter für halogenfreie, organische Stoffe geben.
Calciumoxid	Gefahr	H315, H318, H335	Kann über den Ausguss entsorgt werden.
Calciumspäne	Gefahr	H 261	Feststoff in dem Behälter für anorganische Feststoffe entsorgen.
Eisenpulver	Achtung	H228	Kann abgekühlt in den Hausmüll gegeben werden.
Essigsäure (w = 25 %)	Achtung	H315-H319	Verdünnen mit Wasser und in den Ausguss geben.
Iod-Kaliumiodid-Lösung	Achtung	H373	In stark verdünnter Form in den Ausguss geben.
Kalkwasser (Calciumhydroxidlösung)	Gefahr	H315, H318, H335	Kann über den Ausguss entsorgt werden.
Kupfer(II)oxid	Achtung	H302, H410	In Sammelbehälter für giftige anorganische Rückstände geben.
Kupfersulfat, Kupfersulfat-Hydrat	Gefahr	H302, H315, H319, H410	In Sammelbehälter für giftige anorganische Rückstände geben.
Magnesiumband	Achtung	H228	Nicht verbrannte Magnesiumband-Reste mit der Tiegelzange über der Brennerflamme verbrennen.

Stoff	GHS-Piktogramm, Signalwort	Gefahrenhinweise	Hinweise zur Entsorgung
Natriumchlorid			Kann über den Ausguss entsorgt werden.
Natronlauge (verd.)	Gefahr	H290, H314	Verdünnen mit Wasser und mit Salzsäure neutralisieren. Danach in den Ausguss geben.
Pepsin	Achtung	H315, H319, H335, H334	In stark verdünnter Form in den Ausguss geben.
Salzsäure (w = 10 %)	Achtung	H290, H315, H319, H335	Verdünnen mit Wasser und mit Natronlauge neutralisieren. Danach in den Ausguss geben.
Sauerstoff	Gefahr	H270, H280	
Schwefel	Achtung	H315	In Sammelbehälter für anorganische Stoffe geben.
Universalindikatorlösung	Gefahr	H225	In stark verdünnter Form in den Ausguss geben.
Seifenlösung (Waschpulver, Spülmaschinenmittel, WC-Reiniger Herstellerangaben beachten)	Achtung		Kann über den Ausguss entsorgt werden.
Wasserstoff	Gefahr	H220, (H280)	

Das Periodensystem der Elemente

Atommasse in u	26,98
Elementsymbol	Al
Ordnungszahl (Protonenzahl)	13
Elementname	Aluminium

Perioden	Hauptgruppen I	Hauptgruppen II	Nebengruppen III	IV	V	VI	VII	VIII
1 K-Schale	1,01 **H** 1 Wasserstoff							
2 L-Schale	6,94 **Li** 3 Lithium	9,01 **Be** 4 Beryllium						
3 M-Schale	22,99 **Na** 11 Natrium	24,31 **Mg** 12 Magnesium						
4 N-Schale	39,10 **K** 19 Kalium	40,08 **Ca** 20 Calcium	44,96 **Sc** 21 Scandium	47,88 **Ti** 22 Titan	50,94 **V** 23 Vanadium	52,00 **Cr** 24 Chrom	54,94 **Mn** 25 Mangan	55,85 **Fe** 26 Eisen
5 O-Schale	85,47 **Rb** 37 Rubidium	87,62 **Sr** 38 Strontium	88,91 **Y** 39 Yttrium	91,22 **Zr** 40 Zirconium	92,91 **Nb** 41 Niob	95,94 **Mo** 42 Molybdän	(99) **Tc*** 43 Technetium	101,07 **Ru** 44 Ruthenium
6 P-Schale	132,91 **Cs** 55 Caesium	137,33 **Ba** 56 Barium	Lanthanoide 57-71	178,49 **Hf** 72 Hafnium	180,95 **Ta** 73 Tantal	183,84 **W** 74 Wolfram	186,21 **Re** 75 Rhenium	190,23 **Os** 76 Osmium
7 Q-Schale	(223) **Fr*** 87 Francium	(226) **Ra*** 88 Radium	Actinoide 89-103	(261) **Rf*** 104 Rutherfordium	(268) **Db*** 105 Dubnium	(271) **Sg*** 106 Seaborgium	(264) **Bh*** 107 Bohrium	(271) **Hs*** 108 Hassium

Lanthanoide	138,91 **La** 57 Lanthan	140,12 **Ce** 58 Cer	140,91 **Pr** 59 Praseodym	144,24 **Nd** 60 Neodym	(147) **Pm** 61 Promethium
Actinoide	(227) **Ac*** 89 Actinium	(232) **Th*** 90 Thorium	(231) **Pa*** 91 Protactinium	(238) **U*** 92 Uran	(237) **Np*** 93 Neptunium

chwarz = feste Elemente
ot = gasförmige Elemente
lau = flüssige Elemente
veiß = künstliche Elemente
= radioaktive Elemente

Metalle
Nebengruppen-Metalle
Halbmetalle
Nichtmetalle

			Hauptgruppen					
VIII	I	II	III	IV	V	VI	VII	VIII
								4,00 He 2 Helium
			10,81 B 5 Bor	12,01 C 6 Kohlenstoff	14,01 N 7 Stickstoff	16,00 O 8 Sauerstoff	19,00 F 9 Fluor	20,18 Ne 10 Neon
			26,98 Al 13 Aluminium	28,09 Si 14 Silicium	30,97 P 15 Phosphor	32,06 S 16 Schwefel	35,45 Cl 17 Chlor	39,95 Ar 18 Argon
58,69 Ni 28 Nickel	63,55 Cu 29 Kupfer	65,38 Zn 30 Zink	69,72 Ga 31 Gallium	72,63 Ge 32 Germanium	74,92 As 33 Arsen	78,97 Se 34 Selen	79,90 Br 35 Brom	83,80 Kr 36 Krypton
106,42 Pd 46 Palladium	107,87 Ag 47 Silber	112,41 Cd 48 Cadmium	114,82 In 49 Indium	118,71 Sn 50 Zinn	121,75 Sb 51 Antimon	127,60 Te 52 Tellur	126,90 I 53 Iod	131,29 Xe 54 Xenon
195,08 Pt 78 Platin	196,97 Au 79 Gold	200,59 Hg 80 Quecksilber	204,38 Tl 81 Thallium	207,20 Pb 82 Blei	208,98 Bi 83 Bismut	(209) Po* 84 Polonium	(210) At* 85 Astat	(222) Rn* 86 Radon
(282) Ds* 110 Darmstadtium	(282) Rg* 111 Roentgenium	(285) Cn* 112 Copernicium	(287) Nh* 113 Nihonium	(285) Fl* 114 Flerovium	(289) Mc* 115 Moscovium	(293) Lv* 116 Livermorium	(294) Ts* 117 Tennessin	(294) Og* 118 Oganesson

151,96 Eu 63 Europium	157,25 Gd 64 Gadolinium	158,93 Tb 65 Terbium	162,50 Dy 66 Dysprosium	164,93 Ho 67 Holmium	167,26 Er 68 Erbium	168,93 Tm 69 Thulium	173,04 Yb 70 Ytterbium	174.97 Lu 71 Lutetium
(243) Am* 95 Americium	(247) Cm* 96 Curium	(247) Bk* 97 Berkelium	(251) Cf* 98 Californium	(252) Es* 99 Einsteinium	(257) Fm* 100 Fermium	(258) Md* 101 Mendelevium	(259) No* 102 Nobelium	(266) Lr* 103 Lawrencium

Die wichtigsten Laborgeräte

Reagenzglasgestell

Reagenzglas

Reagenzglasbürste

Reagenzglasklammer

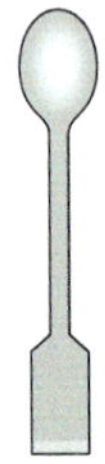
Spatellöffel

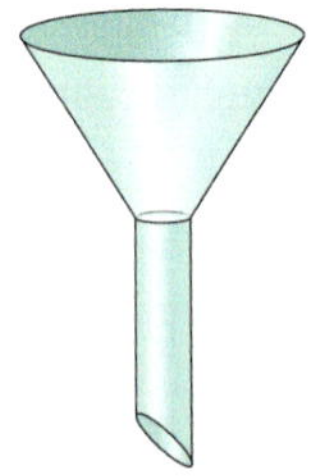
Trichter

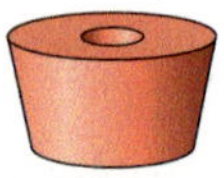
durchbohrter Gummistopfen

Gummistopfen

Glasrohr

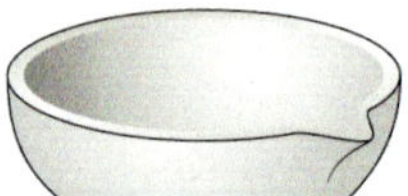
Abdampfschale

Uhrglas

Glasstab

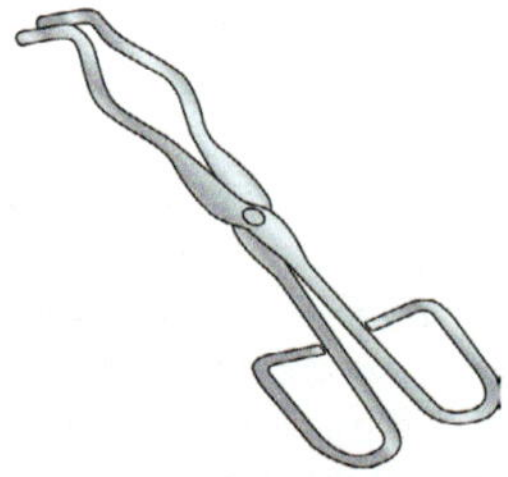
Tiegelzange

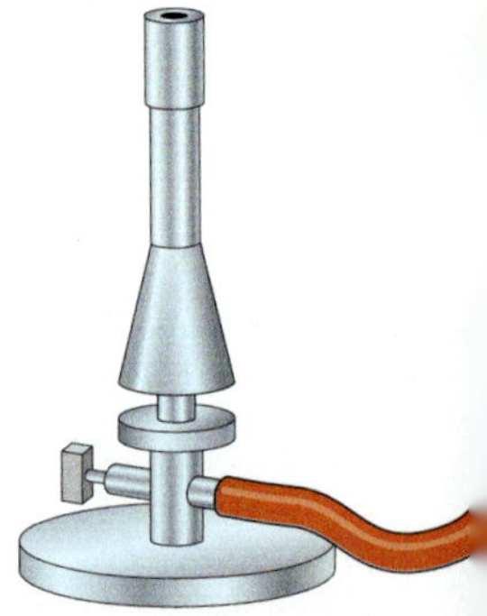
Gasbrenner

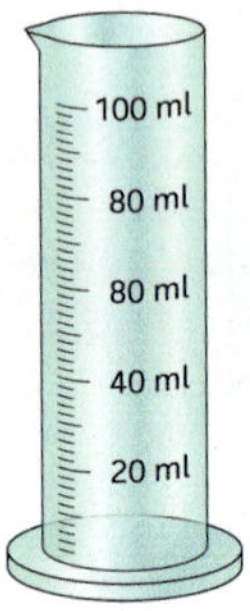

Messzylinder

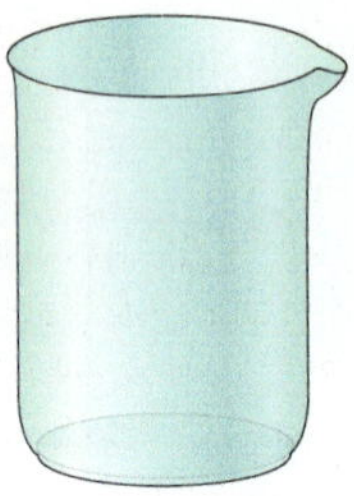
Becherglas

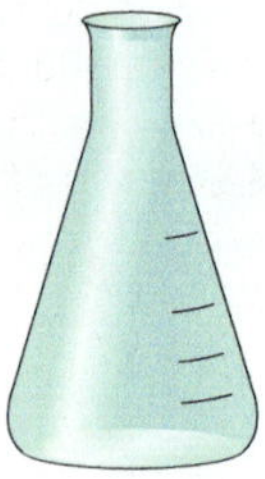
Erlenmeyerkolben

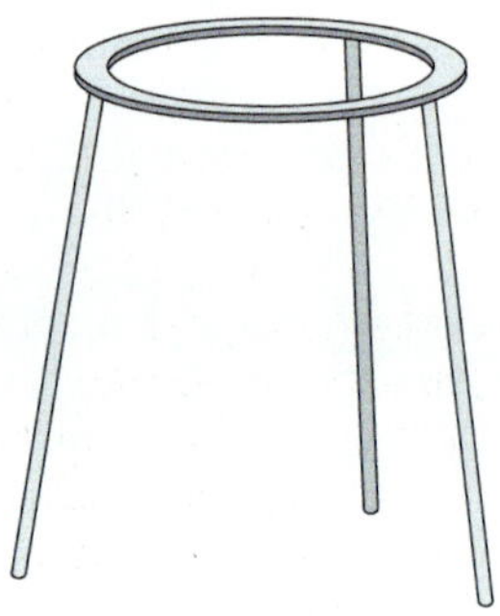
Dreifuß

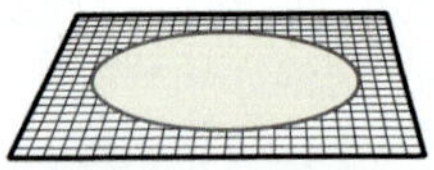
Drahtnetz

Standkolben

Rundkolben

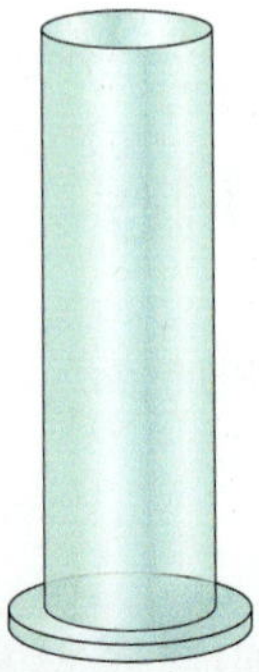
Standzylinder

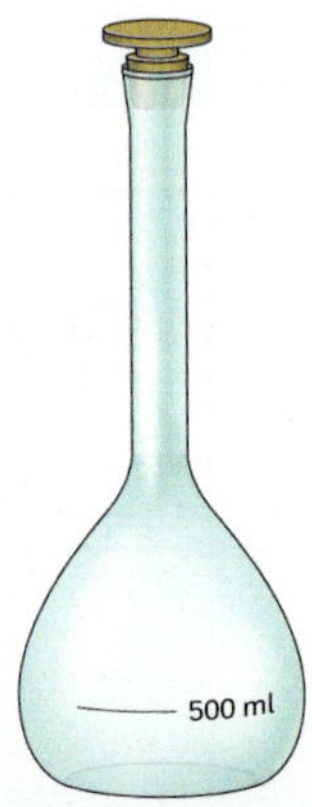

Messkolben

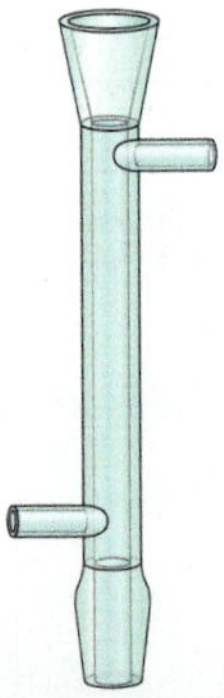
Liebig-Kühler

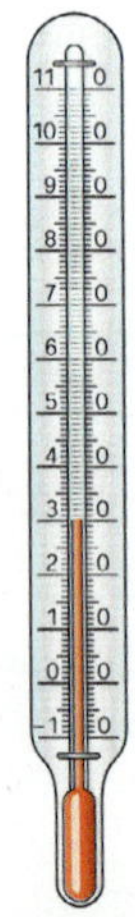
Thermometer

Bildquellenverzeichnis

|akg-images GmbH, Berlin: 29.1, 124.3, 148.2; INTERFOTO/HERMANN HISTORICA GmbH 347.6; Universal Images Group 342.5. |Alamy Stock Photo, Abingdon/Oxfordshire: Adrian.Today 211.1; ARTIUKHOV, MYKOLA 254.3; Bevan, Dave 279.2; Bicking, Judith 328.1; boffi, gualtiero 154.2; BSIP SA 176.1; Buschkind 269.3; Cattlin, Nigel 270.2; Cotswolds Photo Library 272.2; Cultura 232.1; Cunningham, Shaun 130.2; Cycling, Anthony Collins 239.1; Doherty, Claire 185.2; Foxx, Ted 309.1; Gainey, Clare 279.1; Gilbert, Jeff 28.4; Glendell, Paul 175.2; Glivin, Kyrylo 24.2; Guenette, Patrick 127.2; Howes, Chris/Wild Places Photography 176.2; Hutter, Christian 274.2; imageBROKER 106.1, 154.1, 185.3, 223.2; Jenkins, Carolyn 332.2; Kamilindoto 277.3; Karpeles, Kim 232.2; Kichigin, Vladimir 349.3; Kmit,. Ivan 176.3; Kzenon 339.2; laboratory 331.2; Malczyk, Piotr 265.1; Noir, Nathaniel 115.2; Novikov, Sergey 249.1; Oliver S. 280.1; Panoramic Images 351.1; Panther Media GmbH 153.2, 235.2, 354.2; PEREZ, ENRIQUE ALAEZ 274.1; PjrStudio 341.2, 347.7; Polc, Jozef 307.2; Pullinger, Gillian 278.2; Quist, Niels 223.3; Science History Images 119.1; The Granger Collection 96.1; thielmann, g. 82.2; Veselov, Anton 283.1; Westend61 GmbH 175.1; Williams, Gari Wyn 170.1; Zechner, Philipp 352.2; Zoonar GmbH 252.2; ZUMA Press, Inc. 147.3. |Alamy Stock Photo (RMB), Abingdon/Oxfordshire: agefotostock 285.2; Arterra Picture Library 33.2, 52.6, 375.14, 375.19; Azenha, Sergio 184.4; Blossey, Hans 254.1; brooks, jean 76.6, 375.34; Cap, Viktor 255.3; Cattlin, Nigel 59.2; Cavan Images 189.1; Chapman, David 56.4; Classen, Bernhard 214.2; DGP_Scotland 72.4; Elk III, John 155.4; Folio Images 68.5; fStop Images GmbH 251.3; Gusa, Cristian 167.2; HPS 41.1; imageBROKER 39.1; industryview 201.3; Islandstock 290.1; Johansson, Lars 76.4, 375.30; Juniors Bildarchiv GmbH 303.1; Keski-Oja, Esko 155.1; Mira 155.2; Nature Photographers Ltd 57.2; Nature Picture Library 41.3; Niebrugge Images 56.3; Obermayer, Matthias 167.1; Panther Media GmbH 42.3; PCN Photography/PCN Black 227.1; Phanduang, Tevarak 206.2, 218.4; PhotoAlto/Ventura, Ale 251.1; Pleska, Otto 221.2; Radomski, Pawel 168.1; Ruckszio, Manfred 42.2; Schulte, Antje 57.1; Sollfors, Stefan 53.2, 375.3, 375.10; Sutton, Christopher 148.3; Titmuss, Peter 254.5; Varlakov, Alex 66.3; Waldman, Simon 184.2; WILDLIFE GmbH 72.3; yarvin13 34.2; Zoonar GmbH/Hofer, Alfred 244.1, 244.2; Zoonar GmbH/Kuster, Burkhard 155.3. |BC GmbH Verlags- und Medien-, Forschungs- und Beratungsgesellschaft, Ingelheim: 15.1, 15.3, 90.1, 94.1, 95.1, 95.4, 95.8, 102.1, 103.1, 107.1, 329.6. |Demeter e.V., Darmstadt: 281.6. |DLG e.V., Frankfurt/Main: 281.5. |Druwe & Polastri, Cremlingen/Weddel: 218.2, 255.1, 261.2. |Focus Photo- u. Presseagentur GmbH, Hamburg: eye of science/Dr. Wanner 43.1. |fotolia.com, New York: Lomsky, Karlos 52.3, 375.5, 375.11; Michel, T. 65.1, 292.1, 292.4, 293.1, 296.1, 296.4, 318.1, 318.4, 319.1, 319.5, 322.1, 326.1, 326.4, 327.3, 327.5, 330.1, 330.4, 334.1, 334.4, 335.1, 335.4, 338.1, 338.3, 342.1; Mirscho 198.4; Pawinski, Piotr 347.8; Pixelot 144.2; pockygallery11 347.10; Reitz-Hofmann, Birgit 198.6; Vadimsadovski 246.2, 246.3, 246.4, 246.5, 246.7, 246.8, 246.9; wladi 293.3, 296.8; WoGi 292.7, 293.4. |Freundner-Huneke, Imme, Neckargemünd: 234.1. |Gerecke, Stephanie, Seesen: 247.4. |Glammeier, Ulrich, Hannover: 44.2. |Herzig, Wolfgang, Essen: 35.1, 36.2, 37.1, 38.1, 40.1, 41.2, 41.4, 42.1, 45.1, 46.2, 47.1, 48.1, 51.4, 54.2, 54.3, 55.1, 56.5, 58.1, 60.3, 62.1, 64.2, 69.2, 74.1, 75.1, 76.5, 77.2, 77.3, 77.4, 292.3, 293.5, 374.10, 375.23, 375.24, 375.28, 375.31, 375.32, 375.33. |Imago, Berlin: blickwinkel 21.2; edharcanstock 320.1; Oelbermann, Tim 257.1. |Initiative Tierwohl - Gesellschaft zur Förderung des Tierwohls in der Nutztierhaltung mbH, Bonn: 281.1, 281.2, 281.3, 281.4. |iStockphoto.com, Calgary: abadonian 66.2; agustavop 68.7; Alfribeiro 26.1; Alvarez, John Richard 347.2; andhal 356.2; ArtMarie 6.2, 264.1; Atanov, Andrii 354.4; aurumarcus 143.3; avdeeva, anna Titel; Azureus70 68.8; Baumgart, Anselm 66.1; Bruyeu, Ryhor 71.1; CHOMPOONUTBUANGERN 275.2; CreativeNature_nl 302.1; Crockett, David 348.2; Dasz 343.3; davidf 197.3; Deagreez 76.2, 375.27; demarco-media 221.1; doble-d 247.3; DragonFly 104.1; Ekstrand, Jim 111.1; esemelwe 272.4; Fenne 68.2; Fichtmüller, Frank 21.1; filmfoto 48.2; FroggyFrogg 344.1; Funtay 341.1, 342.3; Gajdosikova, Lucia 352.1; Galaganov, Dmitriy 358.2; Gauert, Sebastian 181.1; gbh007 76.1, 375.25; georgeclerk 20.8, 118.1; GMVozd 336.1; Grafner 68.1; Hale, Courtney 145.2; Halfpoint 68.4; hansenn 39.3; Heath, Richard 267.2; Hopfphotography 312.6; Ian_Sherriffs 76.3, 375.29; ifish 33.1; Imgorthand 286.1; ivansmuk 5.1, 152.1; JoKMedia 312.5; juergen2008 51.1, 374.1, 374.3; kama71 68.6; keskiner, savas 341.3; ktsimage 258.1; Kuzdak, Damian 52.4, 375.4, 375.12; kynny 153.3; LightFieldStudios 249.2; Lovincic, Davor 340.2; Luis Becerra berbel 340.1; m-gucci 135.2; Mansi, René 150.1; marekuliasz 124.2; MARHARYTA MARKO 259.1; MarioGuti 354.1; mauribo 52.2, 375.6, 375.8; McFarland, Karen 315.2; mediaphotos 285.1, 339.1; MichaelSvoboda 118.3; MiguelMalo 346.3; monkeybusinessimages 17.3; Motortion 147.1, 301.1; nikkytok 153.1; Nordroden 331.1; Oxford, Bill 157.2; PamWalker68 25.2; PeopleImages 33.3, 305.1; PhonlamaiPhoto 251.2; rclassenlayouts 376.2; Reuter, Sybille 115.3; Richinpit 255.4; RickBL 22.3; RomoloTavani 278.1; Saro17 253.1, 253.2; SeventyFour 339.3; SolStock 298.1, 308.1; Spoerlein, Thorsten 50.3, 374.9, 374.14; stockstudioX 69.1; Stramyk 277.2; Tenedos 91.1; thumb 50.4, 374.7, 374.15; Toltek 377.2; Tutschek, Kurt 254.4; ueuaphoto 150.2; urbazon 133.2; vinicef 106.2; Visionkick 256.1; Vogel, Thomas 42.4; volodymyr, shcherbak 105.2; wakila 178.2, 217.1, 358.1; wattanaphob 197.2; Wavebreakmedia 283.2; White, Don 348.1; Zeremski, Zoran 239.3; zlikovec 147.2, 325.1; zvonko1959 272.3. |juniors@wildlife Bildagentur GmbH, Hamburg: Harms, D. 270.1. |Kranenberg, Hendrik, Drolshagen: 8.1, 18.1, 19.1, 304.2. |Langner & Partner Werbeagentur GmbH, Hemmingen: 196.3. |Marahrens, Olav, Hamburg: 230.1, 248.1, 248.2, 248.3, 250.1. |mauritius images GmbH, Mittenwald: Alamy/Alvey & Towers Picture L 346.2; Blossey, Hans 268.1, 268.2; Gilbert, Jeff 346.1; kdscholzfoto 332.1; Pitopia/Jürgens, Bernd 336.2; STOCK4B 25.3. |Mettin, Markus, Offenbach: 140.2, 151.3, 151.4. |Minkus Images Fotodesignagentur, Isernhagen: 12.1, 13.1, 13.2, 13.3, 20.1, 20.2, 20.3, 20.4, 36.1, 49.4, 60.1, 92.1, 92.2, 92.3, 92.4, 92.5, 94.3, 95.3, 100.1, 100.2, 100.3, 100.4, 100.5, 100.6, 102.2, 103.2, 103.3, 106.5, 106.6, 107.2, 107.3, 107.4, 109.1, 121.1, 121.3, 122.1, 122.2, 122.3, 125.1, 128.2, 130.1, 131.1, 132.1, 138.1, 138.2, 138.3, 139.3, 139.4, 142.1, 142.2, 142.3, 142.4, 143.4, 146.1, 149.1, 160.1, 160.2, 186.1, 195.3, 218.1, 242.1, 243.1, 250.2, 250.3, 291.1, 297.3, 316.1, 319.2, 319.3, 327.4, 334.5, 338.2, 338.4, 342.4. |OKAPIA KG - Michael Grzimek & Co., Frankfurt/M.: imageBROKER/Adam, Friedhelm 52.1, 375.1, 375.7; Svensson, Björn 255.2. |PantherMedia GmbH (panthermedia.net), München: HighwayStarz 217.2; Hopf23 70.2; svetas 56.2. |Physikunterricht-Online, Bremen: 128.3. |Picture-Alliance GmbH, Frankfurt/M.: akg-images 213.3; dpa 184.1; dpa Themendienst 179.2; dpa Themendienst/Warnecke, Andrea 217.3; dpa/Balk, Matthias 194.3; dpa/Kappeler, Michael 252.3; dpa/Kästle, Felix 173.3; dpa/Schuldt, Sina 194.1; Elena/Shotshop/Elena 166.2; Holger Stamme/OKAPIA 315.1; imageBROKER/Clifton 168.3. |Schlierf, Birgit und Olaf, Lachendorf: 9.1, 9.2, 9.3, 9.4, 9.6, 9.7, 9.8, 9.9, 9.10, 15.4, 90.2, 94.2, 95.2, 95.5, 95.6, 95.10, 95.11, 95.12, 292.2, 296.2, 296.6, 318.2, 318.5, 318.6, 319.4, 322.3, 322.4, 322.5,

326.2, 326.5, 327.1, 327.2, 327.6, 329.5, 330.2, 330.5, 334.2, 335.2, 335.5, 342.2, 364.1, 364.2, 364.3, 364.4, 364.5, 364.6, 364.7, 364.8, 364.9, 366.1, 366.2, 366.3, 366.4, 366.5, 366.6, 366.7, 366.8, 366.9, 366.10, 366.11, 366.12, 366.13, 366.14, 366.15, 366.16, 366.17, 366.18, 366.19, 366.20, 367.1, 367.2, 367.3, 367.4, 367.5, 367.6, 367.7, 367.8, 367.9, 367.10, 367.11, 367.12. |Schobel, Ingrid, Hannover: 9.5, 10.1, 12.2, 14.2, 15.2, 15.5, 22.1, 22.2, 23.1, 23.2, 23.3, 23.4, 24.4, 26.2, 30.2, 31.3, 40.2, 60.2, 61.1, 61.2, 65.2, 67.1, 67.2, 80.1, 81.1, 82.3, 83.2, 84.1, 85.2, 86.2, 87.1, 89.1, 90.3, 92.6, 92.7, 93.1, 96.2, 97.1, 97.3, 99.2, 101.1, 108.1, 108.2, 108.3, 109.2, 112.2, 112.3, 113.1, 113.3, 114.3, 116.2, 117.1, 117.2, 117.3, 117.4, 118.4, 119.2, 119.3, 120.2, 121.2, 123.1, 126.1, 127.1, 129.2, 129.3, 131.2, 133.1, 133.3, 135.1, 135.3, 136.1, 137.1, 139.1, 139.2, 140.3, 140.4, 141.1, 141.2, 144.3, 145.1, 146.2, 149.2, 149.3, 149.4, 150.3, 151.1, 151.2, 154.3, 156.1, 157.1, 159.1, 159.2, 162.2, 162.3, 162.4, 165.2, 166.3, 169.1, 170.2, 170.3, 174.1, 177.1, 178.1, 179.1, 179.3, 182.2, 184.5, 186.2, 186.3, 187.1, 187.2, 187.3, 187.4, 187.5, 187.6, 189.2, 191.1, 191.2, 192.1, 192.2, 192.3, 192.4, 192.5, 192.6, 192.7, 192.8, 192.9, 192.10, 193.1, 194.2, 195.1, 199.1, 199.2, 202.2, 202.3, 203.2, 203.3, 205.1, 205.2, 207.2, 208.1, 210.1, 210.4, 210.5, 211.2, 213.1, 213.2, 215.1, 218.3, 220.1, 220.2, 228.3, 229.1, 229.2, 231.1, 231.2, 231.3, 233.1, 233.2, 234.2, 234.3, 235.1, 236.1, 236.2, 237.1, 240.1, 240.2, 240.3, 241.2, 242.2, 242.3, 243.2, 244.3, 244.4, 245.1, 245.2, 253.3, 259.3, 260.1, 260.2, 261.1, 261.3, 262.1, 262.2, 262.3, 269.2, 271.1, 272.1, 276.1, 276.2, 282.3, 288.1, 288.2, 290.2, 291.2, 291.4, 292.8, 294.1, 294.2, 295.1, 296.3, 297.1, 297.2, 298.2, 299.1, 306.1, 307.1, 310.2, 311.1, 311.2, 312.4, 313.2, 318.3, 318.7, 322.6, 322.7, 323.1, 323.3, 326.3, 327.7, 345.1, 353.1, 354.5, 355.1, 355.2. |Schuchardt, Wolf, Göttingen: 44.1, 302.2, 303.2. |Science Photo Library, München: Chemical Heritage Foundation/Tobias, Gregory 99.1; Chillmaid, Martyn F. 95.7, 329.3; Degginger, Phil 329.2; Giphotostock 95.13, 98.1, 323.2, 326.6, 329.4, 330.3, 330.6; HERITAGE IMAGES 343.1; Trevor Clifford Photography 128.1; Turtle Rock Scientific 329.1; Winters, Charles D. 163.2. |Shutterstock.com, New York: Andrei_R 285.3; betto rodrigues 31.2; Chukov 216.1; Flaxphotos 275.1; Hadrian 27.1; keldridge 70.1; mitifoto 184.3; ppart 347.9; Smileus 20.6; Som, Somchai 216.2; Syda Productions 31.1; VoodooDot 212.2, 212.3, 212.4; Wong Hock weng 53.3, 375.17, 375.21; YesPhotographers 282.1; zlikovec 72.1. |Simper, Manfred, Wennigsen: 198.3. |Steinkamp, Albert, Reken: 164.1, 171.2, 172.1, 188.1, 195.2, 196.1, 196.2, 197.1, 200.1, 201.2, 202.1, 203.1, 204.1, 204.2, 207.1, 246.1, 260.3. |stock.adobe.com, Dublin: 230849747 72.2; adrian_ilie825 217.4; AlenKadr 289.2; Alexander 88.1; Alterfalter 313.3; anaumenko 291.3; Andrea 312.7; andriano_cz 334.3; ANGHI 256.2; Animaflora PicsStock 79.1, 83.1; AnnaReinert 82.1; arenysam 266.2; Arochau 228.1; ARochau 254.8; artfocus 254.6; AVTG 376.1; Bäckersjunge 226.1; beckmarkwith 227.2; Beerhalter, Petra 214.1; bilanol 181.2, 238.1; bit24 290.3; Bizgaimer, Yuri 258.2; bobby310 51.2, 374.4, 374.6; Botma, Joggie 263.1; Chabraszewski, Jacek 24.3; Chica, Jon 177.2; Chris 20.7; Christine 267.1; Comofoto 263.2; Debus, Martin 177.3; Destina 181.3; diy13 185.1; dkHDvideo 91.2; Dmitriy 7.1, 314.1, 337.1; duncanandison 228.2; eightstock 97.2, 105.1; ekramar 335.3; elxeneize 161.3; eqroy 284.2; euthymia 210.3; eyetronic 54.1; fabiomax 284.1; Firma V 263.3; Fischer, Juergen E. 353.2; fotofabrika 357.1; fotohansel 95.9, 292.5, 293.2, 296.5, 322.2; fototrm12 87.2; Freedomz 64.1; Friedberg 247.1; Geithe, Ralf 266.1; gerasimenuk 210.2; Gerlach, Michael 284.3; Gilmanshin, Ruslan 324.1; giorgiape 51.3, 374.5, 374.8; Goinyk 227.4; goldi59 71.2; gordzam 53.1, 375.2, 375.9; Gorodenkoff 114.2; haenson 273.2; Hamik 115.1; HappyAlex 275.3; Häßler, K.-U. 106.3; Hempel, Shawn 219.2; IFP 312.1; JackF 265.2; jardul 134.2; Jargstorff, Wolfgang 161.2; Jarkko 129.1; Jevtic, Budimir 267.3; joyt 259.2; junrong 349.1; Kamzoom 223.1; Kim 356.1; klavdiyav 20.5; Klein, R.-Andreas 206.1; Klimek, Pavol 17.2; Knechtges, Peter 163.1; Konjew, Timur 356.3, 357.3; KopoPhoto 112.1, 113.2; kozorog 59.3; Krasilnikov, Yuri 239.2; ktsdesign 111.2, 238.2; lumen-digital 3.1, 16.1; Maksim 349.2; manfredxy 161.1; Mareen, Mike 85.1; markus_marb 292.6, 296.7; Megaloman1ac 21.3; Melica 56.1; microprisma 247.2; Mihail 265.3; Milan Noga reco 241.1; milanmarkovic78 165.1; mjaud 310.1; Monkey Business 300.1; mpix-foto 158.1; Nass, Claudia 123.2; Naumov, Dmitry 190.1; nejdetduzen 120.1; New Africa 145.3, 163.3, 182.1; NEWS&ART 79.2; Njekrasowa, Atal'ja 357.2; nokturnal 225.1; ohishiftl 28.3; online-pixel.com 144.1; ozerkina 224.1; papermoonstudio 273.1; Papulov, Anton 143.2; Patrick 343.2; Pazharski, Sergey 6.1, 222.1; Pereslavtseva, Ekaterina 49.2; photopixel 111.3; pioneer111 347.4; Pixel-Shot 123.3, 306.2; PixieMe 335.6; playstuff 347.5; Popov, Andrey 197.5; Potapova, Valerie 28.1; pressmaster 173.2; PRILL Mediendesign 254.9; puhimec 347.1; puthithon 197.4; RAMPSCH, RONALD 52.7, 375.13, 375.20; Raths, Alexander 287.1, 333.3; Rawpixel.com 17.1; rcfotostock 53.4, 375.16, 375.22; reisezielinfo 325.2; RICHARD, Jean-marc 86.1; Rohde, Gabriele 50.1, 374.2, 374.13; Rosalie P. 286.2; Rosskothen, Michael 254.2; Rozhnovskaya, Tanya 333.1; Ruckszio 34.1; rupbilder 221.3; ryanking999 175.3; Rytis 59.1; Ryzhov, Sergey 114.1; S.Piyaset 4.1, 78.1; sallydexter 177.4; Samray, Daniel 337.3; Satakorn 39.2; Schmidt, Sabine 50.2, 374.11, 374.12; Sebastian 28.2; sebastianosecondi 140.1; Sedlacek, Rostislav 211.3; sforzza 116.1; Stock, Paul 183.1; stockpics 73.1; StudioLaMagica 345.2; Superingo 351.2; svet110 337.2; Swapan 173.1; t0m15 148.1; TALON, Romain 68.3; tameek 198.2; tampatra 312.3; tcsaba 162.1; ThamKC 350.2; Tim's insects 52.5, 375.15, 375.18; torwaiphoto 118.2; Travels, Jam 324.2; Tristan 227.3; uliana19970 4.2, 110.1; Vadimsadovski 246.6; van Domselaar, Randy 277.1; VanderWolf Images 86.3; vchalup 219.1; Velusceac, Serghei 24.1; Viktoriia 212.1; Vista Photo 166.1; vitalis83 168.2; vladimir18 350.1; vladimirfloyd 359.2; Vogler, Helmut 254.7; vulcanus 377.1; Wakko 198.1; Wandruschka, Olaf 25.1; Wellnhofer Designs 224.2; whitcomberd 312.2; Witthake, Heiner 269.1; WoGi 106.4; Wylezich, Bjoern 347.3; Wylezich, Björn 319.6; xy 30.1; yamix 282.2; Yan 252.1; yana_kallas 171.1; Zadvornov 98.2; Zank, Leo 354.3. |Stoppel, Franz, Bakum: 143.1. |Tegen, Hans, Hambühren: 12.3, 49.1, 49.3, 65.3, 130.3, 134.1, 188.2, 188.3, 198.5, 201.1, 333.2. |Tonn, Dieter, Bovenden-Lenglern: 270.3. |vario images, Bonn: imageBROKER/Tack, Jochen 279.3. |Wildermuth, Werner, Würzburg: 13.4, 14.1, 43.2, 45.2, 45.3, 45.4, 45.5, 46.1, 77.1, 79.3, 105.3, 105.4, 125.2, 289.1, 304.1, 313.1, 317.1, 321.1, 359.1, 359.3, 375.26. |Zimmerman, Mark, Edmond: 124.1. |© Europäische Union: © European Union, 2019 281.7.

Wir arbeiten sehr sorgfältig daran, für alle verwendeten Abbildungen die Rechteinhaberinnen und Rechteinhaber zu ermitteln. Sollte uns dies im Einzelfall nicht vollständig gelungen sein, werden berechtigte Ansprüche selbstverständlich im Rahmen der üblichen Vereinbarungen abgegolten.

Aufgaben verstehen und richtig bearbeiten

Dieses Buch enthält Bilder, Texte und Aufgaben. Mithilfe der Aufgaben kannst du zeigen, was du gelernt hast. Dazu musst du verstehen, was die Verben in den Aufgaben bedeuten.

Nennen bedeutet, dass du Namen, Daten oder Gegebenheiten ohne weitere Erklärungen aufzählst. Oft reicht eine Stichwortliste aus.

1 Nenne die drei Tiere der Kronenschicht.

1. Tiere der Kronenschicht

Drei Tiere der Kronenschicht sind Eichhörnchen, Baummarder und Specht.

Beschreiben bedeutet, dass du etwas in ganzen Sätzen mit eigenen Worten wiedergibst. Der Sachverhalt wird aber nicht erklärt oder bewertet.

2 Beschreibe die Funktion der Destruenten im Wald.

2. Destruenten

Destruenten bauen tote Tiere und Pflanzen sowie Kot zu Mineralstoffen ab.

Beim **Vergleichen** nennst du Gemeinsamkeiten, Ähnlichkeiten und Unterschiede. Was genau du vergleichen sollst, ist oft vorgegeben. Manchmal musst du aber auch selbst sinnvolle Vergleichspunkte finden.

3 Vergleiche die Strauchschicht des Nadelwaldes und des Laubwaldes in Bild 1.

3. Vergleich zweier Wälder

Im Nadelwald gibt es meistens keine Strauchschicht. Im Laubwald ist eine Strauchschicht zu erkennen, die aus unterschiedlichen Straucharten besteht.

1 Zwei Wälder: **A** Nadelwald, **B** Laubwald